马克思主义理论学科
研究生系列教材

MAKESIZHUYI LILUN XUEKE
YANJIUSHENG XILIE JIAOCAI

中国马克思主义
经典著作导读
（第2版）

王树荫　主编

北京师范大学出版集团
BEIJING NORMAL UNIVERSITY PUBLISHING GROUP
北京师范大学出版社

前　言

习近平总书记在纪念马克思诞辰 200 周年大会上发表的重要讲话中指出，马克思留给我们最有价值、最具影响力的精神财富，就是以他的名字命名的科学理论———马克思主义。马克思主义是中国共产党人立党立国的根本指导思想。高校马克思主义理论学科建设是社会主义中国高校"双一流"建设的重要内容和思想政治工作平台，高校马克思主义理论学科在凝集马克思主义理论研究学术队伍、引领哲学社会科学发展方向、推进党和国家主流意识形态建设、支撑高校思想政治理论课教育教学等方面，发挥着不可替代的重要作用。面对新时代、新形势、新任务，加强马克思主义理论学科建设，充分发挥马克思主义理论学科的引领作用，是巩固马克思主义在意识形态领域主导地位、提高社会主义意识形态凝聚力和引领力的重要任务，是一项具有重要意义的战略工程。

2005 年，国务院学位委员会和教育部下发了《关于调整增设马克思主义理论一级学科及所属二级学科的通知》，将马克思主义理论学科从政治学学科中分离出来，升格为法学门类下独立的一级学科。至今，马克思主义理论学科建设已经走过了十几年的历程。十几年来，马克思主义理论学科由弱小到壮大，发展势头迅猛，取得丰硕的成果并取得宝贵的建设经验。随着高校马克思主义学院的广泛成立，马克思主义理论学科，在体制机制保障、经费支持等方面有了较大的改善和提升。但就学科发展来讲，还有许多基础性、内涵性的工作有待推进和加强，具体体现在课程设置不规范、教材建设相对迟缓等方面。加强马克思主义理论学科建设，现阶段迫切需要的是加强马克思主义理论学科课程设置的规范化和教材建设。

2015 年，为有效推动马克思主义理论学科的发展，规范并建立研究生阶段马克思主义理论学科教育与教学体系，整合优势教育资源，反映马克思主义中国化时代化最新成果和中国特色社会主义新经验，北师大出版社邀请国内重点马院，统一编写"马克思主义理论学科研究生系列教材"。本套教材涵盖马克思主义理论一级学科下设的 7 个二级学科，对应在马克思主义理论学科硕士阶段开设的 9 门课程，以及博士阶段的 3 门延伸课程，共由 12 本教材组成。本套教材的出版，为当前马克思主义理论学科研究生阶段的教学实践提供了权威的参考，同时也规范了全国范围内的马克思主义学院的课程设置和人才培养计划。

在北师大出版社组织的"马克思主义理论学科研究生系列教材"启动会上，由顾海良、沙健孙、梅荣政、郑永廷、张雷声、逄锦聚、陈占安、吴潜涛 8 位专家组成的本套教材评审委员会，认真和严格地对每本教材的提纲进行了审议论证，提出了很多宝贵意见。在后续教材写作过程中，评审专家也进行了多轮次审定，最大程度上保证了本套教材的质量。对于专家们付出的辛劳，表示诚挚的感谢。

2020 至 2021 年，"马克思主义理论学科研究生系列教材"陆续出版。丛书出版后，在国内马克思主义理论学界产生了广泛的影响，成为众多高校马克思主义学院教师和学生的必备教材，并成为众多高校马克思主义学院研究生考试的参考书目。2022 年 10 月，党的二十大召开，大会报告提出，要"加强教材建设和管理"，将教材建设作为深化教育领域综合改革的重要环节。为深入贯彻落实党的二十大精神，系统反映马克思主义中国化时代化最新成果，2023 年起，北师大出版社组织进行"马克思主义理论学科研究生系列教材"修订工作，历时半年，各分册教材陆续交稿，也就是目前呈现在读者面前的"马克思主义理论学科研究生系列教材"的第二版。修订版教材坚持以马克思主义为指导，认真贯彻习近平新时代中国特色社会主义思想，充分吸收马克思主义中国化时代化最新成果，更加切合当前高校马克思主义理论学科教学与研究实际，期待产生更好的社会影响。

从立项到初版再到本次修订出版，本套教材历时近十年，其间吸收了马克思主义中国化时代化研究的最新成果，数易其稿，但相信仍有不足之处，敬请专家指正。

目　录

绪　论

习近平总书记《在庆祝中国共产党成立 100 周年大会上的讲话》中指出："十月革命一声炮响，给中国送来了马克思列宁主义。在中国人民和中华民族的伟大觉醒中，在马克思列宁主义同中国工人运动的紧密结合中，中国共产党应运而生。"①在马克思主义中国化时代化的实践进程中，马克思主义基本原理同中国具体实际相结合、同中华优秀传统文化相结合，创立了毛泽东思想、邓小平理论，形成了"三个代表"重要思想、科学发展观，创立了习近平新时代中国特色社会主义思想。中国马克思主义经典著作是马克思主义中国化时代化的理论成果，中国化时代化马克思主义的经典之作，体现着中国马克思主义经典作家分析问题和解决问题的立场、观点、方法。通过学习中国马克思主义经典著作，我们可以更好地了解中国共产党 100 多年的奋斗历程，理解中国马克思主义的科学内涵，把握马克思主义的立场、观点、方法，澄清各种模糊认识，纠正各种错误观点，坚定马克思主义科学信仰、中国特色社会主义共同理想和共产主义远大理想。学习与研究中国马克思主义经典著作，掌握中国马克思主义理论成果，既要坚持科学的立场和态度，也要运用正确的原则与方法。

一、中国马克思主义经典著作的基本内涵与属性

中国马克思主义就是中国化时代化的马克思主义，是马克思主义基本原理同中国具体实际相结合、同中国优秀传统文化相结合的产物，包括毛泽东思想、中国特色社会主义理论体系、习近平新时代中国特色社会主义思想等重大理论成果；毛泽东、邓小平、江泽民、胡锦涛、习近平是马克思主义中国化时代化、中国马克思主义形成和发展进程中的杰出代表，他们的著作是中国马克思主义的经典之作。

---

① 习近平：《在庆祝中国共产党成立 100 周年大会上的讲话》，人民出版社 2021 年版，第 3 页。

1. 中国马克思主义经典著作是马克思主义的经典著作

第一，中国马克思主义经典著作是马克思主义在中国的继承和发展，体现着马克思主义的基本原理、基本观点、基本方法。当年中国的教条主义者，信奉苏联经验和共产国际指示，把马克思主义教条化，声称山沟沟里出不了马克思主义；当今中国的教条主义者，把创新发展马克思主义看成离经叛道之举。他们的共同特点就是不承认中国化时代化的马克思主义，反对马克思主义同中国具体实际相结合，反对马克思主义同中国优秀传统文化相结合，反对发展创新马克思主义。以毛泽东、邓小平、江泽民、胡锦涛、习近平等为主要代表的中国共产党人，坚持马克思主义与中国国情相结合，创新发展了马克思主义，形成了以马克思主义基本原理为理论内核的中国马克思主义，并将之体现在中国马克思主义经典著作之中。例如，关于客观世界相互联系、相互作用和运动发展一般规律的理论，关于人类实践活动及其发展规律的理论，关于生产力和生产关系、经济基础和上层建筑的矛盾运动推动人类社会由低级向高级演进及其发展规律的理论，关于阶级、阶级斗争、阶级分析和无产阶级专政的理论，关于人民群众是历史主体和历史创造者的理论，关于社会主义历史必然性和工人阶级历史使命的理论，关于人的全面发展和建设共产主义的理论，关于无产阶级政党建设的理论，关于唯物辩证的思想方法，等等。这些马克思主义的基本理论，也是中国马克思主义一以贯之的基本内容，体现着中国马克思主义经典作家的立场、观点、方法。

第二，中国马克思主义经典著作是与马克思主义经典著作一脉相承的产物，马克思、恩格斯、列宁的著作是中国马克思主义经典著作的营养之源、理论之根。重视学习和研读马克思主义经典著作，是我们党的一个优良传统。毛泽东、邓小平、江泽民、胡锦涛、习近平一贯倡导学习马克思主义经典著作并率先垂范。1945 年，毛泽东在作党的七大的结论时，向大家推荐了五部马克思主义经典著作，并说："如果有五千人到一万人读过了，并且有大体的了解，那就很好，很有益处。"[1]20 世纪 50 年代末，毛泽东强调："马克思这些老祖宗的书，必须读，他们的基本原理必须遵守。"[2]1964 年，毛泽东提出高级干部要读 30 部马克思主义经典著作，懂得和掌握更多的马克思主义。进入改革开放和社会主义现代化建设新时期，邓小平提出读原著"要精，要管用"，大力倡导

---

[1] 《毛泽东文集》第三卷，人民出版社 1996 年版，第 417 页。
[2] 《毛泽东文集》第八卷，人民出版社 1999 年版，第 109 页。

全党的马克思主义学习运动。以江泽民同志为核心的党的第三代中央领导集体和以胡锦涛同志为总书记的党中央，也都反复强调学习马克思主义经典著作的重要性。习近平总书记 2011 年 5 月在中共中央党校指出，马克思主义经典著作蕴含和集中体现着马克思主义基本原理，是马克思主义理论的本源和基础。他要求领导干部要重视学习马克思主义经典著作，强调 10 卷本《马克思恩格斯文集》和 5 卷本《列宁专题文集》，是学习马克思主义经典著作的权威性教材。①

第三，中国马克思主义经典著作是马克思主义在中国创新发展的理论成果。马克思主义经典作家创立了马克思主义，提出了无产阶级革命、消灭私有制、无产阶级专政、实现社会主义和共产主义等科学结论。中国马克思主义经典作家把马克思主义基本原理同中国具体实际、同中华优秀传统文化相结合，创新理论，著书立说，提出了中国革命、建设、改革的崭新理论，把马克思主义发展到新的境界。毛泽东的《星星之火，可以燎原》《反对本本主义》《新民主主义论》《改造我们的学习》《在中国共产党第七届中央委员会第二次全体会议上的报告》《论人民民主专政》等著作，论述了农村包围城市、武装夺取政权的中国新民主主义革命道路；毛泽东的《论十大关系》《关于正确处理人民内部矛盾的问题》《读苏联〈政治经济学教科书〉的谈话》等著作，对中国走具有自己特色的社会主义革命和建设道路，作出了富有重要价值的理论探索；邓小平、江泽民、胡锦涛、习近平在改革开放新时期、中国特色社会主义新时代的一系列重要著作，以中国式现代化全面推进中华民族伟大复兴，对推进中国特色社会主义伟大事业，对探索人类更好的社会制度提供了中国智慧、中国方案。

2. 中国马克思主义经典著作具有中国特色、中国风格和中国气派

中国马克思主义经典作家以马克思主义为指导，在总结中国成就、中国经验，阐述中国马克思主义理论时，结合中国革命、建设、改革实践，赋予了中国马克思主义经典著作中国历史、中国国情和中国现实等中国元素，体现了中国风格和中国气派，形成了具有中国特色的马克思主义。中国马克思主义经典著作，既有中国特色，也具时代特点。

第一，中国马克思主义经典著作用中国方案解决中国问题。中国马克思主义经典作家的突出贡献，在于把马克思主义中国化时代化，赋予马克思主义中

---

① 《习近平在中央党校春季学期第二批入学学员开学典礼上强调　认真学习马克思主义经典著作　不断推进中国特色社会主义事业》，载《人民日报》，2011 年 5 月 14 日。

国特色，找到了适合中国的革命、建设、改革道路，把马克思主义发展到新的阶段。大革命失败后，中国革命何去何从？俄国十月革命"城市中心论"束缚着党内同志的思想，毛泽东在实践中走出了井冈山道路，在理论上阐述了"农村包围城市，武装夺取政权"的必要性和可行性。"文化大革命"结束以后，十一届三中全会开创了中国改革开放新道路。面对国内外的种种误解和错误观点，邓小平在《坚持四项基本原则》一文中强调："过去搞民主革命，要适合中国情况，走毛泽东同志开辟的农村包围城市的道路。现在搞建设，也要适合中国情况，走出一条中国式的现代化道路"；"实现四个现代化必须坚持四项基本原则"。① 中国马克思主义经典著作是中国革命、建设、改革道路和方案的集中展示，指引着中国革命、建设、改革的胜利航程。

第二，中国马克思主义经典著作用中国语言讲述中国故事。毛泽东、邓小平、江泽民、胡锦涛、习近平等中国马克思主义经典作家，既是思想家、理论家，也是语言大师。在他们的笔下，中国革命、建设、改革历程，变成了一个个具有丰富内涵的生动故事。如：毛泽东用"星星之火，可以燎原"鼓舞处于革命低潮的人们，形容革命高潮很快就会到来，"它是站在海岸遥望海中已经看得见桅杆尖头了的一只航船，它是立于高山之巅远看东方已见光芒四射喷薄而出的一轮朝日，它是躁动于母腹中的快要成熟了的一个婴儿。"②邓小平用"摸着石头过河"鼓励人们解放思想、大胆尝试，推进改革开放新的伟大革命。习近平用"中国梦"凝聚中国力量、汇聚中国智慧、弘扬中国精神，去实现中华民族伟大复兴这一中国近代以来最伟大的梦想。丰富生动、精彩纷呈的语言，发挥了凝聚人心、鼓舞士气的作用。

第三，中国马克思主义经典著作用中国典故体现中国风格。中国马克思主义经典作家精通中国历史和传统文化，常常通过家喻户晓的典故、成语讲述革命、建设、改革的大道理。毛泽东在《改造我们的学习》一文中，批评教条主义者"墙上芦苇，头重脚轻根底浅；山间竹笋，嘴尖皮厚腹中空"，并赋予东汉班固所著《汉书·河间献王传》中"实事求是"这个古老的命题以新的含义："'实事'就是客观存在着的一切事物，'是'就是客观事物的内部联系，即规律性，'求'就是我们去研究。"③邓小平用民间谚语"不管黑猫白猫，抓住耗子就是好猫"，突破传统社会主义思维方式，发动经济改革，实行对外开放。习近平引用中国老百姓熟知的"鞋子论"，"鞋子合不合脚，自己穿了才知道"，强调"一

① 《邓小平文选》第二卷，人民出版社 1994 年版，第 163 页。
② 《毛泽东选集》第一卷，人民出版社 1991 年版，第 106 页。
③ 《毛泽东选集》第三卷，人民出版社 1991 年版，第 801 页。

个国家的发展道路合不合适，只有这个国家的人民才最有发言权"①，表明走中国特色社会主义道路的坚定决心。古老的故事、传统的命题，焕发了新的生机和活力。

3. 中国马克思主义经典著作是中国马克思主义经典作家的经典之作

中国马克思主义是中国共产党集体智慧的结晶，毛泽东、邓小平、江泽民、胡锦涛、习近平是其中的杰出代表。中国马克思主义理论成果体现在中国共产党的文件文献之中，体现在中国共产党领导人的著作之中，更集中体现在中国马克思主义经典著作之中。

第一，中国马克思主义经典著作是中国共产党集体智慧的结晶。"一切伟大的成就都是接续奋斗、接力探索的结果，一切伟大的事业都需要在承前启后、继往开来中推进。"②中国共产党是一个历史传承的整体、一个前后接力的集体，中国共产党人接续奋斗的 100 多年是马克思主义中国化的 100 多年。习近平指出："我们要永远铭记党的三代中央领导集体和以胡锦涛同志为总书记的党中央为中国特色社会主义作出的历史性贡献。以毛泽东同志为核心的党的第一代中央领导集体，为新时期开创中国特色社会主义提供了宝贵经验、理论准备、物质基础。以邓小平同志为核心的党的第二代中央领导集体，成功开创了中国特色社会主义。以江泽民同志为核心的党的第三代中央领导集体，成功把中国特色社会主义推向二十一世纪。新世纪新阶段，以胡锦涛同志为总书记的党中央，成功在新的历史起点上坚持和发展了中国特色社会主义。"③以习近平同志为核心的党中央，在中国特色社会主义道路上，带领中国人民朝着中华民族伟大复兴的宏伟目标阔步前进。

第二，毛泽东、邓小平、江泽民、胡锦涛、习近平是马克思主义中国化时代化、创立中国马克思主义的杰出代表。中国马克思主义经典作家扎根中国实践土壤、汇聚中国人民智慧、吸纳中国文化元素，把马克思主义基本原理同中国具体实际相结合、同中国优秀传统文化相结合，形成中国马克思主义经典著作，创立了中国马克思主义。中国马克思主义、中国马克思主义经典著作是全

①　《习近平谈治国理政》第一卷，外文出版社 2018 年版，第 273 页。
②　习近平：《在纪念胡耀邦同志诞辰 100 周年座谈会上的讲话》，载《人民日报》，2015 年 11 月 21 日。
③　《习近平谈治国理政》第一卷，外文出版社 2018 年版，第 7～8 页。

党集体智慧的结晶,中国马克思主义经典作家作出了主要贡献。毛泽东是毛泽东思想的主要创立者,邓小平是邓小平理论的主要创立者,江泽民是"三个代表"重要思想的主要创立者,胡锦涛是科学发展观的主要创立者,习近平是习近平新时代中国特色社会主义思想的主要创立者。学习中国马克思主义,就要学好中国马克思主义经典作家的经典著作。

第三,中国马克思主义经典著作是中国马克思主义的代表作,以毛泽东、邓小平、江泽民、胡锦涛、习近平的著作为集中展示。中国马克思主义理论成果集中体现在毛泽东、邓小平、江泽民、胡锦涛、习近平的著作中,或者说,毛泽东、邓小平、江泽民、胡锦涛、习近平的著作集中蕴含着中国化时代化马克思主义理论成果。毛泽东的著作,集中体现着新民主主义革命理论、社会主义革命理论和社会主义建设理论;邓小平、江泽民、胡锦涛、习近平的著作,是中国特色社会主义理论体系的代表作,是邓小平理论、"三个代表"重要思想、科学发展观、习近平新时代中国特色社会主义思想的集中体现。毛泽东、邓小平、江泽民、胡锦涛、习近平有很多著作,教材限于篇幅,只能选取最能反映经典作家思想,最能呈现中国马克思主义理论成果的部分代表性著作,或者说,教材中选编的经典著作,是中国马克思主义经典作家经典著作中的经典。所以,学习中国马克思主义、中国马克思主义经典著作,需要认真学好教材中的经典著作,也要注意阅读中国马克思主义经典作家的其他著作。

二、学习中国马克思主义经典著作的目的与意义

中国马克思主义经典著作是马克思主义基本原理与中国革命、建设、改革实际相结合的成果结晶,是中国共产党人100多年奋斗历程的经验总结,也是中国共产党人立场观点方法的集中体现。学习经典著作,实质上就是学历史、学理论、学方法,为我们坚定理想信念奠定坚实的理论和历史基础。

1. 深入了解中国共产党人的奋斗历程

习近平指出:"历史是现实的根源,任何一个国家的今天都来自昨天。只有了解一个国家从哪里来,才能弄懂这个国家今天怎么会是这样而不是那样,也才能搞清楚这个国家未来会往哪里去和不会往哪里去。"[1]本书中收入的毛泽

---

[1] 习近平:《出席第三届核安全峰会并访问欧洲四国和联合国教科文组织总部、欧盟总部时的演讲》,人民出版社2014年版,第41页。

东《中国社会各阶级的分析》到习近平《高举中国特色社会主义伟大旗帜　为全面建设社会主义现代化国家而团结奋斗——在中国共产党第二十次全国代表大会上的报告》导读，从一个侧面和特殊角度，展现了中国共产党领导中国人民进行革命、建设、改革，以及加强自身建设的奋斗历程，中国共产党的历史在中国马克思主义经典著作中得到很好的体现。熟悉历史、阅读经典，阅读经典、熟悉历史，两者相辅相成。学习和研读中国马克思主义经典著作，有助于加强对中国马克思主义基本理论的理解，也是把握中国近现代复杂历史问题和当代中国重大现实问题的钥匙。

第一，新民主主义革命时期，中国共产党团结带领中国人民，浴血奋战、百折不挠，创造了新民主主义革命的伟大成就。这一时期的经典著作是马克思主义基本原理同中国民主革命具体实际相结合的产物，反映了可歌可泣的中国新民主主义革命进程。如：阅读毛泽东 1938 年 5 月写的《论持久战》一文，既让我们了解了中国共产党在全民族抗战时期的军事思想和战略战术，也让我们浏览了一幅全面抗战的全景图。又如：毛泽东在《在中国共产党第七届中央委员会第二次全体会议上的报告》，向我们展现了即将取得全国胜利的中国共产党人如何将工作重心从农村转向城市、如何加强党的自身建设，以及夺取中国民主革命最后胜利的历史画面。同样，毛泽东 1949 年 6 月 30 日发表的《论人民民主专政》，规划了新中国的宏伟蓝图——即将成立的新中国"就是工人阶级（经过共产党）领导的以工农联盟为基础的人民民主专政"①的国家，学习中国共产党历史，四卷本《毛泽东选集》是必读之书。

第二，社会主义革命和建设时期，中国共产党团结带领中国人民，自力更生、发愤图强，创造了社会主义革命和建设的伟大成就。这一时期的经典著作是马克思主义基本原理同社会主义革命和建设具体实际相结合的产物，反映了生动火热的社会主义革命和建设历史。本书收录和导读的毛泽东的《论十大关系》《关于正确处理人民内部矛盾的问题》《读苏联〈政治经济学教科书〉的谈话（节选）》等，就是那个时期的代表作。我们既要把这些著作当成理论著作，作为中国共产党在建立和建设中国社会主义进程中的理论探索之作，也要将这些著作放到当时的时代背景中去理解，体会中国共产党人开创社会主义事业之不易，了解在新中国三年过渡时期、社会主义改造时期和十年社会主义建设时期，中国共产党走过的艰难历程，取得的可喜成绩。

第三，改革开放和社会主义现代化建设新时期，中国共产党团结带领中国

---

① 《毛泽东选集》第四卷，人民出版社 1991 年版，第 1480 页。

人民，解放思想、锐意进取，创造了改革开放和社会主义现代化建设的伟大成就。这一时期的经典著作是马克思主义基本原理同当代中国改革开放实际相结合的产物，呈现出波澜壮阔的改革开放伟大历程。1978年12月，以邓小平《解放思想，实事求是，团结一致向前看》的讲话和党的十一届三中全会为标志，中国进入了改革开放新时期；以邓小平1992年春天《在武昌、深圳、珠海、上海等地的谈话要点》为标志，中国的改革开放进入了快速发展时期。本书收录和导读的江泽民《在庆祝中国共产党成立八十周年大会上的讲话》、胡锦涛《树立和落实科学发展观》等文，既是"三个代表"重要思想、科学发展观的重要内容，也是改革开放进程中一个特定时期和一个发展阶段的代表作，是理解那个时期和阶段发展进程的重要教科书。

第四，中国特色社会主义新时代，中国共产党团结带领中国人民，自信自强、守正创新，创造了新时代中国特色社会主义的伟大成就。这一时期的经典著作是马克思主义基本原理同新时代中国特色社会主义实际相结合的产物，呈现出伟大斗争、伟大工程、伟大事业、伟大梦想的新时代风貌。本书收录和导读的习近平《实现中华民族伟大复兴是中华民族近代以来最伟大的梦想》《中国共产党的领导是中国特色社会主义最本质的特征》《决胜全面建成小康社会 夺取新时代中国特色社会主义伟大胜利——在中国共产党第十九次全国代表大会上的报告》《在庆祝改革开放40周年大会上的讲话》《在庆祝中国共产党成立100周年大会上的讲话》《高举中国特色社会主义伟大旗帜 为全面建设社会主义现代化国家而团结奋斗——在中国共产党第二十次全国代表大会上的报告》等文献，既深刻反映出马克思主义中国化时代化新境界，也浓墨重彩地描绘了党和国家事业取得历史性成就、发生历史性变革的时代画卷。

2. 深刻理解中国马克思主义科学内涵

中国马克思主义包括毛泽东思想、中国特色社会主义理论体系、习近平新时代中国特色社会主义思想。毛泽东思想包括新民主主义革命理论、社会主义革命理论和社会主义建设理论；中国特色社会主义理论体系包括邓小平理论、"三个代表"重要思想、科学发展观；习近平新时代中国特色社会主义思想是当代中国马克思主义、21世纪马克思主义。中国马克思主义理论成果和阶段性理论成果，在中国马克思主义经典著作中得到充分体现，学习研究中国马克思主义经典著作，可以深刻理解中国马克思主义科学内涵。

第一，中国马克思主义经典著作是中国马克思主义的集中反映，中国马克思主义集中体现在中国马克思主义经典著作之中。中国马克思主义经典著作之所以成为经典，就是因为它有着中国马克思主义的基本内涵。正如马克思主义理论的科学性和学理性根植于马克思主义经典著作的基本理论中，学习马克思主义经典著作可以把握其中所包含的基本理论。学习中国马克思主义经典著作是学习中国马克思主义基本理论最有效的途径，可以直接了解中国马克思主义的丰富内涵，从源头上完整准确地理解中国马克思主义，有助于系统掌握中国马克思主义科学真理和价值取向。

第二，一部中国马克思主义经典著作，就是一部马克思主义中国化时代化史，也是中国化时代化的马克思主义发展史。毛泽东、邓小平、江泽民、胡锦涛、习近平的著作，历史地展现了新民主主义革命理论、社会主义改造理论、社会主义建设理论和邓小平理论、"三个代表"重要思想、科学发展观、习近平新时代中国特色社会主义思想。学习中国马克思主义经典著作，就是学习中国马克思主义发展史。从中可以很好地理解马克思主义基本原理同中国革命、建设、改革实际日益结合的历史，理解中国马克思主义从萌芽、形成到成熟、发展的历史，理解中国马克思主义三次飞跃的历史。

第三，学习中国马克思主义经典著作，重要的是把握中国马克思主义的基本理论。恩格斯在回答如何研究历史唯物主义的问题时曾明确指出，学习和研究历史唯物主义的正确方法就是"根据原著来研究这个理论，而不要根据第二手的材料来进行研究"[1]。学习中国马克思主义，必须从学习中国马克思主义经典著作入手，中国马克思主义经典著作是学习毛泽东思想、中国特色社会主义理论体系、习近平新时代中国特色社会主义思想最直接也是最有效的途径；学习中国马克思主义经典著作，就是要掌握中国马克思主义的核心内涵和基本理论，把握中国马克思主义经典作家的立场、观点、方法。

3. 牢固树立社会主义共产主义理想信念

习近平指出："坚定理想信念，坚守共产党人精神追求，始终是共产党人安身立命的根本。对马克思主义的信仰，对社会主义和共产主义的信念，是共产党人的政治灵魂，是共产党人经受住任何考验的精神支柱。形象地说，理想信念就是共产党人精神上的'钙'，没有理想信念，理想信念不坚定，精神上就会'缺钙'，就会得'软骨病'。"[2]如何坚定中国特色社会主义共同理想和共产主义远大理想？学习马克思主义经典著作和中国马克思主义经典著作就是一条重

---

[1] 《马克思恩格斯选集》第四卷，人民出版社 2012 年版，第 606 页。
[2] 《习近平谈治国理政》第一卷，外文出版社 2018 年版，第 15 页。

要路径。

第一，马克思主义经典著作是中国共产党人的信仰之本。中国共产党人通过学习马克思主义经典著作确立了自己的信仰，并不断坚定自己的信仰。毛泽东曾两次提到，正是在 1920 年冬读了陈望道翻译的《共产党宣言》等三本书，"建立起我对马克思主义的信仰。我一旦接受了马克思主义是对历史的正确解释以后，我对马克思主义的信仰就没有动摇过。"①习近平指出："从纷然杂陈的各种观点和路径中，经过反复比较和鉴别，毛泽东同志毅然选择了马克思列宁主义，选择了为实现共产主义而奋斗的崇高理想。在此后的革命生涯中，不管是'倒海翻江卷巨澜'，还是'雄关漫道真如铁'，毛泽东同志始终都矢志不移、执着追求。"②邓小平也说过："我的入门老师是《共产党宣言》和《共产主义ABC》。"③在马克思主义经典著作的引领下，一代又一代中国共产党人确立和坚定了共产主义信仰，为实现和实践社会主义、共产主义理想努力奋斗。

第二，中国马克思主义经典著作直接阐述中国马克思主义基本观点，是中国共产党人科学世界观和方法论最集中、最生动的体现。对于一个合格的马克思主义者来说，学习和研究中国马克思主义经典著作是必修课和基本功。中国马克思主义经典著作，体现着中国共产党人坚定的马克思主义信仰，从新民主主义走向社会主义，从中国特色社会主义走向共产主义，从毛泽东思想、中国特色社会主义理论体系发展到习近平新时代中国特色社会主义思想，中国马克思主义经典作家始终坚持远大理想与共同理想相结合，坚持马克思主义理论为指导和为人民服务的根本宗旨相结合，为中国共产党和中国人民的理想信念，指明了科学的前进方向。

第三，认真学习中国马克思主义经典著作，深刻领会中国马克思主义科学内涵，牢固树立马克思主义信仰，坚定共产主义远大理想和中国特色社会主义共同理想。习近平强调："我们共产党人的根本，就是对马克思主义的信仰，对共产主义和社会主义的信念，对党和人民的忠诚。立根固本，就是要坚定这份信仰、坚定这份信念、坚定这份忠诚。"④只有在立根固本上下足了功夫，才

---

① ［美］埃德加·斯诺：《西行漫记》，生活·读书·新知三联书店 1979 年版，第131 页。

② 习近平：《在纪念毛泽东同志诞辰 120 周年座谈会上的讲话》，人民出版社 2013 年版，第 3～4 页。

③ 《邓小平文选》第三卷，人民出版社 1993 年版，第 382 页。

④ 中共中央文献研究室：《习近平关于全面从严治党论述摘编》，中央文献出版社2016 年版，第 64 页。

会有强大的免疫力和抵抗力。面对苏联东欧出现严重曲折、社会主义处于低潮的大背景，邓小平在南方谈话时坚定沉着地说："不要惊慌失措，不要认为马克思主义就消失了，没用了，失败了，哪有这回事！"①所谓立根固本，就是掌握马克思主义基本原理和中国马克思主义基本理论，就是熟练掌握中国马克思主义经典著作阐明的深刻道理，从而坚定马克思主义科学信仰。

三、学习中国马克思主义经典著作的原则与方法

研读经典著作，重在抓住根本、核心是把握要义。习近平指出："要原原本本学习和研读经典著作，努力把马克思主义哲学作为自己的看家本领。"②学习和研究中国马克思主义经典著作，浮光掠影不行，蜻蜓点水也不行，必须专心致志地读、原原本本地读、反反复复地读，感悟中国马克思主义经典著作历久弥新的思想价值。应以理解和解决中国问题为导向，加强研读与思考的结合、历史与现实的连通、理论与实践的互动，不断提升经典著作学习和研究的水平。

1. 原原本本阅读经典

经典著作之所以成为经典，在于其思想理论深刻、内容博大精深。中国马克思主义经典著作是中国马克思主义的浓缩，是精华的集萃，不全身心投入，不下苦功夫、笨功夫，是不可能真正掌握和领会其严密的逻辑、严谨的思维、深刻的理论内涵的。

第一，一篇篇、一段段、一字一句认真地读。学习中国马克思主义经典著作，必须端正态度，刻苦学习，克服"心浮气躁、浅尝辄止，不深学；食而不化、学用脱节，不善学"等不良现象。全面抗战时期，毛泽东在与马列学院学员谈话时强调马列主义的书要经常读。他说："《共产党宣言》，我看了不下一百遍，遇到问题，我就翻阅马克思的《共产党宣言》，有时只阅读一两段，有时全篇都读，每阅读一次，我都有新的启发。我写《新民主主义论》时，《共产党宣言》就翻阅过多次。读马克思主义理论在于应用，要应用就要经常读，重点读，读些马列主义经典著作，还可以从中了解马克思主义发展过程，在各种理

---

① 《邓小平文选》第三卷，人民出版社 1993 年版，第 383 页。

② 中共中央文献研究室：《习近平关于社会主义文化建设论述摘编》，中央文献出版社 2017 年版，第 63 页。

论观点的争论和批判中，加深对马克思主义普遍真理的认识。"①中国共产党的老一辈理论工作者，在学习经典著作时常用"抠"这个字眼，就是一段话、一段话地"抠"，一句话、一句话地"抠"。没有这种精神，是无法理解中国马克思主义经典作家在中国马克思主义经典著作中体现出来的理论思辨水平的。

第二，"系统地而不是零碎地、实际地而不是空洞地"学习。毛泽东在 1938 年六届六中全会上指出："在担负主要领导责任的观点上说，如果我们党有一百个至二百个系统地而不是零碎地、实际地而不是空洞地学会了马克思列宁主义的同志，就会大大地提高我们党的战斗力量，并加速我们战胜日本帝国主义的工作。"②学习中国马克思主义经典著作，仅仅阅读二三手资料是不行的，唯一有效的办法就是原原本本地精心研读毛泽东、邓小平、江泽民、胡锦涛、习近平的著作。同时，学习中国马克思主义经典著作，还要做到"进得去""出得来"。"进得去"就是要读懂原著本身，理解经典作家为什么要写这篇文献、这篇文献的主旨是什么、提出了哪些重要观点和概念。"出得来"就是在读懂单篇著作的基础上，还要将不同的篇目贯穿起来，比较前后，了解原著和作者思想的发展脉络，全面系统地把握和领会中国马克思主义经典著作的基本要义。

第三，反反复复地读，准确、完整地掌握中国马克思主义的科学内涵。学习中国马克思主义经典著作，必须反复地阅读和体悟，否则就难以准确地理解原著的本意，就有可能读不出经典著作中的深邃思想，甚至"读"出其中本来没有的内容，变成了"误读"和"歪曲"。如果阅读经典著作囫囵吞枣、浅尝辄止，就很难理解其精髓要义，甚至会曲解经典作家的思想。常言道，书读百遍，其义自见。学习中国马克思主义经典著作，一定要舍得花时间和精力、舍得下苦功夫，毛泽东曾说过，"学习的方法是'挤'和'钻'，工作忙时就要挤时间，看不懂就要钻进去。中国本来把读书就叫攻书，读不懂的东西要当仇人一样攻之。"③因此，必须认真地、系统地、反复地阅读中国马克思主义经典著作，准确把握中国马克思主义的科学内涵和基本内容。

2. 努力把握精神实质

恩格斯指出："马克思的整个世界观不是教义，而是方法。它提供的不是

---

① 曾志：《谈谈我知道的毛主席》，见《缅怀毛泽东》上卷，中央文献出版社 1993 年版，第 400～401 页。

② 《毛泽东选集》第二卷，人民出版社 1991 年版，第 533 页。

③ 中共中央文献研究室：《毛泽东年谱(1893—1949)》(修订本)中卷，中央文献出版社 2013 年版，第 126 页。

现成的教条，而是进一步研究的出发点和供这种研究使用的方法。"①"如果不把唯物主义方法当做研究历史的指南，而把它当做现成的公式，按照它来剪裁各种历史事实，那它就会转变为自己的对立物。"②研读中国马克思主义经典著作，应当着重领悟其精神实质，掌握其立场、观点、方法。习近平指出："毛泽东思想活的灵魂是贯穿其中的立场、观点、方法，它们有三个基本方面，这就是实事求是、群众路线、独立自主。"③实事求是、群众路线、独立自主也是中国马克思主义的精神实质和立场观点方法，是贯穿于中国马克思主义经典著作的灵魂与主线。

第一，努力把握中国马克思主义经典著作中的实事求是思想。"实事求是，是马克思主义的根本观点，是中国共产党人认识世界、改造世界的根本要求，是我们党的基本思想方法、工作方法、领导方法。"④中国马克思主义经典作家，坚持解放思想、实事求是、与时俱进、求真务实；坚持一切从实际出发，理论联系实际，不断推进实践基础上的理论创新，在实践中检验真理和发展真理；坚持清醒认识和正确把握中国基本国情和新时代中国特色社会主义社会的主要矛盾。我们要在中国马克思主义经典著作中，学习中国马克思主义经典作家实事求是的根本立场和精神品格，分析中国社会性质、主要矛盾和主要任务的理论和方法。

第二，努力把握中国马克思主义经典著作中的群众路线思想。"群众路线是我们党的生命线和根本工作路线，是我们党永葆青春活力和战斗力的重要传家宝。"⑤中国马克思主义经典作家始终坚持人民是决定我们前途命运的根本力量；坚持一切为了群众，一切依靠群众，从群众中来，到群众中去，把党的正确主张变为群众的自觉行动；始终坚持全心全意为人民服务的根本宗旨，把人民群众的物质精神生活放在心上，保持党同人民群众的血肉联系，真正让人民来评判党的工作。我们要在中国马克思主义经典著作中，学习中国马克思主义经典作家坚持群众路线、关心群众冷暖的阶级感情、解决人民群众关心的实际

---

① 《马克思恩格斯文集》第七卷，人民出版社 2009 年版，第 691 页。

② 《马克思恩格斯文集》第十卷，人民出版社 2009 年版，第 583 页。

③ 习近平：《在纪念毛泽东同志诞辰 120 周年座谈会上的讲话》，人民出版社 2013 年版，第 14～15 页。

④ 习近平：《在纪念毛泽东同志诞辰 120 周年座谈会上的讲话》，人民出版社 2013 年版，第 15 页。

⑤ 习近平：《在纪念毛泽东同志诞辰 120 周年座谈会上的讲话》，人民出版社 2013 年版，第 17 页。

问题的理念、思路和方法。

第三，努力把握中国马克思主义经典著作中的独立自主思想。"独立自主是我们党从中国实际出发、依靠党和人民力量进行革命、建设、改革的必然结论。"①坚持独立自主，与世情、国情、党情的特殊性相关联，与马克思主义中国化时代化和走中国特色的革命、建设、改革道路相联系。中国马克思主义经典作家，坚持中国的事情必须由中国人民自己作主张、自己来处理，把国家和民族发展放在自己力量的基点上，坚持民族自尊心和自信心；坚定不移走自己的路，坚定不移走中国特色社会主义道路，既不走封闭僵化的老路，也不走改旗易帜的邪路；坚持独立自主的和平外交政策，坚定不移走和平发展道路。我们要在中国马克思主义经典著作中，学习中国马克思主义经典作家辩证唯物主义的基本立场，处理世情、国情与党情中一般与特殊的关系，坚定走中国特色社会主义道路的信心和决心。

3. 以中国问题为中心

在马克思主义中国化时代化、中国马克思主义形成、发展进程中，中国马克思主义经典作家创作中国马克思主义经典著作，坚持以研究与解决中国问题为中心，也就是坚持马克思主义基本原理同中国革命、建设、改革实际相结合、同中华优秀传统文化相结合的基本原则。学习中国马克思主义经典著作，也必须以中国问题为中心，针对中国问题、分析中国问题，寻求解决中国问题的办法与对策。

第一，学习研究中国马克思主义经典著作，要以中国问题为出发点和归宿。在推进马克思主义中国化时代化的历史进程中，中国共产党人始终以中国为中心，以中国问题为中心，以中国现实问题为中心。毛泽东在 1938 年六届六中全会上指出："共产党员是国际主义的马克思主义者，但是马克思主义必须和我的具体特点相结合并通过一定的民族形式才能实现。马克思列宁主义的伟大力量，就在于它是和各个国家具体的革命实践相联系的。对于中国共产党来说，就是要学会把马克思列宁主义的理论应用于中国的具体的环境。""离开中国特点来谈马克思主义，只是抽象的空洞的马克思主义。因此，使马克思主义在中国具体化，使之在其每一表现中带着必须有的中国的特性，即是说，

---

① 习近平：《在纪念毛泽东同志诞辰 120 周年座谈会上的讲话》，人民出版社 2013 年版，第 20 页。

按照中国的特点去应用它，成为全党亟待了解并亟待解决的问题。"①学习中国马克思主义经典著作的根本目的，就是要以马克思主义中国化时代化、解决中国问题、解决当代中国重大现实问题为出发点和归宿。

第二，学习研究中国马克思主义经典著作"要管用"，就是要学以致用。"对于马克思主义的理论，要能够精通它、应用它，精通的目的全在于应用。"②学习中国马克思主义经典著作，要结合学习和工作实际，有针对性地精读相关经典著作，以达到学以致用的效果。毛泽东曾经说过："马克思主义的'本本'是要学习的，但是必须同我国的实际情况相结合。我们需要'本本'，但是一定要纠正脱离实际情况的本本主义。"③学习经典著作，要联系当代中国和世界发展变化的新实践，坚持以我国改革开放和中国式现代化建设的实际问题为中心、以我们正在做的事情为中心，着眼于对实际问题的理论思考，不断研究解决中国特色社会主义发展过程中面临的重大理论和实际问题，不断推动马克思主义中国化、时代化、大众化，开创中国特色社会主义事业发展新境界。

第三，研读中国马克思主义经典著作的根本目的，是与时俱进、不断推动当代中国马克思主义理论创新。对经典著作中的某些观点、论断和结论，要在新的实践中予以完善、发展和创新。这既是时代与实践发展的需要，也是马克思主义理论本质属性的体现。恩格斯曾说："我们的理论是发展着的理论，而不是必须背得烂熟并机械地加以重复的教条。"④研读中国马克思主义经典著作，重点是在实际运用中对其中的论断、结论或原理进行丰富、发展和创新。学习中国马克思主义经典著作，不是为学习而学习，不是为了学理论、为了背诵和卖弄所谓"马克思主义"词句和学问而学习。既要反对轻视马克思主义的经验主义倾向，又要注意克服脱离社会实践、抽象地谈论马克思主义理论的教条主义倾向。要发扬理论联系实际的优良学风，善于运用科学理论研究新情况、解决新问题，力争用新的思想、新的观点丰富和发展当代中国马克思主义。

---

① 《毛泽东选集》第二卷，人民出版社 1991 年版，第 534 页。
② 《毛泽东选集》第三卷，人民出版社 1991 年版，第 815 页。
③ 《毛泽东选集》第一卷，人民出版社 1991 年版，第 111～112 页。
④ 《马克思恩格斯文集》第十卷，人民出版社 2009 年版，第 562 页。

毛泽东《中国社会各阶级的分析》导读

《中国社会各阶级的分析》最初刊登在中国国民革命军第二军司令部1925年12月出版的《革命》半月刊第4期。1951年10月，该文正式收入《毛泽东选集》第一卷。这篇文章是毛泽东为反对当时党内存在的"左"、右倾机会主义错误思想而写的。毛泽东运用马克思主义阶级分析方法，结合中国革命的具体实践，论述了中国革命的对象、动力、性质和前途等一系列问题，初步提出了新民主主义革命的基本思想，为探索新民主主义革命理论作出了杰出贡献。它标志着毛泽东思想的萌芽。

原文见《毛泽东选集》第一卷，人民出版社1991年版，第3～11页。

一、形成背景

1925年，国共两党合作推动的反帝反封建革命运动正在蓬勃发展，并逐渐形成了大革命高潮，北伐战争即将进行，全国处于革命势力和反革命势力大决战的前夜。在这一革命的紧急关头，由于孙中山的去世，国内革命形势变得复杂起来，隐藏在革命队伍内部的一批地主买办阶级的代表、国民党老右派中央委员邹鲁、谢持等人，在北京西山召开所谓中央会议，形成"西山会议派"。他们在上海成立伪国民党中央，宣称要驱逐共产国际代表，取消已加入国民党的共产党员李大钊等人的党籍，不准共产党人主持教育行政和参加群众运动。国民党内除原有的老右派外，又出现了以蒋介石、戴季陶等为首的新右派集团，他们表面上鼓吹革命，假充"左派"，暗中积极篡夺革命领导权，反对中国共产党领导工农群众进行阶级斗争，并借此在统一战线中排挤和打击共产党。

当时，在中共党内也出现了一些模糊认识和错误倾向。第一种倾向以总书记陈独秀为代表，只注意同国民党合作，认为农民"落后、保守"，难以参加革命，在政治上对国民党右派采取妥协退让的政策，导致最后放弃革命领导权；第二种倾向以张国焘为代表，只注意工人运动，否认农民在革命中的重要作用，认为农民没有革命要求。这两种错误倾向都感觉自己力量不足，而不知道到何处去寻找力量，到何处去寻找广大的同盟军。

毛泽东的这篇文章为巩固发展国共两党的革命统一战线提供了阶级根据。

《中国社会各阶级的分析》首次刊登在国民党的刊物上，是以共产党员跨党的国民党员身份来写的。戴季陶于 1925 年 7 月出版了《国民革命与中国国民党》一书，为国民党右派提供反动思想武器。国民党新老右派勾结，妄图破坏国共合作和国民革命的大好形势。毛泽东的这篇文章从阶级关系上深刻阐述了国民党"一大"宣言所说的敌友之辨，帮助革命的国民党员从根本上懂得要执行大会宣言，就要团结真正的朋友，真正支持和赞助工农运动，加强对右派的斗争，巩固发展与共产党的联盟。

1925 年 2 月，毛泽东偕妻子杨开慧和儿子毛岸英、毛岸青回到韶山。这是毛泽东回乡时间最长的一次，大约 200 天。回到家乡韶山，毛泽东一边搞农村调查和农民运动，一边研究实际的农村阶级斗争，在韶山建立中共韶山支部，组织农民协会，开办农民夜校，播下革命种子，用他后来的话说是"放火烧荒"，点燃家乡农民运动的熊熊烈火。此次回乡，使毛泽东深深地体会到湖南农民的战斗性。1936 年毛泽东同斯诺谈话时，回忆当年湖南农民的情况说道："以前我没有充分认识到农民中间的阶级斗争的程度，但是在[一九二五年]'五卅'惨案以后，以及在继之而起的政治活动的巨浪中，湖南农民变得非常富有战斗性。"①9 月，毛泽东赴广州农民运动讲习所（第五期）授课，途中会见了中共宜章地方执行委员会书记高静山，一起探讨了对湖南农村阶级状况的看法，《中国社会各阶级的分析》一文已在酝酿之中，11 月底完稿。

二、基本思想

《中国社会各阶级的分析》针对大革命时期中国共产党党内存在着的"左"、右倾两种错误倾向，强调了分清敌友对于革命事业的重要意义，指出分清敌友"是革命的首要问题"，"我们的革命要有不领错路和一定成功的把握，不可不注意团结我们的真正的朋友，以攻击我们的真正的敌人"。② 文章运用历史唯物主义原理，具体地分析了中国社会各阶级、阶层的经济地位，以及由经济地位决定的对待革命的不同态度、各阶级的相互关系等，从而回答了中国革命的对象、动力、性质和前途等一系列根本问题。

第一，分清敌友是革命的首要问题。在阶级社会里，经济地位决定政治态度，不同阶级处于不同的经济地位，就有不同的经济利益和不同的政治态度。

---

① ［美］埃德加·斯诺：《西行漫记》，生活·读书·新知三联书店 1979 年版，第 135 页。
② 《毛泽东选集》第一卷，人民出版社 1991 年版，第 3 页。

只有用经济地位来考察各阶级的政治态度，才不会被暂时的表象所迷惑。文章首先提出了分清敌友是革命的首要问题。"谁是我们的敌人？谁是我们的朋友？这个问题是革命的首要问题。"用设问句式尖锐而鲜明地提出了问题。接着从革命的历史经验和革命党所肩负的历史使命两个方面，阐明分清敌友是关系到革命成败的头等重要问题，揭示了分清敌友是我党制定总路线的出发点，并指出要分辨真正的敌友就必须运用阶级分析方法对中国社会各阶级进行科学的分析。

第二，地主阶级和买办阶级是中国革命的敌人。毛泽东首先分析地主买办阶级的经济地位，指出中国是"经济落后的半殖民地"国家，地主阶级和买办阶级与帝国主义有着不可分割的附庸关系。前者是用封建制度剥削和压迫农民的阶级，是帝国主义统治中国的社会基础；后者是直接为帝国主义国家的资本家服务并为他们所豢养的阶级。他们在经济上依附国际资产阶级，在政治上是帝国主义统治中国的主要社会基础。接着分析地主买办阶级对革命的态度，从生产关系一定要适应生产力的发展这一马克思主义基本原理出发，指出他们是最落后和最反动的生产关系的代表，阻碍生产力的发展，和中国革命的目的完全不同，是中国革命的对象。

第三，把中国的资产阶级分为两个部分，并精辟地论述了民族资产阶级的两面性。毛泽东明确把中国资产阶级分为买办资产阶级和民族资产阶级。他指出，中产阶级主要是指民族资产阶级，他们对于中国革命具有矛盾的态度。首先，中产阶级在经济上代表中国城乡资本主义的生产关系。其次，中产阶级的政治态度具有矛盾性。在经济上受外资打击政治上受军阀压迫时，他们赞成反帝国主义反军阀的革命运动，但当革命对于其欲达到大资产阶级地位的阶级的发展感到威胁时，他们又怀疑革命、反对革命。这就非常鲜明地指出了中国民族资产阶级的两重性。毛泽东还分析批判了民族资产阶级的政治主张，指出民族资产阶级的政治主张是实现其一个阶级统治的国家。但是，这样的企图是完全行不通的，因为在当时国际革命与反革命两大势力的影响下，中间阶级必然迅速分化，或者向右跑入反革命派，或者向左跑入革命派，没有独立的余地。毛泽东对民族资产阶级两面性的分析，为共产党对民族资产阶级采取又联合又斗争的策略奠定了理论基础。

第四，小资产阶级是无产阶级最接近的朋友，农民是无产阶级最广大最可靠的同盟军。小资产阶级主要是指农村的自耕农、手工业主、小知识阶层。首先，毛泽东明确划分了小资产阶级的阶层、特点及其经济地位，并指出了他们在革命中的重要性。其次，他从经济地位和对革命的态度两方面对小资产阶级作了具体辩证的分析，指出小资产阶级在经济上有上、中、下三种不同的地位，因而决定他们在政治上必然有右、中、左三类。最后，他对小资产阶级的政治态度做了小结：一方面他们有参加革命的可能性，另一方面他们中间的不同阶层对革命的态度不同。总之，小资产阶级都受帝国主义、封建主义和买办阶级的压迫，日益走向破产和半破产的境地。他们在革命到来时会站在革命的一边，是中国革命可靠的同盟军。

毛泽东分析了半无产阶级，这主要包括绝大部分的半自耕农、贫农、小手工业者、店员和小贩等。毛泽东明确指出："绝大部分半自耕农和贫农是农村中一个数量极大的群众。所谓农民问题，主要就是他们的问题。"①毛泽东特别强调这个阶级的重要性。首先，半无产阶级的各个阶层在数量上占优势，他们所经营的是更细小的小生产经济，农民问题就是指绝大部分半自耕农和贫农的问题。其次，具体分析了半自耕农、贫农的经济状况和对革命的态度。指出他们仍有上、中、下三个细别。这三部分人由于经济状况的不同，受地主剥削的程度不同，因此他们对革命的态度也就不同。文章着重说明了贫农低下的经济地位和艰苦的生活状况，指出其中一部分贫农在经济上苦于半自耕农而优于另一部分贫农，因此革命性也就优于半自耕农民而不及另一部分贫农。最后，文章分别对小手工业者、店员、小贩的经济地位和生活状况作了简要的分析，指出他们属于更小的小生产经济，经济地位低下，生活困难，遭受深重的剥削和压迫，有强烈的革命要求。他们是中国革命的最可靠的同盟军。

毛泽东对农民阶级及其各个阶层的分析，为中国革命找到了伟大力量的源泉，这就奠定了工农联盟的思想基础，解决了无产阶级最主要的同盟军问题，反对了党内在农民问题上的"左"、右倾错误观点，解决了党的历次代表大会不曾明确解决的问题。

第五，工业无产阶级是中国革命的领导力量。毛泽东对无产阶级的经济地位、政治地位及其在革命运动中的实际表现作了具体分析。他指出，工业无产阶级人数虽不多，但他们是中国新的生产力的代表，是近代最进步的阶级，因此能够做革命运动的领导力量。文章列举了四年来中国工人阶级在历次反帝反军阀的罢工斗争中的表现，深刻地揭示了工业无产阶级"特别能战斗"的原因：第一个原因是集中。无论哪种人都不如他们集中。第二个原因是经济地位低下。在半殖民地半封建的中国，无产阶级受着帝国主义、封建主义、资产阶级的三重压迫，决定了中国无产阶级最坚决最彻底的革命性。无产阶级的特点，

①《毛泽东选集》第一卷，人民出版社1991年版，第6页。

决定了无产阶级必然成为中国革命的领导力量。

文章还分析了农村无产阶级(雇农)的经济地位和政治态度,指出以码头搬运夫和人力车夫占多数,粪夫清道夫等亦属于这一类。他们除双手外,别无长物,其经济地位和产业工人相似。

毛泽东这篇文章的思想精髓集中体现在文章结尾的表述中:"可知一切勾结帝国主义的军阀、官僚、买办阶级、大地主阶级以及附属于他们的一部分反动知识界,是我们的敌人。工业无产阶级是我们革命的领导力量。一切半无产阶级、小资产阶级,是我们最接近的朋友。那动摇不定的中产阶级,其右翼可能是我们的敌人,其左翼可能是我们的朋友——但我们要时常提防他们,不要让他们扰乱了我们的阵线。"①这些表述是毛泽东在对中国社会各阶级逐一作了分析之后得到的一个总体性认识,闪耀着新民主主义革命基本思想的光辉。

三、重要意义

《中国社会各阶级的分析》是毛泽东思想萌芽时期的主要著作之一,阐明了党在民主革命时期依靠谁、团结谁、打击谁的基本路线,体现了毛泽东对中国国情、中国社会(主要是中国农村)以及中国革命基本问题——农民问题的科学认识。文章是马克思主义与中国实际相结合的成果,体现了马克思主义中国化的理论魅力。

第一,《中国社会各阶级的分析》丰富了马克思主义关于阶级和阶级斗争理论宝库。毛泽东在这篇文章中,将马克思列宁主义的一些基本原理与中国国情、中国革命实际结合起来,用马克思列宁主义的阶级理论和阶级分析方法,抓住各阶级的经济地位,实事求是地分析了中国社会各阶级的地位、相互关系以及对待革命的态度,特别是创造性地分析了资产阶级的特殊性,科学地指出了半殖民地半封建中国的资产阶级分为买办资产阶级和民族资产阶级两部分,为中国共产党在新民主主义革命时期制定正确的路线、方针、政策奠定了理论基础。这是对马克思主义的重大发展。

第二,《中国社会各阶级的分析》解决了当时迫切需要解决的无产阶级领导权和同盟军问题。毛泽东通过对各阶级所处的经济地位、所持的政治态度的观察,强调指出,中国过去一切革命斗争成效甚少,其基本原因就是不能团结真正的朋友,攻击真正的敌人。毛泽东在著作中回答了这个问题,对中国革命的

---

① 《毛泽东选集》第一卷,人民出版社1991年版,第9页。

发展有重大的指导意义。它有力地批驳了国民党新右派集团的反动谬论，批判了党内"左"、右倾错误思想，从思想上、理论上武装了全党，推动了中国革命继续向前发展。

第三，毛泽东的阶级分析思想对正确分析和认识现阶段我国社会各阶级阶层结构发生的新变化，具有重要的现实指导意义。党的十一届三中全会以来，我国进入全面改革开放的新时期，作为社会结构重要方面的社会阶级阶层结构也发生了深刻变化。只有运用毛泽东的阶级分析思想，正确地分析和认识当今我国的阶级阶层情况，才能清醒地认识并妥善地处理社会主义现代化建设新时期的大量人民内部矛盾，以调动一切积极因素，把社会主义现代化的建设事业不断向前推进。我国今天社会阶级阶层结构的深刻变化表明，工人阶级和农民阶级都越来越分化，呈现出多层次结构，并且在工人阶级和农民阶级之外，出现了一些新的社会阶层。但包括知识分子在内的工人阶级和农民阶级，始终是推动我国先进生产力发展和社会全面进步的根本力量。新的社会阶层中的不少人正是从各种群体中分化出来的，彼此之间存在着某种天然的联系。因此，分析和研究我国现阶段的社会阶级阶层结构，既不能停留在"两个阶级一个阶层"的原有理论模式上，也不能停留在仅仅运用简单化的阶级分析甚至分类上，应以毛泽东阶级分析的观点深入到阶级阶层内部，具体分析他们在新时代中发生的新变化，从而正确认识他们在当今社会主义现代化建设中的地位和作用。

四、学习思考

1. 如何理解"革命的首要问题"对于中国共产党的极端重要性？

2. 如何理解这篇文章对于新民主主义革命理论形成的重要意义？

3. 如何创造性运用阶级分析法分析当今社会阶级阶层的新变化？

毛泽东《湖南农民运动考察报告》导读

　　《湖南农民运动考察报告》是毛泽东于 1927 年 1 月 4 日至 2 月 5 日在考察了湖南湘潭、湘乡、衡山、醴陵、长沙五地的农民运动后写成的调查报告。当年 3 月，该报告先后在中共湖南区委机关报《战士》周报、汉口的《民国日报》、《湖南民报》等连载。4 月，汉口长江书店以《湖南农民革命（一）》为书名，将《湖南农民运动考察报告》以单行本出版发行。之后，毛泽东对该文进行过修改。

　　原文见《毛泽东选集》第一卷，人民出版社 1991 年版，第 12～46 页。

一、形成背景

　　随着北伐战争的胜利推进，国民革命军所到之处，军阀的反动统治被推翻，民众有了集会、结社、罢工、游行示威等政治自由，革命群众运动以前所未有的声势蓬勃发展起来，湘、鄂、赣三省出现了农村大革命的高潮。"在北伐军占领的地区，农民运动得到更大规模的发展。北伐军进入湖南后，湖南农村掀起了一场迅猛异常的革命大风暴，攻击的矛头直指土豪劣绅、贪官污吏，旁及各种宗法的思想和制度。许多地区的地主政权、地主武装被打得落花流水。在那些打倒了地主政权的地方，农民协会便成为乡村唯一的权力机关。1926 年 11 月，毛泽东担任中共中央农民运动委员会书记后，决定以湖南、湖北、江西、河南为重点开展农民运动。到 11 月底，湖南有 54 个县已建立农民协会组织，会员达 107 万人；到 1927 年 1 月，会员又增加到 200 万人。湖北、江西等省的农民运动也有很大发展。在湖北，全省农民协会会员由 1926 年 7 月的 3 万多人增加到 11 月的 20 万人左右。江西的农协会员从 1926 年 10 月的 6000 多人发展到 11 月的 5 万多人。在湖南、湖北、江西农民运动大发展的推动下，其他各省的农民运动也逐渐兴起。"[①] "毕业于广州第六届农讲所的毛泽民、贺尔康、庞叔侃、朱友互、王首道等三十多名学员回湖南后，成为农运骨干。到一九二七年一月，湖南派往各县的农运工作人员有二百零三人，农民协会会员从四十万人激增到二百万人，能

---

　　① 中共中央党史研究室：《中国共产党历史》第一卷（1921—1949）上册，中共党史出版社 2011 年版，第 179～180 页。

直接领导的群众增加到一千万人，在湖南农民全数中差不多有一半已经组织起来。"①凡有农协的地方，农民对土豪劣绅、不法地主展开了减租、减息的经济斗争，并旁及各种宗法的思想和制度。湖南有些县成立县务会议，出席这些会议的有农协和工会的代表，群众团体实际上已参与政权的工作。

面对急风暴雨般迅猛兴起的农民运动，同地主豪绅有千丝万缕联系的国民党右派，包括北伐军中的一些军官，坐不住了。"农民在乡里造反，搅动了绅士们的酣梦。乡里消息传到城里来，城里的绅士立刻大哗。"②他们攻击农民运动破坏了社会秩序，是"痞子运动"，扰乱了北伐后方。一些中间派分子也开始动摇起来，说农民运动已经"越轨"了，应该加以限制，防人利用。联合阵线内部潜伏的危机越来越表面化了。与此同时，国民党右派的言论也反映到党内。

1926 年 12 月 13 日，中共政治局在汉口召开了特别会议。会议根据陈独秀的政治报告作出决议案指出了国民革命所面临的各种危险，错误地指出："各种危险倾向中最主要的严重的倾向是一方面民众运动勃起之日渐向'左'，一方面军事政权对于民众运动之勃起而恐怖而日渐向右。这种'左'右倾倘继续发展下去而距离日远，会至破裂联合战线，而危及整个的国民革命运动。"③"根据这个分析，会议规定当时党的主要策略是：限制工农运动发展，反对'耕地农有'，以换取蒋介石由右向左；同时扶持汪精卫取得国民党中央、国民政府和民众运动的领导地位，用以制约蒋介石的军事势力。事实上，蒋介石的军事势力和他的日益向右并不是这种策略所能限制得了的。推行的实际结果，只是单方面地限制工农运动的发展，牺牲工农群众的利益。在会上，陈独秀还说湖南工农运动'过火'、'幼稚'、'动摇北伐军心'、'妨碍统一战线'等。"④

面对着复杂的国内局势，带着农民运动是否"过火""幼稚"的问题，毛泽东从调查研究入手，决心实地考察一下，看看农村的实际情况。恰好在这时，他收到湖南全省农民第一次代表大会的邀请电。12 月 17 日，他从汉口到达长沙。正在举行的湖南农民、工人代表大会在 20 日下午联合举行欢迎会。工农代表大会期间，代表们提出许多问题，由省农协委员长易礼容整理，请毛泽东一一

---

① 中共中央文献研究室：《毛泽东传》(1893—1949)，中央文献出版社 2004 年版，第 126 页。本篇导读的"形成背景"部分主要参考了《毛泽东传》(1893—1949) 的相关内容。

② 《毛泽东选集》第一卷，人民出版社 1991 年版，第 15 页。

③ 中央档案馆：《中共中央文件选集》第二册，中共中央党校出版社 1989 年版，第 569 页。

④ 中共中央文献研究室：《毛泽东传》(1893—1949)，中央文献出版社 2004 年版，第 127 页。

做了解答。他还参加了大会的议案起草委员会。大会通过了 40 个决议案，肯定农民以暴力打击土豪劣绅是革命斗争中所必取的手段，指出当前的中心任务是根本铲除土豪劣绅的封建政权，建立农民政权。这同"十二月会议"的方针明显是两条路。

接着，毛泽东以国民党中央候补执行委员身份下乡考察农民运动。行前，国民党湖南省党部召开常务会议，决定派省党部监察委员戴述人陪同，将巡视重要意义六项"通告各县党部，要求协助作好考察工作"。

从 1927 年 1 月 4 日开始，毛泽东在戴述人等陪同下，身着蓝布长衫，脚穿草鞋，手拿雨伞，考察了湘潭、湘乡、衡山、醴陵、长沙五县。历时 32 天，行程 700 多千米。毛泽东看到了农村的革命生活和轰轰烈烈的农民运动，他对农民运动的认识更加深刻。

2 月 5 日，他回到长沙后，立刻向中共湖南区委作了几次报告，纠正他们在农运工作中的错误。中共湖南区委 1927 年 2 月写给中央的《湘区一月份农民运动报告》中说："在此社会群向农运进攻之包围中，我们亦自认现在农运的确是太左稚，于是通告禁止农协罚款、捕人等事……几乎不自觉的站到富农、地主方面而限制贫农。自润之同志自乡间视察归来，我们才感贫农猛烈之打击土豪劣绅实有必要。非如此不足以推翻现在乡村之封建政治。"[1]紧接着，中共湖南区委和省农协在实践中纠正了右倾偏向，从而为几个月后大规模的秋收起义和湘南暴动打下了很好的群众基础。

2 月 12 日，毛泽东由长沙回到武汉。16 日，他致信中共中央，在简要报告考察行程后指出："在各县乡下所见所闻与在汉口在长沙所见所闻几乎全不同，始发现我们从前对农运政策上处置上几个颇大的错误点。"[2]他报告了自己在考察过程中纠正的几个主要错误："(一)以'农运好得很'的事实，纠正政府国民党社会各界一致'农运糟得很'的议论。(二)以'贫农乃革命先锋'的事实，纠正各界一致的'痞子运动''惰农运动'的议论。(三)以从来并没有什么联合战线存在的事实，纠正农协破坏了联合战线的议论。"[3]毛泽东还提出指导农民运动的十点意见。他认为，在农村尚未建立联合战线之前的革命暴动时期，农民

---

① 中共中央文献研究室：《毛泽东传》(1893—1949)，中央文献出版社 2004 年版，第131 页。

② 中共中央文献研究室：《毛泽东传》(1893—1949)，中央文献出版社 2004 年版，第131 页。

③ 中共中央文献研究室：《毛泽东传》(1893—1949)，中央文献出版社 2004 年版，第131 页。

一切向封建地主阶级的行动都是对的，过分一点也是对的，不过正不能矫枉。毛泽东还鲜明地提出："农民问题只是一个贫农问题，而贫农的问题有二个，即资本问题与土地问题。这两个都已经不是宣传的问题而是要立即实行的问题了。"①之后，他很快写就了《湖南农民运动考察报告》。

二、基本思想

《湖南农民运动考察报告》总结了湖南农民运动的丰富经验，驳斥了党内外对农民运动的怀疑和指责，阐明农民斗争同中国革命成败的密切关系。

第一，高度评价了农民在中国革命中的伟大作用。毛泽东在《湖南农民运动考察报告》中根据自己的考察，首先提出"农民问题的严重性"。他指出："目前农民运动的兴起是一个极大的问题。很短的时间内，将有几万万农民从中国中部、南部和北部各省起来，其势如暴风骤雨，迅猛异常，无论什么大的力量都将压抑不住。他们将冲决一切束缚他们的罗网，朝着解放的路上迅跑。一切帝国主义、军阀、贪官污吏、土豪劣绅，都将被他们葬入坟墓。一切革命的党派、革命的同志，都将在他们面前受他们的检验而决定弃取。"②鉴于此，他要求"所有各种反对农民运动的议论，都必须迅速矫正。革命当局对农民运动的各种错误处置，必须迅速变更。"③

第二，用事实驳斥了"糟得很"的错误论断和所谓"过分""痞子运动"等错误言论。针对"糟得很"的错误论断，毛泽东指出：农民运动"乃是广大的农民群众起来完成他们的历史使命，乃是乡村的民主势力起来打翻乡村的封建势力。宗法封建性的土豪劣绅，不法地主阶级，是几千年专制政治的基础，帝国主义、军阀、贪官污吏的墙脚。打翻这个封建势力，乃是国民革命的真正目标。孙中山先生致力国民革命凡四十年，所要做而没有做到的事，农民在几个月内做到了。这是四十年乃至几千年未曾成就过的奇勋。这是好得很。完全没有什么'糟'，完全不是什么'糟得很'"④他进一步指出："无数万成群的奴隶——农民，在那里打翻他们的吃人的仇敌。农民的举动，完全是对的，他们的举动好得很！……一切革命同志须知：国民革命需要一个大的农村变动。辛亥革命

---

① 中共中央文献研究室：《毛泽东传》(1893—1949)，中央文献出版社 2004 年版，第 132 页。

② 《毛泽东选集》第一卷，人民出版社 1991 年版，第 12～13 页。

③ 《毛泽东选集》第一卷，人民出版社 1991 年版，第 12 页。

④ 《毛泽东选集》第一卷，人民出版社 1991 年版，第 15～16 页。

没有这个变动，所以失败了。现在有了这个变动，乃是革命完成的重要因素。一切革命同志都要拥护这个变动，否则他就站到反革命立场上去了。"①针对所谓"过分"的错误言论，毛泽东指出，所谓农民的"过分"行为都是土豪劣绅、不法地主自己逼出来的；凡是反抗最力、乱子闹得最大的地方，都是土豪劣绅、不法地主为恶最甚的地方。毛泽东进一步指出，农村革命是农民阶级推翻封建地主阶级的权力的革命。农民若不用极大的力量，决不能推翻几千年根深蒂固的地主权力。农村中须有一个大的革命热潮，才能鼓动成千成万的群众，形成一个大的力量。每个农村都必须造成一个短时期的恐怖现象，非如此决不能镇压农村反革命派的活动，决不能打倒绅权。矫枉必须过正，不过正不能矫枉。因此，农民所谓"过分"的举动，都是农民在乡村中由大的革命热潮鼓动出来的力量所造成的。针对所谓"痞子运动""惰农运动"的反革命言论，毛泽东通过归纳农会做的诸如将农民组织在农会里，政治上打击地主，经济上打击地主，推翻土豪劣绅的封建统治，推翻地主武装、建立农民武装，推翻县官老爷衙门差役的政权，推翻祠堂族长的族权和城隍土地菩萨的神权以至丈夫的男权，普及政治宣传，农民诸禁，清匪，废苛捐，文化运动，合作社运动，修道路、修塘坝这十四件大事，指出"农民所做的事很多"，不是"痞子运动""惰农运动"。

　　第三，正确分析了农民各个阶层的政治态度，充分肯定了贫农在革命中的伟大作用。毛泽东指出："农民成就了多年未曾成就的革命事业，农民做了国民革命的重要工作。但是这种革命大业，革命重要工作，是不是农民全体做的呢？不是的。农民中有富农、中农、贫农三种。三种状况不同，对于革命的观感也各别。"②毛泽东特别对中国农民的各个阶层的经济状况及革命态度作了分析。他指出，富农的态度始终是消极的；中农的态度是游移的，但革命形势高涨时，他们也可参加革命，对他们应该争取和团结；贫农是"乡村中一向苦战奋斗的主要力量"③。毛泽东特别分析指出：贫农由于经济上"上无片瓦，下无插针之地"，"不怕失掉什么"，所以，"他们最听共产党的领导。他们和土豪劣绅是死对头，他们毫不迟疑地向土豪劣绅营垒进攻"；占乡村人口70%的贫农"乃是农民协会的中坚，打倒封建势力的先锋，成就那多年未曾成就的革命大业的元勋。没有贫农阶级(照绅士的话说，没有'痞子')，决不能造成现时乡村的革命状态，决不能打倒土豪劣绅，完成民主革命"。④ 毛泽东得出结论说：

---

①　《毛泽东选集》第一卷，人民出版社1991年版，第16页。
②　《毛泽东选集》第一卷，人民出版社1991年版，第18～19页。
③　《毛泽东选集》第一卷，人民出版社1991年版，第20页。
④　《毛泽东选集》第一卷，人民出版社1991年版，第20～21页。

"没有贫农，便没有革命。若否认他们，便是否认革命。若打击他们，便是打击革命。他们的革命大方向始终没有错。他们损伤了土豪劣绅的体面。他们打翻了大小土豪劣绅在地上，并且踏上一只脚。他们在革命期内的许多所谓'过分'举动，实在正是革命的需要。"①

第四，初步阐述了农民武装斗争和建立革命政权的必要性。毛泽东指出："革命不是请客吃饭，不是做文章，不是绘画绣花，不能那样雅致，那样从容不迫，文质彬彬，那样温良恭俭让。革命是暴动，是一个阶级推翻一个阶级的暴烈的行动。"②暴力革命必须有革命武装。在湖南农民运动中，从反动的地主手里拿过来的武装，将一律改为挨户团常备队，放在新的乡村自治机关——农民政权的乡村自治机关管理之下。同时，农民组建了农会的梭镖队，成为挨户团非常备队。农民的武装势力是使一切土豪劣绅看了打颤的一种新起的武装力量。

一切革命的根本问题是国家政权问题，湖南农民运动中也逐渐建立了民主政权。毛泽东考察湖南农民运动后指出："农民有了组织之后，第一个行动，便是从政治上把地主阶级特别是土豪劣绅的威风打下去，即是从农村的社会地位上把地主权力打下去，把农民权力长上来。这是一个极严重极紧要的斗争"；"这个斗争不胜利，一切减租减息，要求土地及其他生产手段等等的经济斗争，决无胜利之可能"；农民"在乡农民协会（农民协会的最下级）称王，乡农民协会在他们手里弄成很凶的东西了。他们举起他们那粗黑的手，加在绅士们头上了"，"一切地方上的事都推到农民协会去办"，"在农民已经起来的县，无论什么人去，都是廉洁政府……在农民势力极盛的县，农民协会说话是'飞灵的'"。③ 因此，农民通过武装斗争建立民主革命政权非常必要。

三、重要意义

《湖南农民运动考察报告》是毛泽东运用马克思主义理论正确分析中国革命、中国农民问题的光辉著作，在毛泽东思想发展史上具有重要的历史价值。

第一，《湖南农民运动考察报告》热情歌颂了农民的革命运动，是无产阶级及其政党领导农民革命斗争的纲领性文献。在半殖民地半封建的中国社会里，

---

① 《毛泽东选集》第一卷，人民出版社1991年版，第21页。
② 《毛泽东选集》第一卷，人民出版社1991年版，第17页。
③ 《毛泽东选集》第一卷，人民出版社1991年版，第23、18、28~29页。

农民占全国人口的 80％以上，他们深受帝国主义、封建主义和官僚资本主义的压迫和剥削，具有强烈的反帝反封建的革命要求。农民问题是中国革命的基本问题，新民主主义革命实质上就是党领导下的农民革命，中国革命战争实质上就是党领导下的农民战争。工人阶级只有与农民结成巩固的联盟，才能形成强大的力量，才能完成反帝反封建的革命任务。《湖南农民运动考察报告》高度肯定了农民运动和建立农村革命政权的伟大作用，为中国共产党工农联盟理论的提出奠定了很好的认识基础。

第二，《湖南农民运动考察报告》初步肯定了农民的武装斗争，为中国共产党农村包围城市武装夺取政权道路理论的提出做了一定的理论准备。武装斗争是中国革命的特点和优点之一。与资本主义国家不同，在半殖民地半封建的旧中国，帝国主义和封建主义总是凭借着反革命暴力对革命人民实行残暴的镇压。无产阶级和广大人民群众无议会可以利用，无组织工人举行罢工的合法权利。革命人民只有武装起来，以武装的革命反对武装的反革命。毛泽东在《湖南农民运动考察报告》中指出了革命的暴力特点，并总结了农民武装斗争推翻了乡村封建势力的伟大作用，是后来毛泽东提出"须知政权是由枪杆子中取得的"的论断和农村包围城市武装夺取政权道路理论的重要认识基础。

第三，《湖南农民运动考察报告》具有重要的方法论意义，体现了实事求是的精神。实践是认识的基础，是科学理论的来源。《湖南农民运动考察报告》是毛泽东历时 32 天，跋涉 700 多千米，亲自考察湖南 5 个县而写就的，其中关于农民革命运动的认识都是总结农民斗争的经验得出的。毛泽东非常重视调查研究，之后又提出"不做调查没有发言权"，"不做正确的调查同样没有发言权"的论断。重视调查研究也是中国共产党正确认识路线的重要内容，《湖南农民运动考察报告》是一个良好的开端。

四、学习思考

1. 分析《湖南农民运动考察报告》在毛泽东思想中的重要地位。
2. 试论《湖南农民运动考察报告》的现实意义。

毛泽东《关于纠正党内的错误思想》导读

　　《关于纠正党内的错误思想》写于 1929 年 12 月，是毛泽东为中国共产党红军第四军第九次代表大会（即古田会议）写的决议的第一部分，也是整个决议的核心部分，曾发表于 1942 年 4 月 10 日延安《解放日报》。1944 年晋察冀日报社编辑出版的《毛泽东选集》全文收入了这篇文章，此后各版本《毛泽东选集》均收入这篇文章。1951 年毛泽东对文章进行了一些修改，以现题收入《毛泽东选集》第一卷。该文不仅回答了从思想上建军的问题，同时也回答了从思想上建党的问题，是建军建党的伟大纲领，在毛泽东思想发展史上占有重要地位。1991 年再版《毛泽东选集》，对题解和注释做了一些修改，正文没有做任何变动。

　　原文见《毛泽东选集》第一卷，人民出版社 1991 年版，第 85～96 页。

一、形成背景

　　井冈山革命根据地建立后，随着形势的发展和革命队伍的扩大，红四军内部加入了大量农民和其他小资产阶级出身的同志，加上环境险恶，战斗频繁，部队得不到及时教育和整训。因此，极端民主化、重军事轻政治、不重视建立巩固的根据地、流寇思想和军阀主义等非无产阶级思想在红四军内滋长严重。作为红四军前委书记的毛泽东曾力图纠正这些错误的思想倾向，但是，由于红四军党内特别是领导层内存在着认识上的分歧和争论，毛泽东的正确主张没有能够为红四军领导层的大多数同志所接受。1929 年 6 月，红四军在龙岩召开了党的七大，会上发生了争论。会后，毛泽东离开了红四军的领导岗位。不久之后红四军党的八大在福建上杭召开，还是没有解决领导思想上的问题。1929 年 8 月下旬，陈毅抵达上海，向党中央如实汇报了红四军的工作，中央深入研究讨论后，在给红四军的指示信——著名的"九月来信"中，肯定了红四军建立以来所取得的成绩和经验，要求红四军前委和全体干部战士维护朱德、毛泽东的领导，明确指出毛泽东"应仍为前委书记"。根据中央"九月来信"的精神，12 月 28 日和 29 日，红四军党的第九次代表大会在福建上杭县古田召开，会上一致通过了毛泽东代表前委起草的《古田会议决议》。其中第一部分，也是最为核心的内容就是《关于纠正党内的错误思想》。

《关于纠正党内的错误思想》是中国共产党内正确思想和各种错误思想作斗争的成果。大革命失败后，共产国际和党内教条主义者片面强调党员的阶级成分，要求在城市发展产业支部，积极"征收"工人党员，并以此作为加强党的无产阶级化的基本途径。随着武装斗争在农村的开展，大量农民和小手工业者加入党组织。由于党内农民和其他小资产阶级出身的人占绝大多数，新党员多，马克思主义思想教育不够，党员干部在思想上政治上不够坚定，党内的无产阶级思想与小资产阶级思想矛盾加深，这种错误思想导致毛泽东离开了部队。红四军九大的召开，以及《古田会议决议》的通过，是党内无产阶级思想战胜非无产阶级思想的结果，也表明中国共产党结合中国国情，开始走出一条与俄共(布)不同的建党路线。

《古田会议决议》是毛泽东等人在中国特殊国情下，以马克思主义为指导，建党建军实践经验的总结。毛泽东从创建红军起，就首创了支部建在连上，班、排建立党的小组，营、团设立党的委员会等一套完整的部队党的组织机构形式。后来又在实践中逐步建立健全了军队党的政治机关和政治工作制度，并将单一首长制改为双首长制，从组织机制上保证了党对军队的绝对领导。同时，通过讲课、办训练班等形式强化对部队的无产阶级思想教育。井冈山"八月失败"之后，毛泽东为了"洗刷党内机会主义的遗毒"，还亲自组织了我党历史上最早的一次整党运动——"九月洗党"。1927年10月23日，毛泽东提出"三大纪律"，1928年1月，毛泽东又宣布了"六项注意"，这些都集中反映了人民军队的性质和全心全意为人民服务的宗旨。这一系列的成功实践，成为《关于纠正党内的错误思想》最重要的实践基础。

二、基本思想

《古田会议决议》强调必须重视加强思想建设，用无产阶级思想进行党的建设和军队建设，即在经济文化落后的半殖民地半封建的中国社会，在农村革命战争的环境中，在党和军队的主要成分是农民的条件下，如何克服来自农民和小资产阶级及其他非无产阶级的思想影响，把党建设成为无产阶级先锋队，把军队建设成为无产阶级领导的新型人民军队。《古田会议决议》是中国共产党及其领导的人民军队建设的纲领性文献，其精神至今仍有重要的现实意义。《关于纠正党内的错误思想》的思想观点包括以下几个方面。

第一，在党的思想建设方面，要求克服党内的各种非无产阶级思想。把党的思想建设放在首位，是毛泽东建党学说的一条重要原理。从政党本身来说，一个党如果离开了马克思主义，就谈不上党的无产阶级先锋队性质。从党员个人来说，没有马克思主义武装也不能成为无产阶级的先进战士。在文章中，毛泽东强调了红军党内思想建设的极端重要性，他指出："红军第四军的共产党内存在着各种非无产阶级的思想，这对于执行党的正确路线，妨碍极大。若不彻底纠正，则中国伟大革命斗争给予红军第四军的任务，是必然担负不起来的。"①这就揭示了思想建设与政治建设的内在联系，也就是说党内思想状况的好坏、马克思主义水平的高低，直接影响党的政治路线的贯彻执行。只有用无产阶级思想克服非无产阶级思想，对党员进行马克思列宁主义和正确路线的教育，才能保持党的正确路线的贯彻和革命任务的完成，突出了党的思想建设的地位和作用。

毛泽东列举了单纯军事观点、极端民主化、非组织观点、绝对平均主义、主观主义、个人主义、流寇思想、盲动主义残余这八种错误思想。这些思想主要表现为有的人主张"走州过府"，走到哪吃到哪；有的认为军事高于一切，司令部对外，政工人员是吃闲饭的；有的对党委、支部讨论决定的制度感到受约束，喜欢长官说了算；有的喜欢打骂体罚战士，对逃兵采取野蛮的处理，抓回就枪毙；等等。

毛泽东分析了错误思想产生的原因，认为红四军党内之所以产生这八种错误思想，主要有如下两个方面原因：从客观上讲，是由于党的组织基础的最大部分是由农民和其他小资产阶级出身的成分所构成的；从主观上讲，则是党的领导机关对于这些不正确的思想缺乏一致的坚决的斗争，缺乏对党员进行正确路线的教育。

为了有效克服党内的非无产阶级思想，毛泽东提出要切实加强党内思想教育和开展党内的批评。要达到这个目的，就要教育党员用马克思列宁主义的方法去作政治形势的分析和阶级势力的估量，以代替主观主义的分析和估量；要使党员注意社会经济的调查和研究，由此来决定斗争的策略和工作的方法。最终教育党员使党员的思想和党内的生活都政治化、科学化。决议规定了进行党内教育的十种材料和十八种方法，从教育上提高党内的政治水平，同时，健全党的组织生活和学习制度，使党内教育经常化制度化。

第二，在组织建设方面，要求切实解决党的组织松懈问题，以提高组织的战斗力。当时由于红军和根据地发展很快，出现"党员加入太随便"和"许多不够党员资格的也拉了进来"的现象，而且红军忙于打仗，党的组织制度和组织

① 《毛泽东选集》第一卷，人民出版社1991年版，第85页。

纪律不健全。毛泽东认为，红军党的组织问题到了非常之严重的时期，特别是党员的质量之差和组织之松懈，严重影响到了红军的领导与政策的执行，要求红四军党内全体同志努力改造党的组织，务必使党的组织确实能担负起党的政治任务。在这里，毛泽东揭示了党的组织建设同党的政治路线的内在关系，从而说明了党的组织建设的重要性。

毛泽东认为，要克服党的组织松懈问题，一方面，必须实行正确的党员发展路线。针对当时党员加入太随便的倾向，毛泽东规定党员发展路线，以战斗兵为主要对象，以后又规定了入党的五项条件。另一方面，还应当厉行集中指导下的民主生活。毛泽东指出，党的领导机关要有正确的指导路线，遇事要拿出办法；上级机关要明了下级机关的情况和群众生活的情况，以成为正确指导的客观基础；党的各级机关形成解决问题的决议，就必须坚决执行。

第三，在党的政治建设方面，坚持党对军队的绝对领导。毛泽东严肃批评了单纯军事观点。有人认为军事政治二者是对立的，甚至还有说"军事好，政治自然会好，军事不好，政治也不会好"，有人提出"司令部对外"的口号。对此，毛泽东认为，中国的红军是一个执行革命的政治任务的武装集团，军事只是完成政治任务的工具之一。红军决不是单纯打仗的，它除了打仗消灭敌人军事力量之外，还要负担宣传群众、组织群众、武装群众、帮助群众建立革命政权以至于建立共产党的组织等重大的任务。这是因为红军同一切旧军队在性质上是有根本区别的，它是为无产阶级和广大劳动人民的利益服务的，是共产党领导的新型人民军队。

毛泽东还集中论述了单纯军事观点的来源和纠正的方法。单纯军事观点的来源主要是：政治水平低、雇佣军队的思想、过分相信军事力量而不相信人民群众的力量、党对于军事工作没有积极的注意和讨论。纠正的主要方法是：在思想上，坚持无产阶级的思想领导，提高党内政治水平，划清两种不同军队的界限，肃清单纯军事观点的思想根源；在组织上，加紧官兵的政治训练，特别是对俘虏成分的教育要加紧。同时，尽可能由地方政权机关选派有斗争经验的工农分子加入红军，削弱单纯军事观点的根源。在制度上，确立了党委集体领导制度、党代表制度，还明确规定军队的一切工作，在党内讨论和决议之后，再由群众去执行。这就是说，军队必须绝对服从党的领导，全心全意地为党的路线、纲领和政策而奋斗。

毛泽东认为，政治工作与军事工作都是党的工作。革命的政治工作与军事工作相互配合，是革命军队的全部工作，政治工作要保证军事任务的完成和正确的政治方向。政治工作是我军的生命线，只有坚强的政治工作，才能使我军始终沿着正确的轨道胜利前进；政治工作稍有放松，军事工作就可能走到邪路上去。因此，抓好部队的政治思想工作，对于克服单纯军事思想、流寇思想、盲动主义残余等，无疑具有十分重要的意义。

三、重要意义

古田会议解决了如何把一支以农民为主要成分的军队建设成为中共领导下的新型人民军队的问题。作为《古田会议决议》最为核心的部分，《关于纠正党内的错误思想》一文确立了党和军队建设的根本原则，是中国共产党建设历史上的一个重要里程碑。这篇文章中的核心思想，无论是对于当时，还是对于今天的治党治军都具有极其重要的意义。

第一，《关于纠正党内的错误思想》这篇重要著作中关于把党的思想建设放在首位的思想，是对马克思主义建党学说的丰富和发展。马克思、恩格斯曾指出，非无产阶级的人参加党，首先要求他们不要把资产阶级、小资产阶级的偏见带进党内。列宁在俄国建党中，明确提出反对"自发论"，提倡马克思主义"灌输论"。毛泽东在中国特殊的环境下，进一步提出从思想上建设党的完整理论，突破了过去主要在工人阶级队伍里发展党员的理论和做法。他不仅回答了为什么必须从思想上建设党，而且回答了怎样从思想上建设党的问题，并创造性地解决了在中国这个农业大国基础上建立的、以农民为主要成分的党，如何既保持党组织的先进性，又最大限度发挥中国农民客观上作为革命主力军作用的问题。

第二，毛泽东在著作中确立了红军的建设原则，逐步肃清了旧式军队的一切影响，使红军完全建立在马克思列宁主义基础上。毛泽东根据马克思主义基本原理，结合南昌起义以来两年多建党建军的经验，成功地解决了长期处于分散的农村游击战争环境中，以农民和其他小资产阶级为主要成分的党和军队，如何建党建军的问题。古田会议后，红四军党内立即掀起了传达贯彻《古田会议决议》的热潮，单纯军事观点与极端民主化倾向被大大克服。红四军在以毛泽东为书记的前委统一领导下，出现了朝气蓬勃的新气象。这个决议精神后来在各地红军中也先后实行了。《古田会议决议》不仅为红四军的党和军队建设指明了方向，而且也为全党和全军的建设制定了一条马克思列宁主义的路线。此后，毛泽东多次指示印发决议让大家学习。1942年1月，毛泽东致信八路军留守兵团政治部主任莫文骅，要求将决议发至连长以上，每人一本，加以熟读。1944年1月，中央决定将决议作为军队干部整风的学习文件。可以说，《古田会议决议》是建党建军的伟大纲领和光辉文献。

第三,这篇重要著作对今天正视党内、军内错误思想倾向,加强党对军队的绝对领导,坚持全心全意为人民服务的宗旨,仍然具有重要的指导意义。《古田会议决议》从通过到现在已接近 90 年,尽管如今我们党的地位、环境发生了很大变化,但我们必须清醒地看到,毛泽东所批评的各种非无产阶级思想,特别是资产阶级、小资产阶级思想在某些党员身上还严重存在着,一部分党员违法乱纪,腐败变质,有的甚至坚持资产阶级立场,站到了党和人民的对立面。这就需要长期不懈的马克思主义思想教育。2014 年 10 月,古田会议召开 85 周年前夕,中共中央总书记、国家主席、中央军委主席习近平在古田主持召开全军政治工作会议,并在会上发表重要讲话,对新形势下党从思想上政治上建设军队的一系列重大问题作出全面深入的部署。他要求我们必须继承和弘扬古田会议精神,紧紧扭住思想建党这一根本原则不动摇,以思想建设引领和推动党的组织、作风、制度和反腐倡廉建设;必须坚决贯彻政治建军原则,充分发挥政治工作对强军兴军的生命线作用;必须坚持党对军队的绝对领导,牢固确立战斗力标准,贯彻从严治军、依法治军方针,确保打造一支听党指挥、能打胜仗、作风优良的人民军队。《关于纠正党内的错误思想》一文,一定会继续为我们今天加强党和军队的思想建设提供更多启示。

四、学习思考

1. 如何理解《关于纠正党内的错误思想》形成的历史背景?
2. 如何理解《关于纠正党内的错误思想》在毛泽东党建思想中的地位?
3. 如何理解《关于纠正党内的错误思想》的现实意义?

毛泽东《星星之火，可以燎原》导读

这篇文章原是 1930 年 1 月毛泽东写给林彪的一封信，是为答复林彪散发的对红军前途究竟应该如何估计的征求意见信而写的回信，曾以《毛泽东同志给林彪同志的信》为题，收入中共中央书记处 1941 年编印的《六大以来（上）》。1947 年 12 月，中共晋察冀中央局出版《毛泽东选集》续篇本，也收入了这封信。1948 年林彪向中央提出，希望公开刊行这封信时不要提他的姓名，毛泽东同意了这个意见。1950 年，中共中央政治局会议决定由中央统一编辑出版《毛泽东选集》，毛泽东亲自主持其事，这封信再次入选。毛泽东将信题目改为《星星之火，可以燎原》，并对指名批评林彪的地方做了删改。在此文中，毛泽东运用唯物辩证法，科学分析了国内政治形势和敌我力量对比，批判了夸大革命力量的盲动主义和看不到革命力量发展的悲观思想，充分估计了建立和发展红色政权在中国革命中的意义和作用，提出走农村包围城市、武装夺取政权的道路的思想。

原文见《毛泽东选集》第一卷，人民出版社 1991 年版，第 97～108 页。

一、形成背景

1927 年大革命失败后，中国革命暂时进入低潮。毛泽东在秋收起义后，率领工农红军开辟井冈山革命根据地，由于条件艰苦，革命力量相对弱小，党和红军内部有不少人对革命的前途表示悲观，提出了"红旗到底能打多久"的疑问。1929 年 2 月 7 日，中共中央发出了给红四军主要负责人毛泽东、朱德的《中央给润之、玉阶两同志并转湘赣边特委信》，即"二月来信"。这封信是根据共产国际总书记布哈林的指示起草的，布哈林对中国革命形势估计过低，甚至怀疑红军在农村发展的可能性。"二月来信"要求朱德、毛泽东将队伍分散，还要求朱、毛离开队伍回到中央，以便隐匿大的目标。红四军前委对"二月来信"进行讨论后，决定不予执行，但是这封信带来的悲观思想仍然在党和军队内弥漫。1929 年 12 月 28 日，红四军"九大"通过了毛泽东主持起草的《古田会议决议》。该决议批判了党内种种错误思想，却未曾对悲观思想进行批判。到 1930 年年初，城市起义基本上失败了，党在城市中的工作环境极其艰苦、险恶，虽然党在农村中的力量有所发展，但相对而言，反革命势力还是相当强大，如何对时局作出正确的估量，仍然是一个迫切需要答复的问题。在看了林彪的信后，毛泽东感到林彪的悲观思想并不单单是他一个人的问题，而是具有一定的代表性，为了帮助林彪转变错误认识，并以此教育全军，毛泽东写了这篇著名的文章。

毛泽东之所以能够写出《星星之火，可以燎原》这篇名著，从根本上说，是源于他对马克思主义的深刻理解和坚定信仰。毛泽东不仅有深厚的马克思主义理论修养，而且，最为重要的是毛泽东不拘泥于马克思主义理论中具体的结论和观点，他能够密切联系实际，把理论与中国具体国情结合起来，走出一条与经典马克思主义理论不同的道路。因此，毛泽东率先在党内提出了反对教条主义的思想，对于共产国际指示和苏联经验神圣化的倾向，对于中共中央不切实际的指示，毛泽东也敢于提出不同意见。毛泽东坚持认为，中国革命要靠中国同志了解中国情形，这是关系到党和革命的命运与前途的问题。毛泽东对马克思主义有坚定信仰，在困难的时候能保持革命乐观主义精神，相信革命必然会胜利，没有这一点，是不可能写出这篇充满革命朝气的文章的。

大革命失败后，毛泽东领导秋收起义部队向井冈山进军，开辟了井冈山革命根据地，成为我们党探索农村包围城市道路的一面旗帜。到1930年春，农村革命根据地获得了较大的发展，建立了赣西南、闽西、湘鄂西、湘鄂赣、湘赣等10多块重要根据地，分布在这些根据地的红军已有62000余人。以毛泽东、朱德为代表的根据地领导人，在根据地内大力开展土地革命，进行各级政权建设，打破敌人的"围剿"，初步形成了土地革命、武装斗争和根据地建设三位一体的"工农武装割据"革命态势，为"农村包围城市，武装夺取政权"的革命道路的形成提供了实践基础。毛泽东正是在总结井冈山和其他农村革命根据地成功经验的基础上，写下了《星星之火，可以燎原》一文。

二、基本思想

在《星星之火，可以燎原》一文中，毛泽东通过对当时中国时局的全面分析，初步形成了以农村包围城市，最后夺取全国政权的具有中国特色的中国革命道路理论。《星星之火，可以燎原》的主要观点包括以下几个方面。

第一，阐述了建立红色政权的必要性及其在中国革命中的作用。毛泽东认为，在半殖民地半封建的中国，农民是民主革命的主力军，土地革命是中国革命的主要内容，反帝反封建的中国民主革命实质上就是农民革命，武装斗争实质上就是无产阶级领导的以农民为主体的革命战争。因此，中国无产阶级要夺取革命胜利，就必须派自己的先锋队深入农村，发动农民，武装农民，进行土地革命，开展武装斗争，建立农村革命根据地，在农村发展壮大革命力量。而"左"、右倾机会主义者看不见农民问题的重要性，放弃对农民运动的领导，放弃农村这个重要的革命阵地。

毛泽东还集中论述了建立和发展红色政权对中国革命中的重大意义。他指出："红军、游击队和红色区域的建立和发展，是半殖民地中国在无产阶级领导之下的农民斗争的最高形式，和半殖民地农民斗争发展的必然结果；并且无疑义地是促进全国革命高潮的最重要因素"；因为只有这样，"才能树立全国革命群众的信仰，如苏联之于全世界然"，"才能给反动统治阶级以甚大的困难，动摇其基础而促进其内部的分解"，"才能真正地创造红军，成为将来大革命的主要工具"。①

第二，分析批判了"左"、右倾机会主义的错误观点。一是批评了当时流行的"城市中心论"。毛泽东在信的一开始就指出："在对于时局的估量和伴随而来的我们的行动问题上，我们党内有一部分同志还缺少正确的认识"，"没有在游击区域建立红色政权的深刻的观念，因此也就没有用这种红色政权的巩固和扩大去促进全国革命高潮的深刻的观念"；其原因"主要是没有把中国是一个许多帝国主义国家互相争夺的半殖民地这件事认清楚"。②

二是对右倾悲观主义提出严肃批评。如果只就当前的表面现象看问题，那么，从许多地方的起义被镇压、党的队伍被打散、小块红色政权又陷入白色政权的包围之中这些情况来看，形势确似未可乐观，革命的前途未免渺茫得很，但这种观察只是一种抓住表面抛弃实质的观察。毛泽东认为，抱着右倾悲观主义思想的机会主义者，由于他们观察事物只见现象不看本质，因此一遇到败仗，或四面被围，或强敌跟追的时候，往往不自觉地把这种一时的特殊的小的环境，一般化扩大化起来。从对形势错误估计出发，右倾悲观主义者竭力反对关于"工农武装割据"的战略思想。他们认为当时距离革命高潮尚远，做这种建立农村革命根据地的工作是"徒劳"的，因而提出所谓"先争取群众后建立政权"的谬论。

问题的实质在于，革命不是按照任何人的主观意志制造出来的，它是各种社会矛盾极度紧张和尖锐化的产物；革命也不是按照任何人的主观意志可以彻

---

① 《毛泽东选集》第一卷，人民出版社 1991 年版，第 98 页。
② 《毛泽东选集》第一卷，人民出版社 1991 年版，第 97～98 页。

底消灭的，除非引起革命的矛盾已经不再存在。在《星星之火，可以燎原》一文中，毛泽东精辟地分析了引起革命高潮的各种矛盾，指出中国各种社会矛盾都在激化，中国革命的主观力量虽然弱，但是因为反革命力量也相对较弱，主观力量现在虽只有一点小小的力量，但它的发展会很快。对反革命力量的估量也是这样，决不可只看它的现象，要去看它的实质。由于国民党反动统治对外投降帝国主义，对内以新军阀代替旧军阀，且以地主阶级作为自己的社会支柱，这就是说，引发革命的原因仍然存在，反革命统治的长期稳定是不可能的。所以，毛泽东坚定地指出："如果我们认识了以上这些矛盾，就知道中国是处在怎样一种皇皇不可终日的局面之下，处在怎样一种混乱状态之下。就知道反帝反军阀反地主的革命高潮，是怎样不可避免，而且是很快会要到来。中国是全国都布满了干柴，很快就会燃成烈火。'星火燎原'的话，正是时局发展的适当的描写。只要看一看许多地方工人罢工、农民暴动、士兵哗变、学生罢课的发展，就知道这个'星星之火'，距'燎原'的时期，毫无疑义地是不远了。"①这些观点对于克服大革命后党内的消极悲观情绪，树立革命必胜信心有重要意义。

第三，论述了中国共产党领导的红军和小块红色区域存在发展的可能性，阐明了以农村为中心的思想。毛泽东在文章中，对中国的半殖民地半封建国情进行了深刻的分析。他指出："如果认清了中国是一个许多帝国主义国家互相争夺的半殖民地"，那么"就会明白全世界何以只有中国有这种统治阶级内部互相长期混战的怪事，而且何以混战一天激烈一天，一天扩大一天，何以始终不能有一个统一的政权。""就会明白农民问题的严重性，因之，也就会明白农村起义何以有现在这样全国规模的发展。""就会明白红军和游击队的存在和发展，以及伴随着红军和游击队而来的，成长于四围白色政权中的小块红色区域的存在和发展（中国以外无此怪事）。"②这也就是说，由于帝国主义各派军阀之间的长期互相混战，始终不能有一个全国统一的政权，这就造成了有利于红军和红色政权生存发展的许多夹缝地区，为红军和小块红色政权的存在和发展提供了客观可能性。

在分析了中国作为一个半殖民地半封建的基本国情之后，毛泽东提出了在中国只有走农村包围城市，武装夺取政权的道路，阐明了以农村为中心的思想。毛泽东指出，红军、游击队和红色区域的建立和发展，是半殖民地中国在无产阶级领导之下的农民斗争的最高形式，和半殖民地农民斗争发展的必然结

---

① 《毛泽东选集》第一卷，人民出版社 1991 年版，第 101～102 页。
② 《毛泽东选集》第一卷，人民出版社 1991 年版，第 98 页。

果；并且无疑义地是促进全国革命高潮的最重要因素。农村斗争的发展，小区域红色政权的建立，红军的创造和扩大，尤其是帮助城市斗争、促进革命潮流高涨的主要条件。

第四，明确地提出了巩固和扩大农村革命根据地的路线和政策。一是阐发积极发展农村游击战争和建立红色政权的方针，即通过逐步消灭敌人有生力量，通过由点到面地扩大红色区域，使红色政权由小到大，农村根据地连成一片，实质上就是用农村包围城市，革命的农村必然会日渐发生扩大政治影响和促进革命高潮的作用。

二是总结建立农村革命根据地的实践经验，提出了巩固和发展农村革命根据地的一系列正确的政策。毛泽东在文章中强调指出："单纯的流动游击政策，不能完成促进全国革命高潮的任务，而朱德毛泽东式、方志敏式之有根据地的，有计划地建设政权的，深入土地革命的，扩大人民武装的路线……无疑义地是正确的。"①同时，概括了红色政权的基本内容，这就是武装斗争、土地革命和根据地建设三者的密切结合。

三是提出中国红军发展的正确路线。毛泽东概括了正式红军帮助地方武装的发展，而正式红军由各级赤卫队和地方红军发展而来的这样一套办法。规定了红军游击战的行动策略：分兵以发动群众，集中以应付敌人；敌进我退，敌驻我扰，敌疲我打，敌退我追；固定区域的割据，用波浪式的推进政策，强敌跟追，用盘旋式的打圈子政策。

第五，指出中国革命胜利的历史进程，是由小块红色政权的"星星之火"发展成为夺取全国革命胜利的"燎原之势"。毛泽东在文章中列举了许多引起中国革命发展的客观社会矛盾，其中根本的是中国社会主要矛盾，并对帝国主义在中国国内之间、中国各派反动统治者之间等种种矛盾进行了全面具体的分析。他指出，中国是全国都布满干柴，很快就会燃成烈火。大革命失败以后，中国革命只剩下一点小小的力量，分散在农村，但是这点小的力量是中国革命的火种，这个火种在到处充满矛盾的中国社会一定会很快发展起来，将来必然要发展到全国革命胜利的"燎原"之势。毛泽东用"星星之火，可以燎原"这句中国古语形象地表述了中国革命要先占农村，后取城市，最后取得全国革命胜利的革命思想，充满了革命乐观主义精神。

---

① 《毛泽东选集》第一卷，人民出版社1991年版，第98页。

三、重要意义

这篇著作进一步发展了"工农武装割据"的思想，完全摆脱了"城市中心论"的束缚，形成了中国革命的独创性道路，提出了不同于俄式共产主义革命的新理论，是毛泽东思想初步形成的重要标志。随着革命斗争的发展，实践不断证明了毛泽东认识的正确性，毛泽东在文中阐述的思想逐步为全党所接受。面对革命低潮和"左"倾机会主义的束缚，毛泽东坚持实事求是，用创造性实践和创造性理论为中国革命开辟出一条新路，这种实践精神和理论勇气对今天的建设仍有重要启示意义。

第一，毛泽东《星星之火，可以燎原》一文标志着毛泽东关于农村包围城市，武装夺取政权这一革命道路的初步形成。在此文中，毛泽东系统而深入地运用马克思主义哲学观点分析了中国的现状和中国的革命形势，坚持一切从实际出发、实事求是的唯物主义思想路线，创造性地将马克思主义基本原理同中国的具体革命实践相结合，探索出了符合中国国情的革命道路。在著作中，毛泽东解决了在中国革命实践中遇到的革命形式、革命方向、革命根据地等一系列新的问题，有力批判了以教条主义为主要特征的"左"倾冒险主义。这是继列宁领导俄国十月革命之后，开创的无产阶级夺取政权的新道路，创造了殖民地半殖民地国家的无产阶级领导人民暴力革命的新典型，是对马克思主义的新发展，是毛泽东思想形成的重要标志。

第二，毛泽东对帝国主义分割统治的半殖民地半封建的农业大国的国情，以及经济政治发展不平衡的中国革命战争的特点有了较为深刻的认识，摆脱了以城市为中心的思想，形成了以农村为中心的思想。毛泽东揭示了1927年大革命失败后中国革命发展的客观规律，并根据这个规律制定了推动中国革命高潮加速到来，以及把中国革命由局部地区推向全国范围胜利的正确路线。正是这个正确的路线，才使中国革命走出大革命后的低潮，革命的力量转危为安，由小变大，由弱变强，使中国革命运动迈向新的高潮。

第三，毛泽东将马克思主义普遍原理同中国革命的具体实践相结合，其中所体现出来的一切从实际出发、实事求是、理论联系实际的思想路线，正是毛泽东思想的精髓和活的灵魂。毛泽东在文章中提出的思想是富于独创性的，与当时那种把马克思主义教条化，把共产国际指示和苏联经验神圣化的错误倾向相对立，是独立自主思考和解决中国革命问题的结果。中国革命正是在这样的思想指引下，沿着这样的道路，经过长期的浴血奋斗才赢得革命胜利。

第四，毛泽东表现出了面对革命低潮看到光明的勇气和信心的理论自信，展现出了高度的革命乐观主义精神，激励着中国共产党人在困难时期斗志昂扬，奋勇前进。当前，中国特色社会主义事业正处于发展的关键时期，出现了许多新情况新问题，这需要我们坚定对社会主义光明前途的信仰，保持革命乐观主义的精神。今天学习《星星之火，可以燎原》，正是要掌握分析问题的科学方法，树立起在困难时候看到光明的勇气和信心，为实现中华民族的伟大复兴共同努力奋斗。

四、学习思考

1. 如何理解《星星之火，可以燎原》写作时的党内思想背景？
2. 如何理解《星星之火，可以燎原》思想在新民主主义革命理论中的地位？
3. 如何欣赏《星星之火，可以燎原》的语言艺术魅力？

毛泽东《反对本本主义》导读

  1930 年 5 月，毛泽东根据多年从事调查研究实践活动的总结，写下《反对本本主义》（原名《调查工作》）一文。这篇文章在红四军和中央苏区曾有油印本和石印本流传，可惜后来因战事而散失。1951 年《毛泽东选集》第一卷出版时，没能收入这篇文章。1957 年 2 月，福建上杭老党员赖茂基把他珍藏 27 年的《调查工作》单行本献给了福建龙岩地委，后来辗转存入中国革命博物馆。毛泽东的秘书田家英得知后为毛泽东借阅该书。毛泽东看到这本小册子，如获至宝，欣喜万分，仔细订正了文中的错别字，将其改名为《关于调查工作》，作为中央文件印发给各中央局及各省、市、自治区党委，随后在全党范围内印发。1964 年 6 月出版《毛泽东著作选读（甲种本）》的时候，这篇文章被编入，首次公开发表，发表前，毛泽东最后修改审定，并把题目改为《反对本本主义》。1991 年补选入《毛泽东选集》再版的第一卷，成为《毛泽东选集》再版唯一增补的一篇文章。在这篇著作中，毛泽东从认识论高度第一次鲜明地提出"没有调查，没有发言权"，"中国革命斗争的胜利要靠中国同志了解中国情况"等著名论断；阐明了社会调查的重要意义，以及调查的技术细节；揭露了教条主义的错误及其对革命事业的危害，批评了红军的保守思想。文中还表达了学习马克思主义必须同中国的实际情况相结合的思想，第一次明确提出党的思想路线。

  原文见《毛泽东选集》第一卷，人民出版社 1991 年版，第 109～118 页。

一、形成背景

  20 世纪 20 年代末 30 年代初，中国共产党还处于幼年时期，理论准备与实际经验均显不足。同时，作为共产国际领导下的支部之一，按照组织原则，中国共产党接受其理论上的指导和组织上的领导。一时间党内马克思主义教条化、苏联经验神圣化的错误倾向盛行，有的人把农村包围城市的观点与马克思主义关于无产阶级是革命的领导者的观点对立起来，甚至认为农村包围城市的思想"是一种极错误的观念"。由于共产国际不了解中国革命的具体情况，不重视中国的农村游击战争，从"远方"遥控中国革命，指示中国共产党"必须以全部力量，去发展政治罢工"，因而中国革命事业屡遭挫折。具体到红四军来说，当时一些从苏联学习回国，由党中央派到红四军工作的同志，对实际情况不了解，也未经过调查，只是从理论和共产国际的指示出发，对红军的建设和发展提出了一些错误的意见，有的在实际工作执行了，对根据地和红军的发展造成了严重危害。古田会议之前，红四军党内的分歧和思想斗争就与此相关。对此，毛泽东有着深切的体会与担忧，这是《反对本本主义》一文产生的历史背景。

毛泽东实事求是的科学精神和作风是《反对本本主义》一文产生的思想渊源。毛泽东一生重视调查研究，并从实际出发，总结经验。早在1920年，他在写给友人的信中就谈道："吾人如果要在现今的世界稍为尽一点力，当然脱不开'中国'这个地盘。关于这地盘内的情形，似不可不加以实地的调查，及研究。"①大革命时期，毛泽东对中国社会特别是中国农村做了一系列深入细致的调查研究，并在此基础上写出如《中国社会各阶级的分析》《湖南农民运动考察报告》等重要著作和一系列农村调查报告。就在撰写《反对本本主义》期间，毛泽东正在赣南小城寻乌县搞社会调查，撰写的《寻乌调查》被誉为中国共产党人调查研究的样板。《古田会议决议》曾对不做实际调查和研究的主观主义做了严肃的批评，为了进一步纠正红四军党内的主观主义，特别是教条主义思想，毛泽东写了《反对本本主义》这篇文章，并将本本主义（教条主义）提到了党的思想路线的高度进行分析和概括。

毛泽东在根据地的实践活动及与教条主义的坚决斗争是《反对本本主义》一文产生的实践基础。井冈山时期，毛泽东在探索中国革命道路伊始，就遭遇了教条主义错误的干扰。1928年，上级不符合具体情况的指示与命令，先后导致了井冈山根据地的"三月失败"和"八月失败"。对于上级的主观主义错误指示，毛泽东坚决抵制和批评。1929年5月底，红四军内围绕是否设立军委等问题发生争执，毛泽东一度落选前委书记。后根据中央的"九月来信"，毛泽东回到红四军，仍任前委书记，并主持召开红四军党的九大，通过了著名的《古田会议决议》，红四军党内的分歧基本上得以解决。但几年来的斗争应当从哪些方面来总结经验？毛泽东高屋建瓴地抓住问题的根本，从思想路线的高度上思考问题，进行总结。《反对本本主义》就是对红四军成立以来党内斗争实践作出的最深刻最科学的总结。

---

① 中共中央文献研究室：《毛泽东年谱（1893—1949）》（修订本）上卷，中央文献出版社2013年版，第54页。

二、基本思想

毛泽东在《反对本本主义》中第一次明确提出"从斗争中创造新局面的思想路线",这是对党的实事求是思想路线的初步概括和表述。毛泽东在文中提出了关于调查研究的理论与方法,并在此基础上阐发了群众路线的思想,提出"中国革命斗争的胜利要靠中国同志了解中国情况"的著名论断,并在此基础上阐述了独立自主的思想。《反对本本主义》孕育着毛泽东思想活的灵魂——实事求是、群众路线、独立自主的思想,是毛泽东思想初步形成的代表作。《反对本本主义》的主要观点包括以下几个方面。

第一,强调了调查研究的极端重要性,并从唯物主义认识论的高度首先提出了"没有调查,没有发言权"的观点。针对党内的"本本主义",毛泽东特别强调亲自调查,掌握第一手材料、情况的重要性。毛泽东严厉地批评了"本本主义"、主观主义违背唯物主义认识论的错误,指出:"你对那个问题的现实情况和历史情况既然没有调查,不知底里,对于那个问题的发言便一定是瞎说一顿";因为"一切结论产生于调查情况的末尾,而不是在它的先头。只有蠢人,才是他一个人,或者邀集一堆人,不作调查,而只是冥思苦索地'想办法','打主意'。须知这是一定不能想出什么好办法,打出什么好主意的"。[①] 在文章中,毛泽东明确地提出"没有调查,没有发言权"这一彻底的唯物主义认识论原理,强调了人的认识来源于实践,源于对客观事物的直接的调查了解,揭示了直接经验是获得正确认识的唯一源泉。

第二,提出了检验真理标准的问题。当时在党内和革命队伍内,犯有本本主义错误的人判断中国革命的理论、政策正确与否,不是以实践的检验和证明为标准,而是以马克思主义的本本为标准,即以理论作为检验真理的标准。毛泽东针对当时党内这种把马克思主义教条化、把共产国际决议和苏联经验神圣化的错误倾向,深有感触地说:"我们说马克思主义是对的,决不是因为马克思这个人是什么'先哲',而是因为他的理论在我们的实践中,在我们的斗争中,证明了是对的。我们的斗争需要马克思主义。我们欢迎这个理论,丝毫不存在什么'先哲'一类的形式的甚至神秘的念头在里面。"[②]另外,对于一些人把"上级指示""上级领导"的意见当作判明认识是非的标准,从而产生"唯书""唯

① 《毛泽东选集》第一卷,人民出版社 1991 年版,第 109～110 页。
② 《毛泽东选集》第一卷,人民出版社 1991 年版,第 111 页。

上"的反马克思主义认识论的观点，毛泽东批评道："我们说上级领导机关的指示是正确的，决不单是因为它出于'上级领导机关'，而是因为它的内容是适合于斗争中客观和主观情势的，是斗争所需要的。"①

第三，提出了共产党人从斗争中创造新局面的思想路线，以反对本本主义的唯心主义的思想路线。毛泽东尖锐批评了红四军党内存在安于现状、不求甚解、空洞乐观，坐在机关里打瞌睡，不到社会群众中去做调查的现象。针对有的人认为现在的斗争策略已经再好没有了的错误思想，毛泽东特别强调实际调查的重要性，批评这种一成不变的保守想法完全是错误的，指出："这种保守路线如不根本丢掉，将会给革命造成很大损失，也会害了这些同志自己。"②

毛泽东把向实际情况做调查提高到党的思想路线的高度来阐述，指出我们第一步的任务是完成反帝反封建的民主革命，由于这种斗争的发展，跟着就要执行社会主义革命的任务，这些伟大的革命任务不是简单容易的，要求中国共产党必须确立正确的和积极的思想路线，反对错误的和保守的思想路线。这种正确的思想路线，就是马克思主义的从实际出发的思想路线，就是共产党人从斗争中创造新局面的思想路线。从斗争中创造新局面，就是从鲜活的群众实践出发，提出正确的理论和决策并用于指导革命实践，取得新的实践结果，创造新的斗争局面。

第四，认为马克思主义的"本本"必须同我国实际情况相结合，从理论上提出马克思主义中国化的必要性。如何正确对待马克思主义，是真假马克思主义的分界线。教条主义者把马克思主义神秘化、本本化，当作不可更动的教条。而真正的马克思主义者则把马克思主义同具体情况相结合，用马克思主义的方法论来分析现实和指导实践，而不是用马克思主义的本本来切割现实。

首先，必须破除对待马克思主义的神秘化态度。中国共产党人坚持、欢迎和运用马克思主义，"决不是因为马克思这个人是什么'先哲'，而是因为他的理论，在我们的实践中，在我们的斗争中，证明了是对的。我们的斗争需要马克思主义。我们欢迎这个理论，丝毫不存在什么'先哲'一类的形式的甚至神秘的念头在里面。"③

其次，必须破除对待马克思主义的教条化态度。马克思主义的"本本"是要学习的，但是这种学习决不是教条式的仅仅记住经典作家的个别论断和语句，而是必须掌握马克思主义的基本原理并把它同中国具体实际相结合。"我们需

---

① 《毛泽东选集》第一卷，人民出版社1991年版，第111页。
② 《毛泽东选集》第一卷，人民出版社1991年版，第116页。
③ 《毛泽东选集》第一卷，人民出版社1991年版，第111页。

要'本本'，但是一定要纠正脱离实际情况的本本主义。"①

最后，学习马克思主义不能唯上唯书只能唯实。毛泽东说："以为上了书的就是对的，文化落后的中国农民至今还存着这种心理"；"共产党内讨论问题，也还有人开口闭口'拿本本来'"。② 毛泽东认为不根据实际情况进行讨论与审察，一味盲从，这种建立在"本本"和"上级"观念上的形式主义态度是很不对的，只有向实际情况做调查，坚持马克思主义与中国革命具体实际相结合，才能纠正本本主义。

第五，提出了做调查的具体要求与方法。毛泽东将调查研究与解决问题做了一个形象的比喻："调查就像'十月怀胎'，解决问题就像'一朝分娩'。"③ 这句话不言而喻是说明解决问题必须依赖调查研究。毛泽东要求："凡担负指导工作的人，从乡政府主席到全国中央政府主席……一定都要亲身从事社会经济的实际调查。"④领导干部亲身做调查的方式，可以走出去，到群众中做实地调查；也可以请进来，请一些明了情况的人来开调查会。在对一个问题或一处地方的调查中，这两种方式又往往是结合起来进行的。同时，还要注意典型调查与普遍调查的结合，即"点"与"面"的结合。总之，毛泽东认为，只有进行艰苦的深入的细致的调查研究，真正摸透实际情况，才能解决问题。

三、重要意义

《反对本本主义》一文，实际上已经蕴含着实事求是、群众路线、独立自主三个基本点，标志着毛泽东哲学思想的初步形成，它在党的思想建设史、中国革命和建设史上具有极其深远的历史意义。研究中国国情，立足于国情，走自己的道路，是我们顺利推进社会主义现代化建设的基本前提。

第一，《反对本本主义》是毛泽东向党内阐明他所主张的思想路线的第一篇完整的代表作，体现了毛泽东思想的精髓。《反对本本主义》在中国共产党的历史上，第一次明确地把党的思想路线表述为：共产党人要坚持从斗争中创造新局面的思想路线。这是对党的实事求是思想路线的初步概括和表述。根据这一思想路线，毛泽东提出正确认识和处理马克思主义普遍原理与中国革命具体实

---

① 《毛泽东选集》第一卷，人民出版社 1991 年版，第 112 页。
② 《毛泽东选集》第一卷，人民出版社 1991 年版，第 111 页。
③ 《毛泽东选集》第一卷，人民出版社 1991 年版，第 110 页。
④ 《毛泽东选集》第一卷，人民出版社 1991 年版，第 117 页。

际之间关系的方法。党的思想路线的初步提出，是我们党迈向成熟的马克思主义政党的极为重要的一步，是毛泽东思想开始形成的重要标志之一，也是我们党的马克思主义思想觉悟大为提高的表现。没有这种觉悟的提高，就不可能在马克思主义的指导下提出中国革命的新的科学结论，就不可能产生农村包围城市、武装夺取政权的中国革命道路理论，因而最终也不可能有中国革命的胜利。正是从这个意义上说，《反对本本主义》是毛泽东思想发展史上的一篇重要的著作，具有不可替代的理论价值。

第二，《反对本本主义》为中央苏区和红军当时的调查研究工作提供了方法论指导，并通过这种方法论意义上的指导，推动了苏区各项工作的顺利开展。在毛泽东写作《反对本本主义》时，红四军的社会调查工作虽然已经逐渐开展起来，但是还存在着很多同志调查方法错误的情况。针对这一情况，毛泽东在《反对本本主义》中对调查研究的工作方法作了详细说明，指出当时调查工作中存在着什么样的错误，然后又提出了解决办法，明确地对调查工作的对象、方法与目的作了阐述，从而为苏区的调查工作提供了体系完整的方法论指导。1960 年前后，我国社会主义建设遭遇了严重困难，为了推动全党大兴调查研究之风，毛泽东在党内干部中间印发了新发现的《反对本本主义》一文，在全党上下掀起了调查研究的热潮。

第三，在中国特色社会主义进入新时代的今天，我们所处的社会环境、我们党的工作重心、工作任务和过去相比，都发生了巨大的变化，有许多新情况、新问题需要我们去了解、去解决，而认识与解决这些新情况、新问题的最好方法就是调查研究。只有实事求是地进行调查研究，才能够制定出切合实际的政策。习近平总书记指出："调查研究是谋事之基、成事之道。"①这就要求我们必须像毛泽东当年一样把实际调查放在第一位，注重理论联系实际，制定出正确的、切实可行的方针政策；要在全面掌握客观情况的基础上，运用新的思维方式和新的研究手段，从新的高度研究问题，得出新的看法和见解，提出解决问题的新思路、新办法，不断解决中国特色社会主义事业前进中遇到的新问题。

第四，在推进中国特色社会主义事业的过程中，仍有一些人把马克思主义经典作家和领导人在特定条件下作出的个别论断神圣化，轻视当代马克思主义中国化的理论创新成果；仍有一些人把西方的意识形态、政治制度、发展模式

---

① 中共中央文献研究室：《习近平关于全面深化改革论述摘编》，中央文献出版社 2014 年版，第 37 页。

普世化，认为只有西方的制度才是放之四海而皆准的法宝，而我国的意识形态、政治体制却存在着这样那样的弊病，因而必须按照西方的政党制度实行多党制，用西方式的宪政民主制度代替中国共产党领导下人民民主制度；仍有一些人迷信"国学"万能，不懂得中华优秀传统文化必须实现创造性转化、创新性发展。为此，在推进当代马克思主义中国化时代化过程中，一定要以《反对本本主义》中的思想为指导，破除形形色色的新教条主义、新主观主义。

四、学习思考

1. 试论《反对本本主义》的科学内涵。
2. 如何理解《反对本本主义》的理论价值和历史作用？
3. 如何理解《反对本本主义》的当代意义？

毛泽东《实践论》导读

　　《实践论》原是毛泽东在延安抗日军政大学讲授哲学课时使用的《唯物辩证法（讲演提纲）》中的一部分，作于 1937 年 7 月，后来公开发表的《实践论》是这个提纲的第二章中的第十一节。1937 年 9 月曾印过油印本，中华人民共和国成立前的各版本均源于此油印本。新中国成立后，毛泽东对文章进行了修改校阅，在 1950 年 12 月 29 日的《人民日报》上发表，并加了副标题《认识和实践的关系——知和行的关系》，1951 年收入《毛泽东选集》第一卷。1991 年《毛泽东选集》再版，没有做内容上的修改。

　　《实践论》是为适应中国革命斗争的实际需要，为反对主观主义特别是教条主义而作的。目的是要提高全党同志和广大干部的思想理论水平，帮助他们掌握马克思主义普遍真理同中国革命实践相结合的正确方向，从而成功地指导今后的中国革命，特别是正在到来的全面抗战。

　　原文见《毛泽东选集》第一卷，人民出版社 1991 年版，第 282～298 页。

一、形成背景

　　毛泽东撰写这部著作时，中国共产党已成立 16 年，土地革命战争已经结束，全面抗战刚刚开始。在土地革命战争中后期，教条主义者长期无视中国革命的经验，只知生吞活剥马克思主义书籍中的只言片语，一切从"本本"出发，曾经使中国革命遭受了极大的损失，根据地丧失殆尽，红军主力被迫长征。遵义会议后，以毛泽东为代表的正确路线取得领导地位，结束了王明"左"倾路线在中央的统治，但"左"的影响仍未彻底消除，错误思想的根源一直来不及进行清算。面对已经来临的伟大的全面抗战，为正确指导今后的中国革命，非常有必要从思想上清算教条主义错误思想的根源，这是《实践论》写作的历史背景。

　　毛泽东一直以来重视从哲学上总结中国革命的历史经验。1930 年，毛泽东为了反对教条主义，专门写了《反对本本主义》一文。长征到达陕北后，毛泽东发愤读书，钻研哲学。他除了认真研读当时能收集到的马列哲学著作外，还仔细阅读了苏联和中国的哲学工作者写的哲学书籍。毛泽东开始系统地从哲学高度总结历史经验，运用马克思主义哲学的立场、观点、方法来分析中国社会的矛盾,批判"左"的政治路线和军事路线。在写作《实践论》之前,毛泽东写的《论反对日本帝国主义的策略》《中国革命战争的战略问题》和《中国共产党在抗日时期的任务》等著作,具有鲜明的哲学色彩,其中《中国革命战争的战略问题》尤为突出,融军事理论和哲学思想为一体,已经具有"实践论"的雏形。在解决了组织路线和政治路线问题后,毛泽东下决心要找出导致革命遭受挫折的根本原因,《实践论》正是这种反思和总结的成果,也可以说,《实践论》是毛泽东对其以往哲学思想的总结和升华。

二、基本思想

《实践论》以知与行、理论与实践的具体的历史的统一为核心线索和基本原则,分析和批判了党内存在的教条主义和经验主义,并结合中国共产党和中国革命中的重大哲学问题,阐明了辩证唯物主义认识论是革命的、能动的反映论。《实践论》的主要观点可以从以下五个方面来理解。

第一,系统论述"实践是认识的基础"的基本原理。首先,实践是认识的来源。毛泽东指出,马克思主义者认为人类的生产活动是最基本的实践活动,是决定其他一切活动的东西。实践为认识的产生提出了需要,人的认识活动是为了实践的需要,为解决和完成实践不断提出的问题而产生发展的。实践还是联系主体和客体的唯一桥梁和中介,把主体和客体直接的、现实的连接起来,使客体成为主体的认识内容,转化为主体获得的真实可靠的信息。毛泽东指出:"你要知道梨子的滋味,你就得变革梨子,亲口吃一吃……你要知道革命的理论和方法,你就得参加革命。"①人类的生产活动是认识的基本来源,人只有在生产实践中才能认识自然界和社会的规律,揭示人与自然的关系。

其次,实践是认识的动力。实践就是发展不断积累的经验材料,不断揭示出客体的特性、本质和规律。实践的发展为认识的发展提供必要的条件,提供日益完备和先进的工具和手段,拓展认识的范围;实践不断提出认识的新课题,实践的发展不断推动认识从低级向高级无限发展,从而提升人类的认识能力。

再次,实践是检验真理的唯一标准。人们在实践中得到的认识是不是真理,只有在社会实践过程中,看它能否达到预想的结果。如果达到了人们预想的结果,就是正确的认识,才是真理。毛泽东强调指出,判定认识或理论之是

---

① 《毛泽东选集》第一卷,人民出版社 1991 年版,第 287～288 页。

否真理，不是依主观上觉得如何而定，而是依客观上社会实践的结果如何而定，真理的标准只能是社会实践。

最后，实践是认识的目的和归宿。我们的认识的目的在于更好地去改造客观世界，有效地指导实践，没有实践就没有社会历史的发展和人类自身的进步。所以说，实践是认识的起点，也是认识的归宿，是全部认识的基础。实践的观点是马克思主义认识论的第一的和基本的观点。

第二，具体论述了认识发展的辩证过程。毛泽东的实践论继承了马克思主义的认识论，唯物辩证地指出了认识的由浅入深、由感性到理性的运动，指出了认识是一个无限的循环往复的过程。

首先，由感性认识上升到理性认识。感性认识是认识的初级阶段，是对事物现象、片面、外部联系的认识，包括感觉、知觉、表象三个形式，其特点是生动、具体和形象。理性认识是认识的高级阶段，是对事物的本质、全面和内部联系的认识。理性认识的形式在于运用概念进行判断和推理，其特点是具有抽象性、深刻性。从感性认识到理性认识，是认识发展的第一次飞跃。毛泽东指出："马克思主义的唯物论，第一次正确地解决了这个问题，唯物地而且辩证地指出了认识的深化的运动，指出了社会的人在他们的生产和阶级斗争的复杂的、经常反复的实践中，由感性认识到论理认识的推移的运动。"①

感性认识和理性认识是辩证统一的，感性认识和理性认识是认识发展过程中的两个阶段，它们不是相互分离的，而是在实践基础上辩证统一起来的。理性认识必须依赖于感性认识，必须以感性认识为基础，感性认识有待于发展和深化为理性认识，感性认识和理性认识相互渗透。感性认识和理性认识割裂开来，在哲学史上表现为唯理论和经验论。唯理论片面强调理性认识的可靠性，认为感性认识是靠不住的；经验论则片面强调感性认识的可靠性，认为理性认识是靠不住的。唯理论和经验论在实际工作中的表现是教条主义和经验主义。

其次，理性认识回到实践。经过实践得到理性认识，还必须回到实践中去，这是认识过程中的第二次能动飞跃，也是更重要的飞跃。毛泽东指出，如果有了正确的理论，只是把它空谈一阵，束之高阁，并不实行，那末，这种理论再好也是没有意义的。认识世界的目的在于用理论指导实践，改造世界。只有通过改造客观世界的实践，才能检验真理和发展真理，这是认识过程的继续。

最后，认识运动是多次反复和无限发展的。对于一个具体过程的认识，经

---

① 《毛泽东选集》第一卷，人民出版社1991年版，第286页。

过两次飞跃，如果达到预期目的，认识运动算是完成了，但是，认识还没有完成。毛泽东认为，任何过程，不论是属于自然界的还是属于社会的，由于内部的矛盾和斗争，都是向前推移向前发展的，人们的认识运动也应跟着推移和发展。所以，人的认识随着自然界和人类社会推移和发展，经过多次反复，才能完成对某一客观过程的认识。

第三，绝对真理和相对真理的辩证统一关系。在《实践论》中，毛泽东指出："马克思主义者承认，在绝对的总的宇宙发展过程中，各个具体过程的发展都是相对的，因而在绝对真理的长河中，人们对于在各个一定发展阶段上的具体过程的认识只具有相对的真理性。无数相对真理之总和，就是绝对的真理……客观现实世界的变化运动永远没有完结，人们在实践中对于真理的认识也就永远没有完结。马克思列宁主义并没有结束真理，而是在实践中不断地开辟认识真理的道路。"① 在此，毛泽东把绝对真理和相对真理看作相互依存、相互渗透、相互转化的辩证统一的关系。一方面，相对之中有绝对，任何相对真理都包含着绝对真理的成分、颗粒，绝对真理寓于相对真理之中；另一方面，绝对之中有相对，绝对真理要通过相对真理表现出来，无数相对真理之总和，构成了绝对真理。绝对真理和相对真理是辩证转化的。真理的发展是一个过程，是一个由相对走向绝对的永无止境的转化和发展的过程。人类对于客观事物的任何真理性的认识，都是属于由相对真理转化为绝对真理的过程中的一个环节。任何客观真理都是绝对和相对的统一，都是由相对真理向绝对真理转化的一个环节。

第四，改造客观世界与改造主观世界。我们认识世界，探寻真理，掌握规律，目的是能动地去改造世界。把改造世界的基本任务明确地区分为改造客观世界和改造主观世界两个方面，这是毛泽东对马克思主义哲学所作的很有意义的贡献。毛泽东指出，无产阶级及其政党改造世界的斗争包括改造客观世界和改造主观世界，正确地认识世界和改造世界，是无产阶级及其政党的历史任务。改造客观世界包括改造自然界、改造社会，也包括改造一切反对改造的人们。

改造主观世界包括改造自己的认识能力，改造自己的主观世界和客观世界的关系。改造主观世界与改造客观世界是不可分割的。人在认识和改造客观世界的过程中，也逐渐改造自身，改造自己的主观世界和客观世界的关系。毛泽东指出，离开了实践的认识是不可能的。对主观世界的改造，不仅是个理论问

---

① 《毛泽东选集》第一卷，人民出版社 1991 年版，第 295～296 页。

题，从根本上说来更是一个实践的问题。人们只有参加到社会实践中去，才能改造自己的世界观，不断提高自己认识世界和改造世界的能力。

第五，深刻揭示人类认识运动的总规律。人类的认识发展是在实践的基础上由感性认识上升到理性认识，再从理性认识返回到实践的过程。就某一个具体事物的认识来说，对这一事物的认识算完成了，然而人类社会是无限发展着的连续过程，因此要完成对某一特定事物的认识过程，往往需要经过由实践到认识的多次反复，也就是毛泽东指出的"实践、认识、再实践、再认识，这种形式，循环往复以至无穷，而实践和认识之每一循环的内容，都比较地进到了高一级的程度。这就是辩证唯物论的全部认识论，这就是辩证唯物论的知行统一观"①。毛泽东的这一概括，从实践和认识的辩证关系上揭示了人类认识运动的总规律，揭示了人类认识是一个永无止境的辩证过程。毛泽东的这一思想，是对中国共产党人长期从事中国革命实践经验的概括和总结，它说明了人们认识过程的复杂性和曲折性，指出了人们在认识世界和改造世界的过程中，难免出现这样或那样的错误与失败，因此只有经过多次反复的实践和认识过程，经过失败与成功的多次比较，才能更充分地深刻地认识中国革命的客观规律。

三、重要意义

《实践论》是毛泽东的重要哲学著作，不仅回答了中国哲学史上争论不休的知和行关系问题，更为重要的是阐明了中国共产党人正确的思想路线、领导方法和工作方法的哲学基础。它与稍后发表的《矛盾论》一起，标志着毛泽东哲学思想的成熟。《实践论》是中国共产党领导新民主主义革命取得胜利的重要思想武器，也是指导新中国社会主义建设和改革事业的重要思想武器。

第一，《实践论》是毛泽东把马克思主义认识论基本原理与中国革命的具体实践相结合而对马克思主义认识论思想的继承和发展。在《实践论》中，毛泽东以社会实践为基础，紧密结合中国革命长期的斗争实际去研究、分析、解决认识论的一系列问题，从认识论与唯物史观相统一的高度全面系统地论述了马克思主义认识论的实践观，实现了认识论领域的伟大变革；把认识论与辩证法相结合，从辩证法的角度论述了许多认识论中的辩证思想，进一步论证了列宁关于"辩证法就是认识论"的科学论断；毛泽东在系统阐述马克思主义实践观，科

---

① 《毛泽东选集》第一卷，人民出版社 1991 年版，第 296～297 页。

学揭示认识论中的辩证法思想的同时，最终概括出认识发展的全过程，总结出人类认识发展的总规律。

第二，《实践论》为党的实事求是的思想路线提供了认识论基础。它总结了中国革命的经验教训，深刻阐明了理论必须与实践相结合的真理，鲜明地反对一切割裂主观和客观的教条主义和经验主义的错误。它要求我们在工作中只有从实际出发，实事求是，才能解决好主客观矛盾。邓小平曾指出："毛泽东同志总结了这次斗争的教训，在一九三六年和一九三七年写下了《中国革命战争的战略问题》、《实践论》、《矛盾论》等一系列不朽著作，奠定了我们党的思想理论基础。"①在这样的思想基础上，中国共产党人把马克思主义基本原理和中国革命具体实践相结合，正确地认识中国国情，并依据这种国情制定出新民主主义革命的总路线和各项方针政策。改革开放中，邓小平大胆提出了一系列创新观点，鲜明地反对一切"左"和右的错误思想，也正是《实践论》中马克思主义认识论、实践观的应用和体现。

第三，《实践论》是克服一切教条主义的理论法宝。当前，中国共产党的中心任务就是团结带领全国各族人民全面建成社会主义现代化强国，实现第二个百年奋斗目标，以中国式现代化全面推进中华民族伟大复兴。在新时代新征程，我们尤其需要以《实践论》的精神为指导，努力坚持主观和客观、理论和实践的具体的历史的统一，制定新的适合当代发展需要的路线、方针和政策。

四、学习思考

1. 如何理解《实践论》在毛泽东思想中的地位？
2.《实践论》原文语言风格有何特色？
3. 试论《实践论》在中国特色社会主义新时代的指导意义。

---

① 《邓小平文选》第二卷，人民出版社 1994 年版，第 115 页。

毛泽东《矛盾论》导读

　　《矛盾论》写于 1937 年 8 月，是毛泽东在延安抗日军政大学讲授哲学课时使用的《唯物辩证法（讲演提纲）》中的一部分。新中国成立后，毛泽东根据新的经验和认识，对这部分内容进行修改、补充，定名为《矛盾论》，在 1951 年 4 月 1 日的《人民日报》上公开发表，同年 10 月收入《毛泽东选集》第一卷，并做了题注和若干注释。为了方便广大读者的学习和研究，人民出版社还发行了大量的单行本，并将其翻译成我国少数民族的文字和俄、英、法、日等多种外国文字。1991 年再版的《毛泽东选集》，没有对其做内容上的修改。《矛盾论》和《实践论》一样，都是为了克服当时党内存在的严重的主观主义特别是教条主义而写的。文章深刻地阐述了对立统一规律，阐发了对立统一规律是辩证法的实质和核心的思想，是对中国共产党创建 16 年以来中国革命经验教训的哲学概括和总结。

　　原文见《毛泽东选集》第一卷，人民出版社 1991 年版，第 299～340 页。

一、形成背景

　　土地革命战争期间，王明"左"倾教条主义错误曾经盛行。他们看轻中国革命的具体实践，把马列主义教条化，把共产国际决议和苏联经验神圣化，唯书唯上，给中国革命造成了极大损失。在教条主义盛行的同时，党内也存在过严重危害革命的经验主义的错误倾向。经验主义和教条主义虽然形式不同，但实质上都是否认和违背马列主义基本原理和中国革命具体实践相结合的原则。如何从理论上特别是从哲学高度概括总结马列主义基本原理同中国革命具体实践相结合的经验，批判教条主义和经验主义错误，便成为中国共产党人在思想理论战线上最重要最根本的任务。1937 年 7 月，抗日战争已经全面爆发，中国革命进入一个新的历史时期，民族矛盾和阶级矛盾发生了新的变化。对于这种新情况和新变化，必须从马克思主义哲学的高度去作新的分析，促进党的指导思想与工作路线的伟大转变，《矛盾论》正是在这样的历史背景下写作和发表的。

　　毛泽东写作《矛盾论》有两个理论动因：一是为了实现列宁对唯物辩证法研

究的遗愿。作为马克思主义哲学家，列宁对马克思主义哲学的发展作出了多方面的贡献，特别是首次提出了对立统一规律(即矛盾运动规律)是辩证法的实质和核心的思想。这具有极为重大的理论意义。由于种种原因，列宁一直未能抽出时间对这一重要思想进行系统的、详尽的"说明和发挥"。毛泽东的这篇著述是对列宁研究的继续深入。二是受苏联哲学界在 20 世纪 30 年代批判德波林学派的影响。毛泽东说，这件事曾引起了他的极大兴趣。在《矛盾论》中，毛泽东用了较大的篇幅批判了德波林所谓"在事物发展的开始阶段没有矛盾，有些事物之间只有差异并无矛盾"的形而上学观点。

《矛盾论》是新民主主义革命实践经验的总结。建党 16 年来，中国革命经历了两次兴起与两次失败，在大革命后期与土地革命战争中后期，中央领导层先后犯了右倾机会主义错误和"左"倾教条主义错误，使中国革命遭受惨重损失。毛泽东在《矛盾论》中从哲学角度对这些成功的经验和失败的教训进行了总结。毛泽东之所以能深刻总结中国革命的经验教训，除了毛泽东本人的哲学素养外，最重要的原因就是毛泽东参加了建党以来的全部中国革命。特别是土地革命战争以来，毛泽东把马克思主义原理与中国革命具体实践相结合，初步找到了农村包围城市，武装夺取政权的革命道路。但由于"左"倾错误的统治，毛泽东长期受到冷落与压制，革命又一次陷入低潮。遵义会议后，中国革命在毛泽东的领导下又一次焕发出活力与生机。站在中国革命重新兴起的门口，毛泽东对建党以来的革命实践进行了哲学反思，写下了毛泽东思想中的哲学奠基之作——《矛盾论》。

二、基本思想

《矛盾论》运用唯物辩证法总结了中国共产党领导中国革命斗争的实践经验，从两种宇宙观、矛盾的普遍性、矛盾的特殊性、主要矛盾和矛盾的主要方面、矛盾诸方面的同一性和斗争性、对抗在矛盾中的地位等方面，深刻地阐述了对立统一规律，阐发了对立统一规律是辩证法的实质和核心的思想。《矛盾论》的主要观点包括以下几个方面。

第一，对立统一规律是宇宙的根本规律。《矛盾论》着重阐发了对立统一规律是辩证法的实质和核心这一重要思想，它开篇就指出了对立统一规律在唯物辩证法中的重要地位：事物的矛盾法则，即对立统一的法则，是唯物辩证法的最根本的法则。文章对对立统一规律的各个方面作了系统的阐述和分析，形成了一个比较完整的关于矛盾学说的科学体系。

毛泽东指出，形而上学认为一切事物的形态和种类都是永远彼此孤立的、互不联系的；一切事物的形态和种类也是永远不变的，如果说有变化，也只是数量的增减和场所的变更。形而上学不能全面客观地观察事物，因此，它不能解释事物的质的多样性，不能解释一种质变为他种质的现象。

与形而上学的宇宙观相反，唯物辩证法的宇宙观主张从联系的发展的全面的观点看世界。毛泽东还在分析唯物辩证法和形而上学的对立中，阐述了内因和外因的辩证关系原理。(1)内因和外因的性质、作用是对立的。内因是事物变化发展的根据，决定事物发展的性质、趋势，是根本原因；外因是事物变化发展的条件，能对事物发展起加速或延缓作用，是第二位的原因。(2)外因通过内因起作用。外因对事物发展所起的作用，表现在对事物内部矛盾的影响上，也就是通过使矛盾双方状况发生变化，推动事物的发展变化，外因的作用无论多大，也必须通过内因起作用。

毛泽东认为，唯物辩证法的宇宙观，主要就是教导人们要善于去观察和分析各种事物的矛盾的运动，并根据这种分析指出解决矛盾的方法。

第二，矛盾问题的精髓即矛盾的普遍性和特殊性原理。毛泽东说："矛盾的普遍性或绝对性这个问题有两方面的意义。其一是说，矛盾存在于一切事物的发展过程中；其二是说，每一事物的发展过程中存在着自始至终的矛盾运动。"[1]

矛盾普遍性的第一种含义，就是一切事物在发展过程中都存在矛盾，即处处有矛盾。矛盾普遍性的第二种含义，就是每一事物的发展过程中存在着自始至终的矛盾，即时时有矛盾。德波林学派有这样一种见解，他们认为矛盾不是一开始就在过程中出现，须待过程发展到一定的阶段才出现。毛泽东从批判德波林学派否认差异就是矛盾的错误观点入手，指出这种观点必然导致形而上学的外因论和机械论，并明确提出差异就是矛盾，事物发展全过程始终包含着矛盾。当然矛盾表现形式不同，有时表现为差别，有时激化成为对抗性的，这是矛盾的差别性问题，而不是矛盾的有无问题。

矛盾的特殊性，是指具体事物的矛盾及每一个矛盾的各个方面都有其特点（横向），各个具体事物的矛盾及每一个矛盾的各方面在发展的不同阶段也各有特点（纵向）。毛泽东认为，把握矛盾的特殊性具有重要的实践意义。首先，分析矛盾的特殊性是正确认识事物的基础，只有分析矛盾的特殊性，才能把不同的事物区分开来，正确地认识事物；其次，分析矛盾的特殊性是科学分类的根

---

[1] 《毛泽东选集》第一卷，人民出版社 1991 年版，第 305 页。

据，任何科学都有自己的研究对象；最后，分析矛盾的特殊性是正确解决矛盾的关键，不同的矛盾只能用不同的方法来解决，只有具体分析矛盾的特殊性，才能找到正确解决某一特殊矛盾的特殊方法，从而取得成功。

毛泽东还提出要从三种不同情况去分析矛盾的特殊性。(1)各种物质运动形式的矛盾特殊性。任何运动形式，其内部都包含着本身特殊的矛盾。这种特殊的矛盾，就构成一事物区别于他事物的特殊的本质。矛盾运动形式多种多样，基本样式可以归结为机械运动、物理运动、化学运动、生物运动和社会运动，它们又有各自的特殊性。(2)每一物质运动形式发展中的不同过程的矛盾及其各个方面都有其特殊性。毛泽东指出："每一矛盾的两个方面，又各各有其特点，也是不能一律看待的。我们从事中国革命的人，不但要在各个矛盾的总体上，即矛盾的相互联结上，了解其特殊性，而且只有从矛盾的各个方面着手研究，才有可能了解其总体。"①(3)每一个发展过程的各个阶段的矛盾特殊性。事物发展过程的根本矛盾及其为此根本矛盾所规定的过程的本质，非到过程完结之日，是不会消灭的；但事物发展的长过程中的各个发展的阶段，情形又往往互相区别。

第三，主要矛盾和矛盾的主要方面。这部分主要说明什么是主要矛盾和非主要矛盾，什么是主要的矛盾方面和非主要的矛盾方面。关于主要矛盾和非主要矛盾，毛泽东指出，在复杂事物的发展过程中，有许多的矛盾存在，其中必有一种是主要的矛盾，它的存在和发展规定或影响着其他矛盾的存在和发展。因此，研究任何过程，如果是存在两个以上矛盾的复杂过程的话，就要用全力去找出它的主要矛盾。捉住了这个主要矛盾，一切问题就迎刃而解了。这就是研究任何实际问题或理论问题都应该采用的抓主要矛盾的方法。毛泽东说："万千的学问家和实行家，不懂得这种方法，结果如堕烟海，找不到中心，也就找不到解决矛盾的方法。"②这是对历史经验的深刻总结。

同时，无论什么矛盾，其诸方面发展是不平衡的。有时候似乎势均力敌，然而这只是暂时的和相对的情形，基本的形态则是不平衡。矛盾着的两方面中，必有一方面是主要的，其他方面是次要的。其主要的方面，即所谓矛盾起主导作用的方面。事物的性质主要是由取得支配地位的矛盾的主要方面所规定的。世界上没有绝对平衡发展的东西，我们必须反对平衡论，或均衡论。平衡和不平衡这个矛盾的两个侧面，不平衡是绝对的，平衡是相对的。

---

① 《毛泽东选集》第一卷，人民出版社1991年版，第312页。
② 《毛泽东选集》第一卷，人民出版社1991年版，第322页。

毛泽东运用这个矛盾分析方法精辟地分析了现实的社会矛盾，并着重分三种情况分析了"半殖民地的国家如中国"的主要矛盾。他认为，帝国主义和中华民族的矛盾，封建主义和人民大众的矛盾，这些就是近代中国社会的主要矛盾；而帝国主义和中华民族的矛盾，乃是各种矛盾中的最主要的矛盾。这是把理论与实践相结合，得出符合实际结论的典范。

第四，矛盾同一性和斗争性的关系。同一性和斗争性是矛盾的两种本质属性，它们相互联系，不可分割。首先，同一性和斗争性是相对和绝对的关系。同一性是同过程的量变，是有条件的、暂时的、相对的，而斗争性同过程的显著变动相联系，是无条件的、绝对的。有条件的相对的同一性和无条件的绝对的斗争性相结合，构成了一切事物的矛盾运动。

其次，同一性和斗争性是"相反相成"的。毛泽东认为，"相反"就是说两个矛盾方面互相排斥，或互相斗争；"相成"就是说在一定条件之下两个矛盾方面互相联结起来，获得了同一性。而斗争性即寓于同一性之中，没有斗争性就没有同一性。这表明双方之间是互相贯通的，有一条由此达彼的桥梁，这是矛盾同一性的更重要的表现。它告诉我们，客观事物中矛盾诸方面的统一不是死的、凝固的，而是生动的、有条件的、可变动的、暂时的、相对的，是依一定条件向其反面转化的。

除此之外，毛泽东在文章中还进一步阐述了对抗在矛盾中的地位。毛泽东认为，矛盾有对抗性和非对抗性两种形式，二者在一定条件下可以相互转化。因为有些矛盾具有公开的对抗性，有些矛盾则不是这样。根据事物的具体发展，有些矛盾是由原来非对抗性的，而发展成为对抗性的；也有些矛盾则由原来是对抗性的，而发展成为非对抗性的。矛盾的性质不同，则解决矛盾的方法也必须随之改变。

三、重要意义

《矛盾论》以矛盾精髓问题为主线，构筑了一个关于矛盾理论的科学体系，它把《实践论》中所提出的认识发展的辩证运动规律深化和具体化了。如果说《实践论》强调从实际出发，深入实践，那么《矛盾论》要求我们在实践中要善于"一分为二"，既克服主观性，又克服片面性，从而为揭示中国革命和建设规律，指导革命和建设走向胜利提供了理论基础。

第一，毛泽东的《矛盾论》同其姊妹篇《实践论》一起，从世界观和方法论的高度总结了中国革命的经验教训，深刻批判了党内曾经一度严重存在的教条主义思潮，为确立实事求是的马克思主义思想路线奠定了理论基础，并丰富和发展了马克思主义哲学。《矛盾论》在我们党的思想理论建设中发挥了广泛深远的影响，一直是我们坚持唯物辩证法、反对形而上学的锐利思想武器，是我们坚持实事求是思想路线，搞好革命、建设、改革事业的重要理论基础。

第二，在实践中，《矛盾论》是新民主主义革命胜利的方法论基础。矛盾分析法的基本含义就是通过分析矛盾认识世界，通过解决矛盾而改造世界。新民主主义革命过程就是一个遵循着矛盾的普遍性与特殊性辩证关系原理，把马克思主义普遍原理与中国具体实际相结合，分析中国社会性质、解决社会矛盾的实践过程。中国共产党在正确分析旧中国社会性质、矛盾的基础上，领导人民走出了一条"农村包围城市、武装夺取政权"的革命道路。

第三，建设中国特色社会主义，必须用马克思主义辩证法的基本原理认识和解决各个矛盾，分析和研究现实中的新情况和新问题，探索解决新问题的途径。《矛盾论》中关于普遍性与特殊性、共性和个性的辩证法，为走出一条中国特色社会主义道路奠定了哲学基础；关于主要矛盾和矛盾的主要方面的原理，有助于我们正确分析当今社会所处的发展阶段及主要任务；关于矛盾的同一性和斗争性的关系，以及同一性在事物发展中的作用的原理，是建设社会主义和谐社会的理论前提；在改革和建设中，我们要坚持两点论和重点论的相结合，促进社会全面进步。总之，《矛盾论》为中国特色社会主义建设实践提供了强大的思想武器。

四、学习思考

1. 试论《矛盾论》在毛泽东思想中的地位。
2. 毛泽东在《矛盾论》中是如何论述矛盾问题的精髓的？
3. 试论《矛盾论》对认识和解决新时代中国特色社会主义社会主要矛盾的现实意义。

毛泽东《论持久战》导读

　　《论持久战》是毛泽东于 1938 年 5 月 26 日至 6 月 3 日，在延安抗日战争研究会上的演讲稿。毛泽东总结了全面抗战初期 10 个月的经验，进一步揭示了抗日战争的发展规律，指出抗日战争是持久战，最后胜利是属于中国的。《论持久战》把持久战的思想更加系统化、理论化，是关于中国抗日战争方针的军事政治著作。

　　原文见《毛泽东选集》第二卷，人民出版社 1991 年版，第 439～518 页。

一、形成背景

　　到 1938 年 5 月，全面抗战的形势是：在军事层面上，一方面日军进攻势头凶猛，北平、天津、上海、南京相继陷落，徐州会战失败，武汉危急；另一方面八路军 115 师在平型关取得了全面抗战以来的首场胜利，八路军 129 师夜袭阳明堡战果辉煌，国民党军队取得台儿庄大捷。在政治层面上，抗日民族统一战线正式形成，世界反法西斯同盟也呈呼之欲出之势。而在思想层面上，却是各种观点林立，不仅国内没有形成对抗战的统一认识，国际社会亦对中国抗战持观望态度。

　　在国内，主要有"亡国论"和"速胜论"两大错误论调。全面抗战开始前，国民党营垒中一直存在着"亡国论"的思潮，说，中国武器不如人，战必败。全面抗战开始后，日军大举进攻，北平、天津相继失陷，华北危急，"再战必亡"的"亡国论"又被提出。全面抗战开始后一年内，国民党军队在军事上严重失利，丧师失地，节节败退，使某些中间阶层和一部分人民中产生了悲观失望情绪。国民党亲日派汪精卫集团是"亡国论"的突出代表。亲英美派的蒋介石集团虽然已进行抗战，但仍表现出某些动摇。另一种错误思潮是"速胜论"。1937 年 8 月，淞沪会战时，蒋介石集团指望英、法、美等国直接出面干涉，并要求苏联出兵。因此，有人武断地认为，中日战争只要打三个月，国际局势一定变化，苏联一定出兵，战争就可以解决。这代表了一种希望依赖外力的援助迅速结束战争的思想。1938 年春，台儿庄战役取得胜利时，有些人认为徐州会战应是"准决战"，"是敌人的最后挣扎"。在共产党内，"亡国论"一般是没有的，但一些人有一种盲目轻敌的思想。他们过于看重国民党有 200 万正规军的力量,因而以为抗战能够速胜,对抗日战争的长期性、艰苦性缺乏精神准备。

与持"亡国论"和"速胜论"的人相比较,在全国抗日阵营中,很多人坚定地拥护抗战,拥护持久抗战,但是他们对于中日两国的实际情况,对于这场战争的发展规律,普遍缺乏正确的认识和科学的分析,因而对战争的发展趋势和结局缺乏冷静的思考。国民党方面,1937 年 8 月 20 日,国民政府以大本营名义颁发的《国军作战指导计划》提出,全国抗战以达成'持久战'为作战指导之基础主旨。蒋介石等人还先后提出"持久消耗战""以空间换时间""积小胜为大胜"等口号,但对中国抗日战争为什么是持久战、如何进行持久战等问题并没有科学回答。国民党和蒋介石的"持久战"基本上限定为一种军事上的指导方针,是单纯的军队和政府的行为,缺乏广泛的政治动员和全民抗战的群众基础。

中国共产党方面,早在 1936 年 7 月,毛泽东在同美国记者埃德加·斯诺的谈话中,就已经一般地估计抗日战争的形势,提出了通过持久抗战争取得胜利的方针。1937 年 7 月,朱德在《实行对日抗战》一文中,指出中国的抗日战争将是一个持久的艰苦的抗战。卢沟桥事变后,中国共产党及时提出关于全国抗战的战略方针和作战原则。在 8 月 11 日举行的国民政府军委会军政部谈话会上,中共代表周恩来、朱德指出,全国抗战在战略上要实行持久防御,在战术上应取攻势,即实行积极防御的方针;华北战区须培养独立持久的作战能力,并由阵地战转为运动战,同时在敌人侧翼和后方发动民众,开展游击战争;在政治上,要动员全国军民,方能取得最后胜利。洛川会议后,张闻天、周恩来、刘少奇、彭德怀等相继发表文章,论述抗日战争的持久性,以及实行持久战和争取抗战胜利的条件、方法等问题。为进一步系统阐述中国对日持久作战的理论总结全面抗战以来的经验,尤其是"着重地研究持久战"[1],毛泽东集中全党智慧,经过大量的理论研究,于 1938 年 5 月 30 日,在延安《解放》周刊第 40 期发表了《抗日游击战争的战略问题》一文。同时,他又作了《论持久战》的长篇演讲,这是全面抗战时期毛泽东最重要的军事论著,回答了困扰人们思想的种种问题,在国内外产生了重大影响。在 1935 年 12 月的瓦窑堡会议上,中共中央就号召全党"准备着长时间同敌人奋斗","为着同敌人作持久战而准备自己的艰苦工作"。[2]

---

[1] 《毛泽东选集》第二卷,人民出版社 1991 年版,第 440 页。

[2] 中共中央文献研究室、中央档案馆:《建党以来重要文献选编(一九二一——一九四九)》第十二册,中央文献出版社 2011 年版,第 535 页。

二、基本思想

毛泽东针对当时中国普遍存在的"亡国论"和"速胜论"，以及一部分人轻视游击战的倾向，在分析中日两国基本国情和主要特点的基础上，系统地阐述了中国对日持久作战必将取得最终胜利的战略思想。

第一，系统比较了中日两国的基本特点，驳斥了"亡国论"，指出中国不会亡国。毛泽东指出："中日战争不是任何别的战争，乃是半殖民地半封建的中国和帝国主义的日本之间在二十世纪三十年代进行的一个决死的战争。"①

在日本方面，日本是一个帝国主义强国，具有很强大的战争力量；中国是半殖民地半封建的弱国。这一特点决定了日本的进攻能在中国横行一时，而中国不能速胜。但是，日本帝国主义发动的侵略战争是非正义的、退步的，它所进行的疯狂的战争冒险，只会加剧其本身的内外矛盾，使它走向灭亡。而且日本是小国，人力、物力不足以支持长期战争。日本虽然得到国际法西斯国家的支持，但由于它推行侵略扩张政策，威胁和损害着其他国家的利益，这就必然会使它受到国际反对力量的遏制。这些都是日本的短处，这些短处是日本自己无法克服的。

在中国方面，中国是一个半殖民地半封建的国家，在军力、经济力和政治组织力等方面都不如日本。但同时，中国又处于历史上进步的时代，"它已经不是完全的封建国家，已经有了资本主义，有了资产阶级和无产阶级，有了已经觉悟或正在觉悟的广大人民，有了共产党，有了政治上进步的军队即共产党领导的中国红军，有了数十年革命的传统经验，特别是中国共产党成立以来的十七年的经验。这些经验，教育了中国的人民，教育了中国的政党，今天恰好作了团结抗日的基础"②。这就是足以战胜日本的主要根据。中国是如日方升的国家，中国进行的民族独立战争是进步的和正义的。这种正义性能够唤起全国的团结，激起敌国人民的同情，争取世界多数国家的援助。同时，中国又是一个很大的国家，地大、物博、人多、兵多，能够支持长期的战争。

总起来说，"日本是小国，地小、物少、人少、兵少，中国是大国，地大、物博、人多、兵多"，在"强弱对比之外，就还有小国、退步、寡助和大国、进步、多助的对比，这就是中国决不会亡的根据。强弱对比虽然规定了日本能够

---

① 《毛泽东选集》第二卷，人民出版社1991年版，第447页。
② 《毛泽东选集》第二卷，人民出版社1991年版，第452页。

在中国有一定时期和一定程度的横行，中国不可避免地要走一段艰难的路程，抗日战争是持久战而不是速决战；然而小国、退步、寡助和大国、进步、多助的对比，又规定了日本不能横行到底，必然要遭到最后的失败，中国决不会亡，必然要取得最后的胜利"。① 毛泽东的论述从根本上有力批驳了"亡国论"和"速胜论"。

第二，通过对比中日两国力量的变化，指出中国的抗日战争只能是持久战。《论持久战》指出，在这场抗日战争中，中日双方存在着互相矛盾的四个基本特点：敌强我弱，敌退步我进步，敌小我大，敌失道寡助我得道多助。敌之优点只有一个，余皆缺点，我之缺点只有一个，余皆优点。但中国不能够速胜，只能是持久战，这是由中日两国暂时的不平衡的因素决定的。毛泽东指出，我们不能形式地看问题，现时敌我强弱的程度悬殊太大，敌之缺点一时还没有也不能发展到足以减杀其强的因素之必要的程度，我之优点一时也没有且不能发展到足以补充其弱的因素之必要的程度。虽因我之坚持抗战和坚持统一战线的努力而有所变化，但是还没有产生基本的变化。所以，在战争的一定阶段上，敌能得到一定程度的胜利，我则将遭到一定程度的失败。然而敌我都只限于这一定阶段内一定程度上的胜或败，不能超过而至于全胜或全败。"这一切，规定了我之抗战不能速胜，而只能是持久战。中国方面，弱的因素表现在军事、经济、政治、文化各方面的，虽在十个月抗战中有了某种程度的进步，但距离足以阻止敌之进攻及准备我之反攻的必要的程度，还远得很。且在量的方面，又不得不有所减弱。其各种有利因素，虽然都在起积极作用，但达到足以停止敌之进攻及准备我之反攻的程度则尚有待于巨大的努力。在国内，克服腐败现象，增加进步速度；在国外，克服助日势力，增加反日势力，尚非目前的现实。这一切，又规定了战争不能速胜，而只能是持久战。"②这些基本特点决定了抗日战争是持久战，最后的胜利属于中国。

第三，科学预见了全面抗战要经过战略防御、战略相持和战略反攻三个阶段。毛泽东指出："中日战争既然是持久战，最后胜利又将是属于中国的，那末，就可以合理地设想，这种持久战，将具体地表现于三个阶段之中。第一个阶段，是敌之战略进攻、我之战略防御的时期。第二个阶段，是敌之战略保守、我之准备反攻的时期。第三个阶段，是我之战略反攻、敌之战略退却的时期。"③

第一阶段是战略防御阶段。面对敌人的大规模进攻，中国应该实施积极防

---

① 《毛泽东选集》第二卷，人民出版社 1991 年版，第 452~453 页。

② 《毛泽东选集》第二卷，人民出版社 1991 年版，第 462 页。

③ 《毛泽东选集》第二卷，人民出版社 1991 年版，第 462 页。

御的战略，采取的战争形式主要是运动战，而以游击战和阵地战辅助之。在这一阶段，中国已经结成了广大的统一战线，实现了空前的团结，中国虽有颇大的损失，但是同时却有颇大的进步，这种进步就成为第二阶段继续抗战的主要基础。同时，在这一阶段，苏联对我国已经有了大量的援助。敌人方面，日军虽然占领了许多大城市和重要交通线，但由于战线太长，财政经济困难将会出现。士气已开始表现颓靡，敌人陆军进攻的锐气，此阶段的中期已不如初期，末期将更不如初期。

第二阶段是战略相持阶段。毛泽东着重分析相持阶段到来的条件，指明相持阶段中，在犬牙交错的战争态势下敌我优劣形势转换的各种因素，论述了相持阶段是持久抗战转到最后胜利的"枢纽"。在相持阶段，游击战将成为我方主要的作战形式，而运动战和阵地战是辅助形式。"这个阶段的时间长短，依敌我力量增减变化的程度如何及国际形势变动如何而定，大体上我们要准备付给较长的时间，要熬得过这段艰难的路程。这将是中国很痛苦的时期，经济困难和汉奸捣乱将是两个很大的问题。"[1]相持阶段的任务，"在于动员全国民众，齐心一致，绝不动摇地坚持战争，把统一战线扩大和巩固起来，排除一切悲观主义和妥协论，提倡艰苦斗争，实行新的战时政策，熬过这一段艰难的路程"[2]。第二阶段是整个战争的过渡阶段，也将是最困难的时期，然而它是转变的枢纽。中国将变为独立国，还是沦为殖民地，不决定于第一阶段大城市之是否丧失，而决定于第二阶段全民族努力的程度。如能坚持抗战，坚持统一战线和坚持持久战，中国将在此阶段中获得转弱为强的力量。

第三阶段是收复失地的反攻阶段。经过相持阶段中国人民的努力，敌我力量对比将发生根本性变化。相持阶段"收复失地，主要地依靠中国自己在前阶段中准备着的和在本阶段中继续地生长着的力量。然而单只自己的力量还是不够的，还须依靠国际力量和敌国内部变化的援助，否则是不能胜利的，因此加重了中国的国际宣传和外交工作的任务。这个阶段，战争已不是战略防御，而将变为战略反攻了，在现象上，并将表现为战略进攻；已不是战略内线，而将逐渐地变为战略外线。直至打到鸭绿江边，才算结束了这个战争"[3]。第三阶段是持久战的最后阶段，所谓坚持战争到底，就是要走完这个阶段的全程。

第四，阐明了中国持久抗战必须实行人民战争的路线。抗日战争要达到驱逐日本帝国主义、建立自由平等的新中国这一政治目的，就必须动员全国人

---

① 《毛泽东选集》第二卷，人民出版社1991年版，第464页。
② 《毛泽东选集》第二卷，人民出版社1991年版，第465页。
③ 《毛泽东选集》第二卷，人民出版社1991年版，第465~466页。

民，并使军队和民众打成一片，实行人民战争的路线。毛泽东指出："武器是战争的重要的因素，但不是决定的因素，决定的因素是人不是物。力量对比不但是军力和经济力的对比，而且是人力和人心的对比。军力和经济力是要人去掌握的。如果中国人的大多数、日本人的大多数、世界各国人的大多数是站在抗日战争方面的话，那末，日本少数人强制地掌握着的军力和经济力，还能算是优势吗？它不是优势，那末，掌握比较劣势的军力和经济力的中国，不就成了优势吗？没有疑义，中国只要坚持抗战和坚持统一战线，其军力和经济力是能够逐渐地加强的。"①毛泽东进一步指出："战争的伟力之最深厚的根源，存在于民众之中。日本敢于欺负我们，主要的原因在于中国民众的无组织状态。克服了这一缺点，就把日本侵略者置于我们数万万站起来了的人民之前，使它像一匹野牛冲入火阵，我们一声唤也要把它吓一大跳，这匹野牛就非烧死不可。"②因此，必须进行广泛的热烈的政治动员。"动员了全国的老百姓，就造成了陷敌于灭顶之灾的汪洋大海，造成了弥补武器等等缺陷的补救条件，造成了克服一切战争困难的前提。要胜利，就要坚持抗战，坚持统一战线，坚持持久战。然而一切这些，离不开动员老百姓。"③这就是《论持久战》中提出的"兵民是胜利之本"④的观点，它是实现胜利的基本条件。而要进行有效的政治动员，必须做到四点：首先，把战争的政治目的告诉军队和人民。必须使每个士兵、每个人民都明白为什么要打仗，打仗和他们有什么关系。抗日战争的政治目的是驱逐日本帝国主义，建立自由平等的新中国，必须把这个目的告诉一切军民人等，方能造成抗日的热潮，使几万万人齐心一致，贡献一切给战争。其次，仅仅说明目的还不够，还要说明达到此目的的步骤和政策，也就是说，要有一个政治纲领。没有一个明确的具体的政治纲领，是不能动员全军全民抗日到底的。中国共产党已经颁布了《抗日救国十大纲领》和《抗战建国纲领》，应把它们普及于军队和人民，并动员所有的军队和人民实行起来。再次，动员人民必须有相应的手段和依靠力量。毛泽东指出，动员要靠口说，靠传单布告，靠报纸书册，靠戏剧电影，靠学校，靠民众团体，靠干部人员。同时，动员的方法必须适合民众口味。最后，抗日战争的政治动员必须结合人民生活，经常地进行动员。毛泽东指出，政治动员不是将政治纲领背诵给老百姓听，这样的背诵是没有人听的；要联系战争发展的情况，联系士兵和老百姓的生活，把战争

---

① 《毛泽东选集》第二卷，人民出版社1991年版，第469页。
② 《毛泽东选集》第二卷，人民出版社1991年版，第511～512页。
③ 《毛泽东选集》第二卷，人民出版社1991年版，第480～481页。
④ 《毛泽东选集》第二卷，人民出版社1991年版，第477页。

的政治动员，变成经常的运动。

第五，制定了一整套人民战争的具体战略方针和战术原则，指出游击战在整个抗日战争中的战略地位。毛泽东指出，持久战是抗日战争的总的战略方针，为了实现总的战略方针，还必须有一套具体的战略方针，这就是"主动地、灵活地、有计划地执行防御战中的进攻战，持久战中的速决战和内线作战中的外线作战"①。这是包括正规战争和游击战争在内的整个抗日战争所应采取的战略方针。由于敌强我弱，敌在战略上采取进攻的、速战速决的和进行外线作战的方针，我则采取防御的、持久的和进行内线作战的方针。但是，由于敌小我大，敌以少兵临大国，只能占领中国一部分领土，我们有对敌进行运动战和游击战的极其广大的地盘。这样，在战役战斗中，对于部分敌人，我可能集中优势兵力，主动地进行外线的速决的进攻战。结果，在具体战斗中，敌可由强者变为弱者，由优势变为劣势；我则相反，可以由弱者变为强者，由劣势变为优势，取得战役战斗的胜利。这些胜利的积累，将逐渐改变总的敌我形势，我日益壮大，敌日益削弱直至走向完全失败。在全面抗战的第一阶段和第二阶段都需要实行这一套方针，这是以弱胜强所必须采取的方针。在第三阶段应实现战略上的反攻，在作战形式上应以运动战为主，辅之以阵地战和游击战。除《论持久战》外，毛泽东还在《抗日游击战争的战略问题》一文中，对这一套方针进行了详细的论述。这些论述既是对土地革命战争时期的经验总结，也是对全国全面抗战以来新鲜经验的总结，包括对国民党军队在全面抗战初期实行单纯防御战略方针的教训的总结。

三、重要意义

《论持久战》是一部伟大的马克思列宁主义军事理论著作，是运用马克思列宁主义的基本原理来研究和指导中国抗日战争具体实践的光辉范例，在中国革命战争史上具有非常重要的理论价值。

第一，《论持久战》是指导抗日战争的纲领性文献，为中国人民取得抗日战争的胜利指明了前进的方向。《论持久战》坚持了人民是历史创造者的观点，坚定地认为正义必胜，客观和全面地分析了中日战争的形势，从理论上批驳了"亡国论"和"速胜论"，指明了持久抗战的发展阶段，从战略上和战术上提出了一整套克敌制胜的方法，为中国人民取得抗日战争的胜利指明了前进方向。

---

① 《毛泽东选集》第二卷，人民出版社1991年版，第407页。

《论持久战》不仅是中国解放区军民抗战的指导性文件，而且在国民党统治区也具有重大影响。据程思远回忆："毛泽东《论持久战》刚发表，周恩来就把它的基本精神向白崇禧作了介绍。白崇禧深为赞赏，认为这是克敌制胜的最高战略方针。后来白崇禧又把它向蒋介石转述，蒋也十分赞成。在蒋介石的支持下，白崇禧把《论持久战》的精神归纳成两句话：'积小胜为大胜，以空间换时间。'并取得了周恩来的同意，由军事委员会通令全国，作为抗日战争中的战略指导思想。"①

第二，《论持久战》创造性地发展了马克思主义的军事理论，第一次把游击战提高到主要作战方式的高度，是有效抗击日本侵略者的战略战术。《论持久战》明确了抗日战争的主要作战形式是运动战和游击战。毛泽东指出："整个战争中，运动战是主要的，游击战是辅助的，说的是解决战争的命运，主要是依靠正规战，尤其是其中的运动战，游击战不能担负这种解决战争命运的主要的责任。但这不是说：游击战在抗日战争中的战略地位不重要。游击战在整个抗日战争中的战略地位，仅仅次于运动战，因为没有游击战的辅助，也就不能战胜敌人……长期的残酷的战争中间，游击战不停止于原来地位，它将把自己提高到运动战。这样，游击战的战略作用就有两方面：一是辅助正规战，一是把自己也变为正规战……在中国，游击战的本身，不只有战术问题，还有它的特殊的战略问题……从三个阶段来看，中国抗日战争中的游击战，决不是可有可无的。它将在人类战争史上演出空前伟大的一幕。"②《论持久战》的游击战争理论，是在近代中国敌强我弱的情况下弱者打败强者的强大思想武器。

第三，《论持久战》对今天的重要启示是：实事求是地分析和认识国情是制定正确方针政策的思想保证。《论持久战》正是由于科学地判断了中国当时的特殊国情，实事求是地分析了中日双方的基本情况，得出中日战争是持久战，并且最后的胜利属于中国的结论，才依据这个判断制定了正确的方针政策。因此，《论持久战》对于今天制定各项路线方针政策，更好地推进强国建设、民族复兴伟业具有方法论的启示。

四、学习思考

1. 为什么说中国抗日战争是持久战？

---

① 程思远：《我的回忆》，华艺出版社 1994 年版，第 131 页。
② 《毛泽东选集》第二卷，人民出版社 1991 年版，第 498～499 页。

2. 结合毛泽东的《抗日游击战争的战略问题》，谈谈游击战在抗日战争中的作用。

3. 如何理解《论持久战》是马克思主义理论与中国革命具体实际相结合的产物？

毛泽东《〈共产党人〉发刊词》导读

　　1939 年 10 月 4 日毛泽东为中共中央的党内刊物《共产党人》创刊号写了发刊词。毛泽东在《〈共产党人〉发刊词》中把党的建设称为"伟大的工程"，进而深入回答了建设一个什么样的党、为什么建设党、怎么样建设党以及党的建设过程中怎样对待马克思主义等问题。

　　原文见《毛泽东选集》第二卷，人民出版社 1991 年版，第 602～614 页。

一、形成背景

　　毛泽东在《〈共产党人〉发刊词》一开头就指出，中央很早就计划出版一个党内刊物，现在终于实现了，这个刊物定名为《共产党人》。他特别强调，在当前的时机中，出版这样一个刊物十分必要。毛泽东所提到的"当前的时机"，是政治形势变化的需要。

　　全面抗战爆发后，中共中央于 1937 年 8 月 22 日至 25 日在洛川召开了政治局扩大会议，提出"动员一切力量争取抗战的最后胜利"[①]，号召"为独立自由幸福的新中国而斗争"[②]。会议提出了抗日救国十大纲领，并强调指出："共产党员及其所领导的民众与武装力量，应该最积极的站在斗争的最前线，应该把自己成为全国抗战的核心，应该用极大力量发展抗日的群众运动。不放松一刻功夫一个机会去宣传群众、组织群众、武装群众。只要真能组织千百万群众进入抗日民族统一战线，抗日战争的胜利是无疑义的。"[③]这就是中国共产党提出的全面抗战路线。

　　此时中国共产党的组织主要集中在红军和陕甘宁边区及其他一些小块根据地。在全国范围内，党的力量还是很弱小的。特别是在国民党统治区，大多数党组织被破坏殆尽，许多地区只剩下零散的党员。这种状况，很难适应急剧变

---

　　① 　中央档案馆：《中共中央文件选集》第十一册，中共中央党校出版社 1991 年版，第324 页。

　　② 　《毛泽东选集》第二卷，人民出版社 1991 年版，第 357 页。

　　③ 　中央档案馆：《中共中央文件选集》第十一册，中共中央党校出版社 1991 年版，第326 页。

化的形势和抗日斗争的需要。中共中央多次发出指示，要求各地党组织根据形势的变化，结合当地实际情况，改变党的领导方式和工作方法，在巩固和扩大党的秘密组织的同时，用一切方法争取党的公开与半公开，发展党的组织。1938年3月15日，中共中央在《中央关于大量发展党员的决议》的文件中指出："为了担负起扩大与巩固抗日民族统一战线以彻底战胜日本帝国主义的神圣的任务，强大的党的组织是必要的"，各地党组织要"大量的十百倍的发展党员"。①

"中央关于大量发展党员的决议下达后，各地党组织都把发展党员作为一项重要工作，使各级党组织和党员队伍获得了前所未有的大发展。全国抗战开始时，山西省只有党员360余名，到1939年春，仅晋西北的党员就达1万余人；1939年9月，晋东南的党员已由根据地初创时的1000余人增加到3万余人；到1938年底，晋西南的党员已发展到1.1万余名。1937年9月河南省委重新建立时，全省只有党员150余名，到1938年10月已发展到8000余名（不包括豫北）。上海的党员1938年2月有300名，到1939年10月已发展到2300名。中共广东省委于1938年4月成立后，大力发展党的组织，到1938年10月，仅琼崖地区的党员就由抗战初期的600余名猛增到5000名；广州和香港等地的党员由1937年下半年的350多人发展到2500名。四川省在1937年10月仅有党员三四百名，到1938年11月已发展到3250多名。

八路军、新四军积极贯彻中央关于大量发展党员的决议。到1938年冬，军队中的党员比例已超过20％，连以上干部几乎都是党员。到1940年，八路军老部队中的党员人数占部队总人数的30％～40％，新部队也达到25％～30％。新四军刚集结时，党员数量占全军总人数的25％，到1939年2月，已占到40％，各级党组织也都建立和健全起来。

中央关于大量发展党员的决议下达后，中央组织部和中共陕甘宁边区委员会即在抗大、陕北公学等学校的青年学生中大量发展党员。抗大第四期于1938年4月开学，共招收学生5562人，其中知识青年党员530名，占知识青年总人数的11％，到12月结业时，知识青年党员已发展到3304人，占知识青年总人数的70％。在陕北公学，1937年至1938年共招收学生6000多名，发展的新党员有3000多名。延安各学校发展的新党员，在结业后大多被派往全国各地，成为各地党组织的骨干力量……

----

① 中央档案馆：《中共中央文件选集》第十一册，中共中央党校出版社1991年版，第466页。

在中共中央正确方针的指导下，党的组织和党的队伍得到了迅速发展。到1938年年底，共产党员人数已从全国抗战开始的4万多发展到50余万，党的组织已从狭小的圈子走了出来，成为具有广泛群众基础的大党。"①

然而，与之相伴随的是党的自身建设面临诸多新问题急需解决，许多新党员没有很好地受到过马克思主义系统理论的教育，对中国革命的特点和规律还不甚了解，如何处理好抗日民族统一战线、党的建设目标、党的政治任务之间的关系，如何克服右倾投降主义，如何把中国共产党建设成一个马克思主义政党等历史任务非常紧迫地提上了议事日程。

同时，在全面抗战时期，尤其是相持阶段到来后，中国共产党已经有了大革命时期、土地革命时期和全面抗战爆发以来共10多年成功和失败的丰富经验教训，已经成为一个政治上成熟了的政党。毛泽东成功地把马克思主义同中国革命的具体实践结合起来，科学总结党的历史经验和教训。他说："我们现在要建设这样一个党，究竟应该怎样进行呢？解决这个问题，是同我们党的历史，是同我们党的十八年斗争史，不能分离的。我们党的历史，从一九二一年第一次全国代表大会那个时候起，到现在，已经整整十八年了。十八年中，党经历了许多伟大的斗争。党员、党的干部、党的组织，在这些伟大斗争中，锻炼了自己。他们经历过伟大的革命胜利，也经历过严重的革命失败。"②

二、基本思想

毛泽东在《〈共产党人〉发刊词》文中通过总结中国共产党的历史经验和教训，系统回答了中国共产党如何加强自身建设的一系列重大问题，在中国共产党的历史上第一次论述了应该建设一个什么样的无产阶级政党的问题，进一步论述了为什么要建设党、怎样建设党，以及在党的建设过程中怎样对待马克思主义的问题。

第一，指出了中国共产党建设的任务和目标。毛泽东首先指出了出版该刊物的目的就是帮助建设一个全国范围的、广大群众性的、思想上政治上组织上完全巩固的布尔什维克化的中国共产党。毛泽东在文中反复强调这个任务，并将这个任务称作一件"伟大的工程"。之所以提出这个建设目标，这是因为在某

---

① 中共中央党史研究室：《中国共产党历史》第一卷(1921—1949)下册，中共党史出版社2011年版，第507～508页。

② 《毛泽东选集》第二卷，人民出版社1991年版，第603～604页。

种程度上说来，我们的党已经是一个全国性的党，也已经是一个群众性的党；而且就其领导骨干说来，就其党员的某些成分说来，就其总路线说来，就其革命工作说来，也已经是一个思想上、政治上、组织上都巩固的和布尔什维克化的党。但另一方面，中国共产党经过 18 年的发展，已经发展为"有大批的新党员所形成的很多的新组织，这些新组织还不能说是广大群众性的，还不是思想上、政治上、组织上都巩固的，还不是布尔什维克化的。同时，对于老党员，也发生了提高水平的问题，对于老组织，也发生了在思想上、政治上、组织上进一步巩固和进一步布尔什维克化的问题。党所处的环境，党所负的任务，现在和过去国内革命战争时期有很大的不同，现在的环境是复杂得多，现在的任务是艰巨得多了……现在是我们党发展成为全国性的大党的时期，党已经不是从前的样子了"①。因此，"为了中国革命的胜利，迫切地需要建设这样一个党，建设这样一个党的主观客观条件也已经大体具备，这件伟大的工程也正在进行之中。帮助进行这件伟大的工程，不是一般党报所能胜任的，必须有专门的党报，这就是《共产党人》出版的原因"②。在中国共产党的历史上，第一次论述了建设一个什么样的党的问题。

第二，强调党的建设必须同党的政治路线紧密结合，党的建设、统一战线、武装斗争是中国革命的三大法宝。毛泽东指出，由于近代中国殖民地半殖民地的特点和近代中国是一个半殖民地半封建的国家，一个政治、经济、文化各方面发展不平衡的国家，中国革命的性质是资产阶级民主革命的性质，革命的主要对象是帝国主义和封建主义，基本的革命的动力是无产阶级、农民阶级和城市小资产阶级，而在一定的时期中，一定的程度上，还有民族资产阶级的参加，并且规定了中国革命斗争的主要形式是武装斗争。因此，无产阶级同资产阶级建立革命的民族统一战线和革命的主要形式——武装斗争就成了中国资产阶级民主革命过程中的两个基本特点。中国共产党的奋斗历史证明："党的失败和胜利，党的后退和前进，党的缩小和扩大，党的发展和巩固，都不能不联系于党同资产阶级的关系和党同武装斗争的关系。当我们党的政治路线是正确地处理同资产阶级建立统一战线或被迫着分裂统一战线的问题时，我们党的发展、巩固和布尔什维克化就前进一步；而如果是不正确地处理同资产阶级的关系时，我们党的发展、巩固和布尔什维克化就会要后退一步。同样，当我们党正确地处理革命武装斗争问题时，我们党的发展、巩固和布尔什维克化就前

① 《毛泽东选集》第二卷，人民出版社 1991 年版，第 603 页。
② 《毛泽东选集》第二卷，人民出版社 1991 年版，第 602～603 页。

进一步；而如果是不正确地处理这个问题时，那末，我们党的发展、巩固和布尔什维克化也就会要后退一步。"①因此，中国共产党的建设过程，党的布尔什维克化的过程，就同党的政治路线密切地联系着，即同党对于统一战线问题、武装斗争问题密切地联系着。反过来说，党更加布尔什维克化，党就能、党也才能更正确地处理党的政治路线，更正确地处理关于统一战线问题和武装斗争问题。所以，统一战线问题，武装斗争问题，党的建设问题，是中国共产党在中国革命中的三个基本问题。统一战线、武装斗争、党的建设，是中国共产党在中国革命中战胜敌人的三个法宝，三个主要的法宝。这实际上回答了怎么样建设党的问题。

第三，科学阐述了三大法宝的具体内容及相互关系。毛泽东在《〈共产党人〉发刊词》总结了中国革命两次胜利和两次失败的经验教训，揭示了中国革命发展的客观规律，把统一战线、武装斗争、党的建设总结为党在中国革命中战胜敌人的三个主要的法宝。"正确地理解了这三个问题及其相互关系，就等于正确地领导了全部中国革命。"②《〈共产党人〉发刊词》中第一次论述了中国革命胜利的三大法宝以及三大法宝之间的关系，进而回答了为什么建设党的问题。

统一战线问题是无产阶级政党策略思想的重要内容。毛泽东在《〈共产党人〉发刊词》中通过总结大革命时期、土地革命战争时期和全面抗战时期的历史，形成了对统一战线的基本规律性的认识。中国最大的压迫是民族压迫，在一定的时期中，一定的程度上，中国民族资产阶级是能够参加反帝国主义和反封建军阀的斗争的。因此，无产阶级在这种一定的时期内，应该同民族资产阶级建立统一战线。中国的带买办性的大资产阶级的各个集团是以不同的帝国主义为背景的，在各个帝国主义间的矛盾尖锐化的时候，在革命的锋芒主要地是反对某一个帝国主义的时候，属于别的帝国主义系统的大资产阶级集团也可能在一定程度上和一定时期内参加统一战线。农民是无产阶级坚固的同盟者，城市小资产阶级是可靠的同盟者。

由于中国民族资产阶级在经济上、政治上的软弱性，在一种历史环境下，它就会动摇变节。统一战线中必须正确处理好同资产阶级的关系，既要反对忽视同资产阶级建立统一战线的"左"倾关门主义，又要反对忽视无产阶级和资产阶级原则差别的右倾机会主义。因此，中国共产党必须同资产阶级又联合又斗争，联合就是同资产阶级建立统一战线，斗争就是在同资产阶级联合时，在思

---

① 《毛泽东选集》第二卷，人民出版社 1991 年版，第 605 页。
② 《毛泽东选集》第二卷，人民出版社 1991 年版，第 605～606 页。

想上、政治上、组织上进行"和平"的"不流血"的斗争，而在被迫着同资产阶级分裂时就转变为武装斗争。毛泽东指出："如果我们党不知道在一定时期中同资产阶级联合，党就不能前进，革命就不能发展；如果我们党不知道在联合资产阶级时又同资产阶级进行坚决的、严肃的'和平'斗争，党在思想上、政治上、组织上就会瓦解，革命就会失败；又如果我们党在被迫着同资产阶级分裂时不同资产阶级进行坚决的、严肃的武装斗争，同样党也就会瓦解，革命也就会失败。"①中国共产党的政治路线的重要一部分，就是同资产阶级联合又同它斗争的政治路线。

武装斗争是中国革命的特点和优点之一。斯大林指出，在中国，是武装的革命反对武装的反革命。这是中国革命的特点之一，也是中国革命的优点之一。毛泽东认为："这是说得非常之对的。这一特点，这一半殖民地的中国的特点，也是各个资本主义国家的共产党领导的革命史中所没有的，或是同那些国家不相同的。"②在半殖民地半封建的旧中国，帝国主义和封建主义总是凭借着反革命暴力对革命人民实行残暴的镇压。无产阶级和广大人民群众无议会可以利用，无组织工人举行罢工的合法权利。这也是中国共产党十八年奋斗经验的总结。毛泽东指出："离开了武装斗争，离开了游击战争，就不能了解我们的政治路线，也就不能了解我们的党的建设。我们的政治路线的重要一部分就是武装斗争……在中国，离开了武装斗争，就没有无产阶级的地位，就没有人民的地位，就没有共产党的地位，就没有革命的胜利。十八年来，我们党的发展、巩固和布尔什维克化，是在革命战争中进行的，没有武装斗争，就不会有今天的共产党。这个拿血换来的经验，全党同志都不要忘记。"③由于中国农民是中国人民的大多数，由于农民是工人阶级可靠的同盟军，所以，毛泽东在《〈共产党人〉发刊词》中指出，中国共产党的武装斗争，就是在无产阶级领导之下的农民战争。强调武装斗争，并不意味着忽视其他的斗争形式。武装斗争必须同其他斗争形式直接或间接地配合起来，才能取得革命的胜利。但必须明确，其他斗争形式都要服从和服务于革命战争这个主要斗争形式。

党的建设是中国共产党带领全国各族人民，克服重重困难、不断从胜利走向胜利的有力武器，是三大法宝的核心。毛泽东在《〈共产党人〉发刊词》中总结了中国共产党的历史，指出了中国共产党逐渐对中国的历史状况和社会状况、中国革命的特点、中国革命的规律有了进一步的了解，党的干部更多地领会了

---

① 《毛泽东选集》第二卷，人民出版社 1991 年版，第 608～609 页。
② 《毛泽东选集》第二卷，人民出版社 1991 年版，第 604 页。
③ 《毛泽东选集》第二卷，人民出版社 1991 年版，第 609～610 页。

马克思列宁主义的理论，从而更好地将马克思列宁主义的理论和中国革命的实践相结合。"党的组织已经从狭小的圈子中走了出来，变成了全国性的大党。党的武装力量，也在同日寇的斗争中重新壮大起来和进一步坚强起来了。党在全国人民中的影响，更加扩大了。这些都是伟大的成功。然而，大批的新党员还没有受到教育，很多的新组织还没有巩固，他们同老党员和老组织之间，还存在着很大的区别。大批的新党员、新干部还没有足够的革命经验。他们对于中国的历史状况和社会状况、中国革命的特点、中国革命的规律还不懂得或懂得不多。他们对于马克思列宁主义的理论和中国革命的实践之完全的统一的理解，还相距很远。"①另外，党组织中也混进了许多投机分子和敌人的暗害分子。党还要克服大资产阶级投降派和顽固派的投降、分裂和倒退的危险，尽可能地保持民族统一战线，准备对付可能的突然事变，使党和革命不在可能的突然事变中遭受意外的损失。

接着，毛泽东对统一战线、武装斗争和党的建设三者之间的相互关系进行了论述，并认为党的建设是三大法宝的重要核心所在。他指出："十八年的经验同时告诉我们，统一战线和武装斗争，是战胜敌人的两个基本武器。统一战线是实行武装斗争的统一战线。而党的组织，则是掌握统一战线和武装斗争这两个武器以实行对敌冲锋陷阵的英勇战士。"②这实际上明确回答了为什么要建设党的问题。

三、重要意义

《〈共产党人〉发刊词》中"三大法宝"理论、党的建设伟大工程理论等，是中国共产党关于中国革命和党的建设的重大理论创新，是毛泽东思想体系中非常重要的内容，在中国革命、建设和改革时期都具有十分重要的理论意义和现实启示。

第一，党的自身建设是中国共产党取得一切成就的重要保障。《〈共产党人〉发刊词》将中国革命的三大法宝概括为党的建设、统一战线与武装斗争，并且论述了三大法宝的相互关系。党的建设是三大法宝的核心。中国共产党的建设，是在密切地联系着党的政治路线中进行的，注重在端正思想路线的基础上，制定和贯彻执行党的正确的政治路线。毛泽东在《〈共产党人〉发刊词》中指

---

① 《毛泽东选集》第二卷，人民出版社 1991 年版，第 612 页。
② 《毛泽东选集》第二卷，人民出版社 1991 年版，第 613 页。

出，党的建设的过程，党的马克思主义化的过程，是同党的政治路线密切地联系着的。这说明党的路线的正确与否决定着革命事业的成败和党的兴衰存亡，党的建设能否密切联系党的政治路线进行是党能否形成凝聚力、吸引力和战斗力的基本条件。只有在围绕党的政治路线、贯彻执行党的政治路线中建设党，党才能巩固和发展，才能经受住各种风险和考验，才能始终站在时代的前列，成为坚强的马克思主义政党。因此，党的建设必须按照党的政治路线来进行，围绕党的中心任务来展开，朝着党的建设的总目标来加强。要把坚持党的基本路线并确保其得到全面正确的贯彻，作为党的建设全部工作的出发点和落脚点。

第二，三大法宝理论是中国革命取得胜利的主要经验，是指导中国革命克敌制胜的有效武器。中国共产党对统一战线、武装斗争和党的建设这三个基本问题的认识是逐步明确的。大革命时期，处于幼年时期的中国共产党对于中国的历史状况和社会状况、中国革命的特点、中国革命的规律都懂得不多，在统一战线、武装斗争和党的建设三个基本问题上都没有经验。因此，这一时期中国共产党的组织虽然有过很大的发展，但是没有巩固；中国共产党有了一批革命武装，但是没有掌握住。大革命失败后，中国共产党对武装斗争的认识有了提高，发动了一系列的武装起义，建立了自己领导的革命军队，开展了农村游击战争，开辟中国革命的新道路。但在这一时期，由于中国共产党内"左"倾错误思想占据统治地位，顽固坚持"城市中心论"，对统一战线的重要性缺乏认识，在同国民党进行斗争时，把中间势力当作最危险的敌人，把反对资本主义同反帝反封建相提并论，而在革命战争中又犯了"左"倾教条主义错误，红军被迫进行长征，革命事业遭受严重挫折。全面抗战时期，中国共产党总结了此前两个时期的经验，建立了抗日民族统一战线，开展了伟大的抗日战争。中国共产党的组织也从狭小的圈子里走了出来，变成了全国性的大党，面对的矛盾更加复杂。毛泽东根据马克思主义的基本理论，认真研究了中国革命的实际状况，系统论述了三大法宝及其相互关系，这是对既往宝贵经验的深刻总结，也是对惨痛教训的认真汲取。三大法宝是中国共产党战胜敌人的强有力武器，三大法宝理论丰富和发展了马克思主义关于无产阶级领导人民革命的思想，是马克思主义中国化的具体表现。

第三，三大法宝的理论对实现中华民族伟大复兴的中国梦仍具有重大的现实指导意义。建设中国特色社会主义，实现中华民族伟大复兴的中国梦是十分艰巨的事业，需要团结一切可以团结的力量；完成统一祖国大业，反对霸权主义，维护世界和平，也需要团结各方面的力量。统一战线作为党的一个重要法宝,绝不能丢掉;作为党的一个政治优势,绝不能削弱;作为党的一项长期方针,绝不能动摇。武装斗争贯穿于中国革命的全过程,是战胜敌人的三大法宝之一。而要开展武装斗争必须有一支党独立领导的人民军队。没有代表人民利益的新型人民军队,武装斗争就无法进行,就不可能取得革命的胜利。建设中国特色社会主义同样需要军队的保驾护航,国防和军队建设是实现中国梦的战略支撑和力量保证,它们既是中国特色社会主义的重要组成部分,又是中国特色社会主义的坚强后盾。中华民族伟大复兴绝不是轻轻松松、顺顺当当就能实现的,中国越是发展壮大,面临的阻力和压力就会越大,遇到的风险和挑战就会越多。没有一个巩固的国防,没有一支强大的军队,中华民族伟大复兴就没有安全保障。因此,建设一支听党指挥、能打胜仗、作风优良的人民军队,是党在新形势下的强军目标。党的建设是三大法宝的核心。中国共产党是保证中国革命胜利的最先进和最强大的领导力量。没有共产党就没有新中国,就没有中国特色社会主义,就没有中华民族伟大复兴。党的十九大报告指出:"历史已经并将继续证明,没有中国共产党的领导,民族复兴必然是空想。"①在以中国式现代化全面推进中华民族伟大复兴的新征程中,习近平总书记在中共二十大上要求:"全党必须牢记,全面从严治党永远在路上,党的自我革命永远在路上,决不能有松劲歇脚、疲劳厌战的情绪,必须持之以恒推进全面从严治党,深入推进新时代党的建设新的伟大工程,以党的自我革命引领社会革命。"②

四、学习思考

1. 简述三大法宝的主要内容及其相互关系。
2. 试论三大法宝的历史作用和现实意义。
3. 试论党的建设与政治路线的关系。

---

① 习近平:《决胜全面建成小康社会　夺取新时代中国特色社会主义伟大胜利——在中国共产党第十九次全国代表大会上的报告》,人民出版社2017年版,第16页。
② 《习近平著作选读》第一卷,人民出版社2023年版,第52页。

毛泽东《中国革命和中国共产党》导读

《中国革命和中国共产党》是 1939 年冬季由毛泽东和其他几位在延安的同志合作写成的一个课本。第一章《中国社会》是其他几位同志起草，经过毛泽东修改的。第二章《中国革命》是毛泽东自己写的。第三章准备写《党的建设》，因为担任写作的同志没有完稿而停止。这两章于 1940 年春先后在《共产党人》第 4 期和第 5 期上发表。1940 年下半年，"反对第一次反共高潮结束以后，毛泽东根据当时的形势和总结了反对第一次反共高潮的经验，对《中国革命和中国共产党》第二章第四节'中国革命的动力'这一部分作了修改，加写了三段话，主要内容是：将大资产阶级与民族资产阶级加以区别；将亲日派大资产阶级与英美派大资产阶级加以区别；将大地主与中小地主及开明绅士加以区别"①。这些修改又对毛泽东 1940 年初《新民主主义论》中的一些观点有了重要发展。

原文见《毛泽东选集》第二卷，人民出版社 1991 年版，第 621～656 页。

一、形成背景

"第二次国共合作建立之后，共产党内的右倾思想开始出现，并对实际工作产生了一些不良的影响。其主要表现为：对国民党的压制和干涉政策的无原则的迁就让步；过分相信国民党，倾向于把在国民党统治区内党的一切活动公开化；个别地区的红军部队因对国民党的反共阴谋丧失警惕，以致在改编时被国民党军队包围缴械；军队中个别人员以受国民政府的委任为荣，不愿严格接受党的领导；少数人主张在国民党尚未改变其一党专政的情况下，共产党可以参加国民政府；有的人对国民党特务在根据地进行破坏活动不敢进行坚决斗争，等等。针对上述倾向，1937 年 11 月 12 日，毛泽东在《上海太原失陷以后抗日战争的形势和任务》的报告中强调指出，必须坚持全面抗战路线，坚决执行抗日救国十大纲领，认清国共两党两条不同抗战路线的原则分歧……在党内、在全国都必须反对投降主义的任务。在党内，要反对引导无产阶级去适合

---

① 中共中央文献研究室：《毛泽东年谱（1893—1949）》（修订本）中卷，中央文献出版社 2013 年版，第 156 页。

资产阶级的改良主义和不彻底性的投降主义。在坚持国共两党的统一战线的同时，必须在一切统一战线工作中实行独立自主原则。在全国，要反对引导中国去迎合日本帝国主义利益的民族投降主义。"①在抗日民族革命战争中，阶级投降主义实际上是民族投降主义的后备军，是援助右翼营垒而使战争失败的最恶劣的倾向。为了争取中华民族和劳动群众的解放，为了使反对民族投降主义的斗争坚决有力，必须反对共产党内部和无产阶级内部的阶级的投降倾向，要使这一斗争开展于各方面的工作中。

　　1937年11月29日，王明从苏联回国到达延安后，在12月9日至14日召开的中共中央政治局会议上，批评了洛川会议以来中共中央在统一战线问题上的许多正确的观点，不同意公开批评国民党执行片面抗战路线，不赞成关于国民党营垒有左、中、右三种不同势力的提法，认为只能以抗日或亲日为标准，也不赞成国民党和共产党谁吸引谁的提法，认为不应空喊领导权，不应说谁领导谁，而是国共两党"共同负责，共同领导"。1938年2月27日至3月1日，中共中央在延安召开政治局会议。在这次会议上，王明作了报告。会后，王明回到武汉，将自己的错误主张写成《三月政治局会议的总结》等文章，在《群众》周刊上公开发表，并通过演讲等方式继续宣传自己的错误主张。党内一些人一时不能明辨是非，产生了盲目的信赖。1938年9月29日召开的扩大的中共六届六中全会虽然批判了党内在统一战线问题上的关门主义和投降主义的偏向，着重批判了"一切经过统一战线""一切服从统一战线"的错误主张，基本上克服了党内以王明为代表的右倾错误。但是，如何进一步阐述中国共产党的历史使命，全面提高全党的思想理论认识，是摆在党员干部面前的重大理论问题。

　　另外，全面抗战爆发以后，中国共产党从原来遭受严密封锁的狭小天地里走出来，变成全国性的大党，公开走上全国政治生活的大舞台，受到人们越来越密切的关注。与国民党对中国共产党的大肆污蔑不同，国内外许多人士则纷纷访问延安，实地考察中国共产党的抗日行动，更多的人渴望了解中国共产党对时局和中国未来前途的看法。中国共产党要在抗日民族统一战线中坚持独立自主，也必须在全国人民面前旗帜鲜明地提出自己区别于其他政党的政治主张，明确回答中国革命向何处去，是什么性质的革命，如何争取胜利等一系列理论问题，从而把人们吸引到自己高举的大旗下来。

　　为了彻底清算右倾机会主义错误思想，为了粉碎国民党反动派的妥协、投

---

① 　中共中央党史研究室：《中国共产党历史》第一卷(1921—1949)下册，中共党史出版社2011年版，第513～514页。

降和反共反人民的阴谋，为了向广大人民指出中国的前途，坚持抗战，打败日本帝国主义，《中国革命和中国共产党》适时出版。

二、基本思想

《中国革命和中国共产党》在研究中国历史尤其是分析中国近代半殖民地半封建社会形成的基础上，进一步阐述了中国近代社会矛盾和革命对象、任务、动力及性质等中国新民主主义革命的重大理论。具体内容包括如下。

第一，全面分析了近代中国的社会性质及其形成原因和特点。该文首先指出中国是世界文明发达的国家，中华民族是一个有光荣革命传统和优秀历史遗产的民族。周秦以后至鸦片战争的古代中国是一个封建社会，在封建社会里，自给自足的自然经济占主要地位，封建的统治阶级——地主、贵族和皇帝，拥有最大部分的土地，而农民则很少有土地，或者完全没有土地。不但地主、贵族和皇室依靠剥削农民的地租过活，而且地主阶级的国家又强迫农民缴纳贡税，并强迫农民从事无偿的劳役，去养活一大群的国家官吏和主要是为了镇压农民之用的军队。中国历代的农民，就是在这种封建的经济剥削和封建的政治压迫之下，过着贫穷困苦的奴隶式的生活。地主阶级这样残酷的剥削和压迫所造成的农民的极端的穷苦和落后，就是中国社会几千年在经济上和社会生活上停滞不前的基本原因。因此，封建社会的主要矛盾，是农民阶级和地主阶级的矛盾。

1840年鸦片战争以后，外国资本主义的侵入，一方面，破坏了中国自给自足的自然经济的基础，破坏了城市的手工业和农民的家庭手工业；另一方面，则促进了中国城乡商品经济的发展。这些情形，不仅对中国封建经济的基础起了解体的作用，同时又给中国资本主义生产的发展造成了某些客观的条件和可能。因为自然经济的破坏，给资本主义造成了商品的市场，而大量农民和手工业者的破产，又给资本主义造成了劳动力的市场。因此，帝国主义列强侵略中国，促使中国封建社会解体，促使中国发生了资本主义因素，把一个封建社会变成了一个半封建的社会。但是，帝国主义列强侵入中国的目的，决不是要把封建的中国变成资本主义的中国，而是用一切军事的、政治的、经济的和文化的压迫手段，把中国一步一步地变成了半殖民地和殖民地。

中国殖民地、半殖民地、半封建社会的特点：（1）自给自足的自然经济基础被破坏，但是，封建剥削制度的根基——地主阶级对农民的剥削，不但依旧保持着，而且同买办资本和高利贷资本的剥削结合在一起，在中国的社会经济生活中，占着显然的优势。(2)民族资本主义有了某些发展，但它没有成为中国社会经济的主要形式，它的力量是很软弱的，它的大部分是对于外国帝国主义和国内封建主义都有或多或少的联系的。(3)皇帝和贵族的专制政权被推翻了，但代之而起的先是地主阶级的军阀官僚的统治，接着是地主阶级和大资产阶级联盟的专政。在沦陷区，则是日本帝国主义及其傀儡的统治。(4)帝国主义不但操纵了中国的财政和经济的命脉，并且操纵了中国的政治和军事的力量。在沦陷区，则一切被日本帝国主义所独占。(5)由于中国是在许多帝国主义国家的统治或半统治之下，由于中国实际上处于长期的不统一状态，又由于中国的土地广大，中国的经济、政治和文化的发展，近代中国各地区经济、政治和文化发展极不平衡。(6)由于帝国主义和封建主义的双重压迫，特别是由于日本帝国主义的大举进攻，中国的广大人民，尤其是农民，日益贫困化以至大批地破产，他们过着饥寒交迫的和毫无政治权利的生活。中国人民的贫困和不自由的程度，是世界所少见的。

近代中国半殖民地半封建社会的性质和特点也就决定了中国近代社会的矛盾呈现出错综复杂的状况。"帝国主义和中华民族的矛盾，封建主义和人民大众的矛盾，这些就是近代中国社会的主要的矛盾。当然还有别的矛盾，例如资产阶级和无产阶级的矛盾，反动统治阶级内部的矛盾。而帝国主义和中华民族的矛盾，乃是各种矛盾中的最主要的矛盾。这些矛盾的斗争及其尖锐化，就不能不造成日益发展的革命运动。伟大的近代和现代的中国革命，是在这些基本矛盾的基础之上发生和发展起来的。"[1]该文关于中国近代社会性质的论述为制定新民主主义革命总路线提供了基本依据。

第二，系统地阐明了中国革命的对象、任务、动力和领导力量等新民主主义革命的基本问题。"帝国主义和中国封建主义相结合，把中国变为半殖民地和殖民地的过程，也就是中国人民反抗帝国主义及其走狗的过程。从鸦片战争、太平天国运动、中法战争、中日战争、戊戌变法、义和团运动、辛亥革命、五四运动、五卅运动、北伐战争、土地革命战争，直至现在的抗日战争，都表现了中国人民不甘屈服于帝国主义及其走狗的顽强的反抗精神。中国人民，百年以来，不屈不挠、再接再厉的英勇斗争，使得帝国主义至今不能灭亡中国，也永远不能灭亡中国。"[2]但近代中国的革命经过几十年的斗争，革命的过程没有完结，革命的任务还没有显著的成就。而中国革命要取得成功必须弄清楚中国革命的对

---

① 《毛泽东选集》第二卷，人民出版社 1991 年版，第 631 页。
② 《毛泽东选集》第二卷，人民出版社 1991 年版，第 632 页。

象、任务、动力、性质、前途等基本理论问题。

认清中国的国情，乃是认清一切革命问题的基本的根据。近代中国殖民地、半殖民地、半封建的社会性质也就决定了中国革命的主要对象或主要敌人是帝国主义和封建主义。帝国主义和封建主义互相勾结以压迫中国人民，他们是压迫和阻止中国社会向前发展的主要障碍。其中帝国主义的民族压迫为最大的压迫，是中国人民的第一个和最凶恶的敌人。在日本武力侵入中国以后，中国革命的主要敌人是日本帝国主义和勾结日本公开投降或准备投降的一切汉奸和反动派。

由社会性质和中国革命对象决定，中国革命的任务就是对外推翻帝国主义压迫的民族革命和对内推翻封建地主压迫的民主革命，而最主要的任务是推翻帝国主义的民族革命。中国革命的两大任务，是互相关联的。如果不推翻帝国主义的统治，就不能消灭封建地主阶级的统治，因为帝国主义是封建地主阶级的主要支持者。如果不推翻地主阶级，就不能彻底铲除封建制度的根基，组织起强大的革命队伍，就不能推翻帝国主义在中国的统治，因为地主阶级是帝国主义统治中国的主要社会基础。民族革命和民主革命这样两个基本任务，是互相区别，又是互相统一的。

而要完成近代中国民族革命和民主革命的基本任务，必须认清中国社会各个阶级和各个阶层中的革命动力。只有解决这个革命的动力问题，才能正确地解决中国革命的基本策略问题。《中国革命和中国共产党》系统分析了中国社会各阶级的经济地位和政治态度，指出新民主主义革命的动力包括无产阶级、农民阶级、城市小资产阶级和民族资产阶级。

地主阶级是帝国主义统治中国的主要的社会基础，是用封建制度剥削和压迫农民的阶级，是在政治上、经济上、文化上阻碍中国社会前进而没有丝毫进步作用的阶级。因此，作为阶级来说，地主阶级是革命的对象，不是革命的动力。

资产阶级分为带买办性的大资产阶级和民族资产阶级。前者是直接为帝国主义国家的资本家服务并为他们所豢养的阶级，他们和农村中的封建势力有着千丝万缕的联系，是中国革命的对象。民族资产阶级是带两重性的阶级，一方面，民族资产阶级既受帝国主义的压迫，又受封建主义的束缚，它同帝国主义和封建主义有矛盾，是革命的力量之一。另一方面，由于它在经济上和政治上与帝国主义和封建主义有着千丝万缕的联系，没有彻底的反帝反封建的勇气，在革命的关键时刻表现出明显的动摇性。民族资产阶级的这种两重性，决定了他们在一定时期中和一定程度上能够参加反帝国主义和反官僚军阀政府的革命，他们可以成为革命的一种力量。而在另一时期，就有跟在买办大资产阶级后面，作为反革命的助手的危险。因此，对于民族资产阶级采取慎重的政策，是完全必要的。农民以外的各种类型的小资产阶级(包括广大的知识分子、小商人、手工业者和自由职业者)和农民阶级中的中农的地位有某些相像，都受帝国主义、封建主义和大资产阶级的压迫，日益走向破产和没落的境地。因此，这些小资产阶级是革命的动力之一，是无产阶级的可靠的同盟者。这些小资产阶级也只有在无产阶级领导之下，才能得到解放。

农民在全国总人口中大约占 80%，是中国国民经济的主要力量。其中，贫农连同雇农在内，约占农村人口 70%，他们没有土地或土地不足，是农村中的半无产阶级，是中国革命的最广大的动力，是无产阶级的天然的和最可靠的同盟者，是中国革命队伍的主力军。贫农和中农都只有在无产阶级的领导之下，才能得到解放；而无产阶级也只有和贫农、中农结成坚固的联盟，才能领导革命到达胜利，否则是不可能的。农民这个名称所包括的内容，主要是指贫农和中农。

中国无产阶级除了一般无产阶级的基本优点，即与最先进的经济形式相联系，富于组织性纪律性，没有私人占有的生产资料以外，还有它的许多特出的优点：一是中国无产阶级身受三种压迫(帝国主义的压迫、资产阶级的压迫、封建势力的压迫)，而这些压迫的严重性和残酷性，是世界各民族中少见的；因此，他们在革命斗争中，比任何别的阶级来得坚决和彻底。二是中国无产阶级开始走上革命的舞台，就在中国共产党领导之下，成为中国社会里最有觉悟的阶级。三是它的成员中的大部分来自破产农民，和农民有着天然的联系，这使得无产阶级便于和农民结成亲密的联盟，共同团结战斗。因此，中国无产阶级是中国革命的最基本的动力，也是中国革命的领导阶级。

第三，进一步揭示了中国革命走以农村包围城市、武装夺取政权道路的必要性及建设农村根据地的重要性。近代中国殖民地、半殖民地、半封建的社会性质也就决定了中国革命的主要对象或主要敌人是帝国主义和封建主义。中国革命敌人的异常强大决定了中国革命的长期性和残酷性。在这样的敌人面前，中国革命的主要方法和主要形式，不能是和平的，而必须是武装的。同时，强大的帝国主义及其在中国的反动同盟军，总是长期地占据着中国的中心城市。中国革命要坚持奋斗下去，积蓄和锻炼自己的力量，并避免在力量不够的时候和强大的敌人进行决定胜负的战斗，那就必须将革命力量转移到敌人统治力量比较薄弱的农村，把落后的农村造成先进的巩固的根据地，造成军事上、政治上、经济上、文化上的伟大的革命阵地，借以反对利用城市进攻农村区域的凶恶敌人，借以在长期战斗中逐步地争取革命的全部胜利。

而近代中国特殊的国情也决定了能够建立农村革命根据地和取得农村区域性革命胜利的可能性。"由于中国经济发展的不平衡（不是统一的资本主义经济），由于中国土地的广大（革命势力有回旋的余地），由于中国的反革命营垒内部的不统一和充满着各种矛盾，由于中国革命主力军的农民的斗争是在无产阶级政党共产党的领导之下，这样，就使得在一方面，中国革命有在农村区域首先胜利的可能；而在另一方面，则又造成了革命的不平衡状态，给争取革命全部胜利的事业带来了长期性和艰苦性。"①这种结果也决定了革命根据地上进行的长期革命斗争主要是在中国共产党领导之下的农民游击战争。

重视武装斗争，不是说可以放弃其他形式的斗争；相反，没有武装斗争以外的各种形式的斗争相配合，武装斗争就不能取得胜利。《中国革命和中国共产党》指出："着重农村根据地上的工作，不是说可以放弃城市工作和尚在敌人统治下的其他广大农村中的工作；相反，没有城市工作和其他农村工作，农村根据地就处于孤立，革命就会失败。而且革命的最后目的，是夺取作为敌人主要根据地的城市，没有充分的城市工作，就不能达此目的。"②

为实现革命在农村和城市取得胜利，必须消灭敌人的军队。除了战争中消灭敌军以外，瓦解敌军也就成为重要的工作。因此，在敌人长期占领的反动的黑暗的城市和农村，必须进行共产党的宣传工作和组织工作。中国共产党领导人民对敌斗争的策略，必须是利用一切可以利用的公开合法的法律、命令和社会习惯所许可的范围，从有理、有利、有节的观点出发，一步一步地和稳扎稳打地去进行。

此外，在深刻阐释中国革命的对象、任务、动力和性质这些基本问题的基础上，毛泽东进一步指出了中国革命的前途问题。由于中国现阶段的资产阶级民主主义革命，不是一般的旧式的资产阶级民主主义革命，而是特殊的新式的民主主义革命，即新民主主义革命，且处在世界社会主义革命时代，这就决定了中国革命的前途不是资本主义的，而是社会主义和共产主义的。

三、重要意义

《中国革命和中国共产党》根据中国社会和中国革命的实际情况，阐明了中国革命的任务和性质，分析了中国社会各阶级、阶层对革命的态度，制定了符

---

① 《毛泽东选集》第二卷，人民出版社 1991 年版，第 635 页。
② 《毛泽东选集》第二卷，人民出版社 1991 年版，第 636 页。

合中国实际的战略和策略，较系统地提出了新民主主义革命的理论，奠定了中国民主革命取得胜利的理论基础。

第一，《中国革命和中国共产党》深入阐述了新民主主义革命理论，回答了在一个以农民为主体、落后的半殖民地半封建的东方大国为什么要进行革命、如何进行革命等一系列重大理论问题。《中国革命和中国共产党》在全面分析中国半殖民地半封建社会性质及其形成原因和特点的基础上，进一步阐述了由此决定的近代中国社会的主要矛盾、革命对象和革命任务，指出中国革命的根本任务是推翻帝国主义、封建主义和官僚资本主义的统治，从根本上推翻反动腐朽的政治上层建筑，变革阻碍生产力发展的生产关系，为建设富强民主的国家、改善人民的生活、确立人民当家作主的政治地位扫清障碍，创造必要的前提，从理论上回答了中国为什么革命的问题。由近代中国社会性质和革命对象决定，中国革命的动力包括无产阶级、农民阶级、城市小资产阶级和民族资产阶级，从理论上回答了中国革命的依靠力量问题。由于近代中国革命对象和革命环境的影响，中国革命必须走农村包围城市、武装夺取全国政权的道路，这从理论上回答了中国革命的道路问题。近代中国社会性质、革命对象和革命任务决定了中国革命的性质是资产阶级民主革命。但这个革命发生在第一次世界大战和俄国十月革命之后，中国革命已经不是一般意义上的资产阶级革命，而是在无产阶级领导之下的人民大众的反帝反封建的资产阶级革命，即新民主主义革命。中国社会必须经过这个革命，才能进一步发展到社会主义。这从理论上回答了中国革命的性质和前途问题。

《中国革命和中国共产党》从理论上阐述了近代中国的社会性质、革命对象、革命任务、革命动力以及革命道路、革命前途等新民主主义革命的基本问题，解答了一些人在中国革命问题方面的理论疑惑，指明了中国革命的前进方向，有利于全党更加深刻地认识中国共产党的历史使命，进一步增强了中国革命胜利的信心。

第二，《中国革命和中国共产党》运用马克思主义的基本原理，深入研究了近代中国半殖民地半封建社会的性质，是新民主主义革命理论的出发点，具有重要的现实启示意义。认清国情，是认清和解决革命问题的基本依据。在近代中国革命的过程中，其得失成败都与国情认识的正确与否密切相关。中国共产党从成立之日起，就明确把马克思列宁主义确定为指导思想。然而，中国共产党找到了马克思主义这个崭新的思想武器，并不意味着就能够自然而然地解决中国革命所面临的问题，还有一个如何把马克思主义基本原理同中国具体实际相结合的问题，也就是如何实现马克思主义中国化的问题。然而，处在幼年时期的中国共产党，"是对于中国的历史状况和社会状况、中国革命的特点、中国革命的规律都懂得不多的党，是对于马克思列宁主义的理论和中国革命的实践还没有完整的、统一的了解的党"①。由于对中国国情认识不清，当时中国共产党内盛行的把共产国际决议和苏联经验神圣化，把马克思主义教条化的错误倾向，曾使中国革命几乎陷入绝境。以毛泽东为代表的中国共产党人经过调查研究和认真思考，终于认清了中国社会的实际状况。他说："什么是中国的国情呢？中国的国情就是半殖民地半封建社会。所以，问起中国国情是什么？回答就是'半殖民地半封建'这几个字。这是经过中外许多社会科学家，研究了几十年所得出的结论。半殖民地半封建，这是病症，就是说我们中国有两种病：一种是帝国主义的压迫，一种是封建势力的压迫。"②《中国革命和中国共产党》对近代中国半殖民地半封建社会的形成过程和特点有了进一步分析。正是有了对中国社会性质这一最大国情的准确判断和科学分析，以毛泽东为代表的中国共产党才正确解决了中国革命的一系列理论问题，保证了中国革命从胜利走向胜利。

社会主义制度建立以后，也有一个如何认清国情、正确判断我国社会所处历史方位的问题。像中国这样一个脱胎于半殖民地半封建社会、经过新民主主义革命和时间不长的社会主义改造建立起来的社会主义国家，对它的基本国情应该怎样认识，中国共产党一直进行着极其艰苦和有益的探索，但直到十一届三中全会以前，总体来说处于不完全清醒的状态。中国处在社会主义初级阶段，是中国共产党对当代中国基本国情的科学判断。正是由于对社会主义初级阶段的基本国情有了一个科学认识和准确把握，中国才得以成功地走出了一条中国特色社会主义的新道路，使社会主义在中国显示出蓬勃生机和活力，使社会主义现代化建设取得了举世瞩目的巨大成就。

党的十八大承前启后、继往开来，以习近平同志为核心的党中央接过历史接力棒，开启了中国特色社会主义新时代。党的十九大作出中国社会主要矛盾已经转化为人民日益增长的美好生活需要和不平衡不充分的发展之间的矛盾的重大政治论断，深刻阐述了新时代中国共产党实现中华民族伟大复兴的历史使命。党的二十大进一步明确以中国式现代化全面推进中华民族伟大复兴的使命任务，就全面建成社会主义现代化强国作出两步走的总的战略安排：从二〇二〇年到二〇三五年基本实现社会主义现代化；从二〇三五到本世纪中叶把我国建成富强民主文明和谐美丽的社会主义现代化强国。这一战略安排，明确了全面建成社会主义现代化强国的时间表、路线图，展现了中华民族伟大复兴的壮丽

---

① 《毛泽东选集》第二卷，人民出版社 1991 年版，第 610 页。

② 毛泽东：《坚持国共长期合作》（一九三九年七月九日），载《党的文献》，1995 年第 4 期。

前景。

四、学习思考

1. 近代中国半殖民地半封建社会是怎样形成的？其特点是什么？
2. 中国新民主主义革命的对象、任务、动力是什么？
3. 如何理解中国新民主主义革命的主要方法和主要形式？

毛泽东《新民主主义论》导读

　　《新民主主义论》是毛泽东1940年1月9日在陕甘宁边区文化协会第一次代表大会上的讲演。经过整理，该演讲以《新民主主义的政治与新民主主义的文化》为题，在1940年2月15日延安出版的《中国文化》创刊号上公开发表。随后，该演讲内容刊登在同年2月20日延安出版的《解放》第98期、第99期合刊上，题目改为《新民主主义论》。

　　原文见《毛泽东选集》第二卷，人民出版社1991年版，第662～711页。

一、形成背景

　　全面抗战开始以后，国共实现了第二次合作。国民党方面趁机强化三民主义的指导和方向。"国共两党刚刚达成合作协议，蒋介石就在《对共产党的宣言的谈话》中提出：三民主义为'中国立国原则'，'中国今日只有一个努力之方向'，即三民主义。1938年年初，国民党顽固派在武汉发动鼓吹'一个主义'、'一个政党'、'一个领袖'的宣传活动，国民党控制的《扫荡报》等报刊连篇累牍地发表文章，攻击中国共产党和马克思主义。国民党的御用文人叫嚣：'国民党是一切党派中的骄子，它以外的党派，根本不能与它讲平等'，不论是今天还是将来，都'没有独立存在的理由'。

　　全面抗战进入相持阶段后，国民党顽固派的反共宣传变本加厉。1939年1月，蒋介石在国民党五届五中全会上作题为《唤醒党魂，发扬党德，巩固党基》的报告，并作题为《整理党务之要点》的讲话。所谓'唤醒党魂'、'发扬党德'，就是实行'一个主义'、'一个政党'、'一个领袖'的专制主义。蒋介石借口抗战的需要，声称人民群众不会运用民权，现在不能实行'宪政'，只能实行'军法之治'的'军政'。他强调要以国民党来'管理一切'，实行'以党治国'、'以党建国'。"①会议通过的《关于党务报告之决议案》中写道："今后，本党应力求革命理论之领导"，"而使违反主义之思想无从流布于社会，而于战区及敌人后方，

---

　　① 中共中央党史研究室：《中国共产党历史》第一卷（1921—1949）下册，中共党史出版社2011年版，第555页。

尤应特别注意"。① 这些话的矛头显然都是指向中国共产党的,国民党五中全会也因此成为全面抗战期间蒋介石对中国共产党政策发生重大变化的转折点。

中国共产党的叛徒、号称国民党理论家的叶青(任卓宣)公开主张:"三民主义可以满足中国现在和将来的一切要求。它的实现,中国便不需要社会主义了,从而组织一个党来为社会主义而奋斗的事也就不必要了。"②蒋介石自己也在 1939 年 9 月发表一篇《三民主义之体系及其实行程序》的长文,鼓吹所谓"以党治国""以党建国""要使抗战胜利之日,即为建国完成之时"。③ 国民党的反共活动,在全国造成极为恶劣的影响,正如毛泽东指出的:"近来的妥协空气,反共声浪,忽又甚嚣尘上,又把全国人民打入闷葫芦里了。"④这不仅破坏抗日团结,而且使广大群众对抗战前途和中国的未来担忧。

国家社会党的张君劢也在 1938 年 12 月发表致毛泽东的公开信,在要求共产党取消边区,取消八路军和新四军的同时,还要同毛泽东讨论"共产党之理论",并咄咄逼人地写道:"窃以为目前阶段中,先生等既努力于对外民族战争,不如将马克思主义暂搁一边,使国人思想走上彼此是非黑白分明一途,而不必出以灰色与掩饰之辞。诚能如此,国中各派思想,同以救民族救国家为出发点,而其接近也自易易矣。"⑤

同时,"共产党内也有人存在一些糊涂观念,认为既然中国共产党在公布国共合作的宣言中说:'孙中山先生的三民主义为中国今日之必需,本党愿为其彻底实现而奋斗',那末,国民党提出'一个党一个主义'也不是完全没有理由的"⑥。

"中国向何处去"的问题,十分尖锐地摆到每一个关心国家命运的人的面前,中国共产党必须对这个问题系统地表明自己的立场和观点。而这时的中国共产党,已经有了大革命时期、土地革命时期和全面抗战爆发以来共 10 多年成功和失败的丰富经验,成为一个政治上成熟了的政党。以毛泽东为代表的中共中央,已经能将马克思主义同中国革命的具体实践纯熟地结合起来,能够系

---

① 荣孟源:《中国国民党历次代表大会及中央全会资料》下,光明日报出版社 1985 年版,第 554 页。

② 中共中央文献研究室:《毛泽东传》(1893—1949),中央文献出版社 2004 年版,第 576 页。

③ 蒋介石:《三民主义之体系及其实行程序》,载《青年中国季刊》,1939 年创刊号。

④ 《毛泽东选集》第二卷,人民出版社 1991 年版,第 662 页。

⑤ 张君劢:《致毛泽东先生一封公开信》,载《再生》,1938 年第 10 期。

⑥ 中共中央文献研究室:《毛泽东传》(1893—1949),中央文献出版社 2004 年版,第 554 页。

统地回答前面所说的那些问题，将党关于现阶段民主革命的理论和纲领这面大旗更加鲜明地打出来。用毛泽东后来的话说："在抗日战争前夜和抗日战争时期，我写了一些论文，例如《中国革命战争的战略问题》、《论持久战》、《新民主主义论》、《〈共产党人〉发刊词》，替中央起草过一些关于政策、策略的文件，都是革命经验的总结。那些论文和文件，只有在那个时候才能产生，在以前不可能，因为没有经过大风大浪，没有经过两次胜利和两次失败的比较，还没有充分的经验，还不能充分认识中国革命的规律……在抗日时期，我们才制定了合乎情况的党的总路线和一整套具体政策。这时候，中国民主革命这个必然王国才被我们认识，我们才有了自由。"①

在这样的历史背景下，为了驳斥顽固派，粉碎国民党反共反人民的谬论，批判建立资产阶级专政的幻想，澄清党内一些人的糊涂观念，并向全党和全国人民说明中国共产党对于中国革命和新中国建设的全部设想，毛泽东撰写了这篇《新民主主义论》。

二、基本思想

《新民主主义论》在分析半殖民地半封建中国社会的特点及其基本矛盾的基础上，指出了中国革命必须分两步走的战略，进而提出了中国革命第一步的具体纲领，即新民主主义的政治、经济和文化的纲领，勾画了新民主主义社会的蓝图。

第一，《新民主主义论》科学论证了中国的社会性质和中国革命的历史特点。(1)关于近代中国的社会性质。毛泽东指出："认清中国社会的性质，就是说，认清中国的国情，乃是认清一切革命问题的基本的根据。"②毛泽东运用历史唯物主义的基本观点，科学分析了近代中国的社会性质即近代中国的基本国情。他指出，自周秦以来，中国是一个封建社会，其政治是封建的政治，其经济是封建的经济，而为这种政治和经济之反映的占统治地位的文化，则是封建的文化。由于西方列强的入侵，近代中国的社会性质开始发生变化，中国社会又逐渐地生长了资本主义因素，已逐渐地变成了一个殖民地、半殖民地、半封建的社会。作为统治的东西来说，这种社会的政治是殖民地、半殖民地、半封建的政治，其经济是殖民地、半殖民地、半封建的经济，而为这种政治和经济

① 《毛泽东文集》第八卷，人民出版社 1999 年版，第 299～300 页。
② 《毛泽东选集》第二卷，人民出版社 1991 年版，第 633 页。

之反映的占统治地位的文化，则是殖民地、半殖民地、半封建的文化。对于近代中国社会性质的正确认识，为正确认识和解决中国的革命问题提供了基本的依据。毛泽东指出，半殖民地半封建社会占统治地位的政治、经济和文化形态，就是我们革命的对象。我们要革除的，就是这种殖民地、半殖民地、半封建的旧政治、旧经济和那为这种旧政治、旧经济服务的旧文化。而我们要建立起来的，则是与此相反的东西，乃是中华民族的新政治、新经济和新文化。中国共产党不但要把一个政治上受压迫、经济上受剥削的中国，变为一个政治上自由和经济上繁荣的中国，而且要把一个被旧文化统治因而愚昧落后的中国，变为一个被新文化统治因而文明先进的中国。

（2）关于中国革命的历史特点。在科学分析了中国社会性质的基础上，《新民主主义论》从中国革命所处的历史时代出发，阐述了中国革命的历史特点。

一是中国革命的历史进程必须分两步走。毛泽东指出："中国现时社会的性质，既然是殖民地、半殖民地、半封建的性质，它就决定了中国革命必须分为两个步骤。第一步，改变这个殖民地、半殖民地、半封建的社会形态，使之变成一个独立的民主主义的社会。第二步，使革命向前发展，建立一个社会主义的社会。中国现时的革命，是在走第一步。"[1]毛泽东指出，自从1840年鸦片战争开始，即中国社会开始由封建社会改变为半殖民地半封建社会以来，中国革命就开始了第一步。其间经太平天国运动、中法战争、中日战争、戊戌变法、辛亥革命、五四运动、北伐战争、土地革命战争、直到全面抗战，经历了整整一百年时间，"从某一点上说来，都是实行这第一步，都是中国人民在不同的时间中和不同的程度上实行这第一步，实行反对帝国主义和封建势力，为了建立一个独立的民主主义的社会而斗争，为了完成第一个革命而斗争。而辛亥革命，则是在比较更完全的意义上开始了这个革命。这个革命，按其社会性质说来，是资产阶级民主主义的革命，不是无产阶级社会主义的革命。这个革命还未完成，还须付与很大的气力，这是因为这个革命的敌人，直到现在，还是非常强大的缘故"[2]。由于1914年爆发第一次世界大战和1917年俄国十月革命的胜利，世界历史的方向发生改变，中国革命不再是一般意义上的资产阶级民主主义革命，即旧的世界资产阶级民主主义革命，而是中国式的、特殊的、新式的民主主义，即新民主主义革命。"这个革命的第一步、第一阶段，绝不是也不能建立中国资产阶级专政的资本主义社会，而是要建立以中国无产阶级

---

① 《毛泽东选集》第二卷，人民出版社1991年版，第666页。
② 《毛泽东选集》第二卷，人民出版社1991年版，第666～667页。

为首领的中国各个革命阶级联合专政的新民主主义的社会……然后，再使之发展到第二阶段，以建立中国社会主义的社会。"①"这就是现时中国革命的历史特点。在中国从事革命的一切党派，一切人们，谁不懂得这个历史特点，谁就不能指导这个革命和进行这个革命到胜利，谁就会被人民抛弃，变为向隅而泣的可怜虫。"②

二是中国革命是世界革命的一部分。《新民主主义论》根据世界历史的发展，划分了世界革命的时代，由此指出了两种世界革命。第一种是属于资产阶级和资本主义范畴的世界革命。这种世界革命的时期早已过去了，还在1914年第一次帝国主义世界大战爆发之时，尤其是在1917年俄国十月革命之时，就告终结了。从此以后，开始了第二种世界革命，即无产阶级的社会主义的世界革命。其原因在于第一次帝国主义世界大战和第一次胜利的社会主义十月革命，改变了整个世界历史的方向，划分了整个世界历史的时代。在世界资本主义战线已在地球的一角俄国出现崩溃，而在其他地区又已经充分显露其腐朽性的时代，在这些尚存的资本主义部分非更加依赖殖民地半殖民地便不能过活的时代，在社会主义国家已经建立并宣布它愿意为了扶助一切殖民地半殖民地的解放运动而斗争的时代，在各个资本主义国家的无产阶级一天一天从社会帝国主义的社会民主党的影响下面解放出来并宣布他们赞助殖民地半殖民地解放运动的时代，在这种时代，任何殖民地半殖民地国家，如果发生了反对帝国主义，即反对国际资产阶级、反对国际资本主义的革命，它就不再是属于旧的世界资产阶级民主主义革命的范畴，而属于新的范畴了；它就不再是旧的资产阶级和资本主义的世界革命的一部分，而是新的世界革命的一部分，即无产阶级社会主义世界革命的一部分了。这种革命的殖民地半殖民地，已经不能当作世界资本主义反革命战线的同盟军，而改变为世界社会主义革命战线的同盟军了。这种革命，是彻底打击帝国主义的，因此它不为帝国主义所容许，而为帝国主义所反对。但是它却为社会主义所容许，而为社会主义的国家和社会主义的国际无产阶级所援助。因此，这种革命，就不能不变成无产阶级社会主义世界革命的一部分。

作为无产阶级社会主义世界革命的一部分的中国革命来说，其意义更加伟大。这是因为它发生在一个特殊的时期，即它处在由于资本主义的经济危机和政治危机已经一天一天把世界拖进第二次世界大战的时候；它处在苏联已经到

---

① 《毛泽东选集》第二卷，人民出版社1991年版，第672页。
② 《毛泽东选集》第二卷，人民出版社1991年版，第665页。

了由社会主义到共产主义的过渡期，有能力领导和援助全世界无产阶级和被压迫民族，反抗帝国主义战争，打击资本主义反动的时候；它处在各资本主义国家的无产阶级正在准备打倒资本主义、实现社会主义的时候；它处在中国无产阶级、农民阶级、知识分子和其他小资产阶级在中国共产党的领导之下，已经形成了一个伟大的独立的政治力量的时候。因此，中国革命是世界革命的伟大的一部分。

第二，《新民主主义论》全面阐述了新民主主义的基本纲领。一个政党的纲领，是公开树立起来的一面旗帜，是表明党的性质的重要标志。中国革命分为两个历史阶段，而其第一阶段是新民主主义的革命，这是中国革命的新的历史特点。这个新的特点具体地表现在中国内部的政治关系和经济关系上又是怎样的呢？1940年，毛泽东在《新民主主义论》中阐述了新民主主义的政治、经济和文化纲领。新民主主义基本纲领是新民主主义革命总路线的进一步展开和体现，擘画了新民主主义社会的基本蓝图，为新民主主义革命指明了具体奋斗目标。

(1)新民主主义的政治纲领。《新民主主义论》分析了中国社会各革命阶级的政治态度和历史地位。毛泽东指出，在1919年五四运动以前，中国资产阶级民主革命的政治指导者是中国的小资产阶级和资产阶级。中国无产阶级还没有被当作一个觉悟了的独立的阶级力量登上政治的舞台，还是被当作小资产阶级和资产阶级的追随者参加了革命。在五四运动以后，虽然中国民族资产阶级继续参加了革命，但是中国资产阶级民主革命的政治指导者，已经不是属于中国资产阶级，而是属于中国无产阶级了。中国无产阶级，由于自己的发展壮大和俄国革命的影响，已经迅速地变成了一个觉悟了的独立的政治力量。中国共产党提出了打倒帝国主义的口号，制定了中国资产阶级民主革命的彻底的纲领，开展了土地革命。

由于中国民族资产阶级是殖民地半殖民地国家的资产阶级，是受帝国主义压迫的，所以，他们也还是在一定时期中和一定程度上，保存着反对外国帝国主义和反对本国官僚军阀政府的革命性，可以同无产阶级、小资产阶级联合起来，反对它们所愿意反对的敌人。因此，无产阶级的任务，在于不忽视民族资产阶级的这种革命性，而和他们建立反帝国主义和反官僚军阀政府的统一战线。

但另一方面，由于中国民族资产阶级是殖民地半殖民地的资产阶级，他们在经济上和政治上异常软弱，导致他们对于革命敌人的妥协性。中国的民族资产阶级，即使在革命时，也不愿意同帝国主义完全分裂，并且他们同农村中的地租剥削有密切联系，因此，他们就不愿和不能彻底推翻帝国主义，更加不愿和更加不能彻底推翻封建势力。这样，中国资产阶级"一身而二任焉"的两面性也就决定了只有无产阶级才能领导人民推翻帝国主义和封建势力。

"所以，无论如何，中国无产阶级、农民、知识分子和其他小资产阶级，乃是决定国家命运的基本势力。这些阶级，或者已经觉悟，或者正在觉悟起来，他们必然要成为中华民主共和国的国家构成和政权构成的基本部分，而无产阶级则是领导的力量。现在所要建立的中华民主共和国，只能是在无产阶级领导下的一切反帝反封建的人们联合专政的民主共和国，这就是新民主主义的共和国，也就是真正革命的三大政策的新三民主义共和国。"①

这种新民主主义共和国既不同于欧美式的资产阶级专政的共和国，又和苏联式的无产阶级专政的社会主义共和国相区别。毛泽东指出："全世界多种多样的国家体制中，按其政权的阶级性质来划分，基本地不外乎这三种：（甲）资产阶级专政的共和国；（乙）无产阶级专政的共和国；（丙）几个革命阶级联合专政的共和国。"②

资产阶级共和国的道路已被实践证明在中国行不通，而中国社会的性质决定了中国革命的历史进程必须分两步走，第一步是建立新民主主义共和国，无产阶级专政的共和国是将来才能实现的目标。"只能是第三种形式，这就是所谓新民主主义共和国。这是一定历史时期的形式，因而是过渡的形式，但是不可移易的必要的形式。"③新民主主义国家的国体是无产阶级领导的以工农联盟为基础，包括小资产阶级、民族资产阶级和其他反帝反封建的人们在内的各革命阶级的联合专政。

为体现出新民主主义的国体，必须建立与之相适应的国家政体。政体是指的政权构成的形式问题，指的一定的社会阶级取何种形式去组织那反对敌人保护自己的政权机关。没有适当形式的政权机关，就不能代表国家。毛泽东指出："中国现在可以采取全国人民代表大会、省人民代表大会、县人民代表大会、区人民代表大会直到乡人民代表大会的系统，并由各级代表大会选举政府。但必须实行无男女、信仰、财产、教育等差别的真正普遍平等的选举制，才能适合于各革命阶级在国家中的地位，适合于表现民意和指挥革命斗争，适合于新民主主义的精神。这种制度即是民主集中制。只有民主集中制的政府，才能充分地发挥一切革命人民的意志，也才能最有力量地去反对革命的敌人。

---

① 《毛泽东选集》第二卷，人民出版社 1991 年版，第 674～675 页。
② 《毛泽东选集》第二卷，人民出版社 1991 年版，第 675 页。
③ 《毛泽东选集》第二卷，人民出版社 1991 年版，第 675 页。

'非少数人所得而私'的精神，必须表现在政府和军队的组成中，如果没有真正的民主制度，就不能达到这个目的，就叫做政体和国体不相适应。"①

总之，"国体——各革命阶级联合专政。政体——民主集中制。这就是新民主主义的政治，这就是新民主主义的共和国，这就是抗日统一战线的共和国，这就是三大政策的新三民主义的共和国，这就是名副其实的中华民国"②。

(2)新民主主义的经济纲领。毛泽东指出，新民主主义的共和国在政治上必须是新民主主义的，在经济上也必须是新民主主义的。无产阶级领导下的新民主主义共和国的国营经济是社会主义的性质，是整个国民经济的领导力量。所以，大银行、大工业、大商业，归这个共和国的国家所有，这是新民主主义共和国的经济构成的正确的方针，也是国共合作的国民党的第一次全国代表大会宣言中的庄严的声明。但这个共和国并不没收其他资本主义的私有财产，并不禁止"不能操纵国民生计"的资本主义生产的发展，这是因为中国经济还十分落后的缘故。

同时，这个共和国将没收地主的土地，分配给无地和少地的农民，扫除农村中的封建关系，把土地变为农民的私产。至于农村的富农经济，也是容许其存在的。这就是孙中山提出的"平均地权"，实现"平均地权"必须坚持"耕者有其田"。在这个阶段上，一般还不是建立社会主义的农业，但在"耕者有其田"的基础上所发展起来的各种合作经济，也具有社会主义的因素。

总之，新民主主义革命经济，"一定要走'节制资本'和'平均地权'的路，决不能是'少数人所得而私'，决不能让少数资本家少数地主'操纵国民生计'，决不能建立欧美式的资本主义社会，也决不能还是旧的半封建社会"③。

(3)新民主主义的文化纲领。一定的文化是一定社会的政治和经济在观念形态上的反映。在中国，有反映帝国主义在政治上经济上统治或半统治中国的帝国主义文化，有反映半封建政治和半封建经济的半封建文化，凡属主张尊孔读经、提倡旧礼教旧思想、反对新文化新思想的人们，都是这类文化的代表。帝国主义文化和半封建文化结成文化上的反动同盟，反对中国的新文化。这类反动文化是替帝国主义和封建阶级服务的。因此，打倒帝国主义和封建阶级必须打倒帝国主义文化和半封建文化，建立新民主主义文化。新民主主义文化既不是资产阶级的文化专制主义，又不是单纯的无产阶级的社会主义，而是以无产阶级社会主义文化思想为领导的人民大众反帝反封建的新民主主义。所谓新

---

① 《毛泽东选集》第二卷，人民出版社1991年版，第677页。
② 《毛泽东选集》第二卷，人民出版社1991年版，第677页。
③ 《毛泽东选集》第二卷，人民出版社1991年版，第678～679页。

民主主义的文化，就是无产阶级领导的人民大众的反帝反封建的文化。这种新民主主义的文化是民族的。它是反对帝国主义压迫，主张中华民族的尊严和独立的。它是我们这个民族的，带有我们民族的特性。这种新民主主义的文化是科学的。它是反对一切封建思想和迷信思想，主张实事求是，主张客观真理，主张理论和实际一致的。这种新民主主义的文化是科学的，因而即是民主的。它应为全民族中 90％以上的工农劳苦民众服务，并逐渐成为他们的文化。民族的科学的大众的文化，就是人民大众反帝反封建的文化，就是新民主主义的文化，就是中华民族的新文化。

毛泽东指出："新民主主义的政治、新民主主义的经济和新民主主义的文化相结合，这就是新民主主义共和国，这就是名副其实的中华民国，这就是我们要造成的新中国。"①

第三，《新民主主义论》有力驳斥了关于中国革命的错误言论。

（1）批驳了资产阶级专政论。《新民主主义论》在科学论证建立新民主主义共和国的基础上，从国际和国内两个方面分析了中国不能够走资本主义道路的原因，从而有力地批驳了资产阶级专政理论。

从国际环境看，要在中国建立资产阶级专政的资本主义社会，首先是国际资本主义即帝国主义不容许。帝国主义侵略中国，反对中国独立，反对中国发展资本主义的历史，就是中国的近代史。历来中国革命的失败，都是被帝国主义绞杀的，无数革命的先烈，为此而抱终天之恨。其次是社会主义不容许。在近代中国，所有帝国主义都是中国的敌人，中国要独立，决不能离开社会主义国家和国际无产阶级的援助。也就是说，不能离开苏联的援助，不能离开日本和英、美、法、德、意各国无产阶级在其本国进行反资本主义斗争的援助。毛泽东指出，现在的世界，是处在革命和战争的新时代，是资本主义决然死灭和社会主义决然兴盛的时代。在这种情形下，要在中国反帝反封建胜利之后，再建立资产阶级专政的资本主义社会，岂非是完全的梦呓？在这样的国际环境中，殖民地半殖民地的人民要么站在帝国主义战线方面变为世界反革命力量的一部分，要么站在反帝国主义战线方面，变为世界革命力量的一部分。二者必居其一，没有其他的道路可走。

从国内环境说，中国资产阶级应该获得了必要的教训。以大资产阶级为首的中国资产阶级，依靠无产阶级、农民和其他小资产阶级的力量而取得胜利之际，他们就一脚踢开了这些人民大众，独占革命的果实，而和帝国主义及封建

---

① 《毛泽东选集》第二卷，人民出版社 1991 年版，第 709 页。

势力结成了反革命联盟，并且举行了十年的"剿共"战争，不但没有"剿"出一个资产阶级专政的资本主义社会，反而"剿"出了一个半殖民地半封建的"一党专政"。之后又"剿"出一个"满洲国"，至 1937 年把一个日本帝国主义也"剿"进中国本部来了。新的"剿共"典型汪精卫是大名鼎鼎的新式反共人物。因此，在近代中国，实现资产阶级专政的方案在中国根本行不通。

（2）批驳了"左"倾空谈主义。毛泽东指出，中国不走资产阶级专政的资本主义的路，也不能走无产阶级专政的社会主义的路。中国的革命任务是反帝反封建的任务，这个任务没有完成以前，社会主义是谈不到的。中国革命不能不做两步走，第一步是新民主主义，第二步才是社会主义。而且第一步的时间是相当地长，决不是一朝一夕所能成就的。"一次革命论"故意混淆这两个不同的革命阶段，其目的是想根本消灭任何革命，反对资产阶级民主革命的彻底性，反对抗日的彻底性，而为投降日寇准备舆论。这种情形，是日本帝国主义有计划地造成的。因为日本帝国主义在占领武汉后，知道单用武力不能屈服中国，乃着手于政治进攻和经济引诱。还有另外一些人，他们似乎并无恶意，只是迷惑于所谓"举政治革命与社会革命毕其功于一役"的纯主观的想头，而不知革命有阶段之分。"毕其功于一役"的观点，混淆革命的步骤，既降低了对当前任务的努力，也是空想。两个革命阶段中，第一个为第二个准备条件，两个阶段必须衔接，不容横插一个资产阶级专政的阶段，这是正确的，这是马克思主义的革命发展论。

（3）驳斥了顽固派。由于中国革命分为民主主义革命和社会主义革命两个阶段，中国革命首要的任务是反对帝国主义和封建主义，于是资产阶级顽固派说：你们共产党既然把社会主义社会制度推到后一个阶段去了，你们既然又宣称"三民主义为中国今日之必需，本党愿为其彻底实现而奋斗"，那末，就把共产主义暂时收起好了。这种议论其本质就是顽固分子们的资产阶级专制主义。

共产主义是无产阶级的整个思想体系，同时又是一种新的社会制度。这种思想体系和社会制度，是区别于任何别的思想体系和任何别的社会制度的，是自有人类历史以来，最完全最进步最革命最合理的。中国自有科学的共产主义以来，人们的眼界是提高了，中国革命也改变了面目。

三民主义和共产主义既有相同点又有本质的不同。相同点在于 1924 年孙中山重新解释的三民主义同中国共产党在民主革命阶段的政纲基本上一致。不同点主要包括：一是民主革命阶段上一部分纲领的不相同。共产主义的全部民主革命政纲中有彻底实现人民权力、八小时工作制和彻底的土地革命纲领，三民主义则没有这些部分。二是有无社会主义革命阶段的不同。中国共产党除有民主革命阶段的最低纲领外，还有社会主义革命阶段的最高纲领，即实现社会主义和共产主义社会制度的纲领。三民主义则只有民主革命阶段，没有社会主义革命阶段，即没有建立社会主义和共产主义社会制度的纲领。三是宇宙观的不同。共产主义的宇宙观是辩证唯物论和历史唯物论，三民主义的宇宙观则是民生史观，实质上是二元论或唯心论，二者是相反的。四是革命彻底性的不同。共产主义者是理论和实践一致的，即有革命彻底性。三民主义者除了那些最忠实于革命和真理的人们之外，是理论和实践不一致的，讲的和做的互相矛盾，即没有革命彻底性。

同时，《新民主主义论》又分析了旧三民主义和新三民主义的区别。毛泽东指出，中国共产党人承认三民主义为抗日民族统一战线的政治基础，这种三民主义是孙中山在《中国国民党第一次全国代表大会宣言》中所重新解释的新三民主义。这篇宣言，区分了新旧三民主义的两个历史时代。新三民主义是革命的三民主义、真三民主义，是联俄、联共、扶助农工三大政策的三民主义。

三、重要意义

《新民主主义论》科学论证了中国的社会性质和中国革命的历史特点，深刻论述了中国民主革命发展的基本规律，是马克思主义中国化过程中的重大理论成果，进一步奠定了中国革命取得胜利的理论基础。毛泽东后来曾说撰写《新民主主义论》的"目的主要为驳顽固派"[①]，实践证明，其意义和作用已经远远超过了最初目的本身。

第一，《新民主主义论》深刻论述了中国民主革命发展的基本规律，第一次旗帜鲜明地提出了新民主主义的完整理论，描绘了新民主主义社会的蓝图，奠定了建立新中国和通向社会主义的思想理论基础。《新民主主义论》从半殖民地半封建社会的中国国情出发，提出建立一个"新中国"的目标，并从政治、经济、文化等方面作了具体阐述，创造性地提出了一个新民主主义共和国的构想。这样的新民主主义的共和国是一种独特的国家类型，它是作为半封建半殖民地国家的对立物，有别于苏联式无产阶级专政的社会主义共和国，因为"在中国社会经济的必要条件还不具备时，中国人民也不可能实现社会主义的国家制度"[②]。同时，它也不同于欧美资产阶级共和国，因为"无如国际国内的环

---

① 《毛泽东书信选集》，人民出版社1983年版，第160页。
② 《毛泽东选集》第三卷，人民出版社1991年版，第1055页。

境，都不容许中国"走"欧美资产阶级走过的老路"。① 半殖民地半封建的中国所采取的国家形式，只能是新民主主义共和国。这个新民主主义共和国的独特性表现在经济上允许私人资本主义经济的适度发展，政治上是无产阶级领导的各个革命阶级的联合专政。新民主主义共和国的政体是以民主集中制为组织原则的人民代表大会制度，因为它更能体现几个民主阶级联合专政的实质。这是毛泽东根据马克思主义的国家学说，创造性地构想出新民主主义国家政权，是 1949 年新中国成立的新民主主义社会的理论基础。

同时，《新民主主义论》运用马克思列宁主义关于殖民地半殖民地国家革命的学说，科学指明了中国革命必须分为民主主义和社会主义两个步骤。第一步是第二步的必然准备，第二步是第一步的必然结果。这也就决定了过渡性的新民主主义社会国家的任务就是通过逐渐发展社会主义的因素，为向社会主义过渡创造条件。《新民主主义论》在一定程度上解决了在经济文化落后的国家如何走上社会主义发展道路的问题。

第二，《新民主主义论》阐述的新民主主义的政治、经济和文化纲领是新民主主义革命总路线的进一步展开和体现，为全国人民指明了中国的发展方向，有助于消除对中国共产党的各种错误认识。一个政党的纲领，是公开树立起来的一面旗帜，是表明党的性质的重要标志。《新民主主义论》阐述的新民主主义的政治、经济和文化纲领是新民主主义革命总路线的进一步展开和体现，为新民主主义革命指明了具体奋斗目标，极大鼓舞了全国人民的革命斗志，有力地指导和推动了抗日战争和中国革命的胜利发展。《新民主主义论》在党内外更引起重大的反响，使许多人对中国共产党的奋斗目标和中国未来的方向有了更加清楚明白的了解，对于粉碎国民党顽固派在政治思想上对共产党的猖狂进攻，打破民族资产阶级不切实际的"中间道路"的幻想，清除党内"左"、右倾的错误观念也发挥了重要作用。

第三，《新民主主义论》体现了马克思主义的基本立场、观点和方法，对于新时代新征程以中国式现代化全面推进中华民族伟大复兴具有重要的启示意义。《新民主主义论》是毛泽东把马克思主义和中国具体实际相结合，运用马克思主义基本原理探索中国革命和社会发展规律的科学著作。毛泽东在《新民主主义论》中指出："科学的态度是'实事求是'。'自以为是'和'好为人师'那样狂妄的态度是决不能解决问题的。我们民族的灾难深重极了，惟有科学的态度和

---

① 《毛泽东选集》第二卷，人民出版社 1991 年版，第 679 页。

负责的精神，能够引导民族到解放之路。"①习近平总书记在中共二十大报告中指出："坚持和发展马克思主义，必须同中国具体实际相结合。我们坚持以马克思主义为指导，是要运用其科学的世界观和方法论解决中国的问题，而不是要背诵和重复其具体结论和词句，更不能把马克思主义当成一成不变的教条。我们必须坚持解放思想、实事求是、与时俱进、求真务实，一切从实际出发，着眼解决新时代改革开放和社会主义现代化建设的实际问题，不断回答中国之问、世界之问、人民之问、时代之问，作出符合中国实际和时代要求的正确回答，得出符合客观规律的科学认识，形成与时俱进的理论成果，更好指导中国实践。"②

四、学习思考

1. 如何理解中国民主革命是世界无产阶级革命的一部分？

2. 如何理解中国革命必须分两步走？

3. 试论三民主义和共产主义的异同、新三民主义与旧三民主义的区别。

4. 如何理解中国共产党提出的新民主主义革命纲领？

---

① 《毛泽东选集》第二卷，人民出版社 1991 年版，第 662～663 页。

② 《习近平著作选读》第一卷，人民出版社 2023 年版，第 15 页。

毛泽东《改造我们的学习》导读

1941年5月19日，毛泽东在延安高级干部会议上做《改造我们的学习》报告，提出改造全党学习方法和学习制度的任务，批判了理论和实际脱离的主观主义，特别是教条主义作风，强调坚持马克思主义实事求是的学风。这个报告后来发表在1942年3月27日的《解放日报》上，是整风学习的必读文件之一。

原文见《毛泽东选集》第三卷，人民出版社1991年版，第795～803页。

一、形成背景

遵义会议以后，中国共产党在军事上、政治上纠正了以教条主义为特征的"左"倾冒险主义的错误，党的路线逐步转到了马克思列宁主义普遍真理同中国革命具体实际相结合的正确轨道上来。但由于战争环境和形势的迅速发展变化，"左"倾错误没有系统地从思想上加以彻底的清理，党的干部还没有深刻认识这种错误的思想根源。归根结底，这涉及如何对待马克思主义的问题。

1935年12月27日，毛泽东在陕北瓦窑堡党的活动分子会议上所作的《论反对日本帝国主义的策略》报告中，批评了抗日"民族革命统一战线"中的"左"倾关门主义错误，指出关门主义策略是马克思列宁主义所反对的革命队伍中的幼稚病，是孤家寡人的策略。他进一步指出："只有统一战线的策略才是马克思列宁主义的策略。"[1]这实际上是对"左"的政治路线的清算，也涉及如何科学对待马克思主义的问题。

1936年12月，毛泽东在中国抗日红军大学发表题为《中国革命战争的战略问题》的讲演，总结了中国共产党领导的军事斗争历史，批评了军事路线上的"左"倾错误：环境顺利时表现为小资产阶级的革命狂热和革命急性病，环境困难时则依照情况的变化逐次表现为拼命主义、保守主义和逃跑主义。毛泽东认为："这是鲁莽家和门外汉的理论和实际，是丝毫也没有马克思主义气味的东西，是反马克思主义的东西"，"是主观主义"。[2] 这个讲演既是对"左"倾军事

[1] 《毛泽东选集》第一卷，人民出版社1991年版，第155页。
[2] 《毛泽东选集》第一卷，人民出版社1991年版，第206页。

路线上的清算，也同样涉及如何科学对待马克思主义的问题。

政治路线和军事路线的"左"倾错误都与主观主义有关，与教条学习马克思主义理论有关。因此，清理思想认识上的主观主义必须加强马克思主义理论的学习。1937年七八月间，毛泽东在延安抗日军事政治大学连续作了题为《实践论》《矛盾论》的讲演，其矛头主要指向披着马克思主义外衣的教条主义和经验主义，特别是教条主义。他指出："唯心论和机械唯物论，机会主义和冒险主义，都是以主观和客观相分裂，以认识和实践相脱离为特征的。以科学的社会实践为特征的马克思列宁主义的认识论，不能不坚决反对这些错误思想。"①"我们现在的哲学研究工作，应当以扫除教条主义思想为主要的目标。"②"用不同的方法去解决不同的矛盾，这是马克思列宁主义者必须严格地遵守的一个原则。教条主义者不遵守这个原则，他们不了解诸种革命情况的区别，因而也不了解应当用不同的方法去解决不同的矛盾，而只是千篇一律地使用一种自以为不可改变的公式到处硬套，这就只能使革命遭受挫折，或者将本来做得好的事情弄得很坏。"③这既是总结中国共产党的教训而得出的科学结论，又是从马克思主义哲学角度对教条主义的深刻思考，具有解放思想的重要作用。

但是，随着全面抗战的爆发和国共第二次合作的实现，国共两党在如何抗日的问题上一开始就存在严重的分歧，形成了两条截然不同的对抗日战争的指导路线。与此同时，"共产党内的右倾思想开始出现，并对实际工作产生了一些不良的影响。其主要表现为：对国民党的压制和干涉政策的无原则的迁就让步；过分相信国民党，倾向于把在国民党统治区内党的一切活动公开化；个别地区的红军部队因对国民党的反共阴谋丧失警惕，以致在改编时被国民党军队包围缴械；军队中个别人员以受国民党政府的委任为荣，不愿严格接受党的领导；少数人主张在国民党尚未改变其一党专政的情况下，共产党可以参加国民政府；有的人对国民党特务在根据地进行破坏活动不敢进行坚决斗争，等等"④。

1937年11月12日，毛泽东在延安中国共产党的活动分子会议上所作的报告中指出："在卢沟桥事变以前，党内的主要危险是'左'倾机会主义即关门主义……在卢沟桥事变以后，党内的主要危险倾向，已经不是'左'倾关门主义，

---

① 《毛泽东选集》第一卷，人民出版社1991年版，第295页。
② 《毛泽东选集》第一卷，人民出版社1991年版，第299页。
③ 《毛泽东选集》第一卷，人民出版社1991年版，第311页。
④ 中共中央党史研究室：《中国共产党历史》第一卷(1921—1949)下册，中共党史出版社2011年版，第513页。

而转变到右倾机会主义,即投降主义方面了";因此,"必须尖锐地提出谁领导谁的问题,必须坚决地反对投降主义","在一切统一战线工作中必须密切地联系到独立自主的原则。我们和国民党及其他任何派别的统一战线,是在实行一定纲领这个基础上面的统一战线。离开了这个基础,就没有任何的统一战线,这样的合作就变成无原则的行动,就是投降主义的表现了"。①

例如,以王明为代表的一些人,就不同意公开批评国民党执行片面抗战路线,强调:"今天的中心问题是一切为了抗日,一切经过抗日民族统一战线,一切服从抗日。现在我们要用这样的原则去组织群众。""我们要拥护统一指挥。八路军也要统一受蒋指挥。我们不怕统一纪律、统一作战计划、统一经济,不过注意不要受到无谓的牺牲。红军的改编不仅名义改变,而且内容也改变了。""要使人家一到特区,便感觉特区是中华民国的组成部分。"②王明的错误意见影响了不少人,对工作带来一些干扰。毛泽东后来在延安整风时回顾道:"由于王明的回国,进攻中央路线,结果中断了遵义会议以后的中央路线。十二月会议我是孤立的,我只对持久战、游击战为主,统一战线中独立自主原则是坚持到底的。"③之后,王明又在很多场合继续宣传自己的错误主张。

1938 年 9 月 29 日召开的扩大的中共六届六中全会批判了党内在统一战线问题上的关门主义和投降主义的偏向,着重批判了"一切经过统一战线""一切服从统一战线"的错误主张,基本上克服了党内以王明为代表的右倾错误。

回顾党的历史,大革命时期、土地革命时期、全面抗战初期党内反复出现的"左"与右的错误,虽然是两个看似极端的现象,但说到底则是对马克思主义理论如何与中国革命具体实际相结合缺乏科学的认识,也就是未能解决的党的认识路线即思想路线问题。因此,在扩大的中共六届六中全会上,毛泽东号召大家要努力学习马克思主义的理论,并明确强调学习马克思主义理论对中国革命的胜利具有巨大的推动作用。他说:"马克思、恩格斯、列宁、斯大林的理论,是'放之四海而皆准'的理论。不应当把他们的理论当作教条看待,而应当看作行动的指南。不应当只是学习马克思列宁主义的词句,而应当把它当成革命的科学来学习。不但应当了解马克思、恩格斯、列宁、斯大林他们研究广泛的真实生活和革命经验所得出的关于一般规律的结论,而且应当学习他们观察

---

① 《毛泽东选集》第二卷,人民出版社 1991 年版,第 391~392、394 页。

② 中共中央文献研究室:《毛泽东传》(1893—1949),中央文献出版社 2004 年版,第523 页。

③ 中共中央文献研究室:《毛泽东年谱(1893—1949)》(修订本)中卷,中央文献出版社 2013 年版,第 480 页。

问题和解决问题的立场和方法。"①他号召："这次中央全会之后，来一个全党的学习竞赛，看谁真正地学到了一点东西，看谁学的更多一点，更好一点。在担负主要领导责任的观点上说，如果我们党有一百个至二百个系统地而不是零碎地、实际地而不是空洞地学会了马克思列宁主义的同志，就会大大地提高我们党的战斗力量，并加速我们战胜日本帝国主义的工作。"②他进一步指出："马克思列宁主义的伟大力量，就在于它是和各个国家具体的革命实践相联系的。对于中国共产党说来，就是要学会把马克思列宁主义的理论应用于中国的具体的环境。成为伟大中华民族的一部分而和这个民族血肉相联的共产党员，离开中国特点来谈马克思主义，只是抽象的空洞的马克思主义。因此，使马克思主义在中国具体化，使之在其每一表现中带着必须有的中国的特性，即是说，按照中国的特点去应用它，成为全党亟待了解并亟须解决的问题。"③

1941 年 1 月，发生了震惊中外的皖南事变。"皖南事变使我新四军遭受那样惨重的损失，是毛主席事先未估计到的。这使他不仅思考苏维埃运动后期的'左'倾错误，而且对抗战初期的右倾错误有了深切认识。"④在 1941 年 1 月 15 日的中央政治局会议上，毛泽东总结新四军失败的教训时指出："项英过去的路线是错误的，不执行独立自主政策，没有反摩擦斗争的思想准备。过去我们认为是个别错误，但现在错误的东西扩大起来，便成了路线的错误。抗战以来一部分领导同志的机会主义，只知片面的联合而不要斗争。有些同志没有把普遍真理的马列主义与中国革命的具体实际联系起来……非'左'即右都根源于一个思想方法，即不了解中国具体实际或不能揭示中国革命的客观规律的主观主义。"⑤

在这种背景下，1941 年 5 月 19 日，毛泽东在中央宣传干部学习会上作《改造我们的学习》的报告。胡乔木曾回忆说："毛主席讲话用语之辛辣，讽刺之深刻，情绪之激动，都是许多同志在此以前从未感受过的。"⑥毛泽东的这个报告在参加听讲的干部中引起了很大震动，成为后来延安整风的重要文献。

---

① 《毛泽东选集》第二卷，人民出版社 1991 年版，第 533 页。
② 《毛泽东选集》第二卷，人民出版社 1991 年版，第 533 页。
③ 《毛泽东选集》第二卷，人民出版社 1991 年版，第 534 页。
④ 胡乔木：《胡乔木回忆毛泽东》，人民出版社 1994 年版，第 190 页。
⑤ 胡乔木：《胡乔木回忆毛泽东》，人民出版社 1994 年版，第 190～191 页。
⑥ 胡乔木：《胡乔木回忆毛泽东》，人民出版社 1994 年版，第 191 页。

二、基本思想

《改造我们的学习》科学分析了党内存在的主观主义，特别是教条主义的种种表现，全面阐述了马克思主义的学习态度，明确提出了马克思列宁主义的学风，具有丰富的理论内涵。

第一，指出了党内存在的主观主义表现，并对其危害进行了批判。毛泽东指出，中国共产党的 20 年，就是马克思列宁主义的普遍真理和中国革命的具体实践日益结合的 20 年。和党在幼年时期对于马克思列宁主义的认识和对于中国革命认识的肤浅、贫乏相比，中国共产党现在的理论和认识水平深刻得多、丰富得多了。但是，中国共产党在学习方面还存在着主观主义的作风，如果不纠正这种作风，就无法使中国共产党在将马克思列宁主义的普遍真理和中国革命的具体实践互相结合的伟大事业中更进一步。

这种作风具体表现为：一是不注重研究现状。毛泽东指出，像中国共产党这样一个大政党，虽则对于国内和国际的现状的研究有了某些成绩，但是对于国内和国际的各方面，对于国内和国际的政治、军事、经济、文化的任何一方面，我们所收集的材料还是零碎的，我们的研究工作还是没有系统的。对于上述各方面并没有进行系统的周密的收集材料和研究，缺乏调查研究客观实际状况的浓厚空气。研究和学习粗枝大叶，夸夸其谈，满足于一知半解，这是一种极坏的作风，完全违反马克思列宁主义基本精神。科学的马克思主义学风应该是认真地研究情况，从客观的真实的情况出发，而不是从主观的愿望出发。二是不注重研究历史。毛泽东指出："不论是近百年的和古代的中国史，在许多党员的心目中还是漆黑一团。许多马克思列宁主义的学者也是言必称希腊，对于自己的祖宗，则对不住，忘记了。认真地研究现状的空气是不浓厚的，认真地研究历史的空气也是不浓厚的。"①三是不注重马克思列宁主义的应用。毛泽东指出："许多同志的学习马克思列宁主义似乎并不是为了革命实践的需要，而是为了单纯的学习。所以虽然读了，但是消化不了。只会片面地引用马克思、恩格斯、列宁、斯大林的个别词句，而不会运用他们的立场、观点和方法，来具体地研究中国的现状和中国的历史，具体地分析中国革命问题和解决中国革命问题。这种对待马克思列宁主义的态度是非常有害的，特别是对于中

---

① 《毛泽东选集》第三卷，人民出版社 1991 年版，第 797 页。

级以上的干部，害处更大。"①

党内的许多同志被这种主观主义作风带坏了。他们对于国内外、省内外、县内外、区内外的具体情况，不愿进行系统的周密的调查和研究，仅仅根据一知半解，根据"想当然"，就在那里发号施令。他们对于自己的历史一点不懂，或懂得甚少，特别是中国共产党的历史和鸦片战争以来的中国近百年史，真正懂得的很少。近百年的经济史，近百年的政治史，近百年的军事史，近百年的文化史，简直还没有人认真动手去研究。有些人对于自己的东西既无知识，于是剩下了希腊和外国故事。他们从欧美日本回来，只知生吞活剥地谈外国。他们起了留声机的作用，忘记了自己认识新鲜事物和创造新鲜事物的责任。这种主观主义的错误思想对中国无半分益处，若不及时纠正将会严重危害革命。

第二，阐述了实事求是的马克思主义学习态度。在分析了党内主观主义学风的基础上，《改造我们的学习》进一步对比了主观主义的学习态度和实事求是的学习态度。

主观主义的态度主要表现为：对周围环境不进行系统的周密的研究，单凭主观热情去工作，对于中国今天的面目若明若暗。在这种态度下，就是割断历史，只懂得希腊，不懂得中国，对于中国昨天和前天的面目漆黑一团。在这种态度下，去研究马克思列宁主义的理论就是抽象的无目的的。不是为了要解决中国革命的理论问题、策略问题而到马克思、恩格斯、列宁、斯大林那里找立场，找观点，找方法，而是为了单纯地学理论而去学理论。不是有的放矢，而是无的放矢。许多做研究工作的人，对于研究今天的中国和昨天的中国一概无兴趣，只把兴趣放在脱离实际的空洞的"理论"研究上。许多做实际工作的人，也不注意客观情况的研究，往往单凭热情，把感想当政策。这两种人都凭主观，忽视客观实际事物的存在。或作讲演，则甲乙丙丁、一二三四的一大串；或做文章，则夸夸其谈的一大篇。无实事求是之意，有哗众取宠之心。华而不实，脆而不坚。自以为是，老子天下第一，"钦差大臣"满天飞。这种作风，拿了律己，则害了自己；拿了教人，则害了别人；拿了指导革命，则害了革命。总之，这种反科学的反马克思列宁主义的主观主义的方法，是共产党的大敌，是工人阶级的大敌，是人民的大敌，是民族的大敌，是党性不纯的一种表现。只有打倒了主观主义，马克思列宁主义的真理才会抬头，党性才会巩固，革命才会胜利。

马克思列宁主义的态度主要表现为：应用马克思列宁主义的理论和方法，

① 《毛泽东选集》第三卷，人民出版社1991年版，第797页。

对周围环境进行系统的周密的调查和研究。不是单凭热情去工作，而是把革命气概和实际精神结合起来。在这种态度下，就是不要割断历史。不单是懂得希腊就行了，还要懂得中国；不但要懂得外国革命史，还要懂得中国革命史；不但要懂得中国的今天，还要懂得中国的昨天和前天。在这种态度下，就是要有目的地去研究马克思列宁主义的理论，要使马克思列宁主义的理论和中国革命的实际运动结合起来，是为着解决中国革命的理论问题和策略问题而去从它找立场，找观点，找方法的。这种态度，就是有的放矢的态度。"的"就是中国革命，"矢"就是马克思列宁主义。我们中国共产党人所以要找这根"矢"，就是为了要射中国革命和东方革命这个"的"的。这种态度，就是实事求是的态度。"实事"就是客观存在着的一切事物，"是"就是客观事物的内部联系，即规律性，"求"就是我们去研究。我们要从国内外、省内外、县内外、区内外的实际情况出发，从其中引出其固有的而不是臆造的规律性，即找出周围事变的内部联系，作为我们行动的向导。而要这样做，就须不凭主观想象，不凭一时的热情，不凭死的书本，而凭客观存在的事实，详细地占有材料，在马克思列宁主义一般原理的指导下，从这些材料中引出正确的结论。这种结论，不是甲乙丙丁的现象罗列，也不是夸夸其谈的滥调文章，而是科学的结论。这种态度，有实事求是之意，无哗众取宠之心。这种态度，就是党性的表现，就是理论和实际统一的马克思列宁主义的作风。这是一个共产党员起码应该具备的态度。

第三，指明了学习的基本内容。在深入阐述实事求是学习态度的基础上，《改造我们的学习》指明了全党学习的基本内容，明确了全党学习的基本要求。

首先，向全党提出系统地周密地研究周围环境的任务。毛泽东指出，共产党领导机关的基本任务，就在于了解情况和掌握政策两件大事，了解情况就是认识世界，掌握政策就是改造世界。因此，全党要依据马克思列宁主义的理论和方法，对敌友我三方的经济、财政、政治、军事、文化、党务各方面的动态进行详细的调查和研究的工作，然后引出应有的和必要的结论。任何一个部门的工作，都必须先有情况的了解，然后才会有好的处理。在全党推行调查研究的计划，是转变党的作风的基础一环，要引导同志们的眼光向着这种实际事物的调查和研究。

其次，聚集人才，分工合作地研究近百年的中国史，强调先对经济史、政治史、军事史、文化史等分部门进行分析研究，然后再进行综合研究。

最后，对于在职干部的教育和干部学校的教育，应确定以研究中国革命实际问题为中心，以马克思列宁主义基本原则为指导的方针，废除静止地孤立地研究马克思列宁主义的方法，坚持马克思主义的普遍真理和中国革命的具体实践相结合，并进一步发展马克思主义。

三、重要意义

《改造我们的学习》是毛泽东为改造中国共产党的学风而写就的一篇关于学习的马克思列宁主义著作。这篇文章不仅成功地指导了延安整风运动，而且对于今天更好地加强中国共产党的思想建设，推进新时代党的建设新的伟大工程具有重要的借鉴作用。

第一，《改造我们的学习》总结了马克思列宁主义的普遍真理和中国革命的具体实践相结合的基本经验，阐述了正确对待马克思列宁主义的态度、原则和方法。《改造我们的学习》从辩证唯物主义的哲学高度，对"实事求是"这个概念做了新的解释，使其上升为马克思主义的方法论，并做了深刻的阐述。实事求是是中国共产党的思想路线，也是毛泽东思想的根本点和活的灵魂，丰富了马克思主义的建党学说。

第二，《改造我们的学习》所倡导的马克思主义学风，奠定了全党理论学习和实际工作的认识论和方法论的基础。"《改造我们的学习》虽然没有立即发表，但是毛主席提出要在全党改造学习方法和学习制度的精神仍在贯彻。"①《改造我们的学习》被确定为延安整风的文献之后，直接推动了党的高级干部的理论学习，破除了党内把马克思主义教条化、把共产国际决议和苏联经验神圣化的错误倾向，指导了延安整风运动正确开展，而且对于在全党确立和贯彻一切从实际出发的实事求是的思想路线，坚持马克思列宁主义和中国革命具体实际相结合的原则，具有极其重大和深远的意义。

第三，《改造我们的学习》阐述的实事求是学习态度对于中国特色社会主义进入新时代条件下进行伟大斗争、建设伟大工程、推进伟大事业、实现伟大梦想具有重大理论意义。实事求是，是马克思主义的根本观点，是中国共产党人认识世界、改造世界的根本要求，是我们党的基本思想方法、工作方法、领导方法。不论过去、现在和将来，我们都要坚持一切从实际出发，理论联系实际，在实践中检验真理和发展真理。习近平总书记指出："坚持实事求是，就要深入实际了解事物的本来面貌。要透过现象看本质，从零乱的现象中发现事物内部存在的必然联系，从客观事物存在和发展的规律出发，在实践中按照客观规律办事。坚持实事求是不是一劳永逸的，在一个时间一个地点做到了实事

① 胡乔木：《胡乔木回忆毛泽东》，人民出版社1994年版，第192页。

求是，并不等于在另外的时间另外的地点也能做到实事求是，在一个时间一个地点坚持实事求是得出的结论、取得的经验，并不等于在变化了的另外的时间另外的地点也能够适用。我们要自觉坚定实事求是的信念、增强实事求是的本领，时时处处把实事求是牢记于心、付诸于行。坚持实事求是，就要清醒认识和正确把握我国仍处于并将长期处于社会主义初级阶段这个基本国情。我们推进改革发展、制定方针政策，都要牢牢立足社会主义初级阶段这个最大实际，都要充分体现这个基本国情的必然要求，坚持一切从这个基本国情出发。任何超越现实、超越阶段而急于求成的倾向都要努力避免，任何落后于实际、无视深刻变化着的客观事实而因循守旧、固步自封的观念和做法都要坚决纠正。坚持实事求是，就要坚持为了人民利益坚持真理、修正错误。要有光明磊落、无私无畏、以事实为依据、敢于说出事实真相的勇气和正气，及时发现和纠正思想认识上的偏差、决策中的失误、工作中的缺点，及时发现和解决存在的各种矛盾和问题，使我们的思想和行动更加符合客观规律、符合时代要求、符合人民愿望。坚持实事求是，就要不断推进实践基础上的理论创新。马克思主义基本原理是普遍真理，具有永恒的思想价值，但马克思主义经典作家并没有穷尽真理，而是不断为寻求真理和发展真理开辟道路。今天，坚持和发展中国特色社会主义，全面深化改革，有效应对前进道路上可以预见和难以预见的各种困难与风险，都会提出新的课题，迫切需要我们从理论上作出新的科学回答。我们要及时总结党领导人民创造的新鲜经验，不断开辟马克思主义中国化新境界，让当代中国马克思主义放射出更加灿烂的真理光芒。"①

四、学习思考

1.《改造我们的学习》产生的历史背景是什么？

2. 毛泽东是如何论述实事求是思想路线的？

3.《改造我们的学习》的现实启示是什么？

---

① 中共中央文献研究室：《十八大以来重要文献选编》（上），中央文献出版社 2014 年版，第 696～697 页。

毛泽东《在中国共产党第七届中央委员会第二次全体会议上的报告》导读

　　《在中国共产党第七届中央委员会第二次全体会议上的报告》是 1949 年 3 月 5 日至 13 日毛泽东在河北省平山县西柏坡村召开的中央委员会第二次全体会议上所做。报告提出了促进新民主主义革命迅速取得全国性胜利的各项方针；说明在全国胜利的局面下，中国共产党的工作重心必须转移；规定胜利后党在政治、经济、外交方面应当采取的基本政策，指出新中国的发展战略及社会发展方向；尤其是，向全党同志敲响了关于执政的"警钟"，提出"两个务必"重要思想。总之，报告的立意深刻而悠远。

　　原文见《毛泽东选集》第四卷，人民出版社 1991 年版，第 1424～1439 页。

一、形成背景

　　1948 年 6 月底，经过两年的人民解放战争，人民解放军的总兵力，已由原来的 127 万人发展到 280 万人；同国民党军队总兵力的对比和正规军的对比，均缩小到 1∶1.3，并且经过新式整风运动后士气高涨；武器装备也得到极大改善，已经具备攻坚作战能力。解放区的面积已扩展到 235 万平方千米，人口达 1.68 亿。约 1 亿人口的老解放区已经完成土地改革，广大翻身农民的革命和生产积极性空前高涨。①

　　为此，中共中央和毛泽东判断，再过三年左右就可从根本上打倒蒋介石。7 月 18 日，中共中央在《关于揭破敌人的和平阴谋的指示》中指出："依据过去两年的作战成绩，加上今后的更大努力，执行正确的军事政治经济文化各项政策，大约再打三年左右，就可以从根本上消灭中国的反动势力，在全国范围内建立人民民主共和国，我们自己及全国人民，就可以永远过和平自由幸福的生

---

　　① 中共中央党史研究室：《中国共产党历史》第一卷(1921—1949)下册，中共党史出版社 2011 年版，第 782 页。

活了。"①

这个指示是中共中央对内宣布建立新中国的时间表。同年 7 月 30 日,新华社发表《人民解放战争两周年的总结和第三年的任务》的社论,公开宣布再过三四年即可解放全中国。社论说:"中国人民虽然已经在广大的地区内,彻底消灭了反动势力,但是反动势力仍然在另外的广大地区内存在,而且他们在美国帝国主义援助之下,仍然还有他们一定的力量,并继续压迫那里的人民;因此,中国人民的革命只能是逐步地胜利,敌人的阵地只能一个一个地被夺取,反动势力只能是一部分一部分地被消灭;因此,中国人民还必须准备继续作几年的艰苦奋斗,至少还要准备拿三四年时间去作这种艰苦斗争,才能最后解放全中国,并在民主基础上统一全中国。"②

1948 年 9 月 8 日至 13 日,中共中央政治局在西柏坡召开会议(即九月会议)。毛泽东在分析国际国内形势后指出:"我们的战略方针是打倒国民党,战略任务是军队向前进,生产长一寸,加强纪律性,由游击战争过渡到正规战争,建军五百万,歼敌正规军五百个旅,五年左右根本上打倒国民党。"③这里所说的五年左右打倒国民党,是从 1946 年全面内战爆发后算起的,预计到 1951 年年中便可以完成消灭国民党军队主力的任务。对于这一问题,毛泽东在为会议做结论时又补充说:"所谓蒋政权就是表现在他的军队上,我们一时打不到江南去也不要紧,蒋的力量 80% 在江北,消灭了他的力量,也就算把他打倒了。"④在这次会议上,毛泽东还讲到了成立中央政府的问题。他说:"战争第四年将要成立中央政府。这个政府叫做什么名字,或叫临时中央政府,或叫中国人民解放委员会,其性质都是临时性的中央政府。究竟叫什么,到那时再定。"⑤

此次会议通过了《中共中央政治局九月会议基本决议》,其中第三项内容为:"建立无产阶级领导的,以工农联盟为基础的人民民主专政,打倒帝国主义、封建主义和官僚资本主义的反动专政,建立民主集中制的各级人民代表会议制度,召开各民主党派、人民团体及无党派人士的代表人物的政治协商会议,成立中华人民民主共和国临时中央政府。"组建中央人民政府正式提到了中

---

① 中央档案馆:《中共中央文件选集》第十七册,中共中央党校出版社 1992 年版,第 253 页。

② 《人民解放战争两周年的总结和第三年的任务》,载《人民日报》,1948 年 8 月 1 日。

③ 《毛泽东文集》第五卷,人民出版社 1996 年版,第 133 页。

④ 胡乔木:《胡乔木回忆毛泽东》,人民出版社 1994 年版,第 523 页。

⑤ 《毛泽东文集》第五卷,人民出版社 1996 年版,第 136～137 页。

共中央的议事日程。

形势的发展比人们的预料还要快。1948 年 9 月 12 日，东北野战军发动辽沈战役，且进展顺利。10 月 15 日，攻占锦州，歼敌 10 万余人；10 月 19 日，长春国民党守军投诚；10 月 28 日，全歼敌廖耀湘兵团 10 万余人，取得了全歼东北国民党军队的决定性胜利。10 月 31 日，辽沈战役尚未结束，毛泽东就在致林彪、罗荣桓等人的电报中提出："中央九月会议规定五年左右建军五百万，歼敌正规军五百个旅，根本上打倒国民党的任务，因为战争迅速发展，可能提早一年完成。此点你们应有精神准备，从而加速组织准备，并以此种精神教育干部。"①11 月 2 日，辽沈战役结束，此役共歼敌 47 万人，使东北全境获得解放。辽沈战役的胜利使中国的军事形势发生了重大变化，人民解放军不但在质量上占有优势，在数量上也占有了优势。此时，国民党的全部军队包括陆海空军、正规军非正规军、作战部队和后勤机关在内，只有 290 万左右的人数，人民解放军则增至 300 余万人。

11 月 11 日，毛泽东以十分兴奋的心情致电东北野战军司令员林彪、政治委员罗荣桓、参谋长刘亚楼、政治部主任谭政及各中央局、各野战军前委："九月上旬（济南战役前）中央政治局会议时所作的五年左右建军五百万，歼敌五百个正规师，根本上打倒国民党的估计及任务，因为九、十两月的伟大胜利，已经显得是落后了。这一任务的完成，大概只需再有一年左右的时间即可达到了。即是说，国民党已不可能再动员三百万人，我军已不需要再以三年时间（从今年七月算起）歼敌三百个正规师，才能达到根本上打倒国民党之目的。我军大约再以一年左右的时间，再歼其一百个师左右，即可能达成这一目的。"②

11 月 14 日，新华社发表毛泽东撰写的关于中国军事形势的评论，指出："原来预计，从一九四六年七月起，大约需要五年左右时间，便可能从根本上打倒国民党反动政府。现在看来，只需从现时起，再有一年左右的时间，就可能将国民党反动政府从根本上打倒了。至于在全国一切地方消灭反动势力，完成人民解放，则尚需较多的时间。敌人是正在迅速崩溃中，但尚需共产党人、人民解放军和全国各界人民团结一致，加紧努力，才能最后地完全地消灭反动势力，在全国范围内建立统一的民主的人民共和国。"③

基于再过一年即可从根本上打倒国民党反动政府的估计，召开新的政治协

---

① 《毛泽东文集》第五卷，人民出版社 1996 年版，第 183 页。

② 《毛泽东文集》第五卷，人民出版社 1996 年版，第 193～194 页。

③ 毛泽东：《中共中央负责人评论中国军事形势》，载《人民日报》，1948 年 11 月 16 日。

商会议、组建中央人民政府、确定新中国的内政外交重大方针提到了议事日程。1948 年 12 月 30 日，新华社发表毛泽东所写的《将革命进行到底》的新年献词，明确提出："一九四九年将要召集没有反动分子参加的以完成人民革命任务为目标的政治协商会议，宣告中华人民共和国的成立，并组成共和国的中央政府。这个政府将是一个在中国共产党领导之下的、有各民主党派各人民团体的适当的代表人物参加的民主联合政府。"①

1949 年 1 月 6 日至 8 日，中共中央政治局再次在西柏坡召开会议，讨论形势与任务问题。会议通过的《目前形势和党在一九四九年的任务》的决议中指出："整个国民党在长江以北的战略上的战线已经崩溃，国民党在其统治区域内是处在极大的混乱和崩溃的状态中。我们已经完全有把握地在全国范围内战胜国民党。一九四九年和一九五〇年将是中国革命在全国范围内胜利的两年。"②毛泽东在会上提出了中共新的一年里的十七项任务，包括要开中共七届二中全会；准备召开政治协商会议，成立中央政府，宣告中华人民民主共和国成立。1 月 8 日，他在会上作结论时说："如果完成了全国革命的任务，这是铲地基，花了三十年。但是起房子，这个任务要几十年工夫。"③于是，中共加紧了"起房子"即执政全国的准备工作。随后召开的中共七届二中全会，就是其中的重要准备。

二、基本思想

1949 年 3 月 5 日至 13 日，中国共产党第七届中央委员会第二次全体会议在河北省平山县西柏坡召开。出席会议的有中央委员 34 人，候补中央委员 19 人。这次会议是在中国人民革命取得全国胜利的前夜召开的，是一次为新中国确定大政方针的重要会议。毛泽东在会上作了重要报告，对新中国内政外交应采取的基本方针进行了系统论述。

第一，明确了解决国民党军队残余力量的方针及新形势下人民解放军的工作定位。在报告中，毛泽东指出，辽沈、淮海、平津三大战役胜利结束后，国民党军队的主力已经被消灭，以后要解决的是分布在新疆到台湾的广大的地区

---

① 《毛泽东选集》第四卷，人民出版社 1991 年版，第 1379 页。

② 中央档案馆：《中共中央文件选集》第十八册，中共中央党校出版社 1992 年版，第16 页。

③ 中共中央文献研究室：《毛泽东传》(1893—1949)，中央文献出版社 2004 年版，第945 页。

内和漫长的战线上一百多万国民党军队，不外天津、北平、绥远三种方式。所谓天津方式，就是用战斗去解决敌人；所谓北平方式，就是迫使敌军用和平方法，迅速地彻底地按照人民解放军的制度改编为人民解放军；所谓绥远方式，就是有意地保存一部分国民党军队，让它原封不动，或者大体上不动，以利于争取其在政治上站在革命方面，或者保持中立，以便集中力量首先解决国民党残余力量中的主要部分，在一个相当的时间之后（例如在几个月，半年，或者一年之后），再去按照人民解放军制度将这部分军队改编为人民解放军。他同时强调，人民解放军永远是一个战斗队，又是一个工作队，特别是在南方各地用北平方式或者绥远方式解决问题的时候是这样。随着战斗的逐步减少，工作队的作用就增加了。有一种可能的情况，即在不要很久的时间之内，将要使人民解放军全部地转化为工作队。

第二，提出党的工作重心的转移。随着中国革命即将在全国胜利，党的工作重心必须由乡村转移到城市。毛泽东指出，从 1927 年到现在，中国共产党的工作重点是在乡村，在乡村聚集力量，用乡村包围城市，然后取得城市。采取这样一种工作方式的时期现在已经完结。从现在起，开始了由城市到乡村并由城市领导乡村的时期。党的工作重心由乡村移到了城市。在南方各地，人民解放军将是先占城市，后占乡村。毫无疑问，城乡必须兼顾，决不可以丢掉乡村而仅顾城市，但是党和军队的工作重心必须放在城市，必须用极大的努力去学会管理城市和建设城市。在城市工作中，必须全心全意地依靠工人阶级，团结其他劳动群众，争取知识分子，争取尽可能多地能够同中国共产党合作的民族资产阶级分子及其代表人物与中共站在一起，或者使他们保持中立，以便向帝国主义者、国民党、官僚资产阶级作坚决的斗争。城市中的一切工作，都必须围绕着生产建设这一个中心工作并为这个中心工作服务。

第三，明确新中国拟采取的经济政策。对于新中国应当采取什么的经济政策，毛泽东首先简要分析了中国经济的基本情况，中国的工业和农业在国民经济中的比重，就全国范围来说，在全面抗战以前，大约是现代性的工业占 10％，农业和手工业占 90％。中国的现代性工业最大的和最主要的资本是集中在帝国主义者和中国官僚资产阶级的手里，因此，必须没收这些资本归无产阶级领导的人民共和国所有，就使人民共和国掌握了国家的经济命脉，使国营经济成为整个国民经济的领导成分。这一部分经济，是社会主义性质的经济。占现代性工业中的第二位私人资本主义经济，是一个不可忽视的力量。

中国的民族资产阶级及其代表人物，由于受到帝国主义、封建主义和官僚资本主义的压迫或限制，在人民民主革命斗争中常常采取参加或者保持中立的立场。由于这些，并由于中国经济现在还处在落后状态，在革命胜利以后一个相当长的时期内，还需要尽可能地利用城乡私人资本主义的积极性，以利于国民经济的向前发展。在这个时期内，一切不是于国民经济有害而是于国民经济有利的城乡资本主义成分，都应当容许其存在和发展。

毛泽东同时强调，新中国成立后，虽然允许私人资本主义的存在和发展，但不是如同资本主义国家那样不受限制任其泛滥的，而是在税收政策、市场价格、劳动条件等各方面，按照各地、各业和各个时期的具体情况，对于资本主义采取恰如其分的有伸缩性的限制政策。对于私人资本主义采取限制政策，是必然要受到资产阶级在各种程度和各种方式上的反抗的，特别是私人企业中的大企业主，即大资本家。限制和反限制，将是新民主主义国家内部阶级斗争的主要形式。毛泽东还提出，对个体农业和个体手工业，必须谨慎地、逐步地而又积极地引导它们向着现代化和集体化的方向发展。进而指出，国营经济是社会主义性质的，合作社经济是半社会主义性质的，加上私人资本主义，加上个体经济，加上国家和私人合作的国家资本主义经济，这些就是人民共和国的几种主要的经济成分，这些就构成新民主主义的经济形态。

第四，对革命胜利后的国内主要矛盾作出判断。在中共七届二中全会的报告中，毛泽东谈到革命胜利后的基本矛盾问题，指出："中国革命在全国胜利，并且解决了土地问题以后，中国还存在着两种基本的矛盾。第一种是国内的，即工人阶级和资产阶级的矛盾。第二种是国外的，即中国和帝国主义国家的矛盾。因为这样，工人阶级领导的人民共和国的国家政权，在人民民主革命胜利以后，不是可以削弱，而是必须强化。对内的节制资本和对外的统制贸易，是这个国家在经济斗争中的两个基本政策。谁要是忽视或轻视了这一点，谁就将要犯绝大的错误。"[1]

当时之所以对新中国成立后国内主要矛盾作出这种判断，主要依据是：随着中国革命的胜利，半殖民地半封建社会的终结，中国将进入新民主主义社会，而新民主主义的前途又只能是社会主义。新中国成立后，国内的主要矛盾也将发生转换，不可能再是原来的人民大众与封建主义的矛盾，因为封建主义经过土地改革已经被消灭。当然，中国人民同帝国主义的矛盾仍然存在，因为帝国主义出于其反共意识形态，必然对新中国采取敌对的政策。同时，新民主主义社会是一个具有过渡性质的社会阶段，它客观上有两种发展可能，即过渡到资本主义或过渡到社会主义。新民主主义社会又是一个允许社会主义和资本

---

① 《毛泽东选集》第四卷，人民出版社 1991 年版，第 1433 页。

主义两种经济成分同时存在的社会，这两种不同的经济成分之间必将产生矛盾，这种矛盾导致的双方力量的此消彼长，决定了新民主主义社会的过渡方向。

第五，对新中国的外交政策作了说明。对于新中国的对外政策，毛泽东指出，中国共产党不承认国民党时代的任何外国外交机关和外交人员的合法地位，不承认国民党时代的一切卖国条约的继续存在，取消一切帝国主义在中国开办的宣传机关，立即统制对外贸易，改革海关制度。在做了这些以后，中国人民就在帝国主义面前站立起来了。他同时表示，新中国愿意按照平等原则同一切国家建立外交关系，但是从来敌视中国人民的帝国主义，只要它们一天不改变敌视的态度，就一天不给它们在中国以合法的地位。对于普通外侨，则保护其合法的利益，不加侵犯。至于同外国人做生意，那是没有问题的，有生意就得做，既尽可能地首先同社会主义国家和人民民主国家做生意，同时也要同资本主义国家做生意。

第六，提出"两个务必"重要思想。报告的最后部分，毛泽东提醒全党要防止因胜利而骄傲、以功臣自居、停顿起来不求进步、贪图享乐不愿再过艰苦生活等情绪的滋长，要警惕别人用糖衣裹着的炮弹的攻击。他指出，夺取全国胜利，这只是万里长征走完了第一步。革命以后的路程更长，工作更伟大、更艰苦。毛泽东告诫全党："务必使同志们继续地保持谦虚、谨慎、不骄、不躁的作风，务必使同志们继续地保持艰苦奋斗的作风……我们不但善于破坏一个旧世界，我们还将善于建设一个新世界。"①

三、重要意义

毛泽东在中共七届二中全会的报告，高瞻远瞩，从理论上对怎样赢得新民主主义革命最后胜利、在革命胜利后如何进行战略部署与政治、经济、外交基本政策如何定位，以及国家和社会发展方向应该是什么样等重大问题作了深入系统的分析与阐释，这样的谋篇布局丰富了马克思主义的理论宝库。

第一，鼓舞了党内外人士建设新中国的雄心壮志。报告从根本上回答了近代以来仁人志士所苦苦求索的"中国向何处去"的重大问题，即"我们不但善于破坏一个旧世界，我们还将善于建设一个新世界。中国人民不但可以不要向帝

---

① 《毛泽东选集》第四卷，人民出版社 1991 年版，第 1438～1439 页。

国主义者讨乞也能活下去，而且还将活得比帝国主义国家要好些"①。其中所描绘的建设新中国的宏伟蓝图以及对一系列重大方针政策的义理阐释，统一了全党思想，并鼓舞了士气；在即将取得全国政权的新形势下，使全党达到高度的团结，推动了新民主主义革命在全国的胜利以及社会主义革命和建设的良好开篇。

第二，对如何巩固政权及执政地位等给予指导。在报告中，毛泽东多次使用了"用极大的努力""学会""学习"等词句，向全党提出要用极大的努力学会新本领的要求。重视"学习"、善于"学习"，是中国共产党在革命过程中不断取得胜利的基本经验。在革命即将取得全国性胜利的前夕，毛泽东已从中国共产党如何巩固政权、巩固执政地位及执政为民的高度，对学习新本领进行了深刻阐释。

第三，若干思想颇具警示作用与现实意义。尤其是"两个务必"的提出，这种忧患意识对于保持共产党员先进性、加强执政党建设、防止政权出现政治和领导危机等，颇具警示作用。"两个务必"的作风是毛泽东一贯倡导的，是在总结党的历史经验乃至历史兴衰成败规律基础上提出的，至今仍是全党的座右铭。它同毛泽东在七大上概括的党的三大作风，即理论联系实际、密切联系群众、批评和自我批评紧密相连，成为中国共产党人区别于其他任何政党的显著标志之一。

四、学习思考

1. 七届二中全会报告的主题思想是什么？
2. 毛泽东为何提出"夺取全国胜利，这只是万里长征走完了第一步"？
3. 谈谈"两个务必"的历史意义。

---

① 《毛泽东选集》第四卷，人民出版社1991年版，第1439页。

毛泽东《论人民民主专政》导读

　　《论人民民主专政》是毛泽东为纪念中国共产党成立 28 周年所写的重要文章，1949 年 6 月 30 日首次被新华社播发，翌日刊登在《人民日报》上。文章中毛泽东对新形势下如何认识中国人民以往所走过的道路，如何理解新民主主义革命取得胜利的原因和基本经验，即将诞生的新中国的国家政权是什么性质，以及这一政权内部各阶级的地位及其相互关系怎样厘定等重大问题，作了准确判断及系统深入的论述。

　　原文见《毛泽东选集》第四卷，人民出版社 1991 年版，第 1468～1482 页。

一、形成背景

　　中共七届二中全会后，中共中央从西柏坡移驻北平。从 1949 年 4 月 1 日开始，中共代表团和南京政府代表团就国内和平问题进行谈判。经过十多天的谈判，双方形成了 8 条 24 款的《国内和平协定》（最后修正案）。可是，南京政府却拒绝接受这一修正案。4 月 20 日，南京政府以李宗仁、何应钦的名义，复电南京政府和谈代表团，内称："所谓和平协定，实际为欲政府承认中共以武力征服全中国。政府军队，固等于全部缴械投降；即全国各城市乡村，亦将因中共军之普遍开进，原有之社会组织与人民生活方式，亦将依中共之意旨而彻底改变。"①国民党中央常务委员会也于同一天通过《中国国民党对于中国共产党所谓"国内和平协定"之声明》，认为"中共所提八条廿四款，按其内容，完全失去协议和平条款的性质，直是对我中华民国全国人民与政府为残酷之处分与宰割"②，表示拒绝接受《国内和平协定》。

　　当天晚上，人民解放军第三野战军第七、第九两个兵团组成的中央突击集团，首先在安徽枞阳至裕溪口段突破国民党军防线。4 月 21 日，中国人民革命军事委员会主席毛泽东、中国人民解放军总司令朱德发布《向全国进军命令》，

----

　　① 张治中：《张治中回忆录》，文史资料出版社 1985 年版，第 846 页。
　　② 中国国民党中央委员会党史委员会：《中华民国重要史料初编——对日作战时期》第七编战后中国二，内部资料 1981 年版，第 949 页。

命令人民解放军坚决、彻底、干净、全部地歼灭中国境内一切敢于抵抗的国民党反动派。第二、第三野战军于当天在西起江西九江东北的湖口，东至江苏江阴，长达 500 千米的战线上，强渡长江，向江南国民党统治区进军。4 月 23 日，解放国民党统治中心南京，标志着国民党 22 年统治的结束。5 月 3 日，人民解放军解放杭州；4 月下旬至 5 月上旬，先后解放太原、大同、安阳、新乡等国民党军队在华北的残余据点；5 月 16 日和 17 日，武汉三镇汉口、汉阳和武昌解放；5 月 20 日，解放西安；5 月 22 日，解放南昌；5 月 27 日，解放中国最大的城市上海。各路人民解放军向指定的地点胜利进军，江南、华南、西南、西北大片国土相继解放。

随着人民解放军向广大未解放地区的胜利进军，中央人民政府的筹建工作也紧锣密鼓地开展起来。1949 年 6 月 15 日至 19 日，新政协筹备会在北平召开第一次全体会议，毛泽东在筹备会的开幕典礼上发表讲话，说明这个筹备会的任务是"完成各项必要的准备工作，迅速召开新的政治协商会议，成立民主联合政府，以便领导全国人民，以最快的速度肃清国民党反动派的残余力量，统一全中国，有系统地和有步骤地在全国范围内进行政治的、经济的、文化的和国防的建设工作"[1]。会议一致通过《新政协筹备会组织条例》。选举毛泽东、朱德、李济深等 21 人组成筹备会常务委员会。常委会又推选毛泽东为主任，周恩来、李济深、沈钧儒、郭沫若、陈叔通为副主任。在常务委员会下设 6 个小组，分别负责拟定参加新政协会议的单位及其代表名额；起草新政治协商会议组织条例、新政治协商会议共同纲领；拟定中华人民共和国政府方案；起草新政治协商会议第一届全体会议宣言；拟定国旗、国徽、国歌等。

一个人民企盼已久的新中国即将诞生，国内外的人们自然对即将成立的新中国将实行什么样的国体、采取什么样的内政外交方针等十分关注。在这年 3 月召开的中共七届二中全会上，毛泽东曾就此提出了重要意见，但那毕竟是一次内部讲话，参加者仅是中共的高级干部。因此，有必要用公开发表文章的方式，表明中国共产党在全国执政的情况下所采取的大政方针，回应国内外人们对于这些问题的关切。

二、基本思想

1949 年 6 月 30 日，在中国共产党建立 28 周年之际，毛泽东公开发表《论

---

① 《毛泽东选集》第四卷，人民出版社 1991 年版，第 1463 页。

人民民主专政》一文，着重论述了即将成立的人民共和国的性质，各个阶级在国家政权中的地位和中华人民共和国对外政策。文章最引人注目的，是阐述了新中国的国体将实行人民民主专政，新中国在对外政策上将实行"一边倒"即倒向以苏联为首的社会主义阵营。

第一，深入论述新中国的国体——人民民主专政。对于中共执政全国后将要建立的新国家的国体和政体问题，毛泽东在 1948 年 1 月为中共中央所起草的《关于目前党的政策中的几个重要问题》的决定草案中，第一次作了详细的论述："新民主主义的政权是工人阶级领导的人民大众的反帝反封建的政权。所谓人民大众，是包括工人阶级、农民阶级、城市小资产阶级、被帝国主义和国民党反动政权及其所代表的官僚资产阶级（大资产阶级）和地主阶级所压迫和损害的民族资产阶级，而以工人、农民（兵士主要是穿军服的农民）和其他劳动人民为主体。这个人民大众组成自己的国家（中华人民共和国）并建立代表国家的政府（中华人民共和国的中央政府），工人阶级经过自己的先锋队中国共产党实现对于人民大众的国家及其政府的领导。这个人民共和国及其政府所要反对的敌人，是外国帝国主义、本国国民党反动派及其所代表的官僚资产阶级和地主阶级……中华人民共和国的权力机关是各级人民代表大会及其选出的各级政府。"①

在 1948 年的九月会议上，毛泽东进一步指出，我们政权的阶级性应当是无产阶级领导的，以工农联盟为基础，但不是仅仅工农，还有资产阶级民主分子参加的人民民主专政。他还要求各级政府和各种政权机关都要加上"人民"二字，如法院叫人民法院，军队叫人民解放军，以示和蒋介石政权不同。对于新中国的政体，毛泽东指出，人民民主专政的国家，是以人民代表会议产生的政府来代表它的。他还明确表示，在政体问题上将建立民主集中制的各级人民代表会议制度，而不采用资产阶级议会制。

1949 年 2 月初，苏共中央政治局委员米高扬秘密访问西柏坡，毛泽东在讲到中共将建立的新政权问题时，曾这样说："这个新政权的性质简括地讲，就是在工农联盟基础上的人民民主专政，它的实质就是无产阶级专政。不过对我们这个国家来说，称人民民主专政更合适，更为合情合理。它是由各党各派、社会知名人士参加的民主联合政府，但名义上不这样叫。现在中国除共产党外，还有好几个民主党派，与我们已合作多年了，但国家政权的领导权是掌握在中国共产党的手里，这是确定不移的，丝毫不能动摇的。就是说，新政权建

---

① 《毛泽东选集》第四卷，人民出版社 1991 年版，第 1272 页。

立后，中国共产党是核心，同时要不断加强和扩展统一战线工作。"①

在《论人民民主专政》一文中，毛泽东明确指出："人民是什么？在中国，在现阶段，是工人阶级，农民阶级，城市小资产阶级和民族资产阶级。这些阶级在工人阶级和共产党的领导之下，团结起来，组成自己的国家，选举自己的政府，向着帝国主义的走狗即地主阶级和官僚资产阶级以及代表这些阶级的国民党反动派及其帮凶们实行专政，实行独裁，压迫这些人，只许他们规规矩矩，不许他们乱说乱动。如要乱说乱动，立即取缔，予以制裁。对于人民内部，则实行民主制度，人民有言论集会结社等项的自由权。选举权，只给人民，不给反动派。这两方面，对人民内部的民主方面和对反动派的专政方面，互相结合起来，就是人民民主专政。""总结我们的经验，集中到一点，就是工人阶级(经过共产党)领导的以工农联盟为基础的人民民主专政。这个专政必须和国际革命力量团结一致。这就是我们的公式，这就是我们的主要经验，这就是我们的主要纲领。"②

毛泽东强调，人民民主专政的基础是工人阶级、农民阶级和城市小资产阶级的联盟，而主要是工人和农民的联盟，因为这两个阶级占了中国人口的百分之八十到九十。推翻帝国主义与国民党反动派，主要是这两个阶级的力量。由新民主主义到社会主义，主要依靠这两个阶级的联盟。

第二，对新中国拟采取的外交政策作了系统阐释。由于中共尚未建立自己的中央政府，自然与任何外国均未建立正式的外交关系，而长期以来，帝国主义国家出于其反共意识形态，对中国革命一直采取敌视的态度，所以中共在即将全国执政之际，对国民党政府与帝国主义各国所建立的外交关系，一概采取不承认的态度。1948 年 11 月 10 日，沈阳刚刚解放，中共中央就指示中共中央东北局："英、美、法等国未承认我们的政府，我们对他们现在的领事亦应采取不承认而只承认为普通侨民的方针。"③11 月 23 日，中共中央再次指示东北局："不承认国民党与英、美、法这些国家的外交关系，使我外交立于主动，并不等于我们永远不与这些国家发生外交关系，也不等于对待这些国家毫无

---

① 中共中央文献研究室：《毛泽东传》(1893—1949)，中央文献出版社 2004 年版，第 947 页。

② 《毛泽东选集》第四卷，人民出版社 1991 年版，第 1475、1480 页。

③ 中共中央文献研究室：《周恩来年谱》(1898—1949)(修订本)，中央文献出版社 1998 年版，第 816 页。

区别。"①

在 1949 年 1 月的中共中央政治局会议上，毛泽东在谈到外交问题时说："现在帝国主义在中国没有合法地位，不要忙于要他们承认。我们是要打倒它，不是承认它。但政策不乱，侨民要保护。将来要通商，但亦不忙，忙的是同苏联及民主国家通商建立外交关系。周恩来同志说，外交政策以不承认为好，对帝国主义国家要观察，根据需要将来再说。总的观念是百年来受压迫，现在站起来了。应该有这样的气概。"②这就是新中国成立初期重要外交方针之一的"另起炉灶"。

根据这样的指导思想，1949 年 1 月 19 日，中共中央发出《关于外交工作的指示》，指出："目前我们与任何外国尚无正式的国家的外交关系"，因此，不承认这些国家现在派在中国的代表为正式的外交人员，实为理所当然。采取这种态度，"可使我们在外交上立于主动地位，不受过去任何屈辱的外交传统所束缚。在原则上，帝国主义在华的特权必须取消，中华民族的独立解放必须实现，这种立场是坚定不移的。但是在执行的步骤上，则应按问题的性质及情况，分别处理……总之，在外交工作方面，我们对于原则性与灵活性应掌握得很恰当，方能站稳立场，灵活机动"。③ 指示还对外交关系、外资关系、对外贸易关系、海关税收、外国传教士、外国人办的学校、外国人办的医院、外国人办的报纸、外国人办的文化机关、外国人办的救济机关、外国雇员、外国人入境等项，作了具体规定。

这年 2 月，苏共中央政治局委员米高扬访问西柏坡期间，毛泽东详细地介绍了中共即将采取的外交政策，明确提出了"打扫干净屋子再请客"的方针。毛泽东说："我们这个国家，如果形象地把它比作一个家庭来讲，它的屋内太脏了，柴草、垃圾、尘土、跳蚤、臭虫、虱子什么都有。解放后，我们必须好好加以整顿。等屋内打扫清洁，干净，有了秩序，陈设好了，再请客人进来。我们的真正朋友可以早点进屋子来，也可以帮助我们做点清理工作，但别的客人得等一等，暂时还不能让他们进门。"④

---

① 中共中央文献研究室：《周恩来年谱》(1898—1949)（修订本），中央文献出版社 1998 年版，第 819～820 页。

② 胡乔木：《胡乔木回忆毛泽东》，人民出版社 1994 年版，第 539 页。

③ 中央档案馆：《中共中央文件选集》第十八册，中共中央党校出版社 1992 年版，第 44 页。

④ 中共中央文献研究室：《毛泽东传》(1893—1949)，中央文献出版社 2004 年版，第 948 页。

既然中共将不承认国民党政府与各国政府建立的旧有的外交关系，也不急于取得帝国主义对新中国的外交承认，但新中国毕竟需要发展对外关系，于是，中共中央将发展对外关系的重点，放在联合苏联和其他社会主义、人民民主主义国家上，也就是所谓的"一边倒"政策。

在中共七届二中全会所作的总结中，毛泽东特地就十月革命与中国革命的关系讲了很长的一段话，并且明确表示："我们不能设想，没有苏联，没有欧洲的和美国的工人运动吸引美帝国主义的力量在西方，我们中国革命也能胜利……自然，我们受人帮助，也要时刻准备帮助别人。这就是国际主义。中苏关系是密切的兄弟关系，我们和苏联应该站在一条战线上，是盟友，只要一有机会就要公开发表文告说明这一点。现在对非党人士也要说明这一点，也要做这种宣传。"①

中共很快就作了这样的"宣传"。1949年4月3日，中共和各民主党派联合发表毛泽东亲自草拟的《中国各民主党派联合声明反对北大西洋公约》，第一次公开点明苏联是新中国的盟友。其中说："如果帝国主义侵略集团竟敢挑动这个危害全世界人民的反动战争，那么我们将团结全国人民，遵守孙中山先生的不朽遗嘱，采用必要的方法，与中国的盟友苏联和各国和平民主势力，携手并进，向侵略战争的发动者作坚决的斗争，打败侵略者，推翻整个帝国主义制度，实现全人类的解放和永久的和平。"②

在《论人民民主专政》一文中，毛泽东明确提出，新中国在对外关系上要"一边倒"。他说："一边倒，是孙中山的四十年经验和共产党的二十八年经验教给我们的，深知欲达到胜利和巩固胜利，必须一边倒。积四十年和二十八年的经验，中国人不是倒向帝国主义一边，就是倒向社会主义一边，绝无例外。骑墙是不行的，第三条道路是没有的。我们反对倒向帝国主义一边的蒋介石反动派，我们也反对第三条道路的幻想。"③

第三，就如何对待农民和民族资产阶级问题作了说明。对于农民问题，毛泽东指出，中国革命胜利后，严重的问题是教育农民。农民的经济是分散的，根据苏联的经验，需要很长的时间和细心的工作，才能做到农业的社会化。没有农业的社会化，就没有全部的巩固的社会主义。而欲农业社会化，必须发展以国有企业为主体的强大的工业。人民民主专政的国家，必须有步骤地解决这

---

① 《毛泽东文集》第五卷，人民出版社1996年版，第262页。

② 毛泽东：《中国各民主党派联合声明反对北大西洋公约》，载《人民日报》，1949年4月4日。

③ 《毛泽东选集》第四卷，人民出版社1991年版，第1472～1473页。

个问题。

对于民族资产阶级问题，毛泽东提出，中国在经济上要实现真正的独立，还需要经过很长的时间。只有中国的工业发展了，中国在经济上不倚赖外国了，才有真正的独立。中国的现代工业在整个国民经济的比重上是很小的。为了对付帝国主义的压迫，为了使落后的经济地位提高一步，中国必须利用一切于国计民生有利而不是有害的城乡资本主义因素，团结民族资产阶级，共同奋斗。我们现在的方针是节制资本主义，而不是消灭资本主义。但是民族资产阶级不能充当革命的领导者，也不能在国家政权中占主要的地位。

第四，对革命胜利后的中国共产党人提出了新要求。毛泽东最后强调，中国共产党在以往的 28 年中，仅仅做了一件事，这就是取得了基本的胜利。这是值得庆祝的，因为这是人民的胜利，因为这是在中国这样一个大国的胜利。但过去的工作只不过像万里长征走完了第一步。严重的经济建设任务摆在中国共产党人面前。熟习的东西有些快要闲起来了，不熟习的东西正在强迫共产党人去做。共产党人必须克服困难，必须学会自己不懂的东西。必须向一切内行的人们（不管什么人）学经济工作。拜他们做老师，恭恭敬敬地学，老老实实地学。不懂就是不懂，不要装懂。不要摆官僚架子。钻进去，几个月，一年两年，三年五年，总可以学会的。

三、重要意义

毛泽东关于人民民主专政的理论，高屋建瓴地论证了人民民主专政这一国体的形成过程、科学内涵、时代功能及历史任务，是对马克思主义国家学说的重大发展。其意义在于：

第一，具有理论指导意义。《论人民民主专政》为即将诞生的新中国构筑、巩固及完善人民民主专政指明了方向，它同此前毛泽东在中共七届二中全会上所作的报告，构成了《中国人民政治协商会议共同纲领》的基础。同时，为以唯物史观研究总结近代中国的历史及其基本经验，特别是新民主主义革命的历史及其基本经验，提供了理论指导。

第二，具有很强的实践性。新中国成立后，人民民主专政理论直接付诸实践，指导了国家政权建设。中华人民共和国就是按照这一原则组建的。《中国人民政治协商会议共同纲领》明确规定，中华人民共和国为新民主主义即人民民主主义的国家，实行工人阶级领导的、以工农联盟为基础的、团结各民主阶级和国内各民族的人民民主专政。

　　第三，为中国特色社会主义提供了合法性支撑。《论人民民主专政》在梳理回顾中国人民为救亡图存而奋斗的历史进程时，体现了历史和逻辑相统一的精神，这为改革开放新时期坚持和巩固人民民主专政，为中国特色社会主义的道路自信、理论自信、制度自信和文化自信提供了合法性依据和支撑。

四、学习思考

1. 为什么中国共产党将新中国的国体定位为人民民主专政？
2. 在《论人民民主专政》一文中，毛泽东主要阐述了哪些思想？
3. 试论《论人民民主专政》的当代意义。

毛泽东《论十大关系》导读

　　《论十大关系》是毛泽东为探索适合中国国情的社会主义建设道路而作，是他在 1956 年年初听取国务院各经济部门大量汇报的基础上，并结合国内外形势所进行的对建设中重大问题的归纳和矛盾关系的梳理分析。1956 年 4 月 25 日，在各省市自治区党委书记参加的中共中央政治局扩大会议时，毛泽东首次论述了十大关系；5 月 2 日，在最高国务会议第七次会议上，又一次对十大关系作了系统的讲述。论著紧紧围绕着从中国实际出发，寻找一条自己的建设道路的主题而展开，集中阐释了应协调好社会主义建设过程中的重要问题，即处理好十大关系的内容。

　　原文见《毛泽东文集》第七卷，人民出版社 1999 年版，第 23～49 页。

一、形成背景

　　1955 年下半年，中国农业、手工业和资本主义工商业的社会主义改造进入高潮阶段。据不完全统计，到 1955 年年底，全国已有农业生产合作社 190 多万个，比秋收以前的 65 万个增加了将近两倍；入社农户已经达到 7000 多户，占总农户 60% 左右。1956 年的第一天，河南和甘肃两省同时宣布，已经基本实现了半社会主义的农业合作化。在此后的一段时间，各省都相继宣布实现了半社会主义农业合作化。1956 年 4 月 29 日，新华社向全世界宣布：中国农村基本上实现了初级农业合作化。1956 年，"在我国农村，已基本上实现土地公有，全国一亿一千万农户中，有 96.3% 加入了农业生产合作社"①。

　　农业合作化的迅速完成，极大地推动了手工业社会主义改造的进程。1956 年 1 月 11 日，北京宣布手工业全部实现了合作化。随后，天津、南宁、武汉、上海等城市也很快实现了手工业合作化。到 1956 年 2 月底，全国有 148 个（占总数的 88%）的大中城市基本实现了手工业合作化。与此同时，资本主义工商业的社会主义改造也迅速加快。据 1956 年 1 月 27 日的统计，全国已有 118 个

----

　　① 中共中央党史研究室：《中国共产党历史》第二卷（1949—1978）上册，中共党史出版社 2011 年版，第 360 页。

大中城市和193个县的资本主义工商业全部实现了公私合营。同年1月15日，北京市宣布社会主义改造基本完成，已经进入社会主义；1月21日，上海市也宣布"已经进入社会主义社会"；随后，各地相继宣布进入了社会主义。这意味着，从1953年过渡时期总路线提出起，原本计划需要15年左右才能完成的社会主义改造任务，比预定的时间大大提前，中国完成了由新民主主义到社会主义社会的转变。

随着社会主义改造的基本完成和社会主义基本经济制度的建立，一个重大的任务是如何调动一切积极因素，建设社会主义的伟大国家。同时，我国第一个五年计划已经进行了近三年半，总体上取得了很大成功，但由于缺乏经济建设的经验，在许多方面存在照搬苏联的地方，由此出现了一些问题。如何正确处理社会主义建设中的各种矛盾，找出适合中国国情的建设社会主义的路线、方针和政策，就摆到了中国共产党人面前。

自1955年11月7日，刘少奇为起草中共八大政治报告，逐个找中央各部门负责人个别谈话。至1956年3月8日，共约谈了32个国家部委(包括国务院直属局)。1956年1月12日，毛泽东从外地回到北京。随后不久，国务院副总理薄一波向他汇报工作时，偶然谈及刘少奇正在听取国务院一些部委的汇报，此事引起了毛泽东的兴趣，对薄说："这很好，我也想听听，你能不能替我也组织一些部门汇报？"[1]于是，从1956年2月14日至4月24日，毛泽东总共听取了43天的汇报。

这次听取各个经济部门的汇报，被认为是毛泽东"建国后乃至在他一生中所作的规模最大、时间最长、周密而系统的经济工作调查"[2]。他自己后来也说："那个十大关系怎么出来的呢？我在北京经过一个半月，每天谈一个部，找了三十四个部的同志谈话，逐渐形成了那个十条。如果没有那些人谈话，那个十大关系怎么会形成呢？不可能形成。"[3]就在听取汇报的过程中，毛泽东对经济建设中的一些重要关系开始进行归纳。

4月19日，他将边听取汇报边思考的问题归纳为三个关系，提出三个关系都必须很好地解决，即沿海与内地关系、轻工业与重工业关系、个人与集体关

① 薄一波：《若干重大决策与事件的回顾》(修订本)上卷，人民出版社1997年版，第482页。

② 中共中央文献研究室：《毛泽东传》(1949—1976)上，中央文献出版社2003年版，第483页。

③ 中共中央文献研究室：《毛泽东传》(1949—1976)上，中央文献出版社2003年版，第471页。

系。他指出:"真想建设内地,就必须充分利用沿海;真想建设重工业,就必须建设轻工业;真想搞好集体所有制,就必须搞好个人所得。"①

4月20日,毛泽东在听取国家计委主任李富春关于第二个五年计划的汇报时,提出了五个关系。他说:"重工业是重点是无可争论的。但如果把轻工业建设投资比重定得不恰当,轻工业定低了,就是立志不想搞重工业。要搞重工业就要适当增加轻工业的投资。除了轻工与重工、沿海与内地、个人与集体、地方与中央几个关系,还有经济与国防的关系。减少些国防,多搞些工业,正是为了国防。"②

4月24日,继续听取李富春关于第二个五年计划的汇报,毛泽东根据两个多月来听取经济工作部门汇报的情况,归纳了六大矛盾,即六大关系。具体为:"一、轻工业与重工业:为了发展重工业,就必须注意在轻工业上多投些资。二、沿海与内地:为了建设内地,就必须充分利用沿海。三、国防、行政与经济、文化:要尽可能地减少国防和行政的费用,来扩大经济和文教的建设。四、个人与集体:要发展集体利益就必须照顾个人利益。增加工人工资,正是为了提高工人的积极性,达到增产。农民中有两重关系,即国家与合作社,社与社员,必须照顾社员的收入能年年增加,才能提高社员增产的积极性。五、地方与中央:分权正是为了集权,不注意地方,削弱地方的权限,对中央是不利的。六、少数民族与汉族:搞好少数民族的工作,对汉族大有好处。少数民族虽然人口只占十四分之一,而土地却占百分之五六十。毛泽东说,这几个矛盾如果调整得好,工作就会搞得更好些,犯错误也犯在这些矛盾上。如斯大林就在第四个矛盾上犯了错误,东欧兄弟国家在第一个矛盾上犯了错误。"③

就在毛泽东开始听取各个经济部门汇报之际,1956年2月,苏联共产党举行第二十次全国代表大会。在大会闭幕前,赫鲁晓夫作了题为《关于个人崇拜及其后果》的秘密报告,揭露了斯大林在领导苏联社会主义建设中的严重错误,以及他搞个人崇拜所造成的严重后果,报告在苏联国内和国际上引起极大震动。此时,中国的社会主义改造即将基本完成,必须把工作重心转移到经济建

① 中共中央文献研究室:《毛泽东年谱1949—1976》第二卷,中央文献出版社2013年版,第562页。
② 中共中央文献研究室:《毛泽东年谱1949—1976》第二卷,中央文献出版社2013年版,第563页。
③ 中共中央文献研究室:《毛泽东年谱1949—1976》第二卷,中央文献出版社2013年版,第566页。

设和文化建设上来。毫无疑问，在中国这样一个贫穷落后、人口众多的国家建设社会主义，是一个十分困难和复杂的问题。如何以苏联为鉴戒，寻找一条适合自己国情的建设道路，尽快把中国建设成为一个强大的社会主义国家，成为中国共产党和全国人民面临的一个重大课题。

1956 年 3 月至 4 月，中共中央政治局和书记处相继召开一系列会议，讨论苏共二十大及其影响。毛泽东认为，赫鲁晓夫的秘密报告，一是揭了盖子，二是捅了娄子。一方面，秘密报告表明，苏联、苏共、斯大林并不是一切都正确，这就破除了迷信，不要再硬搬苏联的一切了，有利于反对教条主义；另一方面，秘密报告无论在内容上还是方法上都有严重错误，主要是不恰当地全盘否定斯大林。他指出：从苏共二十大中得到的最重要的教益，就是"要独立思考，把马列主义的基本原理同中国革命和建设的具体实际相结合。民主革命时期，我们吃了大亏之后才成功地实现了这种结合，取得了新民主主义革命的胜利。现在是社会主义革命和建设时期，我们要进行第二次结合，找出在中国怎样建设社会主义的道路"①。

4 月 25 日，有各省市自治区党委书记参加的中共中央政治局扩大会议召开。这次政治局扩大会议的原定议题是讨论农业生产合作社等问题，但"谁也没有料到毛泽东要在这次会上发表《论十大关系》的讲话。他讲了以后，会议便集中讨论这篇讲话"②。

二、基本思想

1956 年 4 月 25 日政治局会议毛泽东所讲的十大关系，是在 24 日他所归纳的六大关系的基础上，增加了党与非党的关系，革命与反革命的关系，是非关系，中国与外国的关系。5 月 2 日，在最高国务会议第七次会议上，毛泽东又一次对十大关系作了系统的阐述，并且谈到了"百花齐放、百家争鸣"问题，斯大林问题，中国共产党和民主党派关系问题，犯人的改造问题等。

第一，提出了建设社会主义的基本方针。《论十大关系》报告确定了一个基本方针，就是努力把党内党外、国内国外的一切积极的因素，直接的、间接的

---

① 中共中央文献研究室：《毛泽东传》(1949—1976)上，中央文献出版社 2003 年版，第 506 页。

② 中共中央文献研究室：《毛泽东传》(1949—1976)上，中央文献出版社 2003 年版，第 483 页。

积极因素，全部调动起来，把我国建设成为一个强大的社会主义国家。报告所论述的十大关系，一方面是从总结中国经验、研究中国建设发展的问题中提出来的，另一方面也是以苏联经验为鉴戒提出来的。

第二，对正确处理"十大关系"作了比较详细的说明。"十大关系"包括：重工业和轻工业、农业的关系，沿海工业与内地工业的关系，经济建设和国防建设的关系，国家、生产单位和生产者个人的关系，中央和地方的关系，汉族和少数民族的关系，党和非党的关系，革命和反革命的关系，是非关系，中国和外国的关系。这十大关系涉及生产力与生产关系、经济基础与上层建筑的方方面面，但又不是平行关系，其中主要讨论经济问题。这反映了在新的形势下，中共领导人在分析国内社会矛盾全局的时候，已经把经济建设中的矛盾摆在中心地位。从这一指导思想出发，毛泽东提出要正确处理十个方面的关系。

关于重工业和轻工业、农业的关系。报告肯定了过去在处理这方面关系上，没有犯多大错误，比苏联和一些东欧国家做得好些。同时强调，现在的问题，就是还要适当地调整重工业和农业、轻工业的投资比例，更多地发展农业、轻工业。这样做，可以更好地供给人民生活的需要，可以更快地增加资金的积累，因而可以更多更好地发展重工业。

关于沿海工业和内地工业的关系。报告指出，为了平衡工业发展的布局，内地工业必须大力发展。在这两者的关系问题上，最近几年对于沿海工业有些估计不足，对它的发展不那么十分注重。过去朝鲜在打仗，国际形势还很紧张，不能不影响对沿海工业的看法。现在可能有十年或者更长一点的和平时期。好好地利用和发展沿海的工业，可以更有力量来支持和发展内地工业。

关于经济建设和国防建设的关系。报告认为，经过抗美援朝战争和几年的整训，军队加强了，装备也有所改进。今后如何发展，可靠的办法就是把军政费用降到一个适当的比例，增加经济建设费用。只有经济建设发展得更快，国防建设才能有更大的发展。

关于国家、生产单位和生产者个人的关系。报告提出，国家和工厂、合作社的关系，工厂、合作社和生产者个人的关系，这两种关系都要处理好。国家和工厂，国家和工人，工厂和工人，国家和合作社，国家和农民，合作社和农民，都必须兼顾，不能只顾一头。无论只顾哪一头，都是不利于社会主义，不利于无产阶级专政的。

关于中央和地方的关系。报告说明，中央和地方的关系也是一个矛盾。解决这个矛盾，目前要注意的是，应当在巩固中央统一领导的前提下，扩大一点地方的权力，给地方更多的独立性，让地方办更多的事情。中国面积大人口多情况复杂，有中央和地方两个积极性，比只有一个积极性好得多。要发展社会主义建设，就必须发挥地方的积极性，省市也要注意发挥地、县、区、乡的积极性，都不能框得太死。

除了上述五个方面的关系，报告还讲了汉族和少数民族的关系、党和非党的关系、革命和反革命的关系、是非关系、中国和外国的关系。这些是属于政治生活和思想文化生活方面的问题。

报告指出，在处理民族关系上，必须搞好汉族与少数民族的关系，既要反对大汉族主义，也要反对地方民族主义，巩固各民族的团结，共同努力于建设伟大的社会主义祖国。

在党与非党的关系上，报告提出还是几个党好，不但过去是如此，而且将来也可以如此，中国共产党与各民主党派长期共存、互相监督，要把民主党派的积极性调动起来为社会主义服务。

对于革命与反革命的关系，报告在肯定过去镇反、肃反必要性的前提下，提出反革命已经大为减少，今后社会上镇反要"少捉少杀"，机关内部肃反也要坚持"一个不杀，大部不捉"的方针，对一切反革命分子要给以生活出路，给他们以自新的机会。

对于是非关系，报告认为，党内党外都要分清是非，对犯错误的人要做到"惩前毖后，治病救人"。

对于中国与外国的关系，报告强调，一切民族、一切国家的长处都要学，政治、经济、科学、技术、文化、艺术的一切真正好的东西都要学，包括学习资本主义国家的先进的科学技术和企业管理方法中合乎科学的方面，但不要盲目地学，不能一切照抄，机械搬用。

第三，提出走适合中国国情的社会主义建设道路。在《论十大关系》的讲话中，毛泽东提出了以苏为鉴，探索适合中国国情的社会主义建设道路的任务。《论十大关系》一开头就说："提出这十个问题，都是围绕一个基本方针，就是要把国内外一切积极因素调动起来，为社会主义服务……特别值得注意的是，最近苏联方面暴露了他们在建设社会主义过程中的一些缺点和错误，他们走过的弯路，你还想走？过去我们就是鉴于他们的经验教训，少走了一些弯路，现在当然更要引以为戒。"①

---

① 《毛泽东文集》第七卷，人民出版社 1999 年版，第 23 页。

三、重要意义

　　《论十大关系》是新中国成立后毛泽东所发表的重要理论著述之一，对此，其本人和党内其他领导人均有过较高的评价。这篇重要的理论著述在毛泽东生前并未公开发表，但并不妨碍其中所蕴含的丰厚价值。

　　第一，富有开拓意义。毛泽东在回顾历史时曾说："一九五六年四月的《论十大关系》，开始提出我们自己的建设路线，原则和苏联相同，但方法有所不同，有我们自己的一套内容。"①他还说："前八年照抄外国的经验。但从一九五六年提出十大关系起，开始找到自己的一条适合中国的路线。"②可见，《论十大关系》的提出，表明中国共产党对社会主义建设道路的探索开始形成比较系统的思想理论。

　　第二，具有基础意义。《论十大关系》的发表，标志着在中国刚刚进入社会主义社会时，中国共产党和中国人民便开始了对适合本国情况的建设社会主义道路的探索，并取得初步成果，这为中国探索自己的社会主义建设道路打下了良好的基础。

　　第三，有着方法论意义。《论十大关系》中关于正确解决社会主义建设面临的诸种关系所进行的逻辑判断与战略思考，不仅极富前瞻性，而且有着重要的方法论意义。它对当今在构建现代国家治理体系以及实现科学、可持续发展的过程中，如何处理好"政府与市场""政府与社会""中央与地方"等方面的重大关系，具有较强的鉴戒性。

四、学习思考

1.《论十大关系》是如何形成的？
2. 如何理解"以苏为鉴，探索适合中国国情的社会主义建设道路"？
3. 试论《论十大关系》的当代价值。

---

　　①　《毛泽东文集》第七卷，人民出版社1999年版，第369～370页。
　　②　中共中央文献研究室：《建国以来重要文献选编》第十三册，中央文献出版社2011年版，第369页。

毛泽东《关于正确处理人民内部矛盾的问题》导读

　　《关于正确处理人民内部矛盾的问题》是以毛泽东在 1957 年 2 月 27 日最高国务会议上的讲话稿为基础修改而成的。文章发表时增加了相关阶级斗争等段落内容，所增加的部分使后来者产生较大争议，也直接影响到人们对该文章的评价。不管怎样，毛泽东通过解决人民内部矛盾问题探索社会主义社会基本矛盾，用社会主义社会基本矛盾来解答人民内部矛盾问题，由此形成了中国社会主要矛盾理论。无论从理论、历史还是现实角度看，该文章的内涵与意蕴都值得深入研究思考。

　　原文见《毛泽东文集》第七卷，人民出版社 1999 年版，第 204～244 页。

一、形成背景

　　1956 年，用毛泽东的话说是"多事之秋"。这年 2 月，苏联共产党举行第二十次代表大会，苏共中央第一书记赫鲁晓夫作了关于个人崇拜及其严重后果的秘密报告，对斯大林晚年的错误给予严厉批评。报告不仅引起西方国家舆论哗然，也导致国际共产主义运动阵营内部的震动。6 月和 10 月，先是在波兰，继而在匈牙利，由于不满苏联同这些国家的不平等关系，不满执政党制定的国内政策，先后发生大规模群众示威游行，乃至升级为骚乱和武装冲突。波匈事件虽然以不同方式和手段得到了平息，但是给国际共运阵营内部造成的震动，丝毫不亚于苏共二十大。

　　就在国际共运阵营内部风波迭起的时候，中国国内也不平静。尤其在农村，一些地方发生了比较严重的农民闹粮退社事件。

　　早在 1953 年年底，根据当年的粮食产销情况，中共中央和国务院决定对粮食采取统购统销政策，即对农民的余粮进行计划收购，对非农业人口粮食进行计划供应。到 1955 年，统购统销政策进一步发展，对非农业人口的粮食供应除了计划供应外，还根据年龄、工作性质等制定了供应标准，即定量供应；对农民生产的粮食，实行定产（量）、定购（征购量）、定销（量）的"三定"政策。实行统购统销政策后，农民除了交纳公粮（农业税）外，还须将其生产的余粮

（即扣除种子、口粮、必要的饲料粮后剩余的粮食）的绝大部分，按照国家规定的价格卖给国家，而对缺粮农民按计划返销一部分统购粮。农业合作化实现之前，国家实行粮食统购统销面对的是个体农民，合作化后统购统销的对象就成了合作社，从理论上讲，合作化后应当更利于这一政策的推行。

1956 年是全国农村全面实现合作化的第一年，但该年粮食年度的统购统销任务完成得并不好。这一年粮食比上年度增产 150.6 亿斤①，收购却减少了 25.6 亿斤，而市场销售比上年度增加 127 亿斤。如此一减一增，使国家粮食库存大为减少。由于农村全面合作化后，在经济体制的大变动中，农业社的经营管理、干部作风等跟不上合作化的速度，存在强迫命令现象，有部分农民入社后收入减少，加之有的地方在统购中迫使农民卖过头粮，因而在 1956 年年底至 1957 年春，一些地区发生了农民闹粮闹社事件。

与此同时，1956 年下半年，由于升学、就业和安置问题得不到妥善解决，一些地方工人罢工、学生罢课和群众性游行示威显著增加。据当时的统计："在最近半年内，工人罢工、学生罢课、群众性的游行请愿和其他类似事件，比以前有了显著的增加。全国各地，大大小小，大约共有一万多工人罢工，一万多学生罢课。"②知识界由于思想较为活跃，对国际和国内时局发表不少看法，对国内政治、经济、文化政策提出许多意见，有些意见比较尖锐。

对于国内出现的问题，中共中央和毛泽东开始时秉持的态度是，把相关问题看作生产关系和生产力、上层建筑和经济基础之间矛盾的反映，这种矛盾在阶级斗争时代存在，在阶级消灭之后也还会有先进和落后的矛盾，人们之间还会有斗争，还会有打架的，还可能出各种乱子。在 1956 年 11 月召开的中共八届二中全会的讲话中，毛泽东说："世界充满着矛盾。民主革命解决了同帝国主义、封建主义、官僚资本主义这一套矛盾。现在，在所有制方面同民族资本主义和小生产的矛盾也基本上解决了，别的方面的矛盾又突出出来了，新的矛盾又发生了。"③"在这次全会上，毛泽东郑重宣布：'我们准备在明年开展整风运动。整顿三风：一整主观主义，二整宗派主义，三整官僚主义。'这是他很长时间以来一直特别关心的三个问题。他强调，整风是一种小民主的方法，'以后凡是人民内部的事情，党内的事情，都要用整风的方法，用批评和自我批评

---

① 斤为旧重量单位，1 斤＝0.5 千克，余同。
② 中共中央文献研究室：《建国以来重要文献选编》第十册，中央文献出版社 2011 年版，第 137 页。
③ 中共中央文献研究室：《毛泽东传》(1949—1976)上，中央文献出版社 2003 年版，第 612 页。

的方法来解决，而不是用武力来解决’。"①

　　同年12月4日，毛泽东在写给中国民主建国会主任委员黄炎培的复信中，进一步谈了对当前社会矛盾的基本看法："社会总是充满着矛盾。即使社会主义和共产主义社会也是如此，不过矛盾的性质和阶级社会有所不同罢了。既有矛盾就要求揭露和解决。"②毛泽东认为，社会主义改造并没有消除所有的社会矛盾，有的矛盾解决了，有的矛盾仍然存在，还有新的矛盾会产生。但是矛盾的状况，包括性质和表现形式已发生变化。

　　那么，社会主义社会的各种矛盾如何加以解决，对此，毛泽东指出："有两种揭露和解决的方法：一种是对敌（这说的是特务破坏分子）我之间的，一种是对人民内部的（包括党派内部的，党派与党派之间的）。前者是用镇压的方法，后者是用说服的方法，即批评的方法。我们国家内部的阶级矛盾已经基本上解决了（即是说还没完全解决，表现在意识形态方面的，还将在一个长时期内存在。另外，还有少数特务分子也将在一个长时间内存在），所有人民应当团结起来。但是人民内部的问题仍将层出不穷，解决的方法，就是从团结出发，经过批评与自我批评，达到团结这样一种方法。"③

　　1957年1月18日至27日，中共中央在北京召开省市自治区党委书记会议。会议的最后一天，毛泽东再次讲话。他强调，要足够地估计成绩。我们的革命和建设，成绩是主要的，缺点错误也有。有那么多成绩，夸大是不行的，但是估低了就要犯错误，可能要犯大错误。采取统筹兼顾，各得其所，就是调动一切积极力量，为了建设社会主义。"百花齐放、百家争鸣"这个方针是合乎辩证法的，真理是跟谬误相比较，并且同它作斗争发展起来的。发生少数人闹事，有些是由于领导上存在着官僚主义和主观主义，在政治的或经济的政策上犯了错误。还有一些不是政策不对，而是工作方法不对，太生硬了。对于少数人闹事，应当采取积极态度，不应当采取消极态度，就是说不怕，要准备着。对于这个东西我们的经验不足，这是一门科学，应该好好研究。一定要守法，不要破坏革命的法制。要求所有的人都遵守革命法制，并不是只要民主人士守法。全党一定要重视农业，农业关系国计民生极大。

　　总之，针对时局，相关讲话中毛泽东提到的这些问题，成为后来所发表的《关于正确处理人民内部矛盾的问题》的重要内容。

---

① 中共中央文献研究室：《毛泽东传》（1949—1976）上，中央文献出版社2003年版，第612～613页。
② 《毛泽东文集》第七卷，人民出版社1999年版，第164页。
③ 《毛泽东文集》第七卷，人民出版社1999年版，第164页。

二、基本思想

经过长时间的观察和思考，毛泽东关于正确处理人民内部矛盾的思想逐渐成熟。1957 年 2 月 27 日，他在最高国务会议第十一次（扩大）会议上，作了《关于正确处理人民内部矛盾的问题》的讲话。讲话的主要内容如下。

第一，矛盾普遍存在，社会主义社会也充满着矛盾。正是这种矛盾推动着社会主义社会不断向前发展。许多人不承认社会主义社会还有矛盾，因而使得他们在社会矛盾面前缩手缩脚，处于被动地位；不懂得在不断地正确处理和解决矛盾的过程中，将会使社会主义社会内部的统一和团结日益巩固。这样，就有必要在全国人民中，首先是在干部中进行解释，引导人们认识社会主义社会中的矛盾，并且懂得采取正确的方法处理这种矛盾。

第二，社会主义社会的基本矛盾仍然是生产关系与生产力、上层建筑与经济基础之间的矛盾。不过，社会主义社会的这些矛盾同旧社会的矛盾具有根本不同的性质和情况。社会主义社会的矛盾不是对抗性的矛盾，它可以经过社会主义制度本身，不断地得到解决。革命时期的大规模的急风暴雨式的群众阶级斗争基本结束，但是阶级斗争还没有完全结束；广大群众一面欢迎新制度，一面又还感到不大习惯；政府工作人员经验也还不够丰富，对一些具体政策的问题，应当继续考察和探索。

第三，社会主义社会的矛盾反映在政治上可以划分为敌我矛盾和人民内部矛盾两类。这是性质完全不同的两类矛盾。一般说来，人民内部的矛盾，是在人民利益根本一致的基础上的矛盾，敌我矛盾是对抗性的矛盾。人民内部矛盾，在劳动人民之间是非对抗性的矛盾。敌我之间和人民内部这两类矛盾的性质不同，解决的方法也不同。前者是分清敌我的问题，需要用强制的、专政的手段去解决；后者是分清是非的问题，只能用民主的、说服教育的方法去解决，决不能用解决敌我矛盾的方法去解决人民内部矛盾。

划分敌我和人民内部两类矛盾的界限，正确处理人民内部矛盾，以便团结全国各族人民进行一场新的战争——向自然界开战，发展我们的经济，发展我们的文化，使全体人民比较顺利地走过目前的过渡时期，巩固我们的新制度，建设我们的新国家，就是十分必要的了。

第四，解决人民内部矛盾的方法可以具体化为一个公式，即"团结——批评——团结"。就是从团结的愿望出发，经过批评或者斗争使矛盾得到解决，从而在新的基础上达到新的团结。现在的根本任务已从解放生产力变为在新的生产关系下面保护和发展生产力，党和国家的工作重心应该转移到经济建设方面来。因此，正确区分和处理人民内部矛盾就成为国家政治生活的主题。

第五，提出并阐述了正确处理人民内部矛盾的各项方针政策。在共产党和民主党派的关系上实行"长期共存，互相监督"；在文化和科学工作中实行"百花齐放、百家争鸣"；在民族关系上实行各民族平等和民族区域自治；在经济工作中实行对全国城乡统筹兼顾、适当安排和兼顾国家、集体、个人三者的利益；等等。

三、重要意义

与《论十大关系》和《在扩大的中央工作会议上的讲话》一样，《关于正确处理人民内部矛盾的问题》是毛泽东在正式会议上口头讲出来的，事先没有稿子。讲话的背后更多的是对形势的分析、调查研究以及反复征求意见，每一个环节都没有懈怠，进行了复杂的考量。因此，比起有成稿的阐述，这篇讲话中所蕴含的思想同样深刻而富有价值。

第一，具有重要理论意义。毛泽东把正确处理人民内部矛盾当作整个社会主义时期国家政治生活的主题提出来，在理论上有较大开拓。这是中共八大路线的继续和发展，是探索中国自己的社会主义建设道路的新成果和新思维。关于正确处理人民内部矛盾的理论，极大地丰富和发展了马克思主义的认识论与矛盾论。

第二，颇具现实指导作用。社会主义社会存在矛盾，但这些矛盾同旧社会的矛盾具有根本不同的性质和情况，不表现为剧烈的对抗和冲突，可以经过社会主义制度本身的不断调整得到解决，使社会主义制度不断巩固和发展。《关于正确处理人民内部矛盾的问题》对社会主义矛盾的认识和定位，蕴含了立足现实、辩证看待、敢于创新等精神，这些精神为改革开放和走中国特色社会主义道路提供了重要的动力支持。

四、学习思考

1.《关于正确处理人民内部矛盾的问题》的基本思想是什么？

2. 如何理解"社会主义社会也存在普遍矛盾"？

3. 与《论十大关系》相对照，为何《关于正确处理人民内部矛盾的问题》得以被广泛宣传？

毛泽东《读苏联〈政治经济学教科书〉的谈话（节选）》导读

《读苏联〈政治经济学教科书〉的谈话》是毛泽东全面探索社会主义建设规律的理论成果之一。从 1958 年 11 月第一次郑州会议起，到 1959 年 7 月庐山会议初期，他多次提议各级领导干部读苏联《政治经济学教科书》。在边读书边议论中，毛泽东发表了许多谈话，后经集纳整理，节选部分内容收入《毛泽东文集》第八卷。谈话涉及"苏联 42 年的历史和现实"与"新中国 10 年的历史和现实"两大问题，主旨是探索中国社会主义建设道路。围绕这一主旨，毛泽东就社会主义建设中的若干重要问题发表了一系列真知灼见。谈话虽存在部分不妥之处，却不失为一份宝贵的精神遗产。

原文见《毛泽东文集》第八卷，人民出版社 1999 年版，第 103～148 页。

一、形成背景

1958 年 10 月，随着"大跃进"高潮的到来和农村人民公社化的实现，毛泽东通过调查，了解到在全民所有制与集体所有制、社会主义与共产主义的关系问题上，许多干部急急忙忙往前闯，存在急于向全民所有制和共产主义过渡的势头，造成了很大的思想和政策混乱。因此，有必要采取措施让这些干部发热的头脑冷静下来，以使"大跃进"运动健康发展，让刚刚建立的人民公社能够巩固下来。

基于这种考虑，1958 年 11 月 2 日至 10 日，毛泽东在河南郑州主持召开部分中央领导人和省市委负责人参加的工作会议。在会议的讲话中，他一再强调要分清两种所有制的界限，强调不能取消商品生产和商品交换，认为一些干部之所以在这些问题上存在糊涂认识，就是因为他们整天忙日常事务，没有拿出精力来读书，缺少社会主义政治经济学的常识。

在郑州会议期间，毛泽东就读书问题致信给中央、省、地、县各级领导干部，建议他们认真阅读两本书。一本是斯大林著的《苏联社会主义经济问题》，另一本是这年五六月间由中共中央宣传部组织编写的《马恩列斯论共产主义社会》。他要求各级干部对这两本书用心读三遍，随读随想，加以分析，并且要联系中国社会主义经济革命和经济建设去读这两本书。信中还提出,"将来有时间,可以再读一本,就是苏联同志们编的那本《政治经济学教科书》。乡级同志如有兴趣,也可以读。大跃进和人民公社时期,读这类书最有兴趣"①。这是毛泽东第一次提出读苏联《政治经济学教科书》问题。在随后召开的中共八届六中全会上,毛泽东再次提出要读这本书。1959 年 7 月庐山会议召开时,在毛泽东拟定讨论的 18 个问题中,第一个问题便是"读书",其中包括要求各级干部读苏联《政治经济学教科书》。

《政治经济学教科书》由苏联科学院经济研究所 1954 年 4 月编写出版,1959 年 1 月修订第三版出版发行。全书分为上下两册,上册共 19 章,主要讲资本主义部分;下册共 17 章,即第 20 章至第 36 章,另加结束语,讲社会主义部分。该书第一版的中文译本于 1955 年由人民出版社出版,修订第三版的中文译本于 1959 年由人民出版社出版。

毛泽东本人集中阅读苏联《政治经济学教科书》的时间,是 1959 年年底至 1960 年年初。1959 年七八月间的庐山会议尽管出现了由纠"左"到"反右倾"的转折,但毛泽东认为经过这次会议,党内在"大跃进"和人民公社问题上的错误观点得到了批判,全党的思想认识获得了统一,可以集中一段时间研读《政治经济学教科书》,以引导全党在读书中提高对于社会主义建设基本规律的把握与认识。于是,他亲自组织了一个读书小组,从 1959 年 12 月 10 日至 1960 年 2 月 9 日,先后在杭州、上海和广州,采取边读边议的方式,通读《政治经济学教科书》修订第三版的下册。

据参加读书小组的邓力群回忆:"毛主席对这次读书活动亲自安排,规定每天下午一起读书,并吩咐胡绳、田家英和我轮流朗读,边读边议。我们三个人又商量了一下,作了分工:他们俩轮流朗读,我作记录。12 月 10 日读书开始,边读边议,听毛主席谈话,大家也插几句话……在杭州前后 25 天,除去三个星期天和 1960 年元旦,实际读书 21 天。每天下午读,一般从四点左右开始,一直到九点左右吃晚饭为止。有时从三点、五点、六点开始读,到七点、七点半、十点结束……毛主席读书很认真。一边听朗读,一边看书本,还不时在一些提法下面划横道,或者在旁边划竖道,打记号。"②

在杭州期间,毛泽东读完了《政治经济学教科书》的第 32 章。1960 年 1 月,他从杭州到上海,主持召开中共中央政治局扩大会议,同时读完了该书第 33

---

① 《毛泽东文集》第七卷,人民出版社 1999 年版,第 432～433 页。
② 邓力群:《和毛泽东一起读苏联政治经济学教科书》,载《党的文献》,2011 年第 5 期。

章。1月27日，毛泽东从杭州到广州，从2月4日到9日，继续读第34章至第36章和结束语。"毛泽东读这本教科书，有一个显著特点，就是紧密结合中国的实际，结合当前中国正在做的事情和他个人正在思考的问题，发表议论。有些是有感而发，有些是带有总结经验的性质。并且从中国的经验同苏联的经验相比较中，来探讨一些问题。毛泽东读教科书的另一个显著特点，就是独立思考，又有分析。"[①]

毛泽东读《政治经济学教科书》的谈话，经邓力群等人整理，形成一个比较完整的近十万字的谈话记录。谈话的内容涉及哲学、经济学、科学社会主义、国际问题、当前国内的一些政策问题，以及对一些历史事件和历史人物的评价等。1999年出版的《毛泽东文集》第八卷收录了其中的部分谈话内容。

二、基本思想

毛泽东在读苏联《政治经济学教科书》的谈话中，结合他自己对中国社会主义建设的思考，提出了许多有价值的思想观点。

第一，对认识事物的规律作了说明。关于如何认识事物规律的问题，毛泽东说："要认识事物发展的规律，必须进行实践，在实践中必须采取马克思主义的态度来进行研究，而且必须经过胜利和失败的比较。反复实践，反复学习，经过多次胜利和失败，并且认真进行研究，才能逐步使自己的认识合乎规律。只看见胜利，没有看见失败，要认识规律是不行的。""规律自身不能说明自身。规律存在于历史发展的过程中。应当从历史发展过程的分析中来发现和证明规律。不从历史发展过程的分析下手，规律是说不清楚的。""研究通史的人，如果不研究个别社会、个别时代的历史，是不能写出好的通史来的。研究个别社会，就是要找出个别社会的特殊规律。把个别社会的特殊规律研究清楚了，那末整个社会的普遍规律就容易认识了。要从研究特殊中间，看出一般来。特殊规律搞不清楚，一般规律是搞不清楚的。"[②]

第二，首次提出社会主义发展阶段论。关于社会主义建设问题，毛泽东在读书谈话中，指出："社会主义这个阶段，又可能分为两个阶段，第一个阶段是不发达的社会主义，第二个阶段是比较发达的社会主义。后一阶段可能比前

① 中共中央文献研究室：《毛泽东传》(1949—1976)下，中央文献出版社2003年版，第1040页。

② 《毛泽东文集》第八卷，人民出版社1999年版，第104～106页。

一阶段需要更长的时间。"①应当说，把社会主义社会划分为不发达的和发达的两个阶段，是毛泽东在《读苏联〈政治经济学教科书〉的谈话》中一个很重要的创见。

"大跃进"和人民公社化运动的失误，其中重要原因是当时认为已经找到了快速建设社会主义的方式，中国的社会主义建设速度可以比苏联更快，不但在不长的时间里能够"超英赶美"，而且有可能率先于苏联实现社会主义向共产主义的过渡。这种认识在当时相当普遍，以至于 1958 年 8 月北戴河会议通过的《中共中央关于在农村建立人民公社问题的决议》明确表示："看来，共产主义在我国的实现，已经不是什么遥远将来的事情了，我们应该积极地运用人民公社的形式，摸索出一条过渡到共产主义的具体途径。"②这里所说的"不是什么遥远将来的事情"，其实内部是有具体的时间表的，即十五年左右，一些地方甚至立即开展向共产主义过渡的试点，由此产生一系列严重问题。毛泽东关于社会主义发展阶段论的提出，与 1958 年相比，说明他在向共产主义过渡问题上已经冷静多了。而且"不发达的社会主义"这一概念认识，也为后来"社会主义初级阶段"的提出提供了有益启示。

第三，比较完整地表达了"四个现代化"思想。毛泽东在谈话中提出："建设社会主义，原来要求是工业现代化，农业现代化，科学文化现代化，现在要加上国防现代化。"③1954 年周恩来在第一届全国人大第一次会议的《政府工作报告》中，最早提出要建设起强大的现代化的工业、现代化的农业、现代化的交通运输业和现代化的国防。毛泽东在 1957 年发表的《关于正确处理人民内部矛盾的问题》中，改变了这个表述，提出"将我国建设成为一个具有现代工业、现代农业和现代科学文化的社会主义国家"。这次毛泽东读教科书时，对"四个现代化"形成了比较完整的论述。1964 年第三届全国人大第一次会议上，周恩来在《政府工作报告》中又把其中的"科学文化现代化"改为"科学技术现代化"。从此，"四个现代化"的说法一直沿用了下来。

第四，对如何走自己的社会主义建设道路作了进一步思考。毛泽东对教科书中提出的每一个国家都"具有自己特别的具体的社会主义建设的形式和方法"这一提法作了充分肯定，同时他表示："解放后，三年恢复时期，对搞建设，我们是懵懵懂懂的。接着搞第一个五年计划，对建设还是懵懵懂懂的，只能基

---

① 《毛泽东文集》第八卷，人民出版社 1999 年版，第 116 页。
② 《中共中央关于在农村建立人民公社问题的决议》，载《人民日报》，1958 年 9 月 10 日。
③ 《毛泽东文集》第八卷，人民出版社 1999 年版，第 116 页。

本上照抄苏联的办法，但总觉得不满意，心情不舒畅。"①这说明，毛泽东试图走出一条不同于苏联的社会主义建设道路，他发动的"大跃进"和人民公社化运动，其实就是这样的尝试。尽管"大跃进"和人民公社化运动留下了很多教训，但如何走自己的社会主义建设道路始终是毛泽东在思考的一个问题。

对于重工业、轻工业和农业的比例关系问题，毛泽东强调，生产资料优先增长的规律，是一切社会扩大再生产的共同规律。资本主义社会如果不是生产资料优先增长，它的社会生产也就不能不断增长。斯大林把这个规律具体化为优先发展重工业，缺点是过分强调了重工业的优先增长，结果在计划中把农业忽略了。苏联和中国的经验都证明，农业不发展，轻工业不发展，对重工业的发展是不利的。关于工农业的关系问题，要说工业向农业要求扩大市场，也要说农业向工业要求增加各种工业品的供应。要保证农民得到更多的工业品，保证农民提高自己的文化水平。

对于社会主义国家间的关系问题，毛泽东在谈话中提出："我们主张，各国尽量多搞，以自力更生、不依赖外援为原则。自己尽可能独立地搞，凡是自己能办的，必须尽量地多搞。只有自己实在不能办的才不办。特别是农业，更应当搞好。吃饭靠外国，危险得很，打起仗来，更加危险。他们和我们相反，不提倡各国尽量搞，而提倡'可以不必生产能靠其他国家供应来满足需要的产品'。似乎想用经济力量来控制别的国家。他们不懂得，这样'管'起来，对他们自己也不见得有利。"②谈话体现了毛泽东一再强调的独立自主思想。

关于劳动生产中人与人的关系问题，毛泽东提出，所有制问题基本解决以后，最重要的问题是管理问题。这方面是大有文章可作的。劳动生产中人与人的关系，是改变还是不改变，对于推进还是阻碍生产力的发展，都有直接的影响。在社会主义条件下，劳动生产中人与人之间，对领导人员来说，要以普通劳动者的姿态出现，以平等态度待人。对企业的管理来说，要采取集中领导和群众运动相结合，工人群众、领导干部和技术人员三结合，干部参加劳动，工人参加管理等。他还认为，劳动者管理国家、管理军队、管理各种企业、管理文化教育的权利，是社会主义制度下劳动者最大的权利，最根本的权利。没有这种权利，劳动者的工作权、休息权、受教育权等权利，就没有保证。

第五，在反思与对比中提出读书、写作及研究问题的方法。毛泽东在谈话中通过对苏联《政治经济学教科书》缺点的批评，谈到了研究方法和写作方法问

---

① 《毛泽东文集》第八卷，人民出版社 1999 年版，第 117 页。
② 《毛泽东文集》第八卷，人民出版社 1999 年版，第 128～129 页。

题。他说，这本书的写法很不好，总是从概念入手。研究问题，要从人们看得见、摸得到的现象出发，来研究隐藏在现象后面的本质，从而揭露客观事物的本质矛盾。《资本论》对资本主义经济的分析，就是用这种方法，总是从现象出发，找出本质，然后又用本质解释现象，因此，能够提纲挈领。教科书对问题不是从分析入手，总是从规律、原则、定义出发，这是马克思主义从来反对的方法。教科书的写法，不是高屋建瓴，势如破竹，没有说服力，没有吸引力，读起来没有兴趣，一看就可以知道是一些只写文章、没有实际经验的书生写的。

毛泽东读《政治经济学教科书》之时，正是庐山会议后新一轮"大跃进"兴起之际。此时他固然希望通过读书使广大干部获得一个比较清醒的头脑，使新一轮的"大跃进"少出乱子甚至不出乱子，但读书的目的是实现更大的跃进和巩固人民公社。因此，谈话在提出不少精辟观点的同时，在某些问题的看法上也难免存在矛盾的地方。

第六，着重谈了社会主义社会两种所有制问题。关于社会主义社会两种所有制问题，是毛泽东特别感兴趣，也是谈得比较多的一个问题。一方面，毛泽东认为社会主义社会的全民所有制和集体所有制不能长期并存，否则就不适应生产力的发展，不能充分满足人民生活对农业生产越来越增长的需要，不能充分满足工业对农业原料不断增长的需要。而要满足这种需要，就要把集体所有制转变为全民所有制。他认为，人民公社将来从基本队所有，经过基本社所有，转变为全民所有以后，全国将出现单一的全民所有制，这会大大促进生产力的发展。如果不从基本队有制转变为基本社有制，人民公社还不能巩固，还可能垮台。

另一方面，他又强调将来实现这个转变的一个决定性的条件，是社有经济的收入占全社收入的一半以上。在转变的时候，是队共社的产，而不是社共队的产。社员在这种"共产"以后，比在这种"共产"以前有利。这实际上反映了他当时的矛盾心态：他希望集体所有制向全民所有制、社会主义向共产主义的过渡能够尽可能加快，毕竟在他看来，"大跃进"和人民公社本身是正确的，是建设社会主义并且加快向共产主义过渡的好方式；但他又担心如果过渡太快，一些地方会重复 1958 年"大跃进"和人民公社化运动时大刮"一平(平均主义)二调(无偿调拨)"的"共产风"的错误。

第七，对物质利益原则问题提出了自己的思考。关于物质利益原则问题，是苏联《政治经济学教科书》讲得比较多的一个问题，毛泽东对其中的论点并不满意，批评较多，认为苏联《政治经济学教科书》把物质刺激片面化、绝对化，不把提高觉悟放在重要地位，这是很大的原则性错误。在他看来，教科书常常把物质利益的原则，一下子变成个人物质利益的原则。

该书所强调的物质利益，实际上是最近视的个人主义。物质利益固然重要，但总不是唯一的原则，而且讲物质利益也不能单讲个人利益、暂时利益、局部利益，还应当讲集体利益、长远利益、全局利益，应当讲个人利益服从集体利益，暂时利益服从长远利益，局部利益服从全局利益。因此他说："应当强调艰苦奋斗，强调扩大再生产，强调共产主义前途、远景，要用共产主义理想教育人民……要讲兼顾国家、集体和个人，把国家利益、集体利益放在第一位，不能把个人利益放在第一位。"①毛泽东这些观点，"代表了当时人们所普遍崇尚和遵循的一种主要价值取向和道德准则，对思想建设起了重要作用。但也存在很大的片面性，对个人利益有所忽略。在这方面，毛泽东对教科书的批评，并不都是正确的"②。

三、重要意义

《读苏联〈政治经济学教科书〉的谈话》是继《论十大关系》《关于正确处理人民内部矛盾的问题》之后，毛泽东对社会主义革命和建设规律的又一次重要探索。其价值在于：

第一，具有反思性。新中国成立后，对于怎样搞建设大家没有经验，于是不得不照搬照抄苏联的一些做法。对于这种"照搬"，毛泽东在谈话中曾评价说，这是必要的，但总觉得不满意，心情不舒畅。倡导读苏联政治经济学教科书，事实上是要弄清楚社会主义建设中一些带规律性的问题，以便对我们自己正在进行的实践进行经验教训的总结，纠正"大跃进"和人民公社化运动中出现的错误，更好地将社会主义建设向前推进。

第二，富于开拓性。在谈话中，毛泽东就社会主义的发展阶段、社会主义经济建设的战略布局、社会主义建设的发展特征、改革和完善社会主义经济管理体制等提出了一系列颇具开创性的指导意见。由此，中国在社会主义建设中提出了"以农业为基础，以工业为主导"的国民经济建设总方针，制定了"四个现代化"的长远目标，形成了"两步走"的发展战略，并初步建立起独立的比较

---

① 《毛泽东文集》第八卷，人民出版社 1999 年版，第 136 页。

② 中共中央文献研究室：《毛泽东传》(1949—1976)下，中央文献出版社 2003 年版，第 1045 页。

完整的工业体系和国民经济体系。诚如胡绳所言，虽然"毛泽东没有能够亲眼看到这种探索开花结果，但在他的学生手里，能够抗拒任何风霜的花和果实已在中国的大地上繁茂地生长起来"，他"作为这种探索的开创者的历史功绩应当用最浓的笔墨记载在史册上"。①

第三，具有长远指导意义。谈话涉及政治经济学、哲学、科学社会主义以及历史科学等诸多学科，反映了当时毛泽东对中国社会主义建设诸多理论与政策问题的认识水平，其中所提出的具有长远指导意义的正确的或比较正确的观点，颇具理论高度，饱含着毛泽东富有独创性的理论认识。特别是，谈话所阐述的如何用马克思主义的立场、观点和方法来研究社会主义时期的问题，不仅对研究社会主义建设时期的历史有着重要的指导意义，也为坚持和推进中国特色社会主义的理论与实践提供了有益启示。

四、学习思考

1. 毛泽东为什么多次提议各级领导干部读苏联《政治经济学教科书》？
2. 《读苏联〈政治经济学教科书〉的谈话（节选）》中的主要思想体现在哪些方面？
3. 如何理解毛泽东所主张的利益观？

---

① 胡绳：《毛泽东一生所做的两件大事》，载《人民日报》，1993年12月17日。

毛泽东《在扩大的中央工作会议上的讲话》导读

《在扩大的中央工作会议上的讲话》是毛泽东于 1962 年 1 月七千人大会上所作的重要讲话，编辑出版后成为社会主义建设时期毛泽东思想理论宝库中的一篇光辉文献。讲话着重阐释民主集中制，讨论如何在中国共产党内发扬民主、增强党的凝聚力及团结全体人民的问题。围绕民主和集中的辩证统一关系，毛泽东特别指出，要在民主的基础上集中、在集中的指导下民主，强调走群众路线。总之，讲话旨在总结经验，统一认识，反对分散主义，落实好国民经济的调整方针，搞好社会主义建设。时至今日，这些论述仍然具有重大理论价值和现实指导意义。

原文见《毛泽东文集》第八卷，人民出版社 1999 年版，第 289～314 页。

一、形成背景

1958 年以来的"大跃进"和人民公社化运动，使经济形势变得十分严峻。高举"三面红旗"的初衷，是想尽快实现工业化，把中国变成一个伟大、繁荣、强盛的社会主义国家，让全国人民过上幸福生活。因为是落后的农业国，党和国家的领导人试图举倾国之力，通过大干快上，在几年、十几年内赶超英美。精神虽然可嘉，却有些不切实际。他们忽视客观条件，仅仅凭着满腔热血，做了许多违背自然规律和经济规律的事情，导致"浮夸风"甚嚣尘上，霎时亩产千斤县、万斤田的"奇迹"比比皆是，钢铁等重工业的产量也不断翻番。信息失真又助推了党和国家领导人的错误决策。

违背规律的事情毕竟不能长久。仅一两年的时间，就出现了全国性的大饥荒。自 1960 年河南、山东、甘肃爆发粮荒以来，省以下干部都在考虑如何使农民多吃点，农业恢复得快一些。过去是以少报多，现在是以多报少，中央在落实粮食征购、上调指标时深感困难。1961 年 11 月中旬，各地上交中央的粮食只完成 20% 多一点。有鉴于此，中央一方面精减城镇人口，一方面计划1962 年向全国征购粮食 820 亿斤，比 1961 年多 100 亿斤。结果，下面反应十分强烈，无法完成任务。1962 年年初，中国农业生产已连续三年歉收，绝大多数农村出现人无粮、畜无草的困难局面，城市粮食供应紧张，不少人患上浮肿病。为迅速摆脱这种困境，恢复国民经济，以毛泽东为首的党中央下发指示，进行政策调整，但改变起来十分艰难。

"大跃进"不仅造成中国经济的滑坡，也给人们的思想带来混乱。相当一部分干部认为，他们积极响应党的号召，换来的却是减产和失误，难免愤懑不解，对工作畏首畏尾；也有部分干部急于求成，一时难于转变，仍然要继续跃进；另有干部怕政策多变，怕被扣上反对"三面红旗"的帽子，消极怠惰，无所作为。此外，在落实中央的各项生产指标、粮食征购、调配物资上，地方各级政府不如从前有热情、有干劲，在中央看来，是严重的分散主义。这一切表明，中央的方针政策贯彻得不太顺利。

对此，中南局书记陶铸提建议，把全国的地委书记邀到北京，开个地委书记会议，打通大家的思想。毛泽东赞同这一想法，进而提出，要开就开一个大会，召开包括县委书记在内的五级干部大会，通过大会，总结经验教训，讲清道理。中央的账也要算，中央领导要率先承担责任，以便大家消除不满，从而统一思想，鼓起干劲，七千人大会遂应运而生。

二、基本思想

受毛泽东委托，刘少奇、邓小平主持起草了中央报告。经过讨论和修改，对"大跃进"几年来的工作进行了比较全面系统的总结。报告指出，中央所犯的主要错误是：高指标、高估产、高征购及不适当的几个大办；混淆了集体所有制和全民所有制，违反了按劳分配和等价交换的原则，刮了"共产风"；不适当地要在全国范围内建立许多完整的工业体系；对农业增产的速度估计过高，对建设事业的发展要求过急。

1 月 27 日，刘少奇代表中央在大会上对报告作口头说明。他着重讲了"大跃进"几年来所犯错误的原因、如何看待成绩和错误，以及"三面红旗"等大家所关心的热点问题，强调"应该根据各个地方的具体情况，实事求是地向群众加以说明。有些地方的农业和工业减产，主要的原因是天灾。有些地方，减产的主要原因不是天灾，而是工作中的缺点和错误"[1]。此外，刘少奇代表中央向大会做了自我批评，承担了责任，使得与会人员振奋起来。

---

[1]　中共中央文献研究室：《建国以来重要文献选编》第十五册，中央文献出版社 2011年版，第 73 页。

大会原定刘少奇讲话后便宣布结束，但与会干部中很多人表示还有话想说。1962 年 1 月 29 日，毛泽东提议大家在北京过春节，解决"上下通气"，即上下级关系问题。1 月 30 日，毛泽东在大会上讲话，对党内贯彻民主集中制方面出现的偏差、社会主义建设和民主集中制的关系、加快国民经济调整等若干重大问题作出重要阐释。

第一，强调坚持民主集中制的重要性。这次大会反映强烈的问题，是"大跃进"中强迫命令、"瞎指挥成风"，民主生活遭到严重破坏。一般干部、普通党员和群众没有发言权，以致酿成大错且未能及时纠正，这种压制群众的专断作风在有些部门依然存在。毛泽东敏锐地抓住这一问题。在讲话稿没经中央政治局开会讨论时，他就指示发给与会同志，让大家先提提意见。讲话稿经过与会人员的共同探讨，成为毛泽东阐述民主集中制问题的重要依据。

毛泽东指出，没有民主便不可能有正确的集中，集中首先要集中正确的意见，在此基础上，做到统一认识、统一行动，集中制应该是建立在民主基础上的集中制。他特别强调，没有广泛的人民民主，无产阶级专政不能巩固，政权不能稳定。没有高度的民主，不可能有高度的集中；而没有高度的集中，就不可能建立社会主义经济。针对压制群众、不让群众讲话的专断作风，毛泽东批评道："现在有些同志，很怕群众开展讨论，怕他们提出同领导机关、领导者意见不同的意见。一讨论问题，就压抑群众的积极性，不许人家讲话。这种态度非常恶劣。"[1]

实行民主集中制的一条重要原则，就是要让人讲话。毛泽东说："哪有马克思列宁主义者怕群众的道理呢？有了错误，自己不讲，又怕群众讲。越怕，就越有鬼，我看不应当怕。"[2]无论党内党外，都要有充分的民主生活，要真正把问题敞开，让群众讲话，哪怕是骂自己的话，也要让人家讲。

第二，强调社会主义建设的长期性与艰巨性。经过"大跃进"和三年困难时期，毛泽东对社会主义建设规律的认识逐渐深入，认为要使中国强大起来，将是一个长期的任务。他在讲话中说："中国的人口多、底子薄，经济落后，要使生产力很大地发展起来，要赶上和超过世界上最先进的资本主义国家，没有一百多年的时间，我看是不行的。"[3]

早在 1955 年 10 月召开的七届六中全会上，毛泽东提出，大约在 50 年到 75 年的时间内，就是 10 个五年计划到 15 个五年计划的时间内，可能建成一个

---

① 《毛泽东文集》第八卷，人民出版社 1999 年版，第 292 页。
② 《毛泽东文集》第八卷，人民出版社 1999 年版，第 291 页。
③ 《毛泽东文集》第八卷，人民出版社 1999 年版，第 302 页。

强大的社会主义国家。1956年9月，他在接见参加中共八大的南斯拉夫共产主义者联盟代表团时，又谈到使中国变成富强的国家，需要五十年到一百年的时间。

遗憾的是，"大跃进"期间，毛泽东曾一度放弃了这种估计和设想。面对重重困难，他开始反思，对于社会主义建设有了新的思考。1961年9月，他同蒙哥马利谈话中提到，建设强大的社会主义经济，在中国会要一百年，或者更多的时间。在这次扩大的中央工作会议讲话中，毛泽东宣布要用100多年的时间建成社会主义，原因是我们的人口多、底子薄、经济落后，还不能很好地掌握社会主义经济建设的规律。他认识到，从全党来说，社会主义建设的知识都非常不够。

从这些情况看，毛泽东关于社会主义建设的认识总体上已贴近中国实际，中间虽有曲折和反复，但最终以实事求是的态度进行了更正。社会主义建设的艰巨性和长期性，是毛泽东思想中一个非常重要的理论表述。

第三，强调增强党的凝聚力的迫切性。党内凝聚力问题是召开七千人大会的重要动因。毛泽东的用意很明确，借助这次大会，他代表中央向全党公开承认错误，主动承担责任，以使全党上下同心协力纠正错误，凝聚起来，扭转困难局势。在酝酿召开大会时他就提到，几年来中央在工作上犯了什么错误，要讲。这几年各省只讲自己错，不讲中央错，这不符合事实，要用这次大会讲清楚。

毛泽东利用批评和自我批评这一方法，号召大家敢于提不同意见，勇于担责。他诚恳地说："同志们，我们是干革命的，如果真正犯了错误，这种错误是不利于党的事业，不利于人民的事业的，就应当征求人民群众和同志们的意见，并且自己作检讨。""去年六月十二号，在中央北京工作会议的最后一天，我讲了自己的缺点和错误。我说，请同志们传达到各省、各地方去。事后知道，许多地方没有传达。似乎我的错误就可以隐瞒，而且应当隐瞒。同志们，不能隐瞒。凡是中央犯的错误，直接的归我负责，间接的我也有份，因为我是中央主席。我不是要别人推卸责任，其他一些同志也有责任，但是第一个负责的应当是我。"[①]

关于"大跃进"以来所犯错误的责任，大家心知肚明，这几年的错误绝不是一县一地的问题，而是全局性的错误。既然是全局性的错误，那么问题应该是出在了中央，主要是中央犯了错误。所以，当刘少奇代表中央作检讨，特别是

---

① 《毛泽东文集》第八卷，人民出版社1999年版，第292～293、296页。

毛泽东主动承担责任时，与会者深受感动。大会的气氛也为之一变，党内民主和凝聚力顿时增强，从党中央主席到中央各部门负责人、大区书记、省委书记纷纷检讨工作。

第四，强调走群众路线的必要性。群众路线是中国共产党的根本的工作路线。贯彻好群众路线，既是团结全党也是团结全体人民。经历了社会主义建设中的艰难曲折，毛泽东更加认识到团结的重要性。他指出，要把党内外的先进分子、积极分子、中间分子都团结起来，去带动落后分子，从而使得全党、全民都团结起来，只有这样才能够做好工作，克服困难，把中国建设好。

对于团结全党、全体人民，毛泽东提出：一是发扬民主，让人讲话。只要不是违反纪律的，不是搞秘密集团活动的，我们都允许他讲话，而且讲错了也不要处罚，要用道理说服人家。二是不要轻易捕人，尤其不要轻易杀人。凡是可捕可不捕的，可杀可不杀的，都要坚决不捕、不杀。三是不要给人乱戴帽子。四是对于犯了错误的人，要采取善意帮助的态度。基于这样一种认识，毛泽东在七千人大会上倡导不抓辫子、不打棍子、不扣帽子的三不政策，他还提出：对1959年以来反右倾运动中被错误处理的干部，要按照具体情况给予甄别平反。七千人大会后短短数月内，从中央到地方，全国上下出现了一个思想解放的高潮。

三、重要意义

如前所述，《在扩大的中央工作会议上的讲话》是社会主义建设时期毛泽东思想宝库中不可忽视的重要篇章。关于民主集中制、社会主义建设的长期性与艰巨性及增强全党全国人民团结问题的重要论述，于今而言，仍然具有不可低估的价值。

第一，具有重要理论指导意义。民主集中制是党的根本组织制度和领导制度。其贯彻执行是否到位，直接关系到党和国家的政治生活是否正常，党和政府的决策是否正确，党和人民的事业发展能否顺利。毛泽东对民主集中制原则特别是民主和集中辩证关系的阐述，把党的民主集中制理论向前推进了一步。他对于中国社会主义建设长期性和艰巨性的分析，表明开始探索社会主义发展阶段问题，且有了较为正确的认识，这为改革开放后提出社会主义初级阶段论提供了重要参考。

第二，具有鲜明实践指导意义。批评和自我批评，是无产阶级革命政党的显著优点和特点。讲话发扬了党内民主，开展了批评和自我批评，倡导恢复实事求是、群众路线的优良作风，特别是毛泽东和党中央其他领导率先承担责任，和风细雨地引导大家知错就改，这样的行动作为增强了全党团结、赢得了人民群众的信任。讲话迄今已过去半个多世纪，对新时代中国特色社会主义建设来讲，仍有着较强的实践指导性。

四、学习思考

1. 谈谈你对民主集中制的认识。
2. 如何看待中国社会主义建设的长期性和艰巨性？
3. 试论《在扩大的中央工作会议上的讲话》的现实意义。

邓小平《解放思想，实事求是，团结一致向前看》导读

　　《解放思想，实事求是，团结一致向前看》是邓小平于 1978 年 12 月 13 日在中共中央工作会议闭幕会上的讲话。这次中央工作会议为随即召开的党的十一届三中全会进行了充分准备，邓小平讲话实际上是三中全会的主题报告。

　　原文见《邓小平文选》第二卷，人民出版社 1994 年版，第 140～153 页。

一、形成背景

　　"文化大革命"结束之后，全国上下人心普遍思定，社会主义事业百废待兴。人民饱受"十年动乱"之苦，渴望恢复正常的社会秩序和生活秩序；社会生产和建设遭受了严重破坏，国民经济比例失调，广大群众生活十分贫困。但是，由于没有彻底清除十年"文化大革命"及多年来的错误，长期盛行的极左思想和个人崇拜依然存在，加之"两个凡是"方针的错误推行，人们的头脑在很多方面还被严重束缚着，国家陷入了两年的徘徊局面。如何走出当前困境，如何走向民族振兴，中国正处于何去何从的重大历史关头。

　　邓小平自 1977 年 7 月第三次复出以来，就开始着手整顿工作，在各条战线领导拨乱反正，恢复党的优良传统和作风，不断推进各项改革，取得了很大的成绩。早在中共中央工作会议召开之前，他就明确指出"两个凡是"不符合马克思主义，提出要"完整地准确地理解毛泽东思想"[1]。他反复强调，高举毛泽东思想旗帜，就要坚持实事求是的原则，从实际出发；实行开放政策，学习世界先进科学技术，是为了发展生产力，提高人民生活水平，有利于社会主义国家和社会主义制度；他主张，"一定要肃清林彪、'四人帮'的流毒，拨乱反正，打破精神枷锁，使我们的思想来个大解放"[2]。1978 年 11 月 10 日至 12 月 13 日中共中央在京召开工作会议，讨论中央政治局提出的要把全党工作重心转移到社会主义现代化建设上来的决策。在这次会议上，陈云等许多老革命家和领

---

　　① 《邓小平文选》第二卷，人民出版社 1994 年版，第 42 页。

　　② 《邓小平文选》第二卷，人民出版社 1994 年版，第 119 页。

导干部对粉碎"四人帮"两年多来党的领导工作中的失误提出了中肯的批评，对党的工作重心转移、党的优良传统恢复和发展、如何评价党的一些重要领导人的功过是非等一系列重要问题，提出了积极的建议。总结会议精神并结合自己的认识，邓小平在闭幕会上发表了《解放思想，实事求是，团结一致向前看》的重要讲话，进一步端正和统一了全国人民的思想认识，开创了社会主义建设的新局面。这篇讲话实现了党的指导思想的拨乱反正，不仅是即将召开的十一届三中全会的主题报告，也是开创建设有中国特色的社会主义理论的宣言书。

二、基本思想

邓小平的这篇讲话，以解放思想为基本主题，阐明了解放思想的必要性，强调民主是解放思想的重要条件，并对毛泽东和"文化大革命"做了辩证的历史性评价，形成了解决历史遗留问题的基本原则。可以说，以邓小平的讲话为指导中国开启了改革开放的新局面。

1. 解放思想是当前重要的政治问题

第一，邓小平提出解放思想具有十分重要的理论意义和现实意义。他认为，要做到"解放思想，开动脑筋，实事求是，团结一致向前看，首先是解放思想。"[1]在他看来，只有思想解放了，才能从中国的实际出发，正确地运用马克思列宁主义、毛泽东思想，而不是以教条主义、经验主义、实用主义的态度对待马克思列宁主义、毛泽东思想；只有思想解放了，才能实事求是地解决过去遗留的问题和新出现的一系列问题；只有思想解放了，才能正确地改革同生产力迅速发展不相适应的生产关系和上层建筑，根据我国的实际情况，确定实现四个现代化的具体道路、方针、方法和措施，促进生产力发展。

第二，邓小平分析了造成思想僵化的原因和危害。邓小平认为，一些领导干部存在着思想不解放、思想僵化的问题，这是在一定历史条件下形成的，既有历史原因，又有现实原因，既有制度建设原因，又有工作作风原因。首先，林彪、"四人帮"造成了恶劣影响。他们大搞禁区、禁令，制造迷信，将人们的思想封闭在他们假马克思主义的禁锢之中，不准大家越雷池一步。其次，党内民主集中制受到了破坏。党内存在着权力过分集中的官僚主义，许多重大问题

---

① 《邓小平文选》第二卷，人民出版社1994年版，第141页。

往往是一两个人说了算，别人只能奉命行事。再次，是非功过不清，赏罚不明。干和不干一个样，甚至干得好的反而受到打击，什么事不干的，四平八稳的，却成了"不倒翁"。最后，受小生产的传统习惯势力的影响。这种传统习惯势力的一个显著特点，就是因循守旧，安于现状，不求发展，不求进步，往往不愿意接受新事物。

思想一僵化，就会产生很多的怪现象，造成极大的危害。首先，工作中的条条框框多了起来。加强党的领导，变成了党去包办一切，干预一切；实行一元化领导，变成了党政不分、以党代政；坚持中央的统一领导，变成了"一切统一口径"等。其次，随风倒的现象多了起来。不讲党性，不讲原则，说话做事看来头，看风向等。最后，不从实际出发的本本主义严重起来了。书上没有的，文件上没有的，领导人没有讲过的，就不敢多说一句，多做一件事，一切照抄照搬照转。因此，邓小平沉痛地指出："不打破思想僵化，不大大解放干部和群众的思想，四个现代化就没有希望。"①

第三，邓小平强调要坚持实事求是，解放思想。解放思想是指在马克思主义的指导下，挣脱习惯势力和教条主义的束缚，冲破思想认识上的禁区和桎梏，对一切事物始终采取一种勇于思考、勇于探索、勇于创新、积极进取的精神和态度。邓小平要求从中央到地方乃至于每一个基层组织和单位，都要坚持实事求是，解放思想，开动脑筋想问题，办事情。他希望广大党员和群众在实际工作中能勇于思考、勇于探索、勇于创新，为实现现代化而努力。邓小平高度评价了当时正在进行的关于"实践是检验真理的唯一标准问题"的大讨论，认为这实际上也是要不要解放思想的争论。

第四，邓小平提出了解放思想和实事求是的辩证关系。一方面，解放思想是实事求是的前提和内在要求。实事求是要求人们的主观与客观相符合，认识与实践相一致。因为认识源于实践，人们在认识客观世界的过程中，由于受传统观念、原有经验、主观偏见和习惯势力的影响和限制，常常会出现思想落后于实践发展的状况，长此以往，就会使人们思想僵化，认识与实践相脱离，无法做到实事求是。所以，要做到实事求是，首先要解放思想。另一方面，实事求是是解放思想的目的和本质规定。解放思想并不等于脱离实际的胡思乱想，不能打着"解放思想"的旗号搞浮夸、说假话，而是要以实事求是为准绳。因此，解放思想与实事求是是相互联系、相辅相成的。二者都是我们党的思想路线，是马克思列宁主义、毛泽东思想和邓小平理论的精髓。

---

① 《邓小平文选》第二卷，人民出版社1994年版，第143页。

2. 民主是解放思想的重要条件

第一，邓小平强调了实行民主的重要性。他指出，解放思想的一个十分重要的条件就是要真正实行无产阶级的民主集中制，当前这个时期特别需要强调民主。如果没有充分的民主，就不能做到正确的集中。全国、全党许多人还不敢讲真话，好的意见不敢提，对坏人坏事也不敢反对，邓小平认为这种状况不改变，就无法做到解放思想，开动脑筋，集思广益，实现"四化"也无从谈起。

第二，邓小平提出了实现民主的三个条件：首先，实行不抓辫子、不扣帽子、不打棍子的"三不主义"。其次，在党内和人民内部的政治生活中，只能采用民主的手段，不能采取压制、打击的手段。最后，"宪法和党章规定的公民权利、党员权利、党委委员的权利，必须坚决保障，任何人不得侵犯"①。

第三，党要善于实行民主集中制。邓小平认为，实行民主集中制需要做好两个方面。一方面要发扬政治民主，多倾听人民群众的声音。要相信我们的人民是顾大局、识大体、守纪律、有判断是非的能力的，有了政治上的民主，无政府主义就比较容易克服，那些小道消息、手抄本之类的真真假假的东西是对长期缺乏政治民主的一种惩罚。另一方面要集思广益，善于集中人民群众的正确意见，对不正确的意见给予适当解释。对于思想问题，无论如何不能用压服的办法，要真正贯彻和实行"百花齐放、百家争鸣"的方针。一听到群众有一点议论，尤其是尖锐一点的议论，就要追查所谓"政治背景"、所谓"政治谣言"，就要立案，进行打击压制，这种恶劣的作风必须坚决制止。我们的各级领导，无论如何都不要造成同群众对立的局面，邓小平强调这是一个必须坚持的原则。对于极少数的反革命分子，当然也不能丧失警惕。

第四，邓小平强调要注意发扬经济民主。首先，要改变我国经济管理体制权力过于集中的状况，就应该有计划地大胆下放经济管理的权力，让地方和企业、生产队掌握更多的经营管理的自主权，充分发挥国家、地方、企业和劳动者个人四个方面的积极性。其次，要正确处理革命精神和物质利益的关系。革命精神是非常宝贵的，没有革命精神就没有革命行动。但是，革命精神是在物质利益的基础上产生的。如果我们只讲牺牲精神，不讲物质利益，那就是唯心论。最后，邓小平还指出，要切实保障工人、农民的民主权利，包括民主选举、民主管理和民主监督。最终目的是千方百计地发挥和调动各个方面的主动创造精神，为国家、为集体、为个人创造出更多的财富。

---

① 《邓小平文选》第二卷，人民出版社1994年版，第144页。

第五，邓小平强调为了保障人民民主，必须加强法制。首先，使民主制度化、法律化，"使这种制度和法律不因领导人的改变而改变，不因领导人的看法和注意力的改变而改变"①。其次，我们要集中力量制定各种必要的法律，并加强检察、司法工作，做到有法可依，有法必依，执法必严，违法必究。再次，国家和企业、企业和企业、企业和个人等之间的关系要用法律来解决，它们之间的矛盾也要通过法律来解决。最后，党章是最根本的党规党法，各级纪律检查委员会和组织部门的任务不只是处理案件，更重要的是维护党规党法，切实把党风搞好。对于违反党纪的，不管是什么人都要执行纪律，做到功过分明，赏罚分明，伸张正气，打击邪气。

3. 处理遗留问题为的是向前看

第一，处理遗留问题的原则。邓小平指出，解决遗留问题是解放思想的需要，也是安定团结的需要，目的是向前看，为了顺利实现全党工作重心的转变。在处理遗留问题时，需要把握以下几个原则：首先，做到"有错必纠"。凡是过去搞错了的东西，统统应该改正，这就需要实事求是地处理，干脆利落地解决，不要拖泥带水。其次，要维护安定团结的局面。加强全国人民的团结，首先要加强全党的团结，特别是要加强党的领导核心的团结。我们党的团结是建立在马克思列宁主义、毛泽东思想基础上的团结。再次，对犯错误同志的处理要十分慎重，促使他们认识错误和改正错误。最后，今后选拔干部要严格。对于那些搞打砸抢的、帮派思想严重的、出卖灵魂陷害群众的、连党的最关紧要的利益都不顾的人，决不能重用。对于看风使舵、找靠山、不讲党的原则的人，也不能轻易任用。

第二，正确评价毛泽东的功绩和错误。一方面，邓小平充分肯定了毛泽东的伟大历史贡献。毛泽东一生有两大历史贡献，一是领导全党、全军和全国人民，推翻了帝国主义、封建主义和官僚资本主义在中国的统治，建立了新中国，完成了民主革命的任务。二是在新中国成立之后，建立了社会主义制度，并对中国社会主义建设道路进行了不懈探索，作出了卓越贡献。邓小平指出，毛泽东在长期革命斗争中立下的伟大功勋是永远不可磨灭的，毛泽东思想培育了我们整整一代人，可以说"没有毛主席就没有新中国""没有毛泽东思想，就没有今天的中国共产党"②。毛泽东思想永远是我们全党、全军、全国各族人

---

① 《邓小平文选》第二卷，人民出版社 1994 年版，第 146 页。

② 《邓小平文选》第二卷，人民出版社 1994 年版，第 148～149 页。

民最宝贵的精神财富，我们要完整准确地理解和掌握毛泽东思想的科学原理，并在新的历史条件下加以发展。另一方面，要正确评价毛泽东晚年的错误。邓小平指出，当然毛泽东不是没有缺点、错误，要求一个领袖没有缺点、错误不是马克思主义。但是毛泽东晚年所犯的错误终究是一个伟大的无产阶级革命家所犯的错误，不能因为他晚年所犯的错误而否定了他一生的丰功伟绩。就他一生来看，他对中国革命的功绩远远大于他的过失，他的功绩是第一位的，错误是第二位的。

第三，对"文化大革命"的评价问题。邓小平提出，对于"文化大革命"也应该科学地历史地来看，在适当的时候作为经验教训来认真研究总结。首先，应该科学地、历史地看待"文化大革命"，既要看到毛泽东发动这场运动是为了反修防修的，也要看到在实际过程中的失误。其次，对"文化大革命"的经验教训应该进行总结，这对统一全党的认识是需要的。再次，对"文化大革命"的总结和评价工作，不必匆忙去做，需要做认真的研究工作。最后，我们需要更长一点时间，才能作出科学的评价，才能用"文化大革命"的历史教训教育全党和全国人民，特别是青年一代。

4. 研究新情况，解决新问题

第一，要注意研究和解决管理方法、管理制度、经济政策问题。邓小平指出，研究新情况、解决新问题对我们具有十分重要的意义。要向前看，就要及时地研究新情况和解决新问题，否则我们就不可能顺利前进。

首先，在管理方法上，当前要特别注意克服官僚主义。官僚主义是小生产的产物，同社会化的大生产不相容，必须克服。现在我们的经济管理工作，机构臃肿，层次重叠，手续繁杂，效率极低，政治空谈淹没一切。如果再不改革，我们的现代化事业和社会主义事业就会被葬送。要学会用经济方法管理经济，向懂的人学习，向国外学习，局部做起，逐步推开。各个部门都要实行先进的管理方法。

其次，在管理制度上，当前要特别注意加强责任制。现在，党和国家的各级机关与各地的企事业单位中，一个很大的问题就是无人负责，所以急需建立严格的责任制。要使责任制真正发挥作用，必须采取三项措施：一要扩大管理人员的权限。责任到人就要权力到人，各有各的责任，各有各的权力，别人不能侵犯。二要善于选用人员，量才授予职责。要发现、培养、重用专家，用人的主要政治标准是为人民造福，为发展生产力、为社会主义作出积极贡献。三要严格考核，赏罚分明。要根据工作成绩的大小、好坏，有赏有罚，有升有降，并且必须同物质利益联系起来。

最后，在经济政策上，要允许一部分人先富起来，然后逐步使全国各族人民都能比较快地富裕起来。因为一部分地区、一部分企业、一部分人，由于辛勤努力成绩大而收入先多一些，生活先好起来之后，必然会产生极大的示范力量，影响和带动其他地区、其他企业、其他人向他们学习，这样就会使整个国民经济不断波浪式地向前发展，带动全国人民走上共同富裕之路。邓小平认为这是一个大政策，应当认真加以考虑和研究，并给予重视。

第二，为实现四个现代化而努力奋斗。邓小平再次强调，实现四个现代化是一场深刻的伟大的革命。在这个革命中必然会出现许多我们不熟悉的、预料不到的新情况和新问题，需要我们做到以下三点。

首先，要对出现的问题有足够的思想准备。在生产关系和上层建筑的改革中，必然会涉及一大批人的切身利益，例如企业的改组，国家机关的改革，人员的去留等，一定会出现各种各样的复杂情况和问题，一定会遇到种种障碍。要教育党员和群众以大局为重，以党和国家的整体利益为重。

其次，要坚持走群众路线。只要我们相信群众，走群众路线，把情况和问题向广大群众讲明白，任何问题都可以解决，任何障碍都可以排除。随着经济的发展，路会越走越宽，人们会各得其所。

最后，要善于学习。根本是要学习马克思列宁主义、毛泽东思想，努力把马克思主义的普遍原则同我国实现四个现代化的具体实践结合起来。此外，党的高级领导干部更要带头钻研现代化经济建设，抓紧学经济学，学科学技术，学管理。做到从实践中学，从书本上学，从自己和人家的经验教训中学，注意克服保守主义和本本主义。只有学会原来不懂的东西，才能加快新长征的步伐，早日把我国建设成社会主义现代化强国。

三、重要意义

邓小平的这篇讲话，对当时亟待回答的宏观性全局性问题作了明确回答，具有重要的现实价值和深远的理论意义。不仅进一步端正和统一了全党的思想认识，促进了思想解放，而且为党作出改革开放伟大历史决策奠定了重要理论基础，是开创建设有中国特色的社会主义理论的宣言书，为进入中国特色社会主义新时代奠定了思想基础。

第一，对促进中国社会的思想解放起到了重要的作用，为我们党重新确立马克思主义的思想路线，扫清了思想障碍。邓小平的这篇讲话在当时的历史条件下，对打破人们的精神枷锁，破除长期形成的思想僵化和封建保守的状态起到了非常重要的作用，促进了中国社会的思想解放。同时，邓小平还反复强调实现四个现代化同样也要依靠实事求是，全党都要解放思想，实事求是，开动脑筋想问题，办事情。这就为我们党重新确立马克思主义的思想路线，扫除了思想障碍。

第二，为党的十一届三中全会确立了主题，为改革开放和社会主义现代化建设奠定了基础。在这次中共中央工作会议上，许多老同志强烈要求解放思想，纠正"文化大革命"中的错误，解决历史遗留问题，把党和国家的工作重心转移到现代化建设上来。邓小平的《解放思想，实事求是，团结一致向前看》讲话正是对这次会议的总结和发展，处理遗留问题是为了向前看，为了顺利实现全党工作重心的转移。他明确提出要进行经济改革，在政策上允许一部分地区、一部分人生活先好起来，为党作出改革开放的伟大战略决策奠定了基础。

第三，为以后党的决策提供了理论依据，是开创建设有中国特色的社会主义理论的宣言书。邓小平指出实现四个现代化是一场深刻的伟大的革命，必然会出现很多新情况和新问题，尤其是生产关系和上层建筑的改革，不会是一帆风顺的。他要求全党一定要善于学习，重新学习，学习马克思列宁主义，学习毛泽东思想，努力把马克思主义的普遍原则同实现现代化的具体实践相结合。这就为党以后制定各方面的政策方针提供了理论依据，拉开了创造邓小平建设有中国特色的社会主义理论的序幕。

四、学习思考

1. 结合改革开放的历史背景，论述解放思想的内涵及其重要意义。
2. 试论民主集中制的基本内涵和重要性。
3. 为什么说毛泽东思想实现了马克思主义中国化的第一次历史性飞跃？

邓小平《坚持四项基本原则》导读

1979 年 1 月 18 日，中共中央在北京召开理论务虚会，讨论工作重点转移后的理论工作问题。受中央委托，邓小平在会上作了《坚持四项基本原则》的讲话，表明中国共产党所实行的改革开放，从一开始就具有明确的社会主义方向。

原文见《邓小平文选》第二卷，人民出版社 1994 年版，第 158～184 页。

一、形成背景

1978 年 12 月召开的十一届三中全会，决定把党的工作重心和全国人民的注意力转移到社会主义现代化建设上来，提出对内改革、对外开放的伟大战略决策。十一届三中全会后，中国共产党开始加快拨乱反正，有步骤地解决新中国成立以来的许多历史遗留问题和实际生活中出现的新问题，把在"文化大革命"中受到严重扰乱的各方面的社会关系重新调整过来，不断推行经济建设和改革工作，使得国家的政治经济都出现了很好的发展形势。在拨乱反正过程中，广大干部和群众从个人崇拜和教条主义的精神枷锁中解脱出来，党内外的思想有了很大解放，呈现努力实现现代化建设的火热景象。

但与此同时，社会上和党内也出现了一些值得警惕的动向。一些人仍然深受"左"倾思想的影响，对三中全会以来党的路线和政策表现出某种不理解甚至抵触的情绪；还有极少数人利用党进行拨乱反正的时机，打着所谓"社会改革"的幌子，曲解"解放思想"的口号，把党的某些错误极端夸大，企图否定党的领导，否定党所指引的社会主义道路，甚至还得到了党内极少数人的默许和支持。这些情况如果任其发展，必将破坏党内外安定团结的大好局面，造成极为严重的后果。针对这种情况，邓小平受中共中央委托，在中央召开的党的理论务虚会上，旗帜鲜明地提出我们必须坚持社会主义道路，坚持无产阶级专政即人民民主专政，坚持共产党的领导，坚持马列主义、毛泽东思想这四项基本原则，认为这是"实现四个现代化的根本前提"。四项基本原则由此成为中国共产党的立国之本。

二、基本思想

邓小平的这篇讲话，代表党中央第一次明确、完整地提出了四项基本原则，并对其进行了深刻系统的阐述。此后，四项基本原则作为我国政治生活的一个重要主题，成为我们党制定各项政策的基础，并随着实践的发展不断得到丰富和完善。1982年，四项基本原则被正式载入党章和宪法，成为全党全国人民的共同意志；党的十三大把坚持四项基本原则作为党在社会主义初级阶段基本路线的一个基本点；十四大把它作为"立国之本"列为邓小平建设有中国特色社会主义理论的一项基本内容；十五大把邓小平理论确立为党的指导思想，四项基本原则作为邓小平理论的有机组成部分得到高度重申。四项基本原则是对我们党和国家长期历史经验的高度概括，是全党全国人民团结奋斗的共同政治基础。

1. 分析目前的形势和今后的工作任务

邓小平指出，我们还要坚定不移地执行解放思想，开动脑筋，实事求是，团结一致向前看的方针，"要从实际出发，密切结合当前的形势和任务，进一步宣传和贯彻这个方针"①。从各个方面来看，当前我们国家的面貌与"文化大革命"时期相比已经发生了根本的变化，"全党、全军和全国各族人民，在党中央的正确领导下，对于我们伟大社会主义祖国的前途，重新充满了希望和信心。谁要是不充分估计这一切，谁就要犯极大的错误"②。

同时，邓小平又指出了我们存在的问题和困难。一方面，我国当前的经济状况不容乐观，过去十多年来经济比例一直严重失调，需要进行大规模的调整。我国当前及今后相当长的一个历史时期的主要任务是社会主义现代化建设，这代表着人民最大、最根本的利益，是我们目前最大的政治。另一方面，"林彪、'四人帮'的流毒，特别是派性和无政府主义的流毒，同一些怀疑社会主义、怀疑无产阶级专政、怀疑党的领导、怀疑马列主义毛泽东思想的思潮相结合，开始在一小部分人中间蔓延"③。中央在调整经济工作的同时，也采取一系列措施来保证强有力的集中领导和严格的组织纪律性，在发扬民主的同时

---

① 《邓小平文选》第二卷，人民出版社1994年版，第159页。
② 《邓小平文选》第二卷，人民出版社1994年版，第160~161页。
③ 《邓小平文选》第二卷，人民出版社1994年版，第162页。

大力稳定社会秩序，加强社会主义法制，确保安定团结。在邓小平看来，我们完全有信心克服困难，领导全党和全国人民去夺取现代化建设的胜利。

2. 指出实现四个现代化必须坚持四项基本原则

第一，中国的现代化建设，必须从中国的特点出发。邓小平强调："过去搞民主革命，要适合中国情况，走毛泽东同志开辟的农村包围城市的道路。现在搞建设，也要适合中国情况，走出一条中国式的现代化道路。"①在他看来，中国有两个重要的特点：一个是底子薄。新中国成立后我们的经济建设取得了伟大成就，但现在中国仍然是世界上很贫穷的国家之一，科学技术力量很不足。另一个是人口多，耕地少。在生产还不够发展的条件下，吃饭、教育和就业都成为严重的问题。中国现代化建设必须考虑这些特点，我们一定能找出适当的办法来妥善解决。

第二，坚持四项基本原则，是实现四个现代化的根本前提。邓小平指出："我们要在中国实现四个现代化，必须在思想政治上坚持四项基本原则。"②这是我们党长期以来所一贯坚持的，也是实现四个现代化的根本前提。

首先，必须坚持社会主义道路。邓小平强调："只有社会主义才能救中国，这是中国人民从五四运动到现在六十年来的切身体验中得出的不可动摇的历史结论。"③社会主义制度要比资本主义制度好。而当前社会主义中国在许多方面还不如发达的资本主义国家，从根本上说是解放以前的历史造成的，是帝国主义和封建主义造成的。因此，我们要有计划、有选择地引进资本主义国家的先进技术和有益经验，但是决不学习和引进资本主义制度及各种丑恶颓废的东西。

其次，必须坚持无产阶级专政。无产阶级专政就是社会主义民主，是工人、农民、知识分子和其他劳动者所共同享有的民主，也是历史上最广泛的民主。但是，"在社会主义社会，仍然有反革命分子，有敌特分子，有各种破坏社会主义秩序的刑事犯罪分子和其他坏分子，有贪污盗窃、投机倒把的新剥削分子，并且这种现象在长时期内不可能完全消灭"④。因此，对这一切反社会主义分子必须实行专政，人民民主专政就是对人民实行民主和对敌人实行专政

---

① 《邓小平文选》第二卷，人民出版社 1994 年版，第 163 页。
② 《邓小平文选》第二卷，人民出版社 1994 年版，第 164 页。
③ 《邓小平文选》第二卷，人民出版社 1994 年版，第 166 页。
④ 《邓小平文选》第二卷，人民出版社 1994 年版，第 169 页。

的结合。

再次，必须坚持共产党领导。这是四项基本原则的核心。邓小平认为，中国的革命和建设都离不开中国共产党的领导。没有中国共产党，就没有社会主义新中国；没有共产党的领导，广大人民群众就没有前进的方向、团结的核心，必然四分五裂。

最后，必须坚持马列主义、毛泽东思想。邓小平深刻分析了我们党同林彪、"四人帮"斗争的中心内容之一，就是反对他们伪造、篡改、割裂马列主义、毛泽东思想，要恢复马列主义、毛泽东思想的科学面貌，并使之成为我们行动的指南。他强调："毛泽东思想过去是中国革命的旗帜，今后将永远是中国社会主义事业和反霸权主义事业的旗帜，我们将永远高举毛泽东思想的旗帜前进。"[①]

总之，为了实现四个现代化，我们必须坚持四项基本原则，每个共产党员决不允许在这个根本立场上有丝毫动摇。如果动摇了这四项基本原则中的任何一项，就动摇了整个社会主义事业，动摇了整个现代化建设。

3. 提出思想理论工作的任务和迫切需要解决的理论问题

邓小平指出，实现四个现代化是我国今天最重要的新情况、新问题。在他看来，"深入研究中国实现四个现代化所遇到的新情况、新问题，并且作出有重大指导意义的答案，这将是我们思想理论工作者对马克思主义的重大贡献，对毛泽东思想旗帜的真正高举"[②]。当然，实现四个现代化是一项多方面的复杂繁重的任务，思想理论工作者的任务不能限于讨论它的一些基本原则，一定要深入专业，深入实际，调查研究，知彼知己，力戒空谈，按照实践的发展推动马克思主义的前进。邓小平还对当前几个迫切需要解决的理论问题提出了自己的看法。首先，关于社会主义社会的基本矛盾和目前时期的主要矛盾。关于社会主义社会的基本矛盾，邓小平赞同毛泽东在《关于正确处理人民内部矛盾》一文中的提法，即"在社会主义社会中，基本的矛盾仍然是生产关系和生产力之间的矛盾，上层建筑和经济基础之间的矛盾"。他认为："我们的生产力发展水平很低，远远不能满足人民和国家的需要，这就是我们目前时期的主要矛盾，解决这个主要矛盾就是我们的中心任务。"[③]其次，关于社会主义社会的阶

---

① 《邓小平文选》第二卷，人民出版社 1994 年版，第 172 页。
② 《邓小平文选》第二卷，人民出版社 1994 年版，第 179 页。
③ 《邓小平文选》第二卷，人民出版社 1994 年版，第 182 页。

级斗争。他指出，社会主义社会中的阶级斗争客观存在，不应该缩小，也不应夸大；社会主义社会目前和今后的阶级斗争，不同于历史上阶级社会的阶级斗争。最后，关于无产阶级专政下继续革命。邓小平指出，这个理论如果按照提出时所谓的"向走资派夺权"的解释，那么实践证明是错误的。

三、重要意义

邓小平关于四项基本原则的这篇讲话不仅具有很强现实针对性，而且对于有中国特色的社会主义伟大事业产生了长远的影响。论述虽然始于改革开放之初，但其精神实质则始终贯穿于我国社会主义现代化建设的伟大进程之中，是我国社会主义现代化建设得以实现的重要政治保证。

第一，坚持四项基本原则的重要论述是建设有中国特色的社会主义伟大进程的指路明灯。四项基本原则的提出，不仅表达了中国人民的根本利益和愿望，同时也蕴含着对近代中国历史经验的深刻总结：只有中国共产党才能救中国，只有中国共产党才能发展中国。中国共产党领导人民进行的建设有中国特色的社会主义是史无前例的伟大事业，是党和人民历尽千辛万苦、付出巨大代价取得的根本成就。在这个过程中必然会受到"左"或右的干扰，而四项基本原则可以指引我们排除干扰，坚持共产党的领导，遵循马克思主义原则，保证中国现代化建设始终沿着社会主义方向前进。

第二，坚持四项基本原则是我们战胜各种错误思潮的锐利武器。改革开放之初，社会上出现了一股怀疑和反对四项基本原则的错误思潮，他们打着"解放思想"的旗号，在思想理论领域提出所谓"告别革命""告别乌托邦""告别主流意识形态"，鼓吹政治多元化，进行理论误导，制造思想混乱。只有坚持四项基本原则，才能排除一切反对、妨碍党在建设有中国特色的社会主义的历史进程中遇到的杂音和干扰，在安定团结的局面下搞建设。四项基本原则不仅是我们的立国之本，也是战胜各种错误思潮的锐利武器。

第三，坚持四项基本原则是建设有中国特色的社会主义伟大事业的坚强保证。党领导中国人民所进行的改革开放的过程，就是坚持四项基本原则的过程。四项基本原则作为一个统一的有机整体，正像邓小平晚年所说的是"成套设备"，它集中体现了我国的社会主义基本制度。要牢牢把握社会主义初级阶段这个基本国情，牢牢立足社会主义初级阶段这个最大实际，牢牢坚持党的基本路线这个党和国家的生命线、人民的幸福线，领导和团结全国各族人民，"把以经济建设为中心同坚持四项基本原则、坚持改革开放这两个基本点统一于新时代中国特色社会主义伟大实践，长期坚持，决不动摇"①，"为全面建设社会主义现代化国家、全面推进中华民族伟大复兴而团结奋斗！"②坚持四项基本原则，就为改革开放和现代化建设提供了根本的政治保证，使我们在任何风浪面前都能够保持冷静的头脑，始终坚持正确的航向，克服前进中的艰难险阻。历史一再雄辩地证明，四项基本原则是我国社会主义事业的坚实保证，没有四项基本原则，就没有中国社会主义现代化的伟大成就。

四、学习思考

1. 邓小平《坚持四项基本原则》讲话的历史背景是什么？

2. 邓小平《坚持四项基本原则》讲话的理论价值是什么？对新时代中国特色社会主义建设有哪些借鉴意义？

3. 为什么说开创和发展中国特色社会主义道路必须坚持四项基本原则？

---

① 《习近平著作选读》第二卷，人民出版社 2023 年版，第 226 页。
② 《习近平著作选读》第二卷，人民出版社 2023 年版，第 58 页。

邓小平《对起草〈关于建国以来党的若干历史问题的决议〉的意见》导读

《关于建国以来党的若干历史问题的决议》(本篇中以下简称《决议》)的起草工作，是在中共中央政治局、中央书记处领导下，由邓小平、胡耀邦同志主持进行的。从1980年3月到1981年6月中共十一届六中全会，邓小平多次谈过对决议稿的起草和修改的意见。《对起草〈关于建国以来党的若干历史问题的决议〉的意见》(本篇中以下简称《意见》)是邓小平九次谈话的节录。

原文见《邓小平文选》第二卷，人民出版社1994年版，第291～310页。

一、形成背景

粉碎"四人帮"以后，中国共产党逐步开始了拨乱反正的工作。在这个过程中，不可避免地要遇到几个重大原则问题：如何评价毛泽东和毛泽东思想？如何评价"文化大革命"？如何评价新中国成立以来的历史？其中最关键的是如何评价毛泽东和毛泽东思想。

毛泽东同志是伟大的马克思主义者，伟大的无产阶级革命家、战略家、理论家，是马克思主义中国化的伟大开拓者、中国社会主义现代化建设事业的伟大奠基者。由于毛泽东晚年犯了严重的"左"倾错误，给党和国家带来严重的损失，加之林彪、江青反革命集团对毛泽东思想的歪曲、篡改和伪造，一度搞乱了党的指导思想。因而在结束"文化大革命"之后，在要不要继续维护毛泽东的历史地位和毛泽东思想的指导地位的问题上，一个时期党内党外思想很不一致，出现了"左"和右的两种错误倾向。一方面，以当时的中共中央主要领导为代表的一部分同志不仅讳言毛泽东晚年的错误，而且提出并坚持"两个凡是"的错误方针，阻碍了拨乱反正的进行。他们把在党的指导思想上的拨乱反正叫"丢刀子""砍旗帜"，并且国外也有人说中共纠正毛泽东晚年的错误是搞所谓的"非毛化"。另一方面，在我们党着手纠正"文化大革命"及其以前"左"的错误的时候，一些人又产生了怀疑和否定毛泽东的历史地位和毛泽东思想的科学价值的右的错误倾向。他们不能对毛泽东整个一生的功过作出科学评价，把毛泽东晚年的错误同毛泽东思想混为一谈，因而不愿继续把毛泽东思想作为党的指导思想。因此，如何正确地评价毛泽东和毛泽东思想，如何科学地确立毛泽东的历史地位和毛泽东思想的指导地位，就成为摆在全党和全国人民面前的一项十分严肃而又重要的政治任务。

拨乱反正的深入和社会主义现代化建设的进行，越来越紧迫地需要对上述问题作出公正评价和科学论断。只有解决好这些问题，才能完成党的指导思想上的拨乱反正，恢复毛泽东思想的本来面目，才能正确总结新中国成立以来的经验教训，统一全党和全国人民的思想，团结一致地进行社会主义现代化建设。这就要求我们党必须以中央全会决议的庄重形式，像1945年党的六届七中全会通过的《关于若干历史问题的决议》那样，制定一个正式的决议，把全党和全国人民的思想统一到中央决议的基本结论上来。因此，邓小平指出："这个决议，过去也有同志提出，是不是不急于搞？不行，都在等。从国内来说，党内党外都在等，你不拿出一个东西来，重大的问题就没有一个统一的看法。国际上也在等。人们看中国，怀疑我们安定团结的局面，其中也包括这个文件拿得出来拿不出来，早拿出来晚拿出来。所以，不能再晚了，晚了不利。"①

1979年11月起，党中央开始着手起草历史决议。在决议的起草和修改过程中，邓小平极为重视，多次听取汇报，提出具体意见。他排除"左"和右的干扰，对重大问题作出了科学的论断，对起草决议的指导思想、决议的结构、基本内容和主要观点，都提出了明确的意见。这些意见成为起草决议的指导原则，对公正而科学地评价毛泽东的功过及其历史地位，推动有中国特色的社会主义向前发展起到了重要作用。

二、基本思想

邓小平的这篇讲话，对当时正确解决党和国家在新的历史时期所面临的一系列重大问题提供了基本原则，指明了正确方向。讲话历史地、科学地评价了毛泽东的功过，维护并确立了毛泽东的历史地位，同时还恢复了毛泽东思想的科学面目，使之在新的实践得以坚持和发展，并对新中国成立以来的历史作出了公正、客观的评价。讲话统一了全国各族人民的思想，确保了有中国特色的社会主义建设事业的顺利推进。

第一，历史地、科学地评价了毛泽东的功过，维护并确立毛泽东的历史地位，提出要坚持和发展毛泽东思想。

---

① 《邓小平文选》第二卷，人民出版社1994年版，第305～306页。

首先，明确指出要正确评价毛泽东的功过，强调确立毛泽东的历史地位的极端重要性。邓小平在谈话中反复强调，决议的中心意思应该是三条，其中"最重要、最根本、最关键的，还是第一条"，那就是"确立毛泽东同志的历史地位，坚持和发展毛泽东思想。这是最核心的一条。"①确立毛泽东的历史地位，首先要历史地、科学地评价毛泽东的功过。因为毛泽东不是孤立的个人，而是我们党和人民的领袖，他一生的事业和思想，是与我们党的事业和思想紧密联系在一起的。"不提毛泽东思想，对毛泽东同志的功过评价不恰当，老工人通不过，土改时候的贫下中农通不过，同他们相联系的一大批干部也通不过。"②在这里，邓小平把正确评价和确立毛泽东的历史地位的问题提到了应有的高度，指出了这是决议能否写好的关键所在。

其次，提出了评价毛泽东这样伟大的历史人物的原则和方法，并据此对毛泽东作出了科学的、公正的评价。在此之前，邓小平就指出："评价人物和历史，都要提倡全面的科学的观点，防止片面性和感情用事，这才符合马克思主义，也才符合全国人民的利益和愿望。"③在谈话中，他一方面强调，"我们能够取得现在这样的成就，都是同中国共产党的领导、同毛泽东同志的领导分不开的"，不能忽略毛泽东的伟大功绩；另一方面，他又要求"对于错误，包括毛泽东同志的错误，一定要毫不含糊地进行批评，但是一定要实事求是，分析各种不同的情况，不能把所有的问题都归结到个人品质上"④。他指出："毛泽东同志犯了错误，这是一个伟大的革命家犯错误，是一个伟大的马克思主义者犯错误。"⑤可见，邓小平坚持辩证唯物主义与历史唯物主义的科学态度，按照历史的本来面目，客观地评价了毛泽东。

最后，强调要确立毛泽东思想的指导地位，捍卫毛泽东思想的科学体系，要在新的实践中坚持和发展毛泽东思想。邓小平反复强调毛泽东思想对中国革命和建设事业的巨大指导意义，提出要毫不动摇地维护和确立毛泽东思想的指导地位，因为"毛泽东思想这个旗帜丢不得。丢掉了这个旗帜，实际上就否定了我们党的光辉历史"⑥。同时，他还指出："我们现在讲拨乱反正，就是拨林彪、'四人帮'破坏之乱，批评毛泽东同志晚年的错误，回到毛泽东思想的正确

---

① 《邓小平文选》第二卷，人民出版社1994年版，第293、291页。
② 《邓小平文选》第二卷，人民出版社1994年版，第298页。
③ 《邓小平文选》第二卷，人民出版社1994年版，第244页。
④ 《邓小平文选》第二卷，人民出版社1994年版，第299、301页。
⑤ 《邓小平文选》第二卷，人民出版社1994年版，第307页。
⑥ 《邓小平文选》第二卷，人民出版社1994年版，第298页。

轨道上来。"①邓小平用毛泽东思想和毛泽东同志晚年错误两个完全不同的概念，澄清了某些人对毛泽东思想的误解和由此而造成的思想混乱，这就为恢复毛泽东思想的科学面目，确立毛泽东思想的指导地位，奠定了科学的基础。邓小平在谈话中指出，必须坚持毛泽东思想，发展毛泽东思想，这是一个对毛泽东思想的根本态度问题。实际上就是要把毛泽东思想的指导地位真正落实到党的实践活动中，使高举毛泽东思想的旗帜变为全党和全国人民的实际行动。

第二，正确地总结历史经验，对新中国成立以来的历史作出了公正、客观的评价。邓小平坚持辩证唯物主义与历史唯物主义的基本原理，正确地总结历史经验，对新中国成立三十二年来的历史作出了公正、客观的评价。他指出："对建国三十年来历史上的大事，哪些是正确的，哪些是错误的，要进行实事求是的分析，包括一些负责同志的功过是非，要做出公正的评价。"②邓小平从总体上肯定了十七年的历史，还具体评价了新中国成立后各阶段的历史。他指出："建国头七年的成绩是大家一致公认的。我们的社会主义改造是搞得成功的，很了不起。这是毛泽东同志对马克思列宁主义的一个重大贡献。"③对"文化大革命"前的十年，他认为总的是好的，基本上是在健康的道路上发展的。这十年中有曲折，但成绩是主要的。对"文化大革命"的十年，他认为是严重的、全局性的错误。但这十年中间，也有健康的方面，如外事工作取得了很大的成绩。粉碎"四人帮"后，我国进入了历史发展的新时期。三中全会确立了党的正确路线，标志着我党历史上的伟大转折，从此党和国家的工作又重新蒸蒸日上。邓小平还对新中国成立以来许多重大历史事件进行了切合实际的、恰如其分的公正评价。

第三，通过制定历史问题的决议，总结经验，统一思想，引导大家一心一意搞四化，团结一致向前看。邓小平提出，起草决议的第三条中心思想是"通过这个决议对过去的事情做个基本的总结"，"引导大家团结一致向前看"。④这就明确了党总结历史经验，出台历史决议的根本目的。他反复说明，"争取在决议通过以后，党内、人民中间思想得到明确，认识得到一致，历史上重大问题的议论到此基本结束"；要"使这个决议起到像一九四五年那次历史决议所起的作用，就是总结经验，统一思想，团结一致向前看"。⑤ 正是根据邓小平

---

① 《邓小平文选》第二卷，人民出版社 1994 年版，第 300 页。
② 《邓小平文选》第二卷，人民出版社 1994 年版，第 292 页。
③ 《邓小平文选》第二卷，人民出版社 1994 年版，第 302 页。
④ 《邓小平文选》第二卷，人民出版社 1994 年版，第 292 页。
⑤ 《邓小平文选》第二卷，人民出版社 1994 年版，第 292、307 页。

的这个指导思想，党的十一届六中全会才以《关于建国以来党的若干历史问题的决议》的庄重形式，对一系列重大问题作出了正式的、权威性的结论。

三、重要意义

邓小平的《意见》谈话，是我们党总结历史经验，制定历史决议，正确解决党和国家在新的历史时期所面临的一系列重大问题的纲领性文献，具有深远的历史意义和重大的现实意义。

第一，为制定《决议》提供了指导思想，在党和国家的历史上起到了重大的促进和推动作用。邓小平的《意见》谈话是《决议》的纲目和雏形，而《决议》是《意见》的成果和体现。科学地评价毛泽东和毛泽东思想，关系到怎样看待党和国家过去几十年奋斗的成就，关系到党的团结、国家的安定，也关系到党和国家未来的发展道路。《意见》和《决议》妥善地解决了这个问题，这就为统一人们的思想，维护全党、全国人民的团结，为保持和巩固社会政治局面的稳定，为党所领导的社会主义事业的健康发展，奠定了重要的政治和思想基础。可以说，没有邓小平的讲话就不会形成那样好的历史决议，而没有历史决议就不会有党的指导思想上的拨乱反正胜利完成，也就不会有今天社会主义现代化建设新局面的出现。

第二，既是对马克思列宁主义、毛泽东思想的灵活运用，又是对马克思列宁主义、毛泽东思想的丰富和发展。邓小平提出要客观、公正、科学地评价一系列重大历史问题和历史人物，强调要实事求是地总结经验教训，不仅体现了辩证唯物主义与历史唯物主义的科学态度，也是对马克思列宁主义、毛泽东思想的灵活运用。特别是通过反复讨论制定《决议》，以邓小平为代表的党中央统一思想，对毛泽东思想的科学体系的内容从关于新民主主义革命、关于社会主义革命和社会主义建设、关于革命军队的建设和军事战略、关于政策和策略、关于思想政治工作和文化工作、关于党的建设这六个方面进行了详细阐述；提出了实事求是、群众路线和独立自主是毛泽东思想的活的灵魂的经典论断，并指出这是贯穿各个组成部分的立场、观点和方法，可以说是毛泽东思想发展史上的一大飞跃。总之，邓小平关于要继续高举毛泽东思想伟大旗帜、坚持毛泽东思想指导地位的论断，以及通过制定历史决议，对毛泽东思想科学体系的概括和论述，是对马克思列宁主义、毛泽东思想的丰富和发展，具有重要的理论意义。

第三，对党和国家的长治久安和有中国特色的社会主义事业的发展具有深远的指导意义。邓小平关于起草决议的三条指导思想,不仅是搞好决议的重要保证,而且也是我们党和国家当前和今后长治久安的重要保证。正是根据邓小平的这个指导思想,党的十一届六中全会才以历史决议的庄重形式,对毛泽东一系列重大问题作出了正式的、权威性的结论。这不仅标志着党中央集体认识的一致,党在指导思想上的拨乱反正胜利完成,而且在党内具有法纪的约束力,为全党统一思想和行动确立了准绳。决议发表之后,无论是党内、党外、国内、国外,都产生了很大很好的反响。全国人民是非常拥护、非常满意的,认为决议合乎实际,合乎情理,说出了自己的心里话,感到今后不必再为历史问题纠缠不休,以致影响团结,分散精力了。这是我们党和国家在政治上和思想上保持连续性和稳定性的重要基础。因此,邓小平的《意见》谈话不仅为党和国家沿着正确方向和正确轨道顺利前进提供了重要保证,而且对当前和今后长时间内建设有中国特色的社会主义伟大事业具有深远的指导意义。

四、学习思考

1. 试论《关于建国以来党的若干历史问题的决议》的历史地位和时代价值。
2. 评价伟大历史人物的原则和方法有哪些?
3. 邓小平的《意见》谈话具有哪些价值和意义?

邓小平《社会主义首先要发展生产力》导读

改革开放起步阶段，人们对于什么是社会主义以及如何建设社会主义等一系列重大理论问题认识还不是很清楚。邓小平1980年4月1日同中央负责同志进行了谈话，4月12日会见了赞比亚总统卡翁达，4月21日会见了阿尔及利亚民族解放阵线代表团，5月5日又会见几内亚总统杜尔，对这些重要理论问题提出了一系列精辟的见解。《社会主义首先要发展生产力》是这四次谈话的节录。

原文见《邓小平文选》第二卷，人民出版社1994年版，第311～314页。

一、形成背景

什么是社会主义，如何建设社会主义，社会主义的本质和标准是什么？我们一直在探索。1956年"三大改造"完成之后，社会主义制度在我国建立起来了。一方面，我们党及时总结了新中国成立以来的经验和教训，在党的八大制定了实际上以发展生产力为中心的政治路线，经济发展取得了很大的成绩，建成了比较完备的国民经济体系。但在另一方面，由于受国内外多方面因素的影响，阶级斗争问题上的"左"倾错误日益严重，直至"无产阶级专政下继续革命的理论"成为指导思想。"文化大革命"的十年内乱，使得我国国民经济遭受了巨大损失，失去了宝贵的发展机遇，人民生活水平长期没有得到提高，我国同资本主义国家在经济发展方面拉大了差距，社会主义的优越性没有得到很好的体现。

党的十一届三中全会提出了改革开放的伟大战略决策，我国开始走上了以经济建设为中心，不断发展生产力的社会主义现代化建设道路。但是，这一关系到我国命运的战略决策一出台就遇到姓"资"姓"社"的争论，怀疑、否定以经济建设为中心的声音一直存在着。从20世纪80年代开始，邓小平运用马克思主义的基本原理，在深刻总结我国社会主义建设的经验和教训、科学分析我国的国情并结合改革开放和社会主义建设实践的基础上，针对人们的种种疑虑和困惑，特别是长期以来忽视生产力发展的传统观念，明确提出了社会主义的根本任务就是解放和发展生产力。在这一时期，邓小平思考最多、谈论最多的就是解放和发展社会生产力，揭示了建设有中国特色的社会主义首要的基本理论问题。可以说，这一思想贯穿于邓小平理论的始终。

二、基本思想

邓小平的谈话，深刻阐述了社会主义的本质属性和根本任务，对于形成改革开放的合理布局具有重要意义。讲话将生产力革命定性为改变社会面貌的更深刻的"革命"，认为只有生产力得到极大发展，社会主义的优越性才能得到体现，并将生产力发展作为衡量一切工作的标准，深化了对社会主义本质的认识。

第一，生产力方面的革命是根本的革命。邓小平认为："革命不只是搞阶级斗争……生产力方面的革命也是革命，而且是很重要的革命，从历史的发展来讲是最根本的革命。"[1]生产力的发展将会从根本上改变整个社会的面貌，给国家和民族的发展带来深刻而长远的影响。在邓小平看来，任何革命都是扫除生产力发展的障碍。从这个意义上来说，生产力方面的革命是最根本的革命。

第二，只有大力发展生产力，才能体现社会主义的优越性。邓小平指出："社会主义总要比资本主义优越。社会主义国家应该使经济发展得比较快，人民生活逐渐好起来，国家也就相应地更加强盛一些。"[2]虽然新中国成立三十年来建立了社会主义的初步基础，但一个根本的问题就是我们耽误了时间，生产力的发展太慢。社会主义的生产发展速度应该高于资本主义，这是马克思主义一条基本原则。

第三，生产力发展是衡量一切工作的标准。邓小平强调，"不管你搞什么，一定要有利于发展生产力"，而发展生产力要讲究经济效果，"只有在发展生产力的基础上才能随之逐步增加人民的收入"。[3] 在他看来，"社会主义经济政策对不对，归根到底要看生产力是否发展，人民收入是否增加。这是压倒一切的标准"[4]。

---

① 《邓小平文选》第二卷，人民出版社1994年版，第311页。
② 《毛泽东选集》第二卷，人民出版社1994年版，第311页。
③ 《邓小平文选》第二卷，人民出版社1994年版，第312～313页。
④ 《邓小平文选》第二卷，人民出版社1994年版，第314页。

三、重要意义

邓小平关于《社会主义首先要发展生产力》谈话，提出了社会主义的根本任务就是解放和发展生产力的重要论断。这个观点作为邓小平理论体系中的重要组成部分，具有深刻的理论内涵和重大的现实指导意义。

第一，社会主义首先要发展生产力的重要论述是对马克思主义的继承和发展。社会主义阶段最根本的任务是什么，马克思主义经典著作中对此没有明确论述。在国内外社会主义实践中出现的种种曲解、失误，甚至失败，归根结底就是由于对社会主义阶段的根本任务这个问题缺少正确的理解。邓小平在总结我国建设社会主义经验教训的基础上，提出了社会主义的根本任务和首要任务就是解放和发展生产力的重要论断，从理论上深化了对社会主义本质的认识，是对马克思主义的继承和发展。中国特色社会主义新时代，发展新质生产力是推动高质量发展的内在要求和重要力量，这一点实现了马克思主义理论的创新和发展。

第二，社会主义首先要发展生产力的提出，为人们摆脱长期以来受到的"左"或右的思想束缚提供了理论武器。在相当长的时期内，我们对马克思主义的某些基本原则采取了教条式的理解和认识，忽视了我国人口多、底子薄，生产力落后、商品经济不发达的客观现实，影响了经济发展。社会主义首先要发展生产力的提出，帮助人们摆脱了长期以来受到的"左"或右的思想束缚，为进一步发展有中国特色的社会主义理论提供了思想武器。

第三，社会主义首先要发展生产力的提出，为我国现阶段的社会主义现代化建设指明了前进目标。邓小平强调社会主义首先要发展生产力，既是针对过去的失误，又是针对我国社会主义初级阶段的实际需要，针对当代世界潮流的挑战，具有新的社会意义和时代内涵。这个论断的提出，帮助人们进一步认识到抓住机遇、大力发展生产力的必要性，为我国现阶段的社会主义现代化建设指明了前进方向。

四、学习思考

1. 邓小平为何要提出"社会主义首先要发展生产力"这个重要论断？
2. 在邓小平的论述中，衡量一切工作的标准是什么？
3. 为什么说只有大力发展生产力，才能体现社会主义的优越性？

邓小平《党和国家领导制度的改革》导读

　　《党和国家领导制度的改革》是邓小平 1980 年 8 月 18 日在中共中央政治局扩大会议上的讲话。这个重要讲话经过 1980 年 8 月 31 日政治局讨论通过，成为了党和国家领导体制改革的纲领性文件。

　　原文见《邓小平文选》第二卷，人民出版社 1994 年版，第 320～343 页。

一、形成背景

　　我国原有的党和国家的领导制度，起源于革命战争时期，是在继承新民主主义时期革命根据地干部选拔任用制度和军队干部选拔任用制度的基础上，借鉴苏联干部选拔任用制度经验的情况下，按照社会主义革命和建设事业的需要逐步建立起来的。新中国成立后国内外局势异常复杂，新生政权基础薄弱，需要这种中央高度集权的领导体制来稳定国内外社会局面，克服经济困难，保证人民生活的基本需求，完成"三大改造"，抵御外来侵略和颠覆，维护国家安全和统一。可以说，这一制度不仅为我国社会主义革命和建设事业输送了大量合格人才，基本满足了新中国成立以后不同时期党和国家对领导干部的实际需要，而且为党的路线、方针、政策的贯彻执行提供了坚强有力的组织保障。然而，在进入社会主义建设时期之后，这种高度集权的领导体制并没有适时调整革新，反而"在以阶级斗争为纲"的极左思想指导下，愈益强化进而演化为过分集权。

　　党的十一届三中全会召开后，恢复了党的正确的思想路线，也确立了正确的政治路线，全党的工作重心迅速转移到经济建设上来。思想路线和政治路线的转变，必然要求适宜的组织制度来保障。新中国成立初期建立起来的党和国家的领导制度急需改革，其不足之处所产生的消极影响也日益突出。在经济管理上，由于统得太死，管得过严，生产单位和生产者缺乏自主权，不利于搞活经济，限制了经济的发展。在政治上，党组织直接管理的干部面过广、类过多，权力过分集中，干部选拔存在混乱，以至于家长制、终身制、官僚主义现象愈益严重，干部队伍活力不足。在社会主义民主和法制建设长期落后的情况下，原有的党和国家领导制度如不改革，将严重影响社会主义事业的发展，其至会使社会主义走向衰亡。正是针对这种情况，邓小平对苏联和其他所有社会主义国家长期存在的通病作了认真分析和思考，认为党和国家领导制度的改革，关键要克服权力过分集中的现象，实质在于充分发扬人民民主，根本在于加强制度建设，特别是法制建设。这篇重要讲话，全面总结了党和国家领导体制建设的经验教训，阐明了进行政治体制改革的必要性，是中国进行社会主义政治体制改革的宣言书和基本纲领。

二、基本思想

邓小平在讲话中总结了国内外社会主义国家政权建设的历史经验，特别是中国十年"文化大革命"的深刻教训，尖锐地揭露和分析了现行政治体制存在的种种弊端及其产生的原因，系统精辟地论述了政治体制改革的目的、意义、主要内容和必须遵循的原则，形成了较为完整的政治体制改革的基本思想。讲话阐明了党和国家领导制度改革的必要性和基本要求，揭示了党和国家领导制度在官僚主义、权力配置、工作作风、终身制以及特权现象等方面存在的问题，并提出了相应措施。

第一，指出了党和国家领导制度改革的原因。邓小平代表中央，对国务院领导成员变动的原因进行了说明。一是权力不宜过分集中。权力过分集中，不仅会妨碍社会主义民主制度和党的民主制度的实现，也会影响社会主义建设的发展，容易造成个人专断，破坏集体领导，产生官僚主义。二是兼职、副职不宜过多。个人的知识和精力毕竟有限，兼职、副职过多，工作难以深入，效率难以提高，也会妨碍选拔更多更适当的同志来担任领导工作。三是着手解决党政不分、以党代政的问题。这样做不仅有利于加强和改善中央的统一领导，而且有利于建立各级政府强有力的工作系统，管好政府职权范围内的工作。四是从长远着想，解决好交接班的问题。老同志现在第一位的任务，是帮党组织正确选择接班人，当好他们的参谋，支持他们的工作，"这是保持党和政府正确领导的连续性、稳定性的重大战略措施"①。邓小平指出，改革党和国家的领导制度，是"为了适应社会主义现代化建设的需要，为了适应党和国家政治生活民主化的需要，为了兴利除弊"②。我们要不断总结历史经验，深入调查研究，集中正确意见，从中央到地方，积极地、有步骤地继续进行改革。

---

① 《邓小平文选》第二卷，人民出版社 1994 年版，第 321 页。
② 《邓小平文选》第二卷，人民出版社 1994 年版，第 322 页。

第二，明确了党和国家领导制度改革的要求。邓小平指出，改革党和国家领导制度，是为了充分发挥社会主义制度的优越性，加速现代化建设事业的发展。他提出了改革党和国家领导制度的三个基本要求。一是经济上迅速发展社会生产力，逐步改善人民的物质文化生活。要在经济上赶上发达的资本主义国家。二是政治上充分发扬人民民主，保证人民享有各项权利；健全革命法制，巩固和发展安定团结、生动活泼的政治局面。要创造比资本主义国家的民主更高更切实的民主。三是组织上大量培养、发现、提拔、使用坚持四项基本原则的、比较年轻的、有专业知识的社会主义现代化建设人才。要造就比资本主义国家更多更优秀的人才。邓小平特别强调："目前的主要任务，是善于发现、提拔以至大胆破格提拔中青年优秀干部。这是国家现代化建设事业客观存在的迫切需要。"①选干部要注意德才兼备，德是最主要的，就是坚持社会主义道路和党的领导。在这个前提下，干部队伍要年轻化、知识化、专业化。各级党委和组织部门要解放思想，打破老框框，勇于改革不合时宜的组织制度、人事制度，大力培养、发现和破格使用优秀人才。

第三，揭示了党和国家领导制度存在的主要弊端，并提出了改革措施。邓小平认为，党和国家领导制度存在不少弊病，会"妨碍甚至严重妨碍社会主义优越性的发挥。如不认真改革，就很难适应现代化建设的迫切需要，我们就要严重地脱离广大群众"②。他具体分析了存在的弊端，主要有五种现象：

官僚主义现象。在他看来，官僚主义现象是党和国家政治生活中广泛存在的一个大问题。"这无论在我们的内部事务中，或是在国际交往中，都已达到令人无法容忍的地步。"③官僚主义产生和存在具有多方面原因：一是因为我国长期实行中央高度集权的管理体制，这是一个总病根；二是长期缺少严格的从上而下的行政法规和个人负责制，缺少对于每个机关乃至个人职权的严格明确的规定；三是干部缺少正常的录用、奖惩、退休、退职、淘汰办法，能进不能出，能上不能下；四是思想作风问题。

权力过分集中现象。主要表现为不适当地、不加分析地把一切权力集中于党委，进而又集中于几个或一个主要领导人。这样必然会造成官僚主义，损害各级党和政府的民主生活、集体领导、民主集中制、个人分工负责制。在他看来，权力过分集中，越来越不能适应社会主义事业发展。

家长制作风现象。除了使个人高度集权外，还使个人凌驾于组织之上，组

①《邓小平文选》第二卷，人民出版社1994年版，第323页。
②《邓小平文选》第二卷，人民出版社1994年版，第327页。
③《邓小平文选》第二卷，人民出版社1994年版，第327页。

织成了个人的工具。邓小平指出，家长制作风往往表现为一言堂、个人决定重大问题、个人崇拜和个人凌驾于组织之上。一些领导的权力不受限制，"别人都要唯命是从，甚至形成对他们的人身依附关系"①。家长制作风在党的历史上产生过很大危害，不彻底消灭它，就根本谈不上党内民主和社会主义民主。

干部领导职务终身制现象。邓小平认为这种现象的形成，"同封建主义的影响有一定关系，同我们党一直没有妥善的退休解职办法也有关系"②。解决的关键是要健全干部的选举、招考、任免、考核、弹劾、轮换制度，对各级各类领导干部职务的任期，要按照不同情况，作出适当的、明确的规定。任何领导干部的任职都不可能是无限期的。

特权现象。这是引起群众强烈不满，损害党的威信，使干部队伍发生腐化的坏现象。我们今天所反对的特权，就是政治上经济上在法律和制度之外的权利。出现特权现象，既有封建主义残余影响，又有中华人民共和国成立后制度不健全、法制不完备的原因。克服特权现象，要解决思想问题，也要解决制度问题。

在分析存在问题及原因的基础上，邓小平指出了加强党和国家领导制度改革的重要性和必要性。首先，过去发生的各种错误，固然与某些领导人的思想、作风有关，但是组织制度、工作制度方面的问题更为重要。"这些方面的制度好可以使坏人无法任意横行，制度不好可以使好人无法充分做好事，甚至会走向反面。"③其次，"领导制度、组织制度问题更带有根本性、全局性、稳定性和长期性"，"关系到党和国家是否改变颜色，必须引起全党的高度重视"。④ 最后，如果不坚决改革现行制度中的弊端，过去出现过的一些严重问题今后就有可能重新出现。只有对这些弊端进行有计划、有步骤而又坚决彻底的改革，人民才会信任我们的领导，才会信任党和社会主义。

第四，强调必须肃清封建主义和资产阶级思想的影响。邓小平指出，党和国家领导制度的种种弊端，多少都带有封建主义色彩。新民主主义革命推翻了封建主义的反动统治和土地所有制，但是肃清思想政治方面残余影响的任务没有能够完成。现在需要做好这个工作，否则国家和人民还要遭受损失。邓小平强调，肃清封建主义要有科学的态度。"要运用马克思列宁主义、毛泽东思想，

① 《邓小平文选》第二卷，人民出版社1994年版，第331页。
② 《邓小平文选》第二卷，人民出版社1994年版，第331页。
③ 《邓小平文选》第二卷，人民出版社1994年版，第333页。
④ 《邓小平文选》第二卷，人民出版社1994年版，第333页。

对于封建主义遗毒的表现，进行具体的准确的如实的分析。"①同时，对于广大干部和群众来说，肃清封建主义也是一种自我教育和自我改造。重点是切实改革并完善党和国家制度，需要认真调查研究，比较各国的经验，集思广益，拿出切实可行的方案和措施。必须明确，不要搞政治运动和政治批判。

邓小平指出，在政治思想方面肃清封建主义残余影响的同时，我们决不能丝毫放松和忽视对资产阶级思想的批判。首先，要批判资产阶级损人利己、唯利是图思想和其他腐化思想，也要批判极端个人主义和无政府主义。其次，要批判对社会主义丧失信心，认为社会主义不如资本主义，从而宣扬资本主义，提倡都向"钱"看的思想。最后，"对于资本主义、资产阶级思想，当然要采取科学的态度"②。注意不能把有利于发展生产、发展社会主义的改革，也当作资本主义来批判。

第五，阐述了改革党和国家领导制度的具体做法。一是中央将向全国人大提出修改宪法的建议，使我们的宪法更加完备、周密、准确，切实保证人民的各项权利，不允许权力过分集中的原则也将在宪法中表现出来。二是中央正在考虑设立顾问委员会，让原来在中央和国务院工作的老同志发挥指导、监督和顾问作用。三是正在建立从国务院到地方各级政府从上到下的强有力的工作系统，克服以党代政现象，实现党政职能分开。四是有准备有步骤地改变党委领导下的厂长负责制、经理负责制，还有党委领导下的校长、院长、所长负责制，使党委摆脱日常事务，能集中力量做好思想政治工作和组织监督工作。五是各企事业单位普遍成立职工代表大会或职工代表会议，有权讨论和决定本单位的重大问题，有权向上级建议罢免或选举本单位的行政领导人员。六是各级党委要真正实行集体领导和个人分工负责制相结合的制度，重大问题要由集体讨论和决定，然后分头去办，各负其责。

第六，强调要坚持和改善党的领导。邓小平指出，我们改善党的领导，不是要削弱党的领导，而是为了坚持和加强党的领导。在中国这样的大国，要把几亿人口的思想和力量统一起来建设社会主义，没有党的统一领导是不可能的。"我们人民的团结，社会的安定，民主的发展，国家的统一，都要靠党的领导。坚持四项基本原则的核心，就是坚持党的领导。"③在他看来，只有不断改善党的领导，才能加强党的领导。党要紧紧地依靠群众，密切地联系群众，

---

① 《邓小平文选》第二卷，人民出版社1994年版，第335页。
② 《邓小平文选》第二卷，人民出版社1994年版，第338页。
③ 《邓小平文选》第二卷，人民出版社1994年版，第342页。

随时听取群众的呼声，了解群众的情绪，代表群众的利益。一定要把思想政治工作放在非常重要的地位，切实认真做好，不能放松。凡是需要动员群众做的，"每个党员，特别是担负领导职务的党员，必须首先从自己做起"①。

三、重要意义

邓小平的这篇讲话，是推动政治体制改革的纲领性文献。邓小平关于党和国家领导制度改革的重要讲话，对我国领导制度改革具有重要的理论价值和现实意义，也对当下所进行的政治体制改革提供了重要借鉴和参考。

第一，是指导我国进行领导制度改革的宣言书。领导制度改革涉及如何加强和改善党的领导，关系执政党地位的巩固和奋斗目标的实现，关系党和国家的前途和命运。改革开放以来，高度集权的领导体制不仅已经不适应社会经济发展的需要，加之封建主义残余思想的影响，导致了党内存在着比较深厚的家长制现象。这些弊端不仅表现在党的思想作风方面，而且渗透于党内政治生活和党对国家的领导方式，严重阻碍党的体制机制创新和民主集中制。邓小平的重要讲话，全面总结了党和国家领导制度建设的经验教训，阐明了进行政治体制改革的必要性，不仅对当时从党和国家领导体制层面纠正"文化大革命"产生了重要影响，而且对我国政治体制改革和民主政治建设发挥了深远的指导作用，是我国进行领导体制改革的宣言书。

第二，是指导我国正确开展领导制度改革的基本纲领。党和国家领导制度的改革，是一个复杂的系统工程。以往为了有利于社会的发展，我们也曾对领导制度做过某些调整，但没有从根本上触及过分集权的政治体制，因而难以产生实际有益的效果。邓小平对此进行了认真的分析和思考，明确了党和国家领导体制改革的途径和方法，围绕法制建设提出了一整套具体措施。讲话是指导我国正确开展领导制度改革的基本纲领。随后，党的十三大吹响了改革政治体制的号角，提出了推行党政分开、进一步下放权力、改革政府工作机构、改革干部人事制度、建立社会协商对话制度和完善社会主义民主等一系列兴利除弊的具体措施，推动了有中国特色的社会主义民主政治的发展和进步，使中国大踏步赶上时代。

第三，为中国当下政治体制改革提供了重要借鉴和参考。当前，中国的改革进入攻坚期和深水期，复杂性、艰巨性前所未有，我国的政治体制改革困难

———————————

① 《邓小平文选》第二卷，人民出版社 1994 年版，第 342 页。

重重。邓小平关于领导体制改革的许多思想和举措，如推行权力制约、民主监督，不断完善党的领导等许多精辟论述至今仍然具有鲜明的现实针对性、强烈的现实意义和伟大的时代价值，可以为今天继续深化党和国家领导制度的改革、政治体制改革提供重要借鉴和参考。在全面建设社会主义现代化国家、全面推进中华民族伟大复兴的新征程上，为进一步深化政治体制改革，更高层次地推进党内民主和社会民主，巩固和发展生动活泼、安定团结的政治局面，有必要重温邓小平这篇重要讲话的精神实质，深刻把握蕴含其中的根本立场、基本观点和科学方法。

四、学习思考

1. 邓小平为什么特别强调要加强制度建设？
2. 新时代如何坚持和加强党的全面领导？
3. 邓小平关于党和国家领导制度改革讲话的意义是什么？

邓小平《党在组织战线和思想战线上的迫切任务》导读

加强党对思想战线的领导，克服软弱涣散的状态，是当时全党面临的一个迫切任务。1983 年 10 月 12 日，邓小平在中国共产党第十二届中央委员会第二次全体会议上发表了《党在组织战线和思想战线上的迫切任务》的重要讲话，指出在工作重心转到经济建设以后，全党要研究如何适应新的条件，加强党的思想工作，防止埋头经济工作、忽视思想工作的倾向。

原文见《邓小平文选》第三卷，人民出版社 1993 年版，第 36～48 页。

一、形成背景

党的十一届三中全会以来，中国共产党重新确立了马克思主义的思想路线、政治路线和组织路线，制定了一系列适合中国国情的正确政策，收到了显著的成效。但是，在 20 世纪 80 年代初期，由于"十年内乱"的影响，加之受新时期以来资本主义腐朽思想和封建主义残余思想的侵蚀，党内还存在思想不纯、作风不纯、组织不纯的现象，在思想战线特别是理论文艺界仍然存在着不少问题。

首先，党内思想、组织、作风上不纯的现象比较突出。当时党内存在着"三种人"，即"严重的经济犯罪和其他刑事犯罪分子，以权谋私、严重损害党和群众的关系的人，长期在政治上不同中央保持一致、或者表面上保持一致实际上另搞一套的人"①。有相当一批这样的人躲过了党的清查和处理，隐藏在党内，对党内的团结和稳定产生了严重的威胁。这是因为：一是这些人坚持原来的帮派思想，有一套迷惑性和颠覆性的政治主张；二是这些人有狡猾的政治手腕，不利时会伪装自己，骗取信任，时机到来，又会煽风点火，制造新的动乱；三是这些人转移、散布和隐蔽在全国许多地方，秘密的派性联系还没有完全消灭；四是这些人比较年轻，也比较有文化。他们当中有些人早就扬言十年、二十年后见。邓小平强调指出："他们是一股有野心的政治势力，不可小

---

① 《邓小平文选》第三卷，人民出版社 1993 年版，第 37 页。

看，如果不在整党中解决，就会留下祸根，成为定时炸弹。"①

其次，在思想战线特别是理论文艺界仍然存在着不少问题，尤其是精神污染的问题。思想战线的工作者本该高举马克思主义的、社会主义的旗帜，用自己的作品教育和引导人民为社会主义现代化建设事业而奋斗。但是，"一些人却同时代和人民对他们的要求背道而驰，用他们的不健康思想、不健康作品、不健康表演，来污染人们的灵魂"②。他们热心于写阴暗的、灰色的，以至胡编乱造、歪曲革命的历史和现实的东西，大肆鼓吹西方的思潮，宣扬抽象的人道主义，甚至还传播色情淫秽等腐朽、堕落思想。

针对这些问题，中共十二届二中全会通过《中共中央关于整党的决定》，决定于1983年11月开始整党。就在这次会上，邓小平发表了《党在组织战线和思想战线上的迫切任务》的重要讲话，强调"思想战线不能搞精神污染"，解决好党内存在的问题，加强党对思想战线的领导。这篇讲话对加强党的思想建设、组织建设和作风建设，加强党对思想战线的领导，把党建设成为领导全国人民进行社会主义现代化建设的坚强核心，具有十分重要的指导意义。

二、基本思想

邓小平在讲话中针对党内存在的思想不纯、作风不纯、组织不纯等问题，思想战线特别是理论界、文艺界存在的问题，明确提出要通过整党加强党的思想和作风建设，抵制不良思想影响。讲话对抵制各种错误思潮、加强党的建设、密切党群关系具有重大意义。

第一，搞好整党工作，绝对不能走过场。要清理党内的"三种人"，加强纪律，纯洁组织。邓小平充分肯定改革开放以来党取得的伟大成就，同时指出党内还存在着不少没有来得及清理和解决的严重问题，尤其是《中共中央关于整党的决定》中所列举的"三种人"最危险。他强调，"所有这些，都是党内的危险因素，腐败因素，是党内思想不纯、作风不纯、组织不纯的严重表现"，已经引起了广大党员和人民群众的忧虑、担心和不满，必须"下定决心，用坚决、严肃、认真的态度来进行这次整党，切实解决上述那些必须解决的严重问题，绝对不能走过场，使全党同志和全国人民失望"。③

---

① 《邓小平文选》第三卷，人民出版社1993年版，第37页。
② 《邓小平文选》第三卷，人民出版社1993年版，第40页。
③ 《邓小平文选》第三卷，人民出版社1993年版，第37页。

　　邓小平分析了党内存在问题的原因。他认为："这里有十年内乱遗留下来的消极东西，也有在新的历史条件下产生和发展起来的消极东西。"①邓小平进一步指出，不少同志片面地总结"文化大革命"的历史教训，认为一讲思想斗争和严肃处理就是"左"，只提反"左"不提反右；在对错误倾向、坏人坏事作思想斗争和组织处理的问题上，党内滋长了过分容忍、优柔寡断、畏难手软、息事宁人的情绪，这就放松了党的纪律，甚至保护了一些坏人。

　　邓小平指出，整党不能走过场，必须坚决克服领导上的软弱涣散状态。他强调，在整党中对于"三种人"和其他各种错误严重的人，"必须严肃地作出组织处理。该开除党籍的就开除党籍，该给撤职或其他处分的就给这些处分，犯罪的还得法办"；对于一些情节较轻的人，"要进行严肃的批评，并要他们作出认真的而不是敷衍的检讨，作出改正错误的切实保证"；"这是整党不走过场的最重要标志之一"。②

　　第二，通过整党，加强党的思想和作风建设。邓小平指出，整党中需要作组织处理的人只是极少数，"对大多数党员来说，是通过思想教育，增强党性。要使全党在思想上政治上和精神状态上有显著的进步，党员为人民服务而不谋私利的觉悟有显著的提高，党和群众的关系有显著的改善"；要"把我们党建设成为有战斗力的马克思主义政党，成为领导全国人民进行社会主义物质文明和精神文明建设的坚强核心"。③

　　通过整党加强党的作风建设，要实现两个目标。一是使党内的批评和自我批评能经常开展。批评和自我批评是党必须始终坚持的三大优良作风之一，也是党加强自身建设的重要法宝。通过这次整党，继续坚持党的这个优良传统，使得"党内不论什么人，不论职务高低，都要能接受批评和进行自我批评"④。二是实现党风的根本好转。邓小平要求，在整党中，"每个党员、每个党员干部、每个党组织，都要对照党章进行检查，根据各自的具体情况，作出达到和坚持党章规定的合格标准的努力计划，并保证其实现"；"各级领导干部，特别是高级干部，更应该严格遵守党章、遵守《关于党内政治生活的若干准则》，起模范作用。这是整党不走过场的又一个重要标志"。⑤

　　第三，加强党对思想战线的领导，抵制和清除精神污染。邓小平在肯定理

①　《邓小平文选》第三卷，人民出版社 1993 年版，第 36～37 页。

②　《邓小平文选》第三卷，人民出版社 1993 年版，第 38 页。

③　《邓小平文选》第三卷，人民出版社 1993 年版，第 38～39 页。

④　《邓小平文选》第三卷，人民出版社 1993 年版，第 38 页。

⑤　《邓小平文选》第三卷，人民出版社 1993 年版，第 38～39 页。

论和文艺界取得很大成绩的同时，指出还有不少问题，还存在着相当严重的混乱。邓小平强调："思想战线上的战士，都应当是人类灵魂工程师。"①在改革开放的关键时期，他们应当高举马克思主义的、社会主义的旗帜，用自己的文章、作品、教学、讲演、表演，教育和引导人民正确地对待历史，认识现实，坚信社会主义和党的领导，鼓舞人民奋发努力，积极向上，真正做到有理想、有道德、有文化、守纪律，为伟大壮丽的社会主义现代化建设事业而英勇奋斗。

但是一部分理论工作者对于社会主义现代化建设实践中提出的种种重大的理论问题缺乏兴趣，不愿意对现实问题进行调查和研究，有一些同志热衷于谈论人的价值、人道主义和所谓异化。文艺界的一些人大肆鼓吹西方的所谓"现代派"思潮，公开宣扬文学艺术的最高目的就是"表现自我"，或者宣传抽象的人性论、人道主义，"一切向钱看"和宣传色情等问题。对此，邓小平提出了严肃的批评：精神污染的危害很大，足以祸国误民。它不仅在人民中混淆是非界限，造成消极涣散、离心离德的情绪，而且会腐蚀人们的灵魂和意志，助长形形色色的个人主义思想泛滥，助长一部分人当中怀疑以至否定社会主义和党的领导的思潮。邓小平强调，精神污染的实质是散布形形色色的资产阶级和其他剥削阶级腐朽没落的思想，散布对于社会主义、共产主义事业和对于共产党领导的不信任情绪。

邓小平指出，必须大力加强党对思想战线的领导，克服软弱涣散的状态。"解决思想战线混乱问题的主要方法，仍然是开展批评和自我批评。"②针对理论界和文艺界对一些错误倾向批评的质量和分量不够，效果不够显著，而抵抗批评的气势很盛，批评者往往被"围攻"的现象，邓小平要求一定要彻底扭转这种不正常的局面，使马克思主义的和社会主义、共产主义的宣传，特别是在一切重大理论性、原则性问题上的正确观点，在思想界真正发挥主导作用。

邓小平要求，马克思主义者应当站出来讲话。思想战线的共产党员，特别是这方面担负领导责任的和有影响力的共产党员，必须站在斗争的前列。他还强调："所有共产党员都要增强党性，遵守党的章程和纪律。不管是什么专家、学者、作家、艺术家，只要是党员，都不允许自视特殊，认为自己在政治上比党高明，可以自行其是。解决这些问题，是这次整党对思想战线的党组织和党员的最重要要求。"③

---

① 《邓小平文选》第三卷，人民出版社1993年版，第40页。
② 《邓小平文选》第三卷，人民出版社1993年版，第46页。
③ 《邓小平文选》第三卷，人民出版社1993年版，第46页。

所以，加强党对思想战线的领导，克服软弱涣散的状态，已经成为全党的一个迫切的任务。不仅理论界文艺界，还有教育、新闻、出版、广播、电视、群众文化和群众思想政治工作等各个方面，都要加强马克思主义的领导，坚决克服软弱涣散的状态和自由主义态度，认真开展积极的思想斗争。

邓小平指出，开展积极的思想斗争的时候，仍然要注意防止"左"的错误，过去那种简单片面、粗暴过火的所谓批判，以及残酷斗争、无情打击的处理方法，决不能重复。所有的批评或自我批评都要站在马克思主义立场上，不能站在"左"的立场上。对于思想理论方面"左"的错误观点，仍然需要继续进行批评和纠正。

第四，坚持用马克思主义的态度对待现代西方资产阶级文化。对于现代西方资产阶级文化，我们究竟应当采取什么态度呢？邓小平指出："我们要向资本主义发达国家学习先进的科学、技术、经营管理方法以及其他一切对我们有益的知识和文化，闭关自守、故步自封是愚蠢的。"①当代西方仍然有不少正直进步的学者、作家、艺术家在进行各种严肃的有价值的著作和创作，他们的作品需要着重介绍、学习。同时，在学习西方资产阶级文化的时候，要用马克思主义对它们的思想内容和表现方法进行分析、鉴别和批判。他批评了那些对于西方各种哲学的、经济学的、社会政治的和文学艺术的思潮，不分析、不鉴别、不批判，而是一窝蜂地盲目推崇现象，强调决不能容忍用西方资产阶级的没落文化来腐蚀中国青年。

三、重要意义

邓小平的这篇讲话中蕴含着深刻的思想，不仅有利于抵制西方腐朽思想和各种错误思潮的侵袭，而且对于加强和改进党的建设，进一步密切党同人民群众的血肉联系，具有重要的现实意义和深远的历史意义。

第一，为整党和清除精神污染提供了基本指导原则。邓小平在分析党内存在问题和精神污染严重原因的基础上，提出了实现整党不能走过场和思想战线不能搞精神污染的具体意见。在整党方面，邓小平指出，整党不能走过场，其标志是各级领导干部起模范作用和党内的批评和自我批评能经常开展。在消除精神污染方面，邓小平提出了"思想战线上的战士，都应当是人类灵魂工程师"的重要论断，要求加强党对思想战线的领导，克服软弱涣散的状态和自由主义

① 《邓小平文选》第三卷，人民出版社1993年版，第44页。

态度，认真开展积极的思想斗争，为整党和清除精神污染提供了基本指导原则。

第二，完成了在党的建设问题上的拨乱反正。1982年，邓小平在十二大开幕词中提出了"建设有中国特色的社会主义"历史使命后，党的十二大正式提出"努力把党建设成为领导社会主义现代化事业的坚强核心"①。在这篇讲话中，邓小平进一步提出："我们一定要搞好这次整党，把我们党建设成为有战斗力的马克思主义政党，成为领导全国人民进行社会主义物质文明和精神文明建设的坚强核心。"②这就改变了"文化大革命"中党的建设以阶级斗争为中心的实际状况，强调党要在社会主义现代化的进程中，把自己建设成为领导有中国特色的社会主义现代化事业的坚强核心，明确了新时期党的建设的指导思想和总的要求，在党建问题上完成了根本的拨乱反正。

第三，论述了对待现代西方资产阶级文化应当采取的科学态度。如何对待现代西方资产阶级文化，是事关社会主义文化建设、发展的大问题。邓小平指出，我们在经济上实行对外开放的方针，是正确的，要长期坚持，对外文化交流也要长期发展。邓小平强调，在向资本主义发达国家学习一切对我们有益的知识和文化的时候，一定要树立科学的态度。这对社会主义文化建设和文化事业的发展具有重要的意义。

第四，提出了一系列富有创造性的党的建设理论，为当代加强和改进党的领导提供了重要指导。邓小平在这篇讲话中，提出了一系列富有创造性的理论：在整党方面，开展批评或自我批评都要站在马克思主义立场上，不能站在"左"的立场上等；在思想文化领域，开展积极思想斗争的时候，仍然要注意防止"左"的错误；必须加强党对思想战线的领导，克服软弱涣散的状态等。这些富有创造性的党的建设理论，为当代加强和改进党的领导，提供了重要借鉴和参考。在新时代要坚持和加强党的全面领导，坚持党要管党、全面从严治党，以加强党的长期执政能力建设、先进性和纯洁性建设为主线，以党的政治建设为统领，以坚定理想信念宗旨为根基，以调动全党积极性、主动性、创造性为着力点，全面推进党的政治建设、思想建设、组织建设、作风建设、纪律建设，把制度建设贯穿其中，深入推进反腐败斗争，不断提高党的建设质量，把党建设成为始终走在时代前列、人民衷心拥护、勇于自我革命、经得起各种风浪考验、朝气蓬勃的马克思主义执政党。

---

① 中共中央文献研究室：《十二大以来重要文献选编》上，中央文献出版社2011年版，第39页。

② 《邓小平文选》第三卷，人民出版社1993年版，第39页。

四、学习思考

1. 新时代为什么要坚持物质文明和精神文明协调推进？

2. 对待现代西方资产阶级文化，我们应当采取什么样的态度？

3. 邓小平《党在组织战线和思想战线上的迫切任务》的讲话，对加强和改进党的领导有哪些指导意义？

邓小平《一个国家，两种制度》导读

《一个国家，两种制度》是 1984 年 6 月 22 日、23 日邓小平分别会见香港工商界访京团和香港知名人士钟士元等的谈话要点。谈话内容大多是关于香港问题的，谈话中提出的思想观点，是邓小平"一国两制"理论的重要组成部分。

原文见《邓小平文选》第三卷，人民出版社 1993 年版，第 58～61 页。

一、形成背景

早在 20 世纪 50 年代，中国政府就曾设想以和平方式解决台湾问题。1955 年 5 月，周恩来总理在全国人民代表大会常务委员会会议上提出：中国人民解决台湾问题有两种可能的方式，即战争的方式和和平的方式，中国人民愿意在可能的条件下，争取用和平的方式解决问题。1956 年 4 月，毛泽东主席又提出"和为贵""爱国一家""爱国不分先后"等政策主张。但由于某些外国势力的干预等原因，这些主张未能付诸实践。20 世纪 70 年代以来，国际形势发生重大变化，和平与发展成为当今世界的主题。用和平方式解决国际争端和历史遗留问题已成为时代发展的趋势和各国人民的迫切要求。邓小平审时度势，在认真分析国际国内形势的基础上，将和平统一祖国的问题提上重要议事日程。

1979 年 1 月 1 日中美建交，全国人大常委会发表《告台湾同胞书》，提出通过商谈结束海峡两岸的军事对峙，尽快实现"三通"。1981 年 9 月 30 日，叶剑英委员长对新华社发表谈话，进一步阐明台湾回归祖国、实现和平统一的九条原则；主张国共两党实行对等谈判，进行第三次国共合作，阐明了对台的基本政策；表示在实现国家统一时，一定尊重台湾现状和台湾各界人士的意见，采取合情合理的政策和办法。1983 年 6 月 26 日，邓小平与美籍华人学者杨力宇的谈话中，进一步系统地提出了祖国统一后，香港作为特别行政区的六条办法。这些具体的政策为"一国两制"理论的提出提供了重要的前期理论基础。

邓小平解决台湾问题的构想可以划分为四个阶段：第一阶段，1978 年年底至 1979 年年初，实现对台方针政策的历史性转变；第二阶段，1981 年 9 月"叶九条"发表，"一国两制"思想开始形成；第三阶段，1983 年 6 月提出"邓六条"，规划两岸交流的具体途径；第四阶段，20 世纪 80 年代中后期至 90 年代初，提出发扬中华民族灿烂的文化传统，振兴中华民族的新思路。

二、基本思想

邓小平的谈话，是对马克思主义科学社会主义理论，特别是马克思主义国家学说的创造性发展。"一个国家，两种制度"是邓小平在新形势下为解决台湾问题提出的战略构想，在解决香港、澳门问题的实践中逐步完善并系统化，它为实现祖国和平统一开辟了唯一正确的途径。

第一，在"一国两制"中，"一国"是前提。邓小平认为，在国际上代表中国的，只能是中华人民共和国。坚持一个国家即中华人民共和国，台湾、香港和澳门是中国的一部分。实现祖国统一是维护国家的主权和领土完整，是至高无上的。离开了"一个中国"，主权就会被分割，领土就会被分裂，就无从谈起"两制"。因此，"一国"是"一国两制"的核心和基础，是构想实施的政治前提和根本保证。

第二，在"一国两制"中要讲"两个不变"。一方面，"我国政府在一九九七年恢复行使对香港的主权后，香港现行的社会、经济制度不变，法律基本不变，生活方式不变……我们对香港的政策五十年不变，我们说这个话是算数的"；另一方面，"我们对香港的政策长期不变，影响不了大陆社会主义。中国的主体必须是社会主义。"①邓小平强调："说不变不是一个方面不变，而是两个方面不变。"②就是说，在统一以后内地实行社会主义制度，香港实行资本主义制度，双方都不把自己的制度强加于对方。香港同胞、香港当局和有关各方的利益将得到切实保障。外国在香港的利益等不受影响，香港与外国的经济、文化联系不变。

第三，依法在台、港、澳设立特别行政区，特别行政区政府由当地人组成。特别行政区除在外交、国防、宣战、媾和方面服从中央政府外，享有高度的自治权，包括行政管理权、立法权、独立的司法权和终审权。邓小平指出，要相信香港的中国人能治理好香港。不相信中国人有能力管好香港，这是老殖民主义遗留下来的思想状态。港人治港有个界限和标准，就是必须以爱国者为主体的港人来治理香港。什么叫爱国者？邓小平认为，爱国者的标准是，尊重自己的民族，诚心诚意拥护祖国恢复行使对香港的主权，不损害香港的繁荣和

---

① 《邓小平文选》第三卷，人民出版社 1993 年版，第 58～59 页。

② 《邓小平文选》第三卷，人民出版社 1993 年版，第 217 页。

稳定。只要具备这些条件，不管他们相信资本主义，还是相信封建主义，甚至相信奴隶主义，都是爱国者。

第四，对台湾的政策可以更宽一点。在"一国两制"中，台湾除了享有同港、澳一样的政策外，邓小平提出："台湾还可以有自己的军队，只是不能构成对大陆的威胁。大陆不派人驻台，不仅军队不去，行政人员也不去。台湾的党、政、军等系统，都由台湾自己来管。"①按照邓小平的构想，国家统一后，台湾作为一个特别行政区有高度自治权，包括行政管理权、司法独立及终审权、一定程度的外事权。台湾可以保留军队，大陆不派军队和行政官员到台湾去。台湾当局的各界代表人士还可以担任全国性机构的领导职务，参与国家管理。

第五，关于社会主义和资本主义两种制度在国家内部的地位问题。邓小平认为必须有主有次。他说："一方面，社会主义国家里允许一些特殊地区搞资本主义，不是搞一段时间，而是搞几十年、成百年。另一方面，也要确定整个国家的主体是社会主义。否则怎么能说是'两制'呢？那就变成'一制'了。"②"主体是很大的主体，社会主义是在十亿人口的地区的社会主义。这是个前提，没有这个前提不行。在这个前提下，可以容许在自己身边、在小地区和小范围内实行资本主义。"③

第六，关于如何处理中央与特别行政区的关系。香港、澳门、台湾这些特别行政区享有高度的自治权，中央只负责外交、防务等事项，不干预特别行政区的自治范围的事务。但不能认为，中央对特别行政区的事情一点都不管。有些人认为，中央对特别行政区管得越少越好，甚至可以不管，邓小平说："中央确实是不干预特别行政区的具体事务的，也不需要干预。但是，特别行政区是不是也会发生危害国家根本利益的事情呢？难道就不会出现吗？那个时候，北京过问不过问？难道香港就不会出现损害香港根本利益的事情？……如果中央把什么权力都放弃了，就可能会出现一些混乱，损害香港的利益。所以，保持中央的某些权力，对香港有利无害。"④邓小平指出，从现在起要逐步解决好过渡时期的问题。在过渡时期中，一是不要出现大的波动，大的曲折，保持香港繁荣和稳定，二是要创造条件，使香港人能顺利地接管政府。

①　《邓小平文选》第三卷，人民出版社1993年版，第30页。
②　《邓小平文选》第三卷，人民出版社1993年版，第219页。
③　《邓小平文选》第三卷，人民出版社1993年版，第103页。
④　《邓小平文选》第三卷，人民出版社1993年版，第221页。

三、重要意义

"一国两制"构想是中国共产党运用实事求是思想路线，把马克思主义的基本原理与解决台湾、香港、澳门问题的具体实践相结合的产物，具有十分重要的理论意义和实践意义。

第一，"一国两制"构想丰富和发展了马克思主义的国家学说。一个统一的主权国家内部两种对立的制度可以长期并存，这是马克思主义经典作家从来没有讲过的，但"一国两制"依据的仍然是马克思主义，依据的是马克思主义的世界观和方法论。"一国两制"构想是对和平共处原则的创造和发展。和平共处本来是处理国际关系的一项普遍原则，现在被用于解决一个国家内部实行不同社会制度的不同地区之间的关系，这是一个创造，为和平共处思想增添了新的内涵。

第二，"一国两制"是实现国家统一的最佳方式，它有利于保持台湾、香港、澳门地区的繁荣与稳定。"一国两制"构想丰富了马克思主义原则的坚定性与策略的灵活性相统一的原则。既坚持祖国统一和主权的完整，坚持国家主体的社会主义制度，又考虑到台湾、香港、澳门的历史和现状，考虑到各方面的意愿，考虑到祖国统一的现实可能性，允许两种制度并存，这又表现出极大的灵活性。"一国两制"是中国特色社会主义的伟大创举，是香港、澳门回归后保持长期繁荣稳定的最佳制度安排，必须长期坚持。

第三，"一国两制"为解决国际争端和遗留问题提供了一个成功范例。我国解决台、港、澳问题，会涉及有关国家在这些地区的利益，实行"一国两制"可以避免一些国际争端，有利于世界的和平与稳定。"和平统一、一国两制"构想提供了一种全新的视野和方式，是解决国际争端和历史遗留问题的富有想象力的构想，为解决国际争端和历史遗留问题提供了新的思路和方法。

四、学习思考

1. "和平统一、一国两制"构想是如何形成的？

2. "和平统一、一国两制"理论的主要内容是什么？

3. 为什么说"一国两制"是港澳繁荣稳定的制度保障？

邓小平《建设有中国特色的社会主义》导读

《建设有中国特色的社会主义》一文是 1984 年 6 月 30 日邓小平在会见第二次中日民间人士会议日方委员会代表团时重要谈话的一部分，其主要内容最早发表在《瞭望》杂志 1984 年第 33 期(1984 年 8 月 22 日)上。1984 年 12 月，中共中央文献研究室编辑了以这篇文章为题的小册子；1987 年 2 月，人民出版社出版了该书的增订本。这篇文章表明，邓小平建设有中国特色的社会主义的思想愈加坚定，理论构想的轮廓愈加清晰，建设有中国特色的社会主义理论体系基本形成。

原文见《邓小平文选》第三卷，人民出版社 1993 年版，第 62～66 页。

一、形成背景

从党的十一届三中全会到党的十二大，全党通过拨乱反正，有步骤地解决了新中国成立以来的许多历史遗留问题和现实生活中出现的新问题，同时开始对内进行改革、对外实行开放。这一时期也是邓小平理论的形成时期，关于以经济建设为中心的理论、关于实行改革开放的理论、关于坚持四项基本原则的理论、关于中国式现代化建设道路的理论大部分都形成于这个时期。以此为基础，邓小平在党的十二大上明确提出了"建设有中国特色的社会主义"这一科学命题，开始了探索有中国特色的社会主义道路的历程。

中国的改革是从农村实行家庭联产承包责任制起步的。党的十二大以后，农村改革进一步深入，改革的重点由农村转向城市，城市经济体制改革由试点向全面发展。工业经济体制、科学技术体制和教育体制的改革也提上了日程，全国都处于改革的大潮中。与此同时，对外开放也有大的举措，取得了可喜的成就。虽然这一时期我国的社会主义改革事业获得了较好的发展，但也存在着很多问题，主要集中在对改革开放的认识上。一方面，有些人将以经济建设为中心、实行改革开放等看作搞资本主义，认为"改革是要改掉社会主义"；另一方面，也有极少数人从右的方面否定党的领导和社会主义制度。更多的人是担心我们的路线方针会不会变。实践中提出和面临的这些问题，促使以邓小平为核心的党中央进一步思考"什么是社会主义""什么是有中国特色的社会主义"等问题。实践证明，我们已经走出了一条在经济文化落后国家进行社会主义现代化建设的成功之路。及时总结成功的经验，坚定不移地继续实施改革开放，成为一项非常重要的时代课题。邓小平会见日本友人的这次谈话，正是为了回答中国改革开放提出的现实问题。

二、基本思想

"文化大革命"结束后，邓小平以马克思主义的理论勇气，批判"两个凡是"，不走老路；以无产阶级革命家敏锐的观察力和智慧，坚持四项基本原则，不走邪路；以一个政治家巨大的政治勇气和理论勇气，解放思想，带领我们开辟出了一条建设有中国特色的社会主义的新路。《建设有中国特色的社会主义》是关于中国发展道路问题的一篇重要文献，也是邓小平理论体系中的重要内容。文章围绕着什么是社会主义、中国为什么要搞社会主义、中国走什么样的发展道路等三个问题加以阐释。

第一，什么是社会主义？这既是邓小平在本文中强调的重要问题，也是邓小平理论形成的重要前提。邓小平提出："什么叫社会主义，什么叫马克思主义？我们过去对这个问题的认识不是完全清醒的。"[①]这就揭示了首先要搞清什么是社会主义的问题。我国的社会主义在改革开放前所经历的曲折和失误，归根到底就在于对这个问题没有完全搞清楚。因此，要搞清什么是社会主义，必须以实践为检验真理的唯一标准，解放思想，拨乱反正。邓小平指出："不解放思想不行，甚至于包括什么叫社会主义这个问题也要解放思想。"[②]邓小平认真总结历史经验，深入分析基本国情，研究新情况，解决新问题。他反复强调，"贫穷不是社会主义"，"社会主义要消灭贫穷"，"平均主义不是社会主义"，"发展太慢也不是社会主义"，"两极分化也不是社会主义"。他指出，社会主义的特点不是穷，而是富，但这种富是人民共同的富裕。在邓小平看来，马克思主义最注重发展生产力，而实现共产主义则要求社会生产力高度发展，社会物质财富极大丰富。贫穷不是社会主义，更不是共产主义。所以，社会主义初级阶段的最根本任务就是发展生产力。

第二，中国为什么要搞社会主义？一个国家、一个民族要选择什么样的社会制度，都是与其历史发展走向密切相关的，都有其历史决定性。邓小平指

① 《邓小平文选》第三卷，人民出版社1993年版，第63页。
② 《邓小平文选》第二卷，人民出版社1994年版，第312页。

出："人们提出这样一个问题，如果中国不搞社会主义，而走资本主义道路，中国人民是不是也能站起来，中国是不是也能翻身？让我们看看历史吧。国民党搞了二十几年，中国还是半殖民地半封建社会，证明资本主义道路在中国是不能成功的。中国共产党人坚持马克思主义，坚持把马克思主义同中国实际结合起来的毛泽东思想，走自己的道路，也就是农村包围城市的道路，把中国革命搞成功了。"①这一表述，充分说明了社会主义是中国历史的必然选择。

邓小平明确指出："如果我们不是马克思主义者，没有对马克思主义的充分信仰，或者不是把马克思主义同中国自己的实际相结合，走自己的道路，中国革命就搞不成功，中国现在还会是四分五裂，没有独立，也没有统一。"②"我们说，中国搞资本主义不行，必须搞社会主义。如果不搞社会主义，而走资本主义道路，中国的混乱状态就不能结束，贫困落后的状态就不能改变。"③在这之前，针对一些人散布的所谓社会主义不如资本主义的言论，邓小平曾经严肃指出，只有社会主义才能救中国，这是中国人民从五四运动到现在六十年来的切身体验中得出的不可动摇的历史结论。他说："一旦中国抛弃社会主义，就要回到半殖民地半封建社会，不要说实现'小康'，就连温饱也没有保证。"④

第三，中国搞社会主义走什么样的发展道路？如何走社会主义道路，中国共产党人曾做过有益的探索。中国共产党人坚持马克思主义，坚持把马克思主义同中国实际结合起来的毛泽东思想，走自己的道路，也就是农村包围城市的道路，把中国革命搞成功了。新中国成立后，特别是在社会主义改造过程中，中国共产党人坚持从实际出发，创造了成功的经验，并且为全面建设社会主义指明了方向。但是，探索社会主义建设道路是一项十分艰巨的工作，我们党也曾付出过沉重的代价。为了总结过去的经验和教训，1982年9月，邓小平在党的十二大开幕词中指出："无论是革命还是建设，都要注意学习和借鉴外国经验。但是，照抄照搬外国经验、外国模式，从来不能得到成功。"⑤中国社会主义道路怎么走，邓小平始终认为应该坚持独立自主，自力更生，走自己的路。他认为："中国的事情要按照中国的情况办，要依靠中国人自己的力量来办。独立自主，自力更生，无论过去、现在和将来，都是我们的立足点。"⑥中国的

---

① 《邓小平文选》第三卷，人民出版社1993年版，第62～63页。
② 《邓小平文选》第三卷，人民出版社1993年版，第63页。
③ 《邓小平文选》第三卷，人民出版社1993年版，第63页。
④ 《邓小平文选》第三卷，人民出版社1993年版，第206页。
⑤ 《邓小平文选》第三卷，人民出版社1993年版，第2页。
⑥ 《邓小平文选》第三卷，人民出版社1993年版，第3页。

社会主义必须是切合中国实际的有中国特色的社会主义。这是邓小平一贯的重要思想，也是我们党领导全国人民进行社会主义建设的根本指导思想。

三、重要意义

邓小平的这篇讲话解决了社会主义现代化建设迫切需要面对的理论和实践问题。讲话抓住了"什么是社会主义，如何建设社会主义"这个根本问题，丰富发展了马克思主义关于社会主义本质、根本任务和社会主义建设等思想理论，有力推动了有中国特色的社会主义的发展。

第一，邓小平关于社会主义发展道路的理论丰富了马克思主义社会发展论。自从马克思主义诞生以来，社会主义历经从理想到现实、从一国到多国的发展，而社会主义的发展历程既取得了巨大的成就，也曾遭受了严重的挫折。摆在我们党和国家面前的问题是：中国社会主义何去何从？邓小平坚持科学社会主义理论，抓住了"什么是社会主义，如何建设社会主义"这个根本问题，深刻地揭示了社会主义本质，提出了我国社会主义发展道路中的一系列根本性问题，明确提出把马克思主义同中国具体实践相结合，走自己的路，建设有中国特色的社会主义的科学论断，既保证了中国社会主义改革开放的顺利开展，又避免照抄照搬，走不适合中国国情的教条主义道路。

第二，邓小平关于社会主义发展道路的理论把对社会主义的认识提高到一个新的水平。邓小平这次谈话深刻总结了党的十二大以来我国探索社会主义建设的基本经验，提出了建设有中国特色的社会主义的基本构想，是对马克思主义关于社会主义本质、根本任务和社会主义建设理论的重大发展，是邓小平理论发展的一个重要里程碑。在总结我国社会主义正反两个方面经验时，邓小平认为，我们的经验和教训有许多条，最重要的一条就是没有搞清楚什么是社会主义的问题。因此，当改革开放的大潮涌向大江南北，其战略举措在党内外遭遇了困惑和犹豫，一种是来自传统的社会主义观的困扰，唯老祖宗的话是从，认为凡是老祖宗未说的话都不能越雷池一步。另一种则主张中国应该全盘西化，认为中国应当放弃走社会主义道路。要不要走社会主义道路、走什么样的社会主义道路问题已经严重地摆在全党全国人民的面前。邓小平关于社会主义发展道路理论的提出，打消了不少人对社会主义认识的困惑和犹豫，澄清了人们不合乎时代进步要求和社会发展规律的模糊观念，帮助人们摆脱长期以来拘泥于传统模式而忽略社会主义本质的错误倾向，深化了对科学社会主义的认识，统一了全党的思想，"成功开创了中国特色社会主义"①。

四、学习思考

1. 我们的社会主义为什么必须是切合中国实际的有中国特色的社会主义？

2. 为什么说社会主义阶段的根本任务就是发展生产力？

3. 试论坚持走有中国特色的社会主义道路的重大现实意义和深远历史意义。

---

① 习近平：《在庆祝改革开放 40 周年大会上的讲话》，人民出版社 2018 年版，第 6 页。

邓小平《一靠理想二靠纪律才能团结起来》导读

《一靠理想二靠纪律才能团结起来》是邓小平1985年3月7日在全国科技工作会议闭幕式上的讲话。在这个讲话中，他首次提出了要坚持物质文明和精神文明"两手抓"，教育全国人民做有理想、有道德、有文化、有纪律的"四有新人"的重要观点，对社会主义精神文明建设产生了深远影响。

原文见《邓小平文选》第三卷，人民出版社1993年版，第110～112页。

一、形成背景

随着改革开放的不断推进，我国经济体制改革取得了很大的成就。与此同时，也出现了少数干部背离共产党人的崇高理想，触犯党的纪律的不正之风。一些部门和单位自行其是，只顾为本单位甚至个人谋取私利，不惜损害国家和人民的利益；少数干部包括极少数高级干部及其子女，打着"改革"的旗号"一切向钱看"，通过种种非法手段来获取私利。这些现象不仅严重背离了共产党人全心全意为人民服务的宗旨，背离了共产主义的崇高理想和党的纪律，而且严重危害社会主义事业，引起了党内外广大干部和群众的愤慨。针对这种情况，邓小平发表了《一靠理想二靠纪律才能团结起来》的一文，论述了在新时期坚持理想和纪律的极端重要性。

二、基本思想

邓小平的这篇讲话，对严肃党的纪律、加强党的思想政治工作具有重要意义。讲话强调要教育人民，尤其是要帮助青少年树立共产主义的远大理想，强调纪律是实现理想的保证，并指出遵守党的纪律的最高标准，就是坚决执行党和国家的政策。讲话精神有力推动了社会主义精神文明建设。

第一，要教育人民树立共产主义的远大理想。邓小平指出："为什么我们过去能在非常困难的情况下奋斗出来，战胜千难万险使革命胜利呢？就是因为我们有理想，有马克思主义信念，有共产主义信念。我们干的是社会主义事业，最终目的是实现共产主义。"①马克思主义者过去领导人民进行革命，就是为了实现社会主义、共产主义的崇高理想而奋斗。现在中国进行改革开放，搞四个现代化，是搞社会主义的四个现代化，采取的所有开放、搞活、改革等方面的政策，目的都是为了发展社会主义经济。邓小平认为："一个公有制占主体，一个共同富裕，这是我们所必须坚持的社会主义的根本原则。"②中国坚决执行这些社会主义的原则，从长远说最终是为了过渡到共产主义。

面对新时期出现的新形势，有人担心中国会不会变成资本主义。邓小平认为这个担心是有道理的，我们的报刊、电视和所有的宣传工作都要注意这个问题。中国共产党不能拿空话而是要拿事实来解除他们的这个忧虑，并且回答那些希望我们变成资本主义的人。首先，党要教育人民，"要特别教育我们的下一代下两代，一定要树立共产主义的远大理想"，"不能让我们的青少年作资本主义腐朽思想的俘虏"；其次，党要坚持共产主义的理想信念不动摇，"让我们的人民，包括我们的孩子们知道，我们是坚持社会主义和共产主义的，我们采取的各方面的政策，都是为了发展社会主义，为了将来实现共产主义"。③

由此可见，共产主义伟大理想，决不是可有可无的东西，它是支撑党的一切活动的一个非常重要的精神支柱。失去了理想，就失去了重要的精神支柱，失去了团结的基础和战斗的力量。越是开放、搞活，越是改革，就越要加强共产主义理想教育，越要加强社会主义精神文明建设，保证我们的事业始终沿着共产主义的方向前进。

第二，有了理想，还要有纪律才能实现。邓小平强调，有了理想，还要有纪律才能实现。纪律和自由是对立统一的关系，两者缺一不可。邓小平指出："我们这么大一个国家，怎样才能团结起来、组织起来呢？一靠理想，二靠纪律。组织起来就有力量。"④倘若人民群众没有理想，没有纪律，那么中国就会像是一盘散沙，社会主义革命和建设事业就不会成功。邓小平批评了那些没有理想、没有纪律的现象，如"一切向钱看"，以权谋私，化公为私等不正之风。他指出，遵守纪律首先要遵守法律，无论是不是党员，都要遵守国家的法律。共产党员在遵守国家法律的基础上，一定要严格遵守党的纪律。邓小平还强调，检验一个党组织、一个共产党员"遵守纪律的最高标准，是真正维护和坚

① 《邓小平文选》第三卷，人民出版社1993年版，第110页。
② 《邓小平文选》第三卷，人民出版社1993年版，第111页。
③ 《邓小平文选》第三卷，人民出版社1993年版，第111～112页。
④ 《邓小平文选》第三卷，人民出版社1993年版，第111页。

决执行党的政策，国家的政策"①。

纪律是实现理想的保证。我们这样一个十多亿人口的大国，五千多万党员的大党，又进行如此空前宏伟和艰巨复杂的社会主义现代化建设，进行如此广泛而又深刻的改革，不可以没有理想，也不可以没有纪律。有了理想，还要有纪律才能保证理想的实现。只有理想，没有纪律，不能形成统一的意志和统一的行动，社会主义现代化事业仍然不能胜利。对于共产党员来说，遵守纪律首先就是要严格遵守党的政治纪律，坚决执行党的政策和国家的政策，在政治上同中央保持一致。这是检验一个党组织、一个共产党员是否遵守纪律的最高标准。

党的政策是党的生命，是党和人民群众的意志、根本利益的集中体现。维护和执行政策，就是维护党和人民的最高利益，也就是最好地遵守了党的纪律。违反党的政策，就是损害党和人民的利益，也就违反了党的纪律。所以说，遵守党的纪律的最高标准，就是真正维护和坚决执行党的政策、国家的政策。

三、重要意义

这篇讲话不仅丰富了马克思主义思想政治工作的理论，还提出了加强党的思想政治工作的基本方法和具体途径，具有很强的针对性和现实性，对于整个社会主义现代化建设时期加强思想政治工作具有重要指导意义。

第一，提出了新的马克思主义的科学论断。邓小平在《一靠理想二靠纪律才能团结起来》的讲话中提出了新的马克思主义的科学论断：那就是把中国这样一个大国团结起来、组织起来，一靠理想，二靠纪律。这个论断包括两个方面：一是有了理想，还要有纪律才能实现；二是遵守纪律的最高标准，是真正维护和坚决执行党的政策，国家的政策。邓小平的经典论断，深刻揭示出了理想和纪律之间相互依赖的辩证关系：理想信念是共产党人的精神支柱，纪律则是实现理想的保证。遵守纪律首先就是要严格遵守党的政治纪律，坚决执行党的政策和国家的政策。这是中国共产党人自觉地将马克思主义理论与中国当代实际相结合的产物，是对马克思主义理论进一步发展的结果。

第二，对加强党的思想政治工作具有重要的现实意义。邓小平的《一靠理想二靠纪律才能团结起来》的讲话，对理想和纪律的关系、对如何做好人民群

---

① 《邓小平文选》第三卷，人民出版社 1993 年版，第 112 页。

众的思想政治工作进行了精辟的论述。这个讲话提出了加强群众思想政治工作，尤其是青少年的思想教育工作的重要方法，具有深远的指导意义。

第三，加强纪律建设是全面从严治党的治本之策。我们党是用革命理想和铁的纪律组织起来的马克思主义政党，组织严密、纪律严明是党的优良传统和政治优势，也是我们党的力量所在。

四、学习思考

1. 理想和纪律之间是一种什么样的关系？

2.《一靠理想二靠纪律才能团结起来》对新形势下加强党的建设有什么样的借鉴意义？

3. 如何理解一个共产党员"遵守纪律的最高标准，是真正维护和坚决执行党的政策，国家的政策"这句话？

邓小平《改革是中国发展生产力的必由之路》导读

随着改革的全面展开和不断深入，改革带来的问题也越来越多，对改革性质和意义的争论也越来越激烈。1985 年 8 月 28 日上午，邓小平在会见津巴布韦非洲民族联盟主席、政府总理罗伯特·穆加贝时对改革的性质和必要性作出了判断：改革是中国发展生产力的必由之路。这篇文章是当时谈话的一部分。

原文见《邓小平文选》第三卷，人民出版社 1993 年版，第 136～140 页。

一、形成背景

"文化大革命"结束后，中国社会主义现代化建设百废待兴，改革作为急迫的历史任务，摆在了党和人民的面前。早在 1978 年 12 月 13 日召开的中共中央工作会议上，邓小平就强调指出："如果现在再不实行改革，我们的现代化事业和社会主义事业就会被葬送。"[1]党的十一届三中全会，不仅重新确立实事求是的思想路线，而且"作出把党和国家工作中心转移到经济建设上来，实行改革开放的历史性决策"[2]。中国的改革首先在农村取得了突破，家庭联产承包责任制的实行和人民公社政社合一体制的废除，解放了农村生产力，使得中国农村的面貌焕然一新，广大农民的生活水平迅速得到提高。党的十二大以后，在以邓小平为代表的中国共产党人和广大人民群众的共同努力下，经济体制改革迅速地在全国范围内全面展开，农村改革进一步深入，全国改革的重点由农村逐步转向城市，城市经济改革由试点发展到全面铺开，我国的改革迈出重大步伐。

虽然社会主义改革在短时间内取得了巨大的成绩，但是很多人对于改革的必要性依然认识不深，对改革中应该坚持的方向认识不清。邓小平以马克思主义者的理论勇气和一切从实际出发的求实精神，在 20 世纪 80 年代发表了《我

---

[1]　《邓小平文选》第二卷，人民出版社 1994 年版，第 150 页。

[2]　习近平：《在庆祝改革开放 40 周年大会上的讲话》，人民出版社 2018 年版，第 5～6 页。

们把改革当作一种革命》《改革是中国的第二次革命》《思想更解放一些，改革的步子更快一些》等一系列重要讲话，提出了许多关于社会主义改革的新见解、新观念和新思想，为中国的改革开放指明了方向。本文就是其中一次比较重要的讲话。

二、基本思想

邓小平的这篇讲话明确指出，发展生产力是社会主义的根本任务，而改革是发展生产力的基本途径。邓小平还强调改革中要坚持基本经济制度，避免两极分化，尤其是要防范"左"的错误发生，在深层次上阐明了社会主义现代化建设的任务、途径和原则。

第一，社会主义的根本任务，就是发展生产力，而改革是发展生产力的基本途径。首先，邓小平指出，社会主义的任务很多，但根本一条就是发展生产力。依照历史唯物主义的观点，生产力是一切社会发展的最终决定力量，生产关系和上层建筑只有适应生产力的状况，才能促进生产力的发展和社会的进步。其次，邓小平强调，发展生产力是为共产主义创造物质基础，是为了最终实现共产主义。何谓共产主义？我们一直认识不清。邓小平指出："共产主义是没有人剥削人的制度，产品极大丰富，各尽所能，按需分配。"①实现共产主义，实行按需分配，没有极大丰富的物质条件是不可能的。所以，中国要实现共产主义，一定要完成社会主义阶段的任务，就要发展社会主义的生产力。可以说，发展生产力是社会主义国家的根本任务。再次，邓小平强调："为了发展生产力，必须对我国的经济体制进行改革，实行对外开放的政策。"②在总结农村改革的经验基础上，以城市为重点的整个经济体制改革从1985年起全面展开。邓小平指出，城市经济改革比农村经济改革复杂得多，难免出差错，冒风险，对此我们要有充分的信心。实践的经验教训已经证明，国家的强盛、人民的富裕，归根到底都取决于生产力的发展，而我们要发展生产力，对经济体制进行改革是必由之路。总之，改革是发展生产力的基本途径，社会主义的根本任务，就是发展生产力，可以说"改革是中国的第二次革命"③。

第二，必须在改革中坚持社会主义方向。邓小平提出，必须在改革中坚持

---

① 《邓小平文选》第三卷，人民出版社1993年版，第137页。
② 《邓小平文选》第三卷，人民出版社1993年版，第138页。
③ 《邓小平文选》第三卷，人民出版社1993年版，第113页。

社会主义方向，注意在坚持四项基本原则的基础上发展生产力。实行改革开放，无论是对内搞活经济，还是对外吸收资本主义国家的资金、技术，都要坚持社会主义的原则。邓小平指出，在改革中坚持社会主义方向非常重要。首先，要坚持以公有制为主体的经济。公有制包括全民所有制和集体所有制，而现在我国的公有制经济占整个经济的90%以上。所以，我们"发展一点个体经济，吸收外国的资金和技术，甚至欢迎外国独资到中国办工厂，这些都是对社会主义经济的补充"，"这样做不会也不可能破坏社会主义经济"。① 这样做不仅不会对社会主义所有制产生什么损害，而且社会主义国家可以从中获得税收，学到先进的科学技术和管理经验。其次，改革决不能导致贫富两极分化，如果导致两极分化，改革就算失败了。邓小平特别强调，中国的改革要一方面坚持社会主义公有制为主体，另一方面又注意不导致两极分化，在制定和执行政策时必须注意到了这一点。再次，坚持四项基本原则，在改革开放中不能忽视国家机器的作用。改革开放是一把双刃剑，在发展社会主义中国的同时，也会将一些资本主义的腐朽东西带进来。但是，"我们的社会主义政策和国家机器有力量去克服这些东西"，"一旦发现偏离社会主义方向的情况，国家机器就会出面干预，把它纠正过来"。② 总的一句话，就是要坚持社会主义。

第三，改革开放特别要注意避免犯"左"的错误。中国革命之所以取得了成功，就是因为将马列主义的普遍原理与中国的具体实际相结合，坚持实事求是。新中国成立之后，在社会主义建设方面取得了成功也遭遇了失败，我们的经验有正面的，也有反面的，正反两方面的经验都有用。总结历史经验，"左"的错误给中国革命和建设带来了巨大的损失。邓小平指出，"搞革命的人最容易犯急性病"，想早一点进入共产主义，"这往往使我们不能冷静地分析主客观方面的情况，从而违反客观世界发展的规律"。③ 中国社会主义改革，"胆子要大，步子要稳"④，特别要注意避免犯"左"的错误。

三、重要意义

"改革开放是党的一次伟大觉悟，是中国人民和中华民族发展史上一次伟

---

① 《邓小平文选》第三卷，人民出版社1993年版，第138～139页。
② 《邓小平文选》第三卷，人民出版社1993年版，第139页。
③ 《邓小平文选》第三卷，人民出版社1993年版，第139～140页。
④ 《邓小平文选》第三卷，人民出版社1993年版，第113页。

大革命。"①邓小平关于《改革是中国发展生产力的必由之路》的重要谈话，从多个方面对社会主义改革进行了分析和阐述，作出了改革是中国发展生产力的必由之路的重要论断，具有重要的理论价值和现实意义。

第一，深化了对社会主义根本任务的认识。实现共产主义是共产党人奋斗的目标，也是社会主义发展的方向所在。到底什么是共产主义，一直以来我们并没有完全搞清楚。邓小平在总结历史经验的基础上，提出共产主义是建立在极大丰富的物质条件之上，没有人剥削人的制度，产品极大丰富，各尽所能，按需分配。为实现这个目标，社会主义的根本任务就是"解放和发展社会生产力，增强社会主义国家的综合国力"②，为实现共产主义的远大目标创造物质基础。

第二，指明了发展社会主义生产力的根本途径，揭示改革的伟大意义。改革是发展社会主义生产力的根本途径，改革是第二次革命，是邓小平理论体系中的一个重要思想。邓小平的这个论断揭示了改革的根本性质和伟大意义，只有社会主义才能救中国，只有改革开放才能发展中国、发展社会主义、发展马克思主义。这是对社会主义发展动力的高度概括，也是对社会主义和平发展时期建设的基本方法和主要内容的科学表述。

第三，提出了在改革中必须坚持的基本原则，并强调要注意避免犯"左"的错误。改革的目的是发展社会主义生产力，创造极大丰富的物质基础，最终实现共产主义。所以，改革必须坚持社会主义方向，坚持在四项基本原则的基础上发展生产力的原则。

四、学习思考

1. 社会主义的根本任务是什么？
2. 为什么说改革是中国发展生产力的必由之路？
3. 为什么在改革开放中必须坚持四项基本原则？

---

① 《中共中央关于党的百年奋斗重大成就和历史经验的决议》，人民出版社 2021 年版，第 22 页。

② 习近平：《在庆祝改革开放 40 周年大会上的讲话》，人民出版社 2018 年版，第 35 页。

邓小平《科学技术是第一生产力》导读

《科学技术是第一生产力》是邓小平两次谈话的节录，分别摘自 1988 年 9 月 5 日会见捷克斯洛伐克总统胡萨克时的谈话和 1988 年 9 月 12 日听取关于价格和工资改革初步方案汇报时的谈话。

原文见《邓小平文选》第三卷，人民出版社 1993 年版，第 274～276 页。

一、形成背景

从 20 世纪四五十年代开始，以原子能技术、航天技术、电子计算机技术与合成材料的发明和应用为代表的第三次科技革命，推动了社会生产力的持续提高和世界经济的不断发展。进入 20 世纪 80 年代，第三次科技革命掀起了新的高潮，信息技术、生物工程、新能源和新材料等高新技术大规模地向应用领域推进，对人类社会的生产方式和生活方式产生了深远的影响。世界各国都开始大力促进本国科技进步，发展高新科学技术，抢占当代先进生产力的制高点。

现代化的历史进程表明，科学技术的进步是推动经济发展的主要动力，也是一个国家实现现代化的关键因素。早在 20 世纪五六十年代，周恩来就多次提出实现四个现代化的关键因素是科学技术的现代化。改革开放以来，中国的科学技术发展有了很大的进步，但仍然与西方发达国家有着不小的差距。邓小平根据世界政治、经济发展的方向和趋势，多次重申科学技术在促进生产力发展中的地位和作用，提出了科学技术是第一生产力的重要论断，为我国科技、教育发展战略的制定奠定了重要基础。

二、基本思想

邓小平在谈话中提出了科学技术是第一生产力的深刻论断，并指出教育是科学技术的基础，要优先发展教育，提高知识分子待遇。讲话回答了社会主义现代化建设的深层动力和重要着力点等一系列重大问题，对于调动广大知识分子参与社会主义建设的积极性，提升国家经济实力、改善人民群众生活水平具有重要意义。

第一，科学技术是第一生产力。邓小平指出："马克思说过，科学技术是生产力，事实证明这话讲得很对。依我看，科学技术是第一生产力。"①科学技术是生产力，历来是马克思主义的观点。马克思认为科技对生产力的发展起着重要的作用，"劳动生产力是随着科学和技术的不断进步而不断发展的"②。邓小平根据科学技术发展的新趋势、新方向，进一步提出科学技术是第一生产力的重要论断。邓小平认为："将来农业问题的出路，最终要由生物工程来解决，要靠尖端技术。"③强调对科学技术的重要性要充分认识，加大科学技术方面的投入，发展生产力，改善人民生活。当今世界的现实证明，科学技术飞速发展并向现实生产力迅速转化，愈益成为现代生产力中最活跃的因素和最主要的推动力量。科学技术为劳动者所掌握，就会极大地提高人们认识自然、改造自然和保护自然的能力；科学技术和生产资料相结合，就会大幅度地提高工具的效能，从而提高使用这些工具的人们的劳动生产率。我国推动科学技术持续进步，大力发展生产力，根本目的在于提升国家的经济实力，改善人民群众的生活水平。

第二，必须把教育放在优先发展的战略地位。发展科学技术离不开教育，实现社会全面进步也离不开教育。邓小平指出："从长远看，要注意教育和科学技术。否则，我们已经耽误了二十年，影响了发展，还要再耽误二十年，后果不堪设想。"④在改革开放新时期，邓小平反复强调，实现社会主义现代化，科技是关键，教育是基础。"我们要千方百计，在别的方面忍耐一些，甚至于牺牲一点速度，把教育问题解决好。"⑤在人类社会的深刻变革中，教育越来越居于龙头地位，发挥着举足轻重的作用。教育兴，则民族兴；教育强，则国家强。有中国特色的社会主义伟大事业的最终成功，归根结底取决于教育。所以，必须进一步凝聚优先发展教育的共识，坚持把教育放在优先发展的战略地位不动摇。

第三，注意解决好知识分子的待遇问题。当今世界各国的竞争，说到底是

---

① 《邓小平文选》第三卷，人民出版社 1993 年版，第 274 页。
② 《马克思恩格斯选集》第二卷，人民出版社 2012 年版，第 271 页。
③ 《邓小平文选》第三卷，人民出版社 1993 年版，第 275 页。
④ 《邓小平文选》第三卷，人民出版社 1993 年版，第 274～275 页。
⑤ 《邓小平文选》第三卷，人民出版社 1993 年版，第 275 页。

科学技术的竞争，而科技竞争的背后是人才的竞争、教育的竞争。邓小平认为科学技术是第一生产力，知识分子是工人阶级的一部分。他要求必须解决好知识分子的待遇问题，吸引留学生回国工作，调动他们的积极性，尊重他们，会有一批人作出更多的贡献。他还认为："科教投资的使用要改进，这也是改革的重要内容"；"我们不论怎么困难，也要提高教师的待遇"。① 劳动者是在社会生产力中最积极、最活跃的因素，创造和掌握了科学技术的知识分子，不仅是改革开放和社会主义现代化建设的重要参与者，而且是科学技术创新的主要推动者。

三、重要意义

邓小平关于《科学技术是第一生产力》的谈话，具有深刻的理论内涵和重大的现实意义，是对马克思主义的重大发展。

第一，进一步发展了马克思主义基本原理。科学技术是第一生产力的新论断，是邓小平根据科学技术发展的新趋势，对科学技术是生产力的马克思主义观点进一步理论概括的成果。科学技术是第一生产力的论断，深刻揭示了科学技术在现代社会生产中的先导作用，是对马克思主义科技学说和生产力理论的创造性发展。

第二，为巩固和发展有中国特色的社会主义指明了方向。《科学技术是第一生产力》的讲话，也具有重大的现实指导意义。首先，社会主义社会的巩固和发展需要有坚实的物质基础，因而必须依靠科学技术大力发展社会生产力。其次，"教育、科技、人才是全面建设社会主义现代化国家的基础性、战略性支撑。必须坚持科技是第一生产力、人才是第一资源、创新是第一动力"②，需要培养造就一大批具有国际水平的战略科技人才、科技领军人才、青年科技人才和高水平创新团队。这就要求把教育放在优先发展的战略地位，深化教育改革，加快教育现代化，办好人民满意的教育，调动知识分子的积极性，由教育的发展推动科学技术的进步，由科学技术的进步带动生产力和经济的腾飞。

---

① 《邓小平文选》第三卷，人民出版社 1993 年版，第 275 页。
② 《习近平著作选读》第一卷，人民出版社 2023 年版，第 27～28 页。

四、学习思考

1. 为什么要把教育放在优先发展的战略地位？
2. 邓小平提出科学技术是第一生产力的现实意义是什么？
3. 为什么要大力发展新质生产力？

邓小平《在武昌、深圳、珠海、上海等地的谈话要点》导读

《在武昌、深圳、珠海、上海等地的谈话要点》也被称为"南方谈话"，是根据邓小平1992年1月18日至2月21日在武昌、深圳、珠海、上海等地视察期间的重要谈话整理而成。当时国内形势非常严峻，许多人对今后中国走什么路感到困惑。邓小平前往南方视察，发表重要谈话，就我国改革开放和现代化建设的一系列重大理论和实际问题作了明确回答，由此改革开放和现代化建设进入了新的阶段。

原文见《邓小平文选》第三卷，人民出版社1993年版，第370～383页。

一、形成背景

邓小平《在武昌、深圳、珠海、上海等地的谈话要点》发表于20世纪90年代初，当时国际国内形势复杂严峻。在重大历史转折时期，邓小平通过这次讲话，解决了长期以来一直束缚人们思想的许多重大理论问题，推动了中国社会又一次重大的思想解放。

进入20世纪90年代，全球风云变幻，国际形势发生了深刻变化。1991年苏联解体，国际共产主义运动陷入低潮。两极"冷战"局面结束，世界力量对比失衡。西方的一些政治势力继续利用这一时机，加大对中国和平演变的力度，利用政治、经济、文化、外交等手段，妄图达到"不战而胜"的目的。在这种形势下，中国的改革是继续前进，还是向后倒退；是继续以经济建设为中心，还是以保卫政权、防止和平演变为中心；是继续扩大开放，还是退回到原来的路子？这是决定中国社会主义前途和命运的历史关头，也是考验一个政治家战略远见、政治智慧、驾驭复杂局面能力的紧要关头。

中国的路怎么走的问题，需要给予回答。摆在我们面前的有三条路：一条是回到改革开放以前的老路；一条是跟着苏联东欧走垮台的邪路；一条是坚持改革开放，走有中国特色的社会主义道路。当时国内出现了令人忧虑的局面。一是西方国家对中国实行制裁、封锁和孤立的政策，外商投资止步观望；二是经济上在贯彻治理整顿方针过程中，有些措施以指令性计划和行政命令为主，

发展速度受到一刀切的严格限制，并导致生产萎缩、经济下滑；三是在意识形态领域，"左"的思潮再次浮现，甚至提出要将党的工作重心放在反和平演变上，严重干扰了经济建设这个中心。邓小平的南方谈话，解决了困扰中国多年的许多难题，为即将召开的中共十四大作了思想、理论上的准备，成为把改革开放和现代化建设推进到新阶段的政治宣言。

二、基本思想

邓小平的南方谈话，系统总结了改革开放以来的经验教训，科学回答了社会主义本质问题，也回答了实践发展中面临的一系列重大问题，为有中国特色的社会主义的进一步发展开拓了巨大的发展空间，成为中国特色社会主义发展史上一个承上启下的关键环节，是一座具有标志性意义的里程碑。

1. 坚持十一届三中全会以来的路线、方针、政策长期不变

第一，社会主义改革是解放和发展生产力。邓小平指出："过去，只讲在社会主义条件下发展生产力，没有讲还要通过改革解放生产力，不完全。应该把解放生产力和发展生产力两个讲全了。"[①]社会主义改革的目的，一是解放生产力。当生产关系成为生产力继续发展的桎梏时，要求通过社会革命或社会改革的方式，改变旧的生产关系以及维护这种生产关系的旧的上层建筑，解放被束缚的生产力，推动社会向前发展。邓小平指出，推翻帝国主义、封建主义、官僚资本主义的反动统治，使中国人民的生产力获得解放，这是革命，所以革命是解放生产力。社会改革是指同一社会制度总的量变过程中的部分质变，是对该社会制度的社会体制的某种程度的调整，而不会改变该社会制度的根本性质。因此，"社会主义基本制度确立以后，还要从根本上改变束缚生产力发展的经济体制，建立起充满生机和活力的社会主义经济体制，促进生产力的发展，这是改革，所以改革也是解放生产力"[②]。二是发展生产力。社会主义制度建立以来，特别是新中国成立初期，曾经发挥了巨大的优越性，社会主义建设进展得比较顺利。后来由于种种错综复杂的原因，特别是在指导思想上犯了急于求成的"左"的错误，逐步形成了一种同生产力发展要求不相适应的经济体制，这种经济体制的特点表现为：所有制结构过分单一，经济管理体制过分集

---

① 《邓小平文选》第三卷，人民出版社 1993 年版，第 370 页。
② 《邓小平文选》第三卷，人民出版社 1993 年版，第 370 页。

中，忽视商品生产、价值规律和市场的作用，分配中平均主义十分严重，等等。我国政治体制也相应地存在着种种弊端，主要表现为：政府机构庞大臃肿，民主制度和法律制度尚不健全，官僚主义、以权谋私现象严重，等等。这些都严重地压抑了人民群众的积极性、主动性和创造性，严重地束缚和阻碍了社会主义生产力的发展。因此，必须通过社会改革，调整和完善社会主义的经济制度和政治制度，促进社会主义生产力的发展。

第二，坚持党的基本路线一百年不动摇。邓小平反复强调要坚持"一个中心、两个基本点"的基本路线，"基本路线要管一百年，动摇不得"。① 坚持党在社会主义初级阶段的基本路线一百年不动摇，一要坚持以经济建设为中心不动摇。"不发展经济，不改善人民生活，只能是死路一条。"②要把发展经济落在实处，尽快地促进生产力的发展，尽快地满足人民日益增长的物质文化生活的需要，为向社会主义高级阶段过渡奠定雄厚的物质基础。二要坚持四项基本原则不动摇。四项基本原则是我国社会主义现代化建设的根本保证，它保证有一个坚定正确的政治方向，保证有一个团结稳定的社会环境，保证有一个统一的意志和统一的行动。三要坚持改革开放不动摇。四项基本原则和改革开放这两个基本点是相互依存、相互制约、相互促进的辩证关系。四项基本原则是立国之本，为改革开放的健康发展提供保证；改革开放是强国之路，为四项基本原则奠定坚实的基础。邓小平指出："在这短短的十几年内，我们国家发展得这么快，使人民高兴，世界瞩目，这就足以证明三中全会以来路线、方针、政策的正确性，谁想变也变不了。说过去说过来，就是一句话，坚持这个路线、方针、政策不变。"③

第三，强调中国要警惕右，但主要是防止"左"。邓小平指出："现在，有右的东西影响我们，也有'左'的东西影响我们，但根深蒂固的还是'左'的东西"；"右可以葬送社会主义，'左'也可以葬送社会主义。中国要警惕右，但主要是防止'左'"。④ 这一论断是对我党长期历史经验教训的深刻反思和总结。

2. 重新认识社会主义的本质

第一，提出了"三个有利于"的判断标准。针对当时部分人思想中存在的姓

---

① 《邓小平文选》第三卷，人民出版社 1993 年版，第 370～371 页。
② 《邓小平文选》第三卷，人民出版社 1993 年版，第 370 页。
③ 《邓小平文选》第三卷，人民出版社 1993 年版，第 371 页。
④ 《邓小平文选》第三卷，人民出版社 1993 年版，第 375 页。

"资"姓"社"的疑虑,邓小平提出了"三个有利于"的判断标准。他说:"改革开放迈不开步子,不敢闯,说来说去就是怕资本主义的东西多了,走了资本主义道路。要害是姓'资'还是姓'社'的问题。判断的标准,应该主要看是否有利于发展社会主义社会的生产力,是否有利于增强社会主义国家的综合国力,是否有利于提高人民的生活水平。"①邓小平认为,只有"三个有利于"才是判断姓"资"姓"社"的根本标准,如果离开了"三个有利于"的判断标准,离开了生产力的发展来谈论什么是资本主义和社会主义,实质上是用空想的原则和抽象的教条来判断社会现实生活,必然造成在理论上陷入唯心史观,在政治上重归"左"的路线,在实践上阻碍生产力发展的严重后果。

第二,指出计划和市场都是经济手段。在社会主义经济建设过程中,曾经有两种传统观念,一是把计划经济等同于社会主义,认为计划经济是社会主义的本质特征;二是把市场经济等于资本主义,认为市场经济是资本主义所特有的东西,把市场经济与社会主义对立起来。因此,市场经济被长期排斥在社会主义大门之外,影响了社会主义经济的正常运行和发展。

邓小平总结了社会主义经济建设正反两方面的经验教训,特别是我国改革开放的成功经验,从根本上突破了传统观念的束缚,创立了社会主义市场经济理论。早在1979年11月,邓小平就指出:"说市场经济只存在于资本主义社会,只有资本主义的市场经济,这肯定是不正确的。社会主义为什么不可以搞市场经济,这个不能说是资本主义。我们是计划经济为主,也结合市场经济,但这是社会主义的市场经济。"②1984年10月,中共十二届三中全会通过了关于经济体制改革的决定。邓小平认为这个决定"写出了一个政治经济学的初稿,是马克思主义基本原理和中国社会主义实践相结合的政治经济学"③。1992年,邓小平在南方谈话中明确指出:"计划多一点还是市场多一点,不是社会主义与资本主义的本质区别。计划经济不等于社会主义,资本主义也有计划;市场经济不等于资本主义,社会主义也有市场。计划和市场都是经济手段。"④这就明确地回答了社会主义能不能搞市场经济这个长期争论不休、阻碍社会主义前进的重大理论问题。他把计划经济和市场经济都看作促进社会主义发展的经济手段,从根本上解除了把计划经济和市场经济看作社会制度属性的思想束缚,是对社会主义传统经济理论中把计划与市场作为区分社会主义和资本主义的本

---

① 《邓小平文选》第三卷,人民出版社1993年版,第372页。
② 《邓小平文选》第二卷,人民出版社1994年版,第236页。
③ 《邓小平文选》第三卷,人民出版社1993年版,第83页。
④ 《邓小平文选》第三卷,人民出版社1993年版,第373页。

质属性的陈旧观念的重大突破。

第三，提出了社会主义本质论。究竟什么是社会主义？在南方谈话中邓小平对社会主义本质作了新的理论概括，即"社会主义的本质，是解放生产力，发展生产力，消灭剥削，消除两极分化，最终达到共同富裕"①。解放和发展生产力是使我们国家摆脱贫穷落后的必由之路，是解决社会主义社会主要矛盾的根本方法，是为将来向共产主义社会过渡准备物质条件，从而纠正了过去那种"以阶级斗争为纲"，把不断地变革和完善生产关系摆在首位的错误认识和错误方法。社会主义的基本途径是把解放和发展生产力的根本任务，同坚持公有制和按劳分配的原则结合在一起，要把解放和发展生产力放在首位，逐步消灭剥削，消除两极分化。社会主义的最终目标是实现共同富裕。"共同富裕的构想是这样提出的：一部分地区有条件先发展起来，一部分地区发展慢点，先发展起来的地区带动后发展的地区，最终达到共同富裕。"②

3. 抓住时机，发展自己，关键是发展经济

邓小平指出："抓住时机，发展自己，关键是发展经济。"③在发展自己，发展经济的过程中，他特别强调要抓住机遇，不能错过。他说："我就担心丧失机会。不抓呀，看到的机会就丢掉了，时间一晃就过去了。"④对中国来说，大发展的机遇并不多，极为难得，要有责任感和紧迫感，我们要善于发现机遇，抓住机遇，珍惜机遇，用好机遇，加快发展自己，发展经济。他说："现在，周边一些国家和地区经济发展比我们快，如果我们不发展或发展得太慢，老百姓一比较就有问题了。所以，能发展就不要阻挡，有条件的地方要尽可能搞快点，只要是讲效益，讲质量，搞外向型经济，就没有什么可以担心的。"⑤

邓小平总结了我国社会主义经济建设的历史经验，全面地分析了我国社会经济状况，提出了"三步走"的战略目标：第一步，从1981年到1990年国民生产总值翻一番，实现温饱；第二步，从1991年到20世纪末再翻一番，达到小康；第三步，到21世纪中叶再翻两番，达到中等发达国家水平。为了实现这一战略目标，他提出了"我国的经济发展，总要力争隔几年上一个台阶"⑥的论

---

① 《邓小平文选》第三卷，人民出版社1993年版，第373页。
② 《邓小平文选》第三卷，人民出版社1993年版，第373～374页。
③ 《邓小平文选》第三卷，人民出版社1993年版，第375页。
④ 《邓小平文选》第三卷，人民出版社1993年版，第375页。
⑤ 《邓小平文选》第三卷，人民出版社1993年版，第375页。
⑥ 《邓小平文选》第三卷，人民出版社1993年版，第375页。

断及其依据。从国内经验看，经济发展隔几年上一个台阶，是能够办得到的。邓小平指出："看起来我们的发展，总是要在某一个阶段，抓住时机，加速搞几年，发现问题及时加以治理，尔后继续前进。"①在经济发展过程中，要正确地认识和处理加速发展和稳定协调的关系。稳定协调是相对的，是为发展服务的；没有发展，稳定协调就失去了意义，发展是目的，稳定是前提，处于从属地位。邓小平说："这个问题要搞清楚。如果分析不当，造成误解，就会变得谨小慎微，不敢解放思想，不敢放开手脚，结果是丧失时机，犹如逆水行舟，不进则退。"②从国际经验看，一些国家在发展过程中，都曾经有过高速发展时期，或若干高速发展阶段。邓小平指出："现在，我们国内条件具备，国际环境有利，再加上发挥社会主义制度能够集中力量办大事的优势，在今后的现代化建设长过程中，出现若干个发展速度比较快、效益比较好的阶段，是必要的，也是能够办到的。我们就是要有这个雄心壮志！"③

邓小平提出的科学技术是第一生产力的著名论断，深刻地揭示了科学技术与经济发展的关系，科学技术日益成为影响经济增长的决定性因素。在近一二十年，世界高科技领域的每一个突破，都带动一批产业的发展。我国 20 世纪 80 年代经济的快速增长，与近十几年我国科学技术的长足进步是分不开的。他希望在 20 世纪 90 年代，科学技术进步得更快，在世界高科技领域中，中国也要占有一席之地。科学技术作为生产力，越来越显示出巨大的作用。所以，"要提倡科学，靠科学才有希望"④。邓小平把马克思主义生产力理论发展到一个崭新的高度，提出了科学技术是第一生产力的论断。

邓小平看到了知识分子在中国现代化建设中的重要作用，指出知识分子是工人阶级的一部分。科学技术的发展离不开教育，科学技术是经济发展的先导，而教育则是基础。要尊重知识，尊重人才，必须充分发挥知识分子的作用。他感谢老一代科技工作者为国家作出的贡献和争得的荣誉，鼓励青年科学家学成回国，而且"不管他们过去的政治态度怎么样，都可以回来，回来后妥善安排。这个政策不能变"⑤。最后，邓小平希望大家通力合作，为加快发展我国科技和教育事业多做实事，要尽快地让我们的国家发达起来。

---

① 《邓小平文选》第三卷，人民出版社 1993 年版，第 377 页。
② 《邓小平文选》第三卷，人民出版社 1993 年版，第 377 页。
③ 《邓小平文选》第三卷，人民出版社 1993 年版，第 377 页。
④ 《邓小平文选》第三卷，人民出版社 1993 年版，第 377～378 页。
⑤ 《邓小平文选》第三卷，人民出版社 1993 年版，第 378 页。

4. 坚持"两手抓"，两手都要硬的方针

坚持"两手抓"，两手都要硬的方针是邓小平理论的重要组成部分。党的十一届三中全会以来，邓小平曾多次阐述过这一思想，在南方谈话中又作了更为具体的说明。"两手抓"是指，一手抓改革开放，一手抓打击各种犯罪活动；一手抓物质文明，一手抓精神文明。不仅要两手抓，而且"这两手都要硬"。这是我国社会主义现代化建设的一个根本方针。"两手抓"，两手都要硬是一项常抓不懈的工作。"我们搞社会主义才几十年，还处在初级阶段。巩固和发展社会主义制度，还需要一个很长的历史阶段，需要我们几代人、十几代人，甚至几十代人坚持不懈地努力奋斗，决不能掉以轻心。"①

5. 中国的事情能不能办好关键在人

邓小平指出，要按照"四化"标准选拔德才兼备的人进领导班子。干部队伍建设问题，历来是邓小平十分关心和极为重视的问题。他说："正确的政治路线要靠正确的组织路线来保证。中国的事情能不能办好，社会主义和改革开放能不能坚持，经济能不能快一点发展起来，国家能不能长治久安，从一定意义上说，关键在人。"②要按照"四化"标准培养和选拔德才兼备的人进领导班子。这既是防止帝国主义在中国推行和平演变战略的需要，也是党的基本路线要管一百年的需要，又是防止中国共产党内部出现问题的需要。中国要出问题，还是出在共产党内部。从国际共产主义运动发展来看，东欧剧变、苏联解体，其主要教训之一是共产党内部出了问题。

邓小平强调，要反对形式主义，认真学习马克思主义经典。形式主义是指只顾形式忽视内容的一种形而上学的观点、方法和作风。其认识根源是把内容和形式机械地割裂开来，夸大事物的形式，抹杀内容对形式的决定作用。在实际工作中表现为只图虚名，不讲实效，满足于作追求形式的表面文章。邓小平认为，现在是形式主义多，表现为会议多，文章太长，讲话也太长，而且内容重复，"形式主义也是官僚主义"③，因此，必须给予纠正。重复的话要讲，但要精简，要腾出时间来多办实事，多做少说。要克服形式主义，就需要坚持理论联系实际的原则，坚持实事求是。要认真学习马克思列宁主义理论，

---

① 《邓小平文选》第三卷，人民出版社 1993 年版，第 379～380 页。
② 《邓小平文选》第三卷，人民出版社 1993 年版，第 380 页。
③ 《邓小平文选》第三卷，人民出版社 1993 年版，第 381 页。

学习马列要精，要管用的，要从实际需要出发进行阐发。

6. 要坚信人类社会历史发展的规律

邓小平强调，社会主义代替资本主义是社会历史发展不可逆转的趋势。生产关系一定要适合生产力状况的规律是唯物史观的基本原理，它揭示了人类社会发展的规律。历史上奴隶社会代替原始社会，封建社会代替奴隶社会，资本主义社会代替封建社会，就是生产力和生产关系之间矛盾运动的结果。邓小平明确提出："社会主义经历一个长过程发展后必然代替资本主义。这是社会历史发展不可逆转的总趋势，但道路是曲折的……一些国家出现严重曲折，社会主义好像被削弱了，但人民经受锻炼，从中吸收教训，将促使社会主义向着更加健康的方向发展。"①社会主义经过艰难曲折的道路，必将会走向光明未来。

邓小平指出，和平与发展是当代世界的两大问题。当今世界局势风云变幻，各种矛盾错综复杂，邓小平高瞻远瞩，纵观全局对国际形势作出了科学而精辟的判断，提出了和平与发展是当代世界的两大问题的科学论断。他说："世界和平与发展这两大问题，至今一个也没有解决。"②这是新时期我国制定正确的外交政策的理论依据，对创造一个有利的国际环境，集中精力把中国的事情办好，具有重要的指导意义。

三、重要意义

邓小平的南方谈话，是一部中国改革开放新形势下的政治经济学教科书，是一门经济文化落后国家的共产党人如何建设社会主义的必修课，也是建设有中国特色的社会主义理论走向成熟和体系化的标志。邓小平的南方谈话，标志着邓小平理论的体系化、系统化，为马克思主义中国化第二次历史性飞跃提供了理论生长点和理论创新空间，是马克思主义中国化思想史上的重要篇章，具有重要的现实意义和深远的历史意义。

第一，南方谈话进一步回答了如何建设社会主义的根本问题。邓小平的南方谈话，用新的实践经验和新的理论观点，丰富和发展了马列主义、毛泽东思想和建设有中国特色的社会主义理论，是中国社会主义建设进入新阶段又一次解放思想、实事求是的宣言书。南方谈话"围绕什么是社会主义、怎样建设社

---

① 《邓小平文选》第三卷，人民出版社 1993 年版，第382～383 页。
② 《邓小平文选》第三卷，人民出版社 1993 年版，第383 页。

会主义这一根本问题"①，解答了长期以来存在于人们心中的困惑和疑虑，开拓了马克思主义的新境界、新格局和新视野，是当代中国马克思主义发展的重要里程碑。

第二，南方谈话是一次新的思想解放运动。改革开放以来，有两次思想解放运动，一次是 1978 年"关于真理标准问题的讨论"，使我们走出了粉碎"四人帮"后的徘徊历史，摆脱了彷徨。再一次就是邓小平的"南方谈话"。"三个有利于"判断标准的提出，具有重大的理论价值和实践意义。中国的改革开放，是一个发现问题、解决问题，发现新问题、再解决新问题的循环上升和发展的过程。邓小平的南方谈话给正在观察和思考的中国人民指明了方向，使得中国的改革走上了正确的道路。这不仅是一次经济的转折，也是一次政治的转折，它使中国社会主义建设进入了一个理性化的阶段。正是这一次的思想解放使我们在十年的时间里摆脱了姓"资"姓"社"的困扰，建立起了社会主义市场经济体制，使我国进入了建设社会主义事业的新时期。

第三，邓小平对社会主义本质论的科学概括，是对社会主义革命和建设实践的历史经验和教训的深刻总结，是对科学社会主义理论的继承和发展，对社会主义现代化建设具有极为重要的指导作用。我们过去强调社会主义优越性往往突出政治制度方面，而邓小平则从经济入手，强调生产力的重要性，因为生产力是社会发展的终极力量。邓小平把生产力理论引入社会主义本质的分析中，把共同富裕当成最终目标，这不仅在本质上把社会主义同资本主义区别开来，而且在社会主义本质论的研究中也是一个创新。正是由于邓小平同志大力倡导和全力推进的改革开放，中国特色社会主义才能欣欣向荣，中国人民才能过上小康生活，中华民族和中华人民共和国才能以新的姿态屹立于世界东方。

四、学习思考

1. 什么是党的基本路线？为什么要坚持党的基本路线一百年不动摇？
2. 社会主义的本质是什么？
3. 为什么说中国共产党的领导是中国特色社会主义最本质的特征？
4. "三个有利于"的判断标准对当前我国全面深化改革有什么借鉴意义？

---

① 《中国共产党第十九届中央委员会第六次全体会议文件汇编》，人民出版社 2021 年版，第 7 页。

江泽民《推进党的建设新的伟大工程》导读

　　《推进党的建设新的伟大工程》是 1994 年 9 月 28 日江泽民在党的十四届四中全会上讲话的一部分。党的十一届三中全会以来，党的建设取得了巨大成就，但也出现了一些新矛盾和新问题。党能否在新形势下认真研究和解决这些矛盾和问题，已成为关系我国社会主义现代化建设和改革开放兴衰成败的关键。党的十四届四中全会，是新时期召开的一次专门研究党的建设的中央全会，江泽民在会上发表的这篇讲话，阐述了新的历史时期推进党的建设的目标、任务和具体举措，把党的建设提到新的伟大工程的高度，是一部论述党建工作的重要著述。

　　原文见《江泽民文选》第一卷，人民出版社 2006 年版，第 403～412 页。

一、形成背景

　　党的十三届四中全会后，中共中央从全局考虑，着力解决改革发展中的突出矛盾，围绕"抓住机遇，深化改革，扩大开放，促进发展，保持稳定"这一工作大局，正确处理改革、发展与稳定的关系，各方面工作都取得了很大进展。与此同时，我国改革开放和现代化建设所面临的国际国内环境也发生了复杂而深刻的变化。

　　20 世纪 80 年代末 90 年代初，国际上发生了一系列政权更迭、政党衰亡的重大事件。东欧剧变、苏联解体，世界社会主义出现严重曲折，我国社会主义事业的发展面临新的巨大压力。在这种情况下，如何加强和改进党的建设，提高党应对复杂多变国际局势的能力，是党面临的新的重大课题。从国内来看，经过十多年的改革开放和现代化建设，我国已经建立了一定的物质技术基础，经济实力大大增强。从传统的计划经济体制向社会主义市场经济体制的转变，激发了亿万人民的创造活力，极大地解放和发展了社会生产力。几年来的治理整顿和深化改革，解决了经济发展中出现的一些问题，形成了比较好的经济社会环境。但同时，改革和发展进程中的困难仍然很多，面临的许多新情况和新问题还有待于正确的认识和解决。在此形势下，能否率领全国人民正确解决前进道路上的各种问题，把中国的事情办好，关键取决于我们党的领导是否坚强有力。然而，与我们所面临的新形势新任务的要求相比，党的建设还存在许多不相适应的地方，突出表现在：一些党组织不同程度地存在软弱涣散问题，存在有令不行、有禁不止的纪律松弛问题，拜金主义、享乐主义、极端个人主义在一部分党员、干部中滋长，消极腐败现象变换形式在某些方面蔓延，严重损害党群关系，特别是中央和国务院的正确决策在有的地方、单位得不到切实有效的贯彻落实。所有这些，都对进一步加强和改进党的建设，增强党的创造力、凝聚力和战斗力，提高党的领导水平和执政水平提出了迫切要求。

党的十三届四中全会后，以江泽民同志为核心的党的第三代中央领导集体按照邓小平关于"要聚精会神地抓党的建设"的嘱托，作出了用邓小平建设有中国特色社会主义理论武装全党，加强党风廉政建设，加强党同人民群众联系等一系列决定。1992 年党的十四大从加强党的建设角度，强调了学习邓小平建设有中国特色社会主义理论、加强领导班子建设、密切党同群众的关系、加强基层组织建设、坚持和健全民主集中制等五个方面的任务。1993 年 10 月，《邓小平文选》第三卷出版发行，中共中央作出决定，要求全党要把学习《邓小平文选》第三卷摆在党的思想建设和干部理论教育的主要地位。1993 年 8 月，中共中央纪律检查委员会召开二中全会，提出了新形势下反腐败斗争的思路与对策，确定了近期反腐败斗争的任务。由此可见，中共中央对党的思想建设和作风建设已经作出了总体部署。在全面贯彻落实中央关于思想建设和作风建设部署的同时，加强党的组织建设已经成为突出的环节。为了加强党的组织建设，完成十四大加强党的建设的目标，1994 年 9 月 25 日至 28 日，党的十四届四中全会召开，全会集中讨论了党的建设特别是党的组织建设问题，并通过了《中共中央关于加强党的建设几个重大问题的决定》（本篇中以下简称《决定》），江泽民在全会上作了《推进党的建设新的伟大工程》的讲话。

二、基本思想

江泽民在这篇讲话中，重申了新的历史条件下党的建设新的伟大工程的目标和任务，并提出了推进党的建设新的伟大工程的重大举措，形成了新形势下加强党的建设的整体战略部署。

第一，重申了新的历史条件下党的建设新的伟大工程的目标和任务。为落实十四大提出的党的建设的各项任务，使党的建设与建立社会主义市场经济体制改革相适应，1994 年 9 月 28 日，党的十四届四中全会讨论通过了《中共中央关于加强党的建设几个重大问题的决定》，对推进党的建设新的伟大工程做了全面部署。《决定》首次提出新的历史条件下党的建设新的伟大工程的总目标和总任务，即"要把我们党建设成为用建设有中国特色社会主义理论武装起来、全心全意为人民服务、思想上政治上组织上完全巩固、能够经受住各种风险、始终走在时代前列的马克思主义政党"①。江泽民在讲话中，重申了这一伟大工程的目标和任务，并要求全党同志要振奋精神，扎实工作，为实现新时期党的建设的目标而奋斗。新时期党的建设新的伟大工程的目标和任务，揭示了党的建设的四个方面的重大问题：一是根本任务，即用建设有中国特色社会主义理论武装全党；二是根本宗旨，即全心全意为人民服务；三是着力点，即思想上政治上组织上完全巩固；四是目标要求，即把党建设成为能够经受住各种风险、始终走在时代前列的马克思主义政党。这一目标和任务，体现了新的历史条件下"建设一个什么样的党、怎样建设党"的问题，为推进党的建设新的伟大工程指明了方向。

第二，提出了推进党的建设新的伟大工程的新举措。

一是要继续抓好用邓小平建设有中国特色社会主义理论武装全党这项战略任务。用科学理论武装自身是马克思主义政党区别于其他政党的本质特征。恩格斯指出："我们党有个很大的优点，就是有一个新的科学的世界观作为理论的基础。"②这里所说的"科学的世界观"，就是马克思主义。中国共产党自成立之日起，就把马克思主义写在自己的旗帜上。实践证明，"有了坚实的理论基础，有了理论上的坚定，政治上才能坚定，才能过得硬"③。建立社会主义市场经济体制，是中国历史上前无古人的伟大变革，在这一变革中人们思想上产生一些疑虑、困惑甚至糊涂认识是难免的，社会上也会出现这样那样有害于我们事业的东西。我们要保持思想上清醒和坚定，就必须坚持不懈地用邓小平建设有中国特色社会主义理论武装全党，因为"邓小平同志建设有中国特色社会主义理论，继承、丰富和发展了马克思列宁主义、毛泽东思想，是我们党进行新的历史创造的科学指南，是我们民族振兴和发展的强大精神支柱"④。这就需要我们把理论学习引向深入，在认真研读邓小平的原著、全面系统地把握理论的科学体系上下功夫，在坚持解放思想、实事求是的科学态度和创造精神上下功夫，在运用理论研究解决当前重大问题上下功夫，特别是要搞清楚什么是社会主义，怎样建设和发展社会主义，提高执行党的基本路线的自觉性和坚定

---

① 《江泽民文选》第一卷，人民出版社2006年版，第403页。
② 《马克思恩格斯选集》第二卷，人民出版社2012年版，第10页。
③ 《江泽民文选》第一卷，人民出版社2006年版，第500页。
④ 《江泽民文选》第一卷，人民出版社2006年版，第404～405页。

性。抓好用邓小平建设有中国特色社会主义理论武装全党这项战略任务，是新的伟大工程的基础性建设。

二是要坚持全心全意为人民服务的宗旨和党的群众路线，继续抓好党风廉政建设。在贯彻落实党的宗旨上，要求共产党员在发展社会主义市场经济条件下，仍要讲理想、讲大局、讲奉献，讲全心全意为人民服务，讲个人利益服从集体利益、局部利益服从全局利益；要求党员、领导干部要以身作则、率先垂范。因为"共产党员之所以不同于普通群众，领导干部之所以不同于普通党员，很重要的就体现在这些地方"①。尽管与革命时期相比，历史条件、社会环境、党肩负的任务都发生了变化，但党的根本宗旨和优良作风绝不能变。在坚持党的群众路线上，强调群众路线要贯穿于党的全部工作之中。要始终保持同人民群众的血肉联系；始终坚持不脱离实际、不脱离群众；要"下高楼、出深院"，到基层去，到群众中去，特别是到艰苦的地区和困难的单位去，体察民情，了解民意，给群众办实事，为群众排忧解难；要关心涉及群众切身利益的问题，注意在改革和建设中可能引发的新矛盾，见微知著，防微杜渐，把问题解决在萌芽状态，解决在基层，解决在当地。在党风廉政建设上，要深入开展反腐败斗争。要搞好这项工作，必须围绕经济建设这个中心，坚持两手抓，把反腐败同深化改革、扩大开放、促进发展、保持稳定结合起来；要树立持久作战的思想，又要打好阶段性战役，一步一步把斗争引向深入；重点抓好党政机关、行政执法机关、司法机关和经济管理部门，抓县处级以上领导干部；把群众举报和专门机关依法查处结合起来；认真纠正行业不正之风，凡是群众反映强烈的问题，一定要下大气力认真去解决；坚持标本兼治，综合治理；领导干部要严于律己，在勤政廉政上作出表率，中央向领导干部提出的各项自律要求，要不折不扣地做到。

三是要加强党的组织建设，为实现党的政治路线提供有力保证。加强党的组织建设是形势和任务发展的需要，也是党自身发展的需要。一方面，要做到组织统一。为此，必须坚持和健全民主集中制，其目的在于在党的基本理论和基本路线指引下，活跃党内生活，激发全党的积极性和创造性，形成统一认识、统一意志、统一行动，坚持正确的东西，克服错误的东西，使党成为更加团结、更有战斗力的整体。必须加强和改进党的基层组织建设，其目的在于健全和发展党的每个细胞，紧密联系广大人民群众，把党的方针政策落到实处，使党提出的各项任务的实现具备更加巩固的基础。必须大力培养选拔德才兼备

① 《江泽民文选》第一卷，人民出版社 2006 年版，第 406 页。

的领导干部，其目的在于提高党的干部队伍素质，并保证干部队伍的新陈代谢，使党拥有充满活力的领导层。这三个方面的工作做好了，党的组织就会更加坚强、更加巩固。另一方面，要注重制度建设。制度建设更带有根本性、全局性、稳定性和长期性。中国共产党七十多年的一条党建经验，就是工作制度化，建立了一整套科学严密的组织制度。要加强党的组织建设，必须注重制度建设，这也是四中全会的一个重要指导思想。为此，要全面规划、精心设计，在民主集中制、基层党组织建设、干部的培养选拔等方面进一步建立科学的规章制度，形成适应新的历史时期所要求的新机制新规范。

四是要精心组织，抓好全会精神的贯彻落实。讲话主要从四个层面进行了安排：各级党委要从自己的实际出发，认真制定需要落实的具体措施，作出工作部署，明确领导责任，做好自己的工作；中央有关部门特别是中央组织部和中央纪委，要抓紧全会决定提出的有关制度的建立、完善和有关条例的制定；中央宣传部和地方各级宣传部门要配合全会决定的贯彻做好宣传工作；省地县主要领导同志要深入实际、深入基层，及时了解和解决贯彻执行全会决定中存在的问题，取得经验，指导面上的工作。

三、重要意义

江泽民的这篇讲话，不仅丰富和发展了马克思主义的党建思想，而且为切实解决党建中存在的一些重大问题指明了方向，对于进一步推进党的建设伟大工程具有重要的理论价值和现实意义。

第一，江泽民的这篇讲话丰富和发展了马克思主义党建思想，特别是对毛泽东、邓小平党建思想作了进一步创新和发展。中国共产党历来重视党的自身建设。民主革命时期，以毛泽东同志为核心的党的第一代中央领导集体，在贫穷落后的半殖民地半封建的东方大国建设起一支团结统一、纪律严明、英勇善战的工人阶级先锋队，并把建设一个广大群众性的马克思主义政党称为"伟大的工程"。在新的历史时期，以邓小平同志为核心的党的第二代中央领导集体继承发展了第一代中央领导集体关于党的建设的理论，并在各个方面都取得了新的成就，开创了把党建设成为用建设有中国特色社会主义理论武装起来、全心全意为人民服务、思想上政治上组织上完全巩固、能够经受住各种风险、始终走在时代前列的马克思主义政党的先河。在改革开放新形势下，以江泽民同志为核心的党的第三代中央领导集体领导全党继续推进这项伟大的工程。十四届四中全会把执政党的建设提高到"新的伟大工程"的高度，讲话明确提出了新时期党的建设的目标和任务，科学回答了在发展社会主义市场经济条件下如何在思想上、政治上、组织上、作风上全面加强党的自身建设的问题，突出了党的建设这一伟大工程的系统性和整体性，进一步丰富和发展了马克思主义党建思想。讲话中一系列重要思想，为新时期加强党的建设指明了方向，使党能够应对复杂的国际国内环境，经受住各种风险的考验，拓展了党的建设实践的新局面。

第二，提出了在新的历史时期推进党建工作的新举措，为切实解决党建中存在的一些重大问题指明了方向。面对党内存在的组织软弱涣散、纪律松弛、消极腐败等问题，如何采取有效措施加以解决，关系到能否提高党的凝聚力和战斗力，关系到社会主义改革开放能否顺利进行。为此，江泽民提出一定要用邓小平建设有中国特色社会主义理论武装全党，坚持全心全意为人民服务的宗旨和党的群众路线，继续抓好党风廉政建设，加强党的组织建设，并对如何贯彻这些措施作出了具体安排。此外，这篇讲话对于如何组织贯彻和落实党的十四届四中全会精神也作出了战略部署，对于全党起到了精神动员的作用。讲话要求，要精心组织，抓好全会精神的贯彻落实。各级党委要从自己的实际出发，认真制定有效的具体措施，中央有关部门要抓有关制度的建立和完善，中央宣传部和地方各级宣传部门要进一步做好宣传工作，地方主要领导同志要深入基层指导工作等。

第三，深入学习和把握这篇讲话精神，对于我们当前深入推进新时代党的建设新的伟大工程具有重要现实意义。党的十八大以来，以习近平同志为核心的党中央，全面加强了党的领导和党的建设，坚决改变管党治党宽松软状况。推动了全党尊崇党章，增强政治意识、大局意识、核心意识、看齐意识，坚决维护了党中央权威和集中统一领导，严明了党的政治纪律和政治规矩，层层落实管党治党政治责任，全面从严治党取得了卓著成效。当前，中国特色社会主义进入新时代新征程，"党要团结带领人民进行伟大斗争、推进伟大事业、实现伟大梦想，必须毫不动摇坚持和完善党的领导，毫不动摇把党建设得更加坚强有力"①。然而，目前我们党的建设方面还存在不少薄弱环节，党内存在的一些突出问题尚未得到根本解决。因此，必须一如既往、坚定不移地推动全面从严治党向纵深发展，不断提高党的执政能力和领导水平，把党建设成为始终走在时代前列、人民衷心拥护、勇于自我革命、经得起各种风浪考验、朝气蓬

---

① 习近平：《决胜全面建成小康社会 夺取新时代中国特色社会主义伟大胜利——在中国共产党第十九次全国代表大会上的报告》，人民出版社 2017 年版，第 61 页。

勃的马克思主义执政党。"全党必须牢记，全面从严治党永远在路上，党的自我革命永远在路上，决不能有松劲歇脚、疲劳厌战的情绪，必须持之以恒推进全面从严治党，深入推进新时代党的建设新的伟大工程，以党的自我革命引领社会革命。"①

四、学习思考

1. 为什么要把党的建设提高到"新的伟大工程"的高度？
2. 试论江泽民《推进党的建设新的伟大工程》的理论价值和现实意义。
3. 新时代如何深入推进党的建设新的伟大工程？

---

① 《习近平著作选读》第一卷，人民出版社2023年版，第52页。

江泽民《正确处理社会主义现代化建设中的若干重大关系》导读

《正确处理社会主义现代化建设中的若干重大关系》是江泽民 1995 年 9 月 28 日在党的十四届五中全会闭幕时讲话的一部分。这篇讲话深刻总结了我国社会主义现代化建设的实践经验，系统论述了社会主义现代化建设中带有全局性的十二个重大关系，明确提出了正确认识和处理这些关系的总的思想和原则。这是一篇极其重要的纲领性文献，对于更好地推进改革开放和社会主义现代化建设具有极为重要的理论和现实意义。

原文见《江泽民文选》第一卷，人民出版社 2006 年版，第 460～475 页。

一、形成背景

江泽民的这篇讲话是在科学把握当时国际国内形势的基础上，对我国改革开放以来特别是"八五"以来现代化建设经验的概括和总结。

从国际环境看，和平与发展仍是时代主题。"冷战"结束后，世界加快向多极化发展，新的格局日渐明显，尽管地区性局部战事不断，但和平环境有望持续。同时，第三次科技革命日新月异，产业结构调整不断加快，国际经济合作和交往也更加密切，我国的广阔市场和发展前景吸引力越来越强。然而，在日趋激烈的国际竞争和综合国力较量中，我们还面临着发达国家在经济与科技上占优势的压力，面临着霸权主义和强权政治的压力，为了加快推进现代化进程，在国际合作与竞争中取得主动，就必须未雨绸缪，加倍努力。

从国内看，党的十四大以来，我国改革开放和社会主义现代化建设进入了一个新的发展阶段，各项建设取得巨大成就。国民经济迅速发展，综合国力显著增强，社会主义市场经济体制正在逐步建立，国民经济市场化、社会化程度显著提高。对外开放总体格局基本形成，封闭半封闭状态已经根本改变。各项社会事业得到显著发展，人民生活水平明显提高。全国绝大多数人的温饱问题得到解决，正在向小康目标前进。特别是"八五"期间，改革开放取得突破性进展，现代化建设开创了新的局面。但是，我们在前进中也遇到了不少矛盾和困难，出现了一些新情况、新问题。主要是国有企业生产经营困难、管理体制机制落后；农业基础薄弱，满足不了日益增长的农产品需求；在经济快速增长和经济体制转换过程中，通货膨胀压力大，国家财力不足，宏观调控能力不强；产业结构不合理，经营粗放，浪费严重，效益不高，国民经济整体素质较低；人口增长快、人均资源相对不足，就业压力大，生态环境问题突出；地区发展差距扩大，部分社会成员之间收入差距很大；在经济、社会生活中某些腐败现象有所滋长；社会主义精神文明和民主法制建设也面临着不少亟待解决的问题。这些都是带有全局性、根本性的重大问题和突出矛盾，影响和制约着改革开放和社会主义现代化建设进程。

1995 年 9 月 25 日至 28 日，党的十四届五中全会在北京举行。全会审议并通过的《中共中央关于制定国民经济和社会发展"九五"计划和 2010 年远景目标的建议》提出，在今后的十五年内建立起比较完善的社会主义市场经济体制，全面实现第二步战略目标，并向第三步战略目标迈出重大步伐，为 21 世纪中叶基本实现现代化奠定坚实基础。为了贯彻落实全会精神，在闭幕会上江泽民发表了《正确处理社会主义现代化建设中的若干重大关系》的讲话，针对如上若干带有全局性的重大关系问题作出了科学回答。

二、基本思想

推进社会主义现代化建设，必须处理好各种关系，特别是若干带有全局性、根本性的重大关系。正确处理这些重大关系要贯彻一个总的思想，就是"以邓小平建设有中国特色社会主义理论和党的基本路线为指导，针对社会主义市场经济条件下搞现代化建设所遇到的涉及全局的新矛盾新问题，明确我们应该坚持的原则"[1]。以江泽民同志为核心的党的第三代中央领导集体，以邓小平理论为指导，在新的实践基础上，对社会主义现代化建设中带有全局性的重大问题作出了科学分析和回答。

第一，改革、发展、稳定的关系。讲话指出，实现 2010 年远景目标必须处理好改革、发展、稳定三者的关系。实践证明，三者关系如果处理得当，就能总揽全局，保证经济社会顺利发展，否则就会阻滞社会主义现代化建设进程。首先，发展是硬道理。中国解决所有问题的关键就是要靠发展。只有发展才能使中国从根本上摆脱经济落后状况，增强综合国力，从而跻身于世界现代化国家之林。其次，改革是经济和社会发展的强大动力。十七年来我国经济建

---

[1] 《江泽民文选》第一卷，人民出版社 2006 年版，第 460 页。

设取得的巨大成就是在改革中实现的，实现未来十五年的奋斗目标，关键仍在于进一步深化改革。最后，稳定是发展和改革的前提。不论是发展还是改革，都要有稳定的政治和社会环境，否则一切都无从谈起。因此，要从整体上把握改革、发展、稳定之间的内在关系，"做到在政治和社会稳定中推进改革和发展，在改革和发展的推进中实现政治和社会的长期稳定"①。

第二，速度和效益的关系。讲话指出："我国现代化建设必须遵循速度和效益相统一的原则，正确处理好两者的关系。"②中国作为发展中国家，如果要尽快实现现代化，缩小与发达国家的差距，关键要走出一条既有较高速度又有较好效益的国民经济发展道路。以往，我们过多偏重数量扩张，单纯追求增长速度而忽视经济质量，结果效益不理想，整体素质不高。因此，正确处理速度和效益的关系，必须更新发展思路，实现经济增长方式从粗放型向集约型的转变。这种转变就是从主要依靠增加投入、铺新摊子、追求数量，转到主要依靠科技进步和提高劳动者素质上来，转到以经济效益为中心的轨道上来。全党要提高认识，通过深化改革，加快建立有利于提高经济效益的社会主义市场经济体制及运行机制。同时，从法制建设、政策实施、规划制定等多方面采取综合配套措施，切实把提高经济效益作为经济工作的中心。此外，转变经济增长方式，要重视科技和教育，认真实施科教兴国战略，实现科技教育与经济的紧密结合。

第三，经济建设和人口、资源、环境的关系。讲话指出："在现代化建设中，必须把实现可持续发展作为一个重大战略。要把控制人口、节约资源、保护环境放到重要位置，使人口增长与社会生产力发展相适应，使经济建设与资源、环境相协调，实现良性循环。"③中国是一个人口大国，人口基数大、增量多，对农业发展、人民生活水平提高、经济建设，以及资源环境造成巨大压力。因此，必须坚定不移地执行计划生育政策，严格控制人口数量增长，大力提高人口质量。此外，从世界范围看，虽然我国耕地、水和矿产等重要资源总量均居世界前列，但人均占有量都比较低，甚至有的达不到世界平均水平。加之今后人口增加和经济发展，对资源总量的需求将会更多，环境保护的难度也会更大。因此，为了实现经济社会的可持续发展，必须切实保护资源和环境，避免走先污染、后治理的老路，而是要根据我国的现实国情，选择有利于节约资源和保护环境的产业结构和消费方式。坚持资源开发和节约并举，克服各种

① 《江泽民文选》第一卷，人民出版社 2006 年版，第 461~462 页。
② 《江泽民文选》第一卷，人民出版社 2006 年版，第 462 页。
③ 《江泽民文选》第一卷，人民出版社 2006 年版，第 463 页。

浪费现象，综合利用资源，加强污染治理。

第四，第一、第二、第三产业的关系。讲话指出，改革开放以来，我国的三大产业都有很大发展，但同时也存在许多问题，如农业基础薄弱、工业素质不高、第三产业发展滞后，以及三大产业间关系还不协调等。今后的改革思路是"必须大力加强第一产业，调整提高第二产业，积极发展第三产业"①。首先，农业是国民经济的基础，加强农业是国民经济发展的首要问题。为此，制定计划首先安排好农业，研究政策优先考虑农业，引导第二、第三产业加强对农业的支持，形成"以工补农、以工建农、以工带农"的机制。其次，大力调整和提高工业。工业是我国整个经济发展的主要带动力，发展的潜力很大。但总体看，我国工业生产水平以及在国民经济中的比例还不高，主要工业产品的人均占有水平也比较低。因此，必须适时调整产业结构，加强基础工业建设，特别是大力振兴支柱产业，提高其素质和水平。最后，第三产业的比重偏低，需要逐步提高，使之与第一、第二产业的发展相适应，形成合理的规模和结构。为此，要加强对第三产业的规范和管理，重点发展为社会生产和广大群众基本生活服务的行业，规范和发展金融业，引导房地产业健康发展。总之，要通过产业结构的不断调整和优化升级，逐步形成同社会生产力水平相适应的三大产业合理结构。

第五，东部地区和中西部地区的关系。改革开放十七年来，东部地区和中西部地区经济都取得了历史上前所未有的大发展。东部地区由于有较好的经济基础和有利的地理环境，加上国家政策上的一些支持，发展比中西部地区更快一些。对于东部地区与中西部地区经济发展中出现的差距扩大问题，要以邓小平关于让一部分地区、一部分人先富起来，逐步实现共同富裕的战略思想来统一全党的认识。一是要看到各个地区发展不平衡是一个长期的历史的现象。二是要高度重视和采取有效措施正确解决地区差距问题。三是解决地区差距问题需要一个过程。解决地区发展差距，坚持区域经济协调发展，是今后改革和发展的一项战略任务。从"九五"开始，要更加重视支持中西部地区经济的发展，逐步加大解决地区差距继续扩大趋势的力度。中西部地区，要适应发展市场经济的要求，利用自身优势加快发展，东部地区则要继续充分利用有利条件，进一步增强经济活力。同时，东部地区要通过多种形式帮助中西部欠发达地区和民族地区发展经济，促进地区经济协调发展。

第六，市场机制和宏观调控的关系。讲话指出："充分发挥市场机制的作

---

① 《江泽民文选》第一卷，人民出版社 2006 年版，第 464 页。

用和加强宏观调控，都是建立社会主义市场经济体制的基本要求，两者缺一不可，绝不能把它们割裂开来，甚至对立起来。"①我国社会主义市场经济体制是同社会主义基本制度结合在一起的，既可以发挥市场经济的优势，又可以发挥社会主义制度的优越性，在处理市场机制和宏观调控方面更加富有效率。一方面，必须充分发挥市场机制的作用，凡是应当由市场调节的经济活动，要进一步放开放活，激发经济活力。另一方面，国家必须对市场活动进行正确的指导和调控。因为市场调节本身存在着自发性、盲目性和滞后性的一面，因此必须以政府的指导和调控来弥补市场机制的不足。为此，要加快健全和完善宏观调控体系，主要运用经济、法律的手段，并辅之以必要的行政手段，抑制通货膨胀，实现经济总量平衡和结构优化。

第七，公有制经济和其他经济成分的关系。讲话指出："以公有制经济为主体、多种经济成分共同发展，是我们必须长期坚持的方针。它是由我国社会主义制度和现阶段生产力发展水平决定的。"②首先，坚持公有制的主体地位，是社会主义的一项根本原则，也是我国社会主义市场经济的基本标志。只有确保公有制经济的主体地位，才能防止两极分化，实现共同富裕。坚持公有制的主体地位，一是在社会总资产中要保持国家所有和集体所有的资产占优势；二是国有经济在关系国民经济命脉的重要部门和关键领域占支配地位；三是国有经济对整个经济发展起主导作用；四是公有制经济特别是国有企业要适应社会主义市场经济发展的要求，不断发展和壮大自己。其次，在积极促进国有经济和集体经济发展的同时，允许和鼓励个体、私营、外资等非公有制经济的发展，并正确引导、加强监督、依法管理，使它们成为社会主义经济的必要补充。国家对各类企业一视同仁，为各种所有制经济平等参与市场竞争创造良好的环境和条件。

第八，收入分配中国家、企业和个人的关系。讲话指出，目前我国收入分配领域中存在的突出问题，主要是国民收入分配过分向个人倾斜，国家所得的比重过低；部分社会成员之间收入差距很大。因此，"在收入分配中，必须坚持按劳分配为主体、多种分配方式并存的原则，体现效率优先、兼顾公平，把国家、企业、个人三者的利益结合起来"③。首先，要正确处理积累和消费的关系。进行现代化建设，国家必须有一定积累。因此，必须逐步提高"两个比重"，即提高财政收入占国民生产总值的比重，提高中央财政收入占全国财政

① 《江泽民文选》第一卷，人民出版社 2006 年版，第 467 页。
② 《江泽民文选》第一卷，人民出版社 2006 年版，第 468 页。
③ 《江泽民文选》第一卷，人民出版社 2006 年版，第 469 页。

收入的比重。同时要努力节约开支，把"开源"和"节流"结合起来。另外，企业也要有一定的积累，才能扩大再生产，增强发展后劲。因此要搞好国有资产的经营、管理和监督，形成有利于国有资产保值增值的机制和制度。其次，在社会主义初级阶段，社会成员之间收入存在一定程度的差距，是难以避免的。但如果差距很大，而且任其扩大，就会造成多方面的严重后果。因此，要在发展经济的基础上逐步增加城乡居民收入，同时要把调节个人收入分配、防止两极分化，作为全局性的大事来抓。要区分不同情况，保护合法收入，取缔非法收入，调节过高收入，保障低收入者的基本生活。

第九，扩大对外开放和坚持自力更生的关系。讲话指出："在自力更生的基础上扩大对外开放，是我们必须长期坚持的方针。"[1]我国自实行对外开放政策以来，改变了过去封闭半封闭状态，提高了我国经济技术水平，加快了现代化建设步伐。因此，必须坚定不移地进一步扩大对外开放。但必须处理好扩大对外开放和坚持自力更生的关系，把立足点放在依靠自己力量的基础上。引进先进技术，但必须把引进和开发、创新结合起来，形成自己的优势；要利用国外资金，但同时更要重视自己的积累。独立自主不是闭关自守，自力更生不是盲目排外。讲独立自主、自力更生，绝不是要闭关锁国、关起门来搞建设，而是要把对外开放提高到一个新的更高水平。

第十，中央和地方的关系。讲话指出："充分发挥中央和地方两个积极性，是国家政治生活和经济生活中的一个重要原则问题，直接关系到国家的统一、民族的团结和全国经济的协调发展。"[2]改革开放以来，我国实行权力下放，地方积极性得到充分发挥，有力地推动了改革和发展。但在这个过程中，也出现了一些新的矛盾和问题：有的地方和部门过多考虑本地区、本部门局部利益，贯彻执行中央的方针政策不力，应当由中央集中的则集中不够。在新形势下，必须更好地处理好中央和地方的关系。总的原则是：既要有体现全局利益的统一性，又要有统一指导下兼顾局部利益的灵活性；既要有维护国家宏观调控权的集中，又要在集中指导下赋予地方必要的权力。当前应抓紧合理划分中央和地方经济管理权限，明确各自的事权、财权和决策权，做到权力和责任相统一，并力求规范化、法制化。宏观调控权必须集中在中央，中央在制定政策时要充分考虑地方合理的利益和要求，地方要自觉服从和顾全大局，正确运用国家赋予的必要权力，调节好本地区的经济活动。只有把中央和地方两个积极性

---

① 《江泽民文选》第一卷，人民出版社 2006 年版，第 470～471 页。
② 《江泽民文选》第一卷，人民出版社 2006 年版，第 471 页。

都发挥好，才能使国民经济既生机勃勃又持续健康地向前发展。

第十一，国防建设和经济建设的关系。讲话指出："国防现代化是我国社会主义现代化的重要组成部分，加强国防建设是国家安全和经济发展的基本保证。"①只有拥有强大的国防力量，才能保障国家安全和社会稳定，才能为我国改革开放创造和平发展的环境。同时，"国防建设和军队建设必须以经济建设为依托，服从国家经济建设的大局"②。只有国民经济发展了，才能为国防现代化提供必要的物质技术基础。新时期的国防建设必须转变指导思想，由立足于临战状态转到和平时期的正规化、现代化建设上来。国防建设要贯彻积极防御的战略方针，走有中国特色的精兵之路，始终成为维护世界和平的力量。增强我军在现代技术特别是高技术条件下的防卫和应急作战能力，着重提高军队素质，增强整体效能。要加强国防科研，提高部队装备现代化水平。按照发展社会主义市场经济的要求，坚持平战结合，军民结合，建立和完善国防工业运行机制，提高军民兼容程度，增强平战转换能力，走出一条符合我国国情并反映时代特征的国防现代化建设道路。

第十二，物质文明建设和精神文明建设的关系。改革开放以来，我国生产力有了很大提高，精神文明建设也取得了很大进展。但还存在一些亟待解决的问题，如思想政治工作薄弱，拜金主义、享乐主义抬头，一些地方社会治安情况不好，一些腐败、丑恶现象又重新滋生蔓延等。讲话指出："要把物质文明建设和精神文明建设作为统一的奋斗目标，始终不渝地坚持两手抓、两手都要硬。"③在进行物质文明建设的同时，必须把社会主义精神文明建设提到更加突出的地位。任何情况下，都不能以牺牲精神文明为代价去换取经济的一时发展，要把精神文明建设同经济发展战略相适应，纳入国民经济和社会发展的总体规划中。社会主义精神文明建设要以马列主义、毛泽东思想和邓小平理论为指导，大力发扬党的优良传统，弘扬中华民族优良的思想文化，加强爱国主义、集体主义和社会主义思想教育，培育社会主义"四有"公民，吸收世界文明的一切优秀成果，提高全民族的思想道德素质和科学文化素质。要积极探索搞好精神文明建设的新思路、新办法，逐步形成有利于社会主义现代化建设的舆论力量、价值观念、道德规范和文化条件。

讲话最后强调，这十二个关系是在改革和发展的新形势下带有全局性的重大问题。随着实践的发展，认识会不断深化，还会出现新的矛盾和问题，各方

---

① 《江泽民文选》第一卷，人民出版社 2006 年版，第 473 页。
② 《江泽民文选》第一卷，人民出版社 2006 年版，第 473 页。
③ 《江泽民文选》第一卷，人民出版社 2006 年版，第 474 页。

面的关系也会发生变化，所采取的方针和政策也必然会有所调整。全党同志特别是高级干部都要来研究这些重大问题，找出解决办法，把我国现代化建设更好地推向前进。

三、重要意义

江泽民的《正确处理社会主义现代化建设中的若干重大关系》，是马克思主义中国化进程中的一篇极其重要的纲领性文献，它是继毛泽东《论十大关系》后又一篇分析和总结中国社会主义建设经验的经典著述，具有极为重要的意义。

第一，江泽民的这篇讲话是对有中国特色社会主义理论的新发展。江泽民运用马克思主义立场、观点和方法，特别是运用对立统一规律对十二个重大关系进行了阐析，回答了社会主义究竟"怎样发展"的问题，全面贯彻了邓小平建设有中国特色社会主义的理论和党的基本路线和基本方针，充分显示出马克思主义唯物论思想和辩证法精神的力量。它标志着我们党对建设中国特色社会主义探索的新发展，是我们党对社会主义现代化建设规律认识的新成果。对于我们进一步把握社会主义现代化建设的规律，推动中国特色社会主义理论体系不断创新，丰富和发展马克思主义具有重大的理论意义。

第二，这篇讲话系统总结了当时我国社会主义现代化建设的历史经验和现实经验，深刻分析和阐释了正确处理改革开放和现代化建设中十二个重大关系的思想和原则，对于切实解决现实社会中的矛盾和问题，更好地实现"九五"计划以及2010年远景目标意义重大。同时，对于统一全党认识，团结全国各族人民，调动一切积极因素，加快推进社会主义现代化建设也起到重要作用。

第三，深入学习和把握这篇讲话的精神，对于正确认识和解决我国当前社会主义现代化建设中的突出矛盾和问题，仍具有重要的现实意义。江泽民的这篇讲话，尽管是对20世纪90年代中期我国改革开放和现代化建设重大关系问题的思考，到今天已经近三十个年头了，但其中涉及的十二个带有全局性的重大关系问题，仍然是当前我国改革开放和现代化建设进程中需要注意和把握的。

党的十八大以来，我们党团结带领全国各族人民不懈奋斗、攻坚克难，取得了改革开放和社会主义现代化建设的历史性成就，党和国家事业不断开创新局面。但不容否认的是，目前我国经济社会发展中还存在许多矛盾和问题，面临着不少困难和挑战。"发展不平衡不充分问题仍然突出，推进高质量发展还有许多卡点瓶颈，科技创新能力还不强；确保粮食、能源、产业链供应链可靠安全和防范金融风险还须解决许多重大问题；重点领域改革还有不少硬骨头要啃；意识形态领域存在不少挑战；城乡区域发展和收入分配差距仍然较大；群众在就业、教育、医疗、托育、养老、住房等方面面临不少难题；生态环境保护任务依然艰巨；一些党员、干部缺乏担当精神，斗争本领不强，实干精神不足，形式主义、官僚主义现象仍较突出；铲除腐败滋生土壤任务依然艰巨，等等。"①着力解决这些问题，关系到我们能否全面建成社会主义现代化国家，能否实现中华民族伟大复兴的奋斗目标。面对这些矛盾和问题，我们必须继续以巨大的政治勇气和强烈的责任担当，迎难而上、开拓进取，结合新时代新征程、新矛盾新特点，着力加以解决。

四、学习思考

1. 如何理解改革、发展和稳定的辩证关系？

2. 在全面深化改革进程中应如何处理好政府和市场的关系？

3. 如何理解新时代我国社会主要矛盾的变化？为什么说这一变化是关系全局的历史性变化？

---

① 《习近平著作选读》第一卷，人民出版社 2023 年版，第 12 页。

江泽民《讲学习，讲政治，讲正气》导读

　　《讲学习，讲政治，讲正气》是江泽民 1995 年 11 月 8 日在北京市考察工作时讲话的一部分。江泽民在这篇讲话中指出，在我国改革开放和社会主义现代化建设不断深入的新形势下，针对干部队伍的状况和存在问题，在对干部进行教育的过程中要强调讲学习，讲政治，讲正气。这是我们党首次完整提出"三讲"的重要著述。

　　原文见《江泽民文选》第一卷，人民出版社 2006 年版，第 483～486 页。

一、形成背景

　　加强党的思想政治建设，要把教育干部作为关键一环来抓。十三届四中全会以来，以江泽民同志为核心的党的第三代中央领导集体十分重视党的自身建设，特别是高度重视党的思想政治建设，重视提高领导干部和党员队伍的思想政治素质。

　　1994 年 9 月，党的十四届四中全会把党的建设作为一项新的伟大工程提到全党面前。为推进这项新的伟大工程，中央对全党特别是对党的高级干部提出了更加严格的要求。然而不容忽视的是，有些地方、部门和社会领域仍然存在一些消极混乱现象，腐败问题日益严重。针对这种情况，1995 年 1 月，江泽民在中纪委五次全会上的讲话中提出，要加强思想政治建设，提高干部和党员队伍素质。他告诫全党："一个干部或党员蜕化变质，往往是从思想上的蜕化变质开始的。因此，在改革开放和发展社会主义市场经济的新形势下，加强全党的思想政治建设，提高广大干部和党员的思想政治素质，这对于保持我们党的先进性纯洁性，防止和抵制腐朽思想文化的侵蚀，有效地进行反腐败斗争，是极为重要的，各级党委务必予以高度重视。"①1995 年 9 月 27 日，江泽民在党的十四届五中全会召集人会议上指出："我们的高级干部，首先是省委书记、省长和部长，中央委员和中央政治局委员，一定要讲政治。我这里所说的政治，包括政治方向、政治立场、政治观点、政治纪律、政治鉴别力、政治敏锐

---

　　① 　江泽民：《论党的建设》，中央文献出版社 2001 年版，第 167～168 页。

性。在政治问题上，一定要头脑清醒。"①经过深入的理论思考，1995 年 11 月 8 日，江泽民在北京市考察工作期间，根据干部队伍的状况和存在的问题，正式提出"讲学习，讲政治，讲正气"的重要思想。这是江泽民第一次把"三讲"作为一个完整科学概念和新时期加强党的建设的一个重大课题郑重地提交到全党同志面前。

此后，江泽民在多个场合谈到对干部特别是领导干部的教育，要强调讲学习，讲政治，讲正气。1996 年 10 月，党的十四届六中全会作出决定，对县处级以上领导干部进行一次以讲学习、讲政治、讲正气为主要内容的党性党风教育。1998 年 6 月，中共中央《关于在全党深入学习邓小平理论的通知》指出，"今明两年要集中一段时间，在县级以上领导干部中深入进行以讲学习、讲政治、讲正气为主要内容的党性党风教育"②，着重解决党内存在的突出问题，从整体上进一步提高领导干部队伍的思想政治素质。1998 年 11 月，中共中央发出《关于在县级以上党政领导班子、领导干部中深入开展以"讲学习、讲政治、讲正气"为主要内容的党性党风教育的意见》，要求通过"三讲"教育推动县级以上党政领导班子和领导干部深入学习邓小平理论和党的十五大精神，并对深入开展"三讲"教育的必要性和重要性、基本要求、遵循原则、步骤和方法作了明确的规定。随后，在全党范围内全面深入地开展了"三讲"教育，2000 年年底"三讲"教育活动圆满结束。这次"三讲"教育活动，使全党同志尤其是领导干部受到了一次深刻的党性党风教育，对改革开放和社会主义现代化建设事业起到了巨大的推动作用。

二、基本思想

讲话阐明了加强党的建设，特别是加强干部教育的必要性和紧迫性。江泽民指出："现在，有些地方、部门和社会领域出现一些消极混乱现象，而且往往得不到及时纠正，虽然有多方面的原因，但根本的一条是由于那里的党政领导不力，甚至放弃领导。"③加强党的领导，必须首先加强对干部尤其是领导干部的教育，其中特别要强调讲学习，讲政治，讲正气。

讲学习，就是要求党员干部自觉学习理论，学习科学文化知识，养成良好

---

① 《江泽民文选》第一卷，人民出版社 2006 年版，第 457 页。
② 江泽民：《论党的建设》，中央文献出版社 2001 年版，第 296 页。
③ 《江泽民文选》第一卷，人民出版社 2006 年版，第 483 页。

的自主学习习惯。马克思曾说："批判的武器当然不能代替武器的批判，物质力量只能用物质力量来摧毁；但是理论一经掌握群众，也会变成物质力量。"①这句话深刻揭示了理论之于实践所具有的重要导向功能，揭示了理论学习对于我们改造客观世界和主观世界所具有的强大能动作用。江泽民在讲话中指出："我们这个国家和民族，自古以来就以重视学习、讲究学问之道而著称于世。我国历史上出现了许多有作为的政治家、志士仁人和著名学者，他们的建树都是同勤于学习、具有丰富的知识分不开的。"②中华文化源远流长，五千年的历史传承铸就了中华民族深厚的文化底蕴。中国自古就有苏秦刺股、匡衡凿壁、祖逖闻鸡起舞、车胤孙康囊萤映雪等励志苦读的优良传统，这种文化传统始终是推动民族奋进的不竭动力。当今时代，随着世界科技发展日新月异，知识更新不断加快，作为党的领导干部，如果不能自觉地加强理论学习，争取掌握更多的现代科学文化知识，就会落后于这个时代。因此，必须树立终身学习的理念，做到活到老，学到老，改造到老。尤其是在我国改革开放这场深刻而伟大的历史性变革中，我们的党员和干部只有不断学习，才能紧跟时代步伐，实现不断创新。那么，讲学习，学什么？讲话指出，对于领导干部而言，讲学习就是要自觉学习马克思列宁主义、毛泽东思想和邓小平理论，自觉学习党的基本路线和各项方针政策，自觉学习历史知识、经济知识和其他科学文化知识，在改造客观世界的同时改造主观世界。只有自觉学习，刻苦钻研，才能不断提高自身的思想理论水平和精神境界，才能保持坚定的政治立场和避免错误的发生。

讲政治，就是要求党的干部坚持正确的政治方向、政治立场、政治观点，遵守政治纪律，提高政治鉴别力和政治敏锐性，学会从政治上观察问题、分析问题和处理问题，以确保社会安定有序、国家长治久安。注重思想政治建设，是中国共产党的优良传统，在新的历史时期必须加以发扬光大。随着我国改革开放不断深入，为了应对日趋复杂严峻的国内国际形势，确保改革开放和社会主义现代化建设顺利进行，中国共产党更应当把讲政治提升到一个新的高度并给予充分重视。讲话指出，讲政治，对共产党人来说任何时候都要坚持。领导干部特别是高级干部一定要讲政治。有些领导干部，放松了对讲政治重要性的认识，有的甚至到了是非不辨、美丑不分的地步。还有的同志产生了一种误解，以为坚持以经济建设为中心，就可以不注意政治了，这种认识完全不符合

---

① 《马克思恩格斯选集》第一卷，人民出版社2012年版，第9页。
② 《江泽民文选》第一卷，人民出版社2006年版，第483～484页。

邓小平理论和党中央的要求。搞现代化建设、经济建设，必须有政治保障，否则就会失去正确方向。因此，领导干部时时刻刻都要讲政治，时时刻刻都要努力提高自身的政治素养。江泽民指出，讲政治，就是要坚持四项基本原则，警惕西方敌对势力"西化""分化"我国社会主义的图谋，反对分裂祖国的行为，抵制封建主义、资本主义腐朽思想文化的侵蚀，无论任何情况都要坚决捍卫国家利益和民族利益。如果不讲这些，我们的改革开放和经济建设就不可能顺利进行，就不可能保证建设有中国特色社会主义事业的成功。

讲正气，就是要继承和发扬中国共产党在长期革命和建设事业中形成的优良传统和作风，坚持同一切歪风邪气和各种腐败现象作斗争，全心全意为人民服务。所谓"正气"，就是指刚正不阿的气概和光明正大的气节。崇尚正气，自古以来就是中华民族的优良传统。战国时期的孟子曾言："我善养吾浩然之气"，有了浩然之气，则"富贵不能淫，贫贱不能移，威武不能屈"。南宋文天祥也有"天地有正气""于人曰浩然"的凛然大义，并留给后人"人生自古谁无死，留取丹心照汗青"这一千古传颂的名句。古往今来，有多少仁人志士，为了国家和民族利益前赴后继，艰苦奋斗，舍生取义。正是靠这种正气，中华民族才能百折不挠，奋勇向前，延绵中华文明五千年。因此，一个人必须树立正气，必须有正义感。有了一腔浩然正气，才能无所畏惧地前进，才能不屈不挠地为国家为社会建功立业。每一个共产党员和领导干部都应当保有这股浩然正气，继承和发扬党的优良传统和优良作风，如理论联系实际、密切联系群众、批评和自我批评的作风；谦虚、谨慎、不骄、不躁，自力更生、艰苦奋斗、廉洁奉公的作风；实事求是、求真务实、勇于创新的作风；严以修身、严以用权、严以律己，谋事要实、创业要实、做人要实的作风等，进而使全党充满强大的生命力和战斗力。当代中国，共产党人秉持的最大正气是什么？讲话指出："我们党的宗旨是全心全意为人民服务，这就是全党同志首先是各级领导干部必须坚持树立和发扬的最大的正气。"①人民群众的利益是党为之奋斗的根本目标，是党和国家一切工作的出发点和落脚点。要大大发扬这种正气，就要坚决同拜金主义、享乐主义、极端个人主义等歪风邪气作斗争，同以权谋私、贪污腐败等现象作斗争，从而树立党的光辉形象，维护最广大人民群众的根本利益。

"讲学习，讲政治，讲正气"是一个有机联系的统一整体。首先，讲学习是讲政治和讲正气的理论前提。"只有把学习搞好了，掌握的理论知识和科学文化知识多了，政治认识和精神境界提高了，讲政治才讲得起来，正气才能树立

① 《江泽民文选》第一卷，人民出版社2006年版，第485页。

和发扬起来。"①只有具备了深厚的理论素养和知识储备,才能够准确认识和把握党的理论、路线、方针和政策,保持正确的政治立场和政治方向,更好地为人民服务。其次,讲政治是讲学习和讲正气的实践目的。讲学习为讲政治提供了理论基础和知识准备,而讲正气则促进党和领导干部时刻把握正确的政治方向。当前,中国最大的政治就是维护和巩固人民当家作主的社会主义制度,推进经济和社会全面发展,保障最广大人民的根本利益,最终实现人的全面发展。讲学习、讲正气,最终都是为了服务于这个最大的政治。最后,讲正气是讲学习和讲政治的道义保障。中国共产党不论是学理论、学知识,还是政治涵养和政治实践,都离不开一个"正气",有了这个浩然之气才能学以致用、学以致政;有了这个浩然之气才能执政为民,以民为本,本固而国强。

三、重要意义

江泽民的这篇讲话,分析了新形势下党的干部队伍建设中存在的一些问题,并首次完整提出在对干部进行教育过程中要强调讲学习,讲政治,讲正气,不仅丰富和发展了马克思主义的党建思想,而且对于切实加强党的干部队伍建设具有重要的理论价值和现实意义。

第一,江泽民"三讲"的提出,丰富和发展了马克思主义的党建思想。"讲学习,讲政治,讲正气"是中国共产党历来的优良传统和独特优势。从马克思、恩格斯、列宁到毛泽东、邓小平等马克思主义经典作家一贯主张从思想政治上加强党的自身建设。尤其是毛泽东、邓小平在中国革命、建设和改革实践中,更是始终坚持把思想建党作为党的建设的中心环节来抓。在新的历史阶段,针对复杂严峻的国际国内形势以及党内存在的一些消极混乱、执政不力等状况,江泽民更加突出地强调全党要"讲学习,讲政治,讲正气",把"三讲"作为加强领导干部教育、提高领导干部思想政治素质的根本要求。"三讲"这一提法科学地概括和总结了毛泽东、邓小平关于党的建设,特别是加强党性党风教育的思想,第一次把讲学习、讲政治、讲正气作为一个有机联系的整体结合起来,形成以讲政治为核心的党性党风教育思想体系,不仅结合时代特点赋予了"三讲"新的科学内涵,而且深刻地揭示了三者之间的内在逻辑,对马克思主义党建理论作出了重要发展和贡献。

第二,江泽民"三讲"的提出,对于全面提高干部素质特别是思想政治素

---

① 《江泽民文选》第二卷,人民出版社 2006 年版,第 284 页。

质，确保党的基本理论、路线、方针和政策全面贯彻，以及改革开放和现代化建设顺利进行起到了重要作用。应该说，我们党的领导干部总体上是好的，具有高度的理论素养和政治素质。但也必须看到，有个别领导干部的思想政治素质还不能适应新形势新任务的要求，因此，必须切实加强干部的思想政治教育，特别是讲学习、讲政治和讲正气的教育，全面提高干部的素质和能力，遏止一些错误思想和不正之风的滋长蔓延。在江泽民的这次讲话之后，在不断总结党内教育经验的基础上，党中央在全国范围内陆续开展了针对县处级以上领导干部的"三讲"教育活动，突出了以讲学习、讲政治、讲正气为主要内容的党性党风教育。深入开展"三讲"教育活动，不仅对于从整体上提高领导班子和干部队伍的素质，提高干部的领导能力和领导水平起到了重要作用，而且对于遏制党内腐败和不正之风，更好地实现新世纪宏伟发展目标，提供了重要的思想政治保障。

第三，学习这篇讲话，对于新时代继续推进党的建设新的伟大工程，具有重要的现实意义。党的十八大以来，以习近平同志为核心的党中央，全面加强了党的领导和党的建设，全面从严治党取得了卓著成效。党中央坚持开展党的群众路线教育实践活动和"三严三实"专题教育，推进"两学一做"学习教育常态化制度化，开展"不忘初心，牢记使命"主题教育，以及党史学习教育等，使全党理想信念更加坚定、党性更加坚强。此外，中央出台八项规定，严厉整治形式主义、官僚主义、享乐主义和奢靡之风。积极开展巡视监督工作，实现中央和省级党委巡视全覆盖，巡视利剑作用彰显。加大反腐力度，坚定不移"打虎""拍蝇""猎狐"，反腐败斗争压倒性态势已经形成并巩固发展。然而，必须清醒地认识到，我们党面临的执政环境是复杂的，影响党的先进性、弱化党的纯洁性的因素也是复杂的，党内存在的思想不纯、组织不纯、作风不纯等突出问题尚未得到根本解决，全党面临各种风险和严峻考验。因此，新时代全面推进党的建设伟大工程，必须坚持和加强党的全面领导，坚持党要管党、全面从严治党，以加强党的长期执政能力建设、先进性和纯洁性建设为主线，以党的政治建设为统领，以坚定理想信念宗旨为根基，以调动全党积极性、主动性、创造性为着力点，全面推进党的政治建设、思想建设、组织建设、作风建设、纪律建设，把制度建设贯穿其中，深入推进反腐败斗争，不断提高党的建设质量。

总之，"不忘初心，方得始终"①。党的二十大报告指出："从现在起，中

---

① 习近平：《决胜全面建成小康社会　夺取新时代中国特色社会主义伟大胜利——在中国共产党第十九次全国代表大会上的报告》，人民出版社 2017 年版，第 1 页。

国共产党的中心任务就是团结带领全国各族人民全面建成社会主义现代化强国、实现第二个百年奋斗目标，以中国式现代化全面推进中华民族伟大复兴。"①我们党只有继续发扬讲学习、讲政治、讲正义的优良传统，继续坚持全面从严治党，全面提升党的领导能力和凝聚力，才能使党成为中国前行的坚强核心，才能最终不负人民的重托和历史赋予的神圣使命！

四、学习思考

1. 如何理解"讲学习，讲政治，讲正气"的深刻内涵及逻辑关系？
2. 试论"讲学习，讲政治，讲正气"对马克思主义党建思想的创新发展。
3. 为什么说讲政治是我们党作为马克思主义政党的根本要求？新时代新征程如何进一步加强党的政治建设？

---

① 《习近平著作选读》第一卷，人民出版社 2023 年版，第 18 页。

江泽民《在中央思想政治工作会议上的讲话》导读

《在中央思想政治工作会议上的讲话》是江泽民 2000 年 6 月 28 日在中央思想政治工作会议上发表的讲话。讲话针对我国对外开放和社会主义市场经济发展过程中出现的新形势新情况，就如何加强和改进党的思想政治工作，以及加强党对思想政治工作的领导等问题进行了分析。这是江泽民论述思想政治工作的一篇重要文献，具有重要的历史和现实意义。

原文见《江泽民文选》第三卷，人民出版社 2006 年版，第 74～100 页。

一、形成背景

改革开放以来，党的思想政治工作扎实推进，取得了明显成效。特别是党的十四大以来的思想政治工作，在促进社会改革、发展、稳定方面发挥了重要作用，为社会主义现代化建设提供了强大的精神动力和重要的政治保证。

世纪之交，国内国际形势发生的深刻变化，给党的思想政治工作带来了一系列新的挑战。从国际上看，世界范围内的各种文化思潮相互交错、相互激荡，对我国的思想领域产生了极大的冲击，人们的思想认识和价值观念呈现出多元化和差异化发展的特点，由此也产生了许多认识上的困惑、矛盾和分歧。此外，西方敌对势力加紧了对我国施行西化、分化的政治战略。他们不断利用所谓人权、民主、自由、民族、宗教等问题对我国进行意识形态渗透，还与流亡在外的所谓"民运"分子和我国境内的敌对分子相勾结，企图联手行动，颠覆中国共产党的领导和中国的社会主义制度。因此，在坚持改革开放、加强对外经济文化交流的同时，必须十分注意警惕和防范敌对势力的渗透、颠覆活动。从国内看，改革开放这场深刻的社会变革，也引起了人们精神世界的深刻变化。人们的竞争意识、效率意识、民主法制意识、开拓创新意识普遍增强，为我们做好思想政治工作创造了更好的物质条件和精神条件。但同时，人们思想活动的独立性、选择性、多变性、差异性也明显增加，一定程度的自由主义、拜金主义、享乐主义、利己主义等思想有所滋生和蔓延，封建主义沉渣泛起，国外资产阶级腐朽思想文化也乘机而入，这些都给人们的思想带来了混乱。

新的历史时期，思想领域的矛盾斗争错综复杂、形势严峻，加强思想政治工作尤为重要。但是"一手硬、一手软"的现象仍然在相当一些地方和部门存在。一些领导干部埋头业务工作，不注意研究社会思想政治动向；一些基层党组织处于软弱涣散状态，在思想教育方面没有发挥应有的作用；思想政治工作也存在着不适应社会生活新变化，覆盖不到位，针对性不强以及方法手段滞后的问题。如果不切实扭转这种状况，对各种错误思潮掉以轻心，任其泛滥，我们就会犯历史性的错误。面对这种严峻形势，迫切需要全党同志增强忧患意识，保持清醒头脑，提高政治警觉，从巩固党的执政地位、完成党的历史任务的高度，抓紧研究解决加强和改进思想政治工作的问题。1999 年 9 月，中共中央下发了《关于加强和改进思想政治工作的若干意见》(十七号文件)，就加强和改进思想政治工作作出了战略部署。2000 年 6 月 28 日至 29 日，中央思想政治工作会议在北京举行，会议的目的就是要动员全党充分认识新时期思想政治工作的重要地位、主要任务、指导思想、基本要求以及需要注意把握的重大问题，提出适应新形势新任务的要求和措施，进一步落实中央十七号文件精神，使党的思想政治工作取得更大成效。

二、基本思想

讲话指出："党的思想政治工作，是经济工作和其他一切工作的生命线，是团结全党全国各族人民实现党和国家各项任务的中心环节，是我们党和社会主义国家的重要政治优势。"①召开这次中央思想政治工作会议的目的就是要进一步认清党的思想政治工作面临的新形势新任务，提出适应新形势新任务，加强和改进思想政治工作的要求和措施，把思想政治工作做得更加切实有效。讲话精神主要体现在以下三个方面。

1. 关于思想政治工作面临的新形势新情况

讲话指出，改革开放以来党的思想政治工作取得了显著成效，为促进改革发展稳定，夺取现代化建设胜利发挥了重要作用。实践证明，什么时候思想政治工作做好了，我们的事业就能更好地发展；反之，如果思想政治工作不力，就会导致错误思潮泛滥，人们思想混乱和人心涣散，我们的事业就会遭受挫

---

① 《江泽民文选》第三卷，人民出版社 2006 年版，第 74 页。

折。当前，世界正在发生深刻变化，党的思想政治工作面临的形势也更加复杂、更加严峻。因此，必须进一步大力加强和改进党的思想政治工作，而不可有丝毫放松和削弱。而要做好新时期的思想政治工作，"必须从国际和国内、历史和现实的角度，深刻分析新形势下对广大干部群众的思想活动发生作用的客观环境及其基本特点，正确审视和解决那些影响干部群众思想活动的重大理论问题和实际问题"①。讲话从国际与国内、历史和现实的角度，提出了四个影响干部群众思想活动的重大理论问题和实际问题，并运用辩证唯物主义和历史唯物主义的观点和方法，对这些问题作出了科学分析和回答。

第一个问题，关于如何认识社会主义发展的历史进程。讲话指出，社会主义是指引无产阶级和劳动人民获得自身解放、建设幸福生活的正确道路。社会主义从空想到科学，从科学到实践，经历了五百年历史沧桑。然而，社会主义从建立到现在也不过八九十年，如果从世界历史进程看，社会主义总体说来还处在实践和发展的初期。如果要彻底改变落后的面貌，还需要经历一个漫长的发展过程，前进途中不可避免地会遇到许多难以预料和想象的困难和风险，不可能是一帆风顺的。东欧剧变、苏联解体，使世界社会主义运动遭受巨大挫折，给我们的教训是：一是必须坚持社会主义；二是必须进行社会主义改革，探索符合本国实际的社会主义发展道路。实践证明，中国社会主义不仅继续存在，而且通过改革蓬勃发展，显示出更加强大的生命力和创造力。我们要根据这样的基本认识，来引导广大党员、干部和群众正确理解社会发展的客观规律和社会主义事业的长期性和艰巨性，坚定走有中国特色社会主义道路的决心和信心。

第二个问题，关于如何认识资本主义发展的历史进程。讲话指出，资本主义的发展，从英国资产阶级革命算起，已有三百六十年的历史了。马克思、恩格斯早在《共产党宣言》中就宣告："资产阶级的灭亡和无产阶级的胜利是同样不可避免的。"②由于资本主义生产的社会化和资本主义私人占有形式这个基本矛盾的运动，资本主义必然灭亡，共产主义必然胜利。列宁也曾指出，进入帝国主义阶段的资本主义是垄断的、腐朽的、垂死的资本主义。那么问题是：为什么资本主义现在不仅没有在世界上消失，而且发达资本主义国家在生产力、科学技术和物质文化生活水平等方面比我们社会主义国家还要高得多？马克思曾说："无论哪一个社会形态，在它所能容纳的全部生产力发挥出来以前，是

---

① 《江泽民文选》第三卷，人民出版社 2006 年版，第 76 页。
② 《马克思恩格斯选集》第一卷，人民出版社 2012 年版，第 413 页。

决不会灭亡的；而新的更高的生产关系，在它的物质存在条件在旧社会的胎胞里成熟以前，是决不会出现的。"①资本主义国家为了维护资本主义制度，对资本主义生产关系的某些环节和经济社会的运行、管理机制进行了一些自我调整，从而使资本主义生产关系暂时还能够容纳生产力发展的要求，阶级矛盾和社会矛盾也得到一定程度的缓和。特别是他们吸收和利用当代科学技术发展的最新成果，为资本主义社会的生产力发展提供了新的空间。此外，西方发达资本主义国家利用其经济、科技甚至军事优势，在世界市场上获得了巨大利润，这也是他们继续发展的重要条件。然而，需要看到的是，西方资本主义国家进行的自我改良和改善，并没有触动资本主义统治的根基，并没有改变资本主义制度的性质，也没有改变马克思主义关于资本主义历史命运基本判断的真理性。我们应该坚持马克思主义基本原理，注重从理论和实践、历史和现实的结合上，引导广大干部群众正确认识当代资本主义的历史进程。绝不能因为资本主义暂时性的繁荣而否认马克思主义"两个必然"的科学论断，而是要学会用大尺度的历史时空观去审视社会发展的进程。

第三个问题，关于如何认识我国社会主义改革实践过程对人们思想的影响。讲话指出，改革开放是一场深刻的社会变革，必然会引起人们精神世界的深刻变化。一方面，改革开放和现代化建设，带来了经济的快速发展和社会的巨大进步，增强了人们的竞争意识、效率意识、民主法制意识、开拓创新精神，为我们做好思想政治工作创造了更好的物质条件和精神条件。另一方面，由于社会经济成分、组织形式、就业方式、利益关系和分配方式日益多样化，人们思想活动的独立性、选择性、多变性、差异性明显增强；市场经济活动存在的弱点及其带来的消极影响，容易诱发自由主义、分散主义和拜金主义、享乐主义、利己主义；人民内部矛盾的内容和表现形式也出现了许多新的情况。我们实行对外开放，有利于人们开阔眼界、增加见识、活跃思想，但国外资产阶级腐朽思想文化也会乘机而入。我国社会长期存在的封建主义残余思想包括封建迷信和愚昧落后的思想观念，在新的历史条件下也会沉渣泛起。因此，党的思想政治工作的一项重要任务，就是要引导干部群众分清主流和支流、分清正确和谬误。在当代中国，以马克思主义为指导的正确的进步的思想观念是整个社会思想的主流，这是毫无疑义的。而违反马克思主义的错误的落后的思想观念，尽管是支流，也必须认真对待。如果任其发展，就会造成极大的社会危害。越是变革时期，越要警惕各种错误思想观念的发生及其给人们带来的消极

① 《马克思恩格斯选集》第二卷，人民出版社2012年版，第3页。

影响，我们党的思想政治工作越要加强和改进。

第四个问题，关于如何认识当今的国际环境和国际政治斗争带来的影响。讲话指出，世界正在朝着多极化方向发展，经济全球化进程也正在加快，世界科学技术进步更是日新月异。在这种情况下，各种思潮相互交错、相互激荡，必然会对我国的思想领域、对我们干部群众的思想意识产生影响。西方国家就一直不遗余力地对社会主义国家发动各种攻势，其中很重要的就是进行意识形态渗透。西方敌对势力加紧以各种手段和方式对我国施行西化、分化的政治战略，企图颠覆中国共产党的领导和中国的社会主义制度。他们的这种政治图谋是绝不会改变的。我们同国内外各种敌对势力在渗透和反渗透、颠覆和反颠覆上的斗争将是长期的、复杂的，阶级斗争在我国一定范围内仍然并将长期存在。在坚持改革开放、加强对外经济文化交流的同时，要十分注意警惕和防范敌对势力的渗透、颠覆活动。

总之，党的思想政治工作面临的形势更为复杂，任务更为繁重，工作更为艰巨。全党同志特别是各级领导干部必须给予高度重视，充分认识到"党的思想政治工作绝不是可有可无、无所作为，而是必不可少、大有可为"①。思想政治工作在党的全部工作中的地位不能变，各级党组织坚持不懈地抓思想政治工作的任务不能变，不断提高思想政治工作的质量和水平的要求不能变。

2. 关于加强和改进党的思想政治工作

讲话指出："我们要辩证地看待和处理一手抓经济工作、一手抓思想政治工作的相互关系，把两者统一于人民群众认识世界和改造世界、推进改革开放和现代化建设的伟大实践中去，既实现经济持续发展，又实现社会全面进步。"②面对新形势新情况，党的思想政治工作在继承和发扬优良传统的基础上，必须在内容、形式、方式、方法、手段、机制等方面努力进行创新和改进，特别要在增强时代感和加强针对性、实效性、主动性上下功夫。讲话强调了四点：

第一，"要紧密结合我国社会主义改革和建设、国际形势发展变化的新实际，加强对马克思主义的研究和宣传，不断增强马克思主义理论的说服力和战斗力"③。加强和改进思想政治工作，最根本的是坚持和巩固马克思主义在我

---

① 《江泽民文选》第三卷，人民出版社 2006 年版，第 84 页。

② 《江泽民文选》第三卷，人民出版社 2006 年版，第 85 页。

③ 《江泽民文选》第三卷，人民出版社 2006 年版，第 86 页。

国意识形态领域的指导地位。坚持马克思主义的指导地位，最基础的工作是用马克思列宁主义、毛泽东思想、邓小平理论武装全党，教育人民。坚持马克思主义的指导地位，必须坚持唱响主旋律、打好主动仗，科学生动地宣传马克思主义，引导干部群众不断克服和抵制错误、落后、腐朽的思想文化影响和侵蚀。在事关政治方向和根本原则的问题上，一定要旗帜鲜明，理直气壮，毫不含糊。

第二，"要紧密结合干部群众在思想认识和工作生活中产生的新问题，突出加强理想信念教育，不断增强全体人民的凝聚力"①。理想信念教育，最根本的就是要坚持进行爱国主义、集体主义、社会主义教育，动员全国各族人民为建设有中国特色社会主义事业，为把我国建设成为富强民主文明的社会主义现代化国家而共同奋斗。开展思想政治工作，要注意因地制宜，因人制宜，因事制宜，因时制宜。不同地区、不同部门、不同领域的干部群众，所处的环境、承担的任务、面临的问题不同，其思想活动的特点和要求也会有不同。做工作一定要把握这些特点和要求，有针对性地进行。特别是在我们实施重大改革决策时，要进行广泛的宣传和细致的思想工作，以取得群众的理解和支持。具体情况具体分析，具体问题具体解决，党的思想政治工作也应该坚持运用好马克思主义的这个活的灵魂，坚持贯彻好唯物辩证法的这个基本要求。

第三，"要紧密结合发展社会主义市场经济的新要求，努力加强社会主义道德教育，不断提高全体人民的思想道德素质"②。讲话指出，必须把努力建设与发展社会主义市场经济相适应的社会主义道德体系这一任务放在突出位置来抓。社会主义道德建设要以马克思列宁主义、毛泽东思想、邓小平理论为指导，以为人民服务为核心，以集体主义为原则，以爱祖国、爱人民、爱劳动、爱科学、爱社会主义为基本要求，以社会公德、职业道德和家庭美德的建设为落脚点。建设社会主义道德体系是一个系统工程，必须坚持正确处理公平和效率的关系，坚持先进性要求和广泛性要求相结合，坚持"三个有利于"标准，坚持继承和发扬民族优秀文化传统并积极吸收外来优秀文化成果。要正确认识和处理各种利益关系，要周密制定和实行适应社会发展要求的道德建设指导规划，广泛开展群众性精神文明创建活动，不断推动社会主义道德体系的形成和完善。

第四，"要紧密结合社会精神文化生活的新发展，努力探索出一套行之有

① 《江泽民文选》第三卷，人民出版社2006年版，第89页。
② 《江泽民文选》第三卷，人民出版社2006年版，第91页。

效的方式、方法、手段、机制，不断提高思想政治工作的感召力和渗透力"①。讲话指出，加强和改进思想政治工作，过去行之有效的好传统、好办法要坚持，更重要的是要适应新情况不断探索新的方式、方法、手段、机制。开展思想政治工作，要力求做到生动活泼、群众喜闻乐见，切忌形式主义、教条主义，切忌简单生硬。思想工作必须讲求春风化雨，润物无声，耐心细致，潜移默化。人民群众中蕴藏着丰富而实际的教育资源，要注意引导群众自己教育自己。对群众在实践中形成和表现出来的好思想、好品德，对基层创造的新鲜经验和好的做法，要及时总结推广。要重视和充分运用信息网络技术，使思想政治工作提高时效性、扩大覆盖面、增强影响力。

3. 关于加强党对思想政治工作的领导

讲话指出，抓党的建设，首先要抓好党的思想政治建设，因为解决思想政治问题是做好其他各项工作的前提和基础。党的这个优良传统和重要经验，任何时候都不能丢。加强党对思想政治工作的领导，要把握好以下方面的问题：

第一，党的思想政治工作本质上是群众工作，因此必须坚持走群众路线。各级领导干部一定要牢固树立群众观点，带着对人民群众的深厚感情去做思想政治工作，老老实实向人民群众学习，诚心诚意为人民群众服务。

第二，加强和改进思想政治工作，归根到底是为社会主义经济基础服务的。要防止和纠正思想政治工作与经济工作脱节的"两张皮"现象，一定要紧密结合经济工作和各项业务工作一道去做，把工作做到人民群众物质生产和精神生产的实际活动中去。我们必须切实了解群众的思想和利益要求，掌握群众情绪，研究群众思想观念的变化。要把做群众思想工作与帮助群众解决实际问题结合起来。

第三，思想政治工作是全党的工作，所有党员和领导干部都要做。必须建设一支政治强、业务精、纪律严、作风正的专兼结合的思想政治工作队伍。基层思想政治工作队伍建设，要做到组织落实、人员落实、责任明确、制度健全。要充实基层思想政治工作部门，优化政工干部队伍结构，这要作为一件大事抓紧去做。做思想政治工作的同志首先是各级领导干部，要在"立行"和"立言"上多下功夫，努力把人格的力量和真理的力量统一起来。党的思想政治工作，面向全社会，面向广大干部群众，靠一部分人来做是远远不够的，必须全党动手，落实到基层，发动各方面力量共同来做。

---

① 《江泽民文选》第三卷，人民出版社 2006 年版，第 92～93 页。

第四，党委书记主管思想政治和意识形态工作，这是我们党的一个好传统，一定要发扬。各级党委书记任何情况下都不能放松对思想政治和意识形态工作的领导。要建立党委统一领导，党政各部门和工会、共青团、妇联等人民团体齐抓共管、各负其责的思想政治工作体制，建立健全思想政治工作责任制。

第五，一切思想文化阵地都应该成为我们宣传科学理论、传播先进文化、塑造美好心灵的阵地。思想文化单位生产和传播精神产品，必须把社会效益放在第一位，努力做到社会效益和经济效益的正确结合。各级党委都要增强阵地意识，切实加强对思想文化阵地的领导。各级党政领导班子的第一把手，尤其要努力加强自己的马克思主义理论功底，提高政治敏锐性、政治鉴别力。各级党委特别是主要领导干部都要围绕思想政治领域的重大问题，深入实际进行调查研究，准确地把握社会思想状况和动向，以利加强工作的针对性。

第六，身教重于言教。党的思想政治工作能否做好，很大程度上还取决于我们党的自身建设和各级领导干部的言行表现。要求群众做到的，党员、干部首先要做到，要起到模范作用。中央提出治国必先治党、治党务必从严，有着十分重大的政治意义，全党同志要坚定不移地在工作中加以贯彻。全党都要坚持不懈地按照"三个代表"要求加强党的建设，始终发扬党的三大优良作风，使党在人民群众中的威望不断加强和提高，为做好党的思想政治工作提供根本保证。

最后，讲话强调，全党同志一定要振奋精神，增强信心，知难而进，共同奋斗，努力开创一个生动活泼、扎实有力、促进党和国家长治久安的思想政治工作新局面。

三、重要意义

江泽民的这篇重要讲话，分析了党的思想政治工作面临的新形势和新任务，并就加强和改进党的思想政治工作提出了具体要求和措施，不仅丰富和发展了马克思主义关于党的思想政治工作理论，而且对于切实加强和改进党的思想政治工作具有重要的理论和现实意义。

第一，讲话丰富和发展了马克思主义关于党的思想政治工作理论，是一部开创党的思想政治工作新局面的纲领性文献。这篇讲话把马克思列宁主义的普遍原理同我国社会主义改革和建设的伟大实践相结合，运用马克思主义的立场、观点和方法，分析了中国改革开放过程中思想政治工作面临的理论和实践问题，并对这些问题作出了科学分析和回答。同时，就如何加强和改进党的思想政治工作的内容、方法和机制等方面提出了具体要求，在继承和发扬优良传统的基础上不断进行创新和改进。另外，讲话特别强调要加强党对思想政治工作的领导，并对新形势下如何加强党对思想政治工作的领导提出了具体的建议。

第二，讲话对于全党进一步认清思想政治工作面临的形势和任务，认清思想政治工作的重要性和作用，从而进一步总结经验、提出措施，把思想政治工作做得更加切实有效，具有重要的作用。讲话从国际国内两个大局出发，全面分析了思想政治工作面临的新形势新情况，对新时期党的思想政治工作的重要地位、主要任务、指导思想、基本要求，特别是一系列带有根本性、全局性的重大理论和实践问题作出了精辟的分析和深刻阐述。既是对跨世纪党的思想政治工作的战略性思考，同时也是对新时期加强和改进党的思想政治工作的总体战略部署。这篇讲话总揽全局，内涵丰富，思想深刻，具有鲜明的时代特色和很强的现实针对性，对于推进党的建设新的伟大工程和建设中国特色社会主义伟大事业，都具有非常重要的指导作用。

第三，学习和领会讲话精神，对于我们加强和改进党的思想政治工作仍具有重要启示意义。当前，我们所面临的思想政治工作形势仍然十分复杂严峻。一方面，随着全球化进程的进一步加剧，世界范围内思想文化的冲突与斗争也日趋深刻复杂。以美国为首的西方世界试图通过各种手段对我国进行文化渗透，以所谓的普世价值等观念来淡化、瓦解人们业已形成的马克思主义的科学共产主义信仰，制造精神文化、价值体系和理想信念的混乱，从而达到西化、分化社会主义的图谋。另一方面，随着我国改革进程的不断深入，思想文化和价值观念呈现出多元化的发展态势。特别是由于受到西方社会思潮的影响，一些人的理想信念发生动摇、价值观念紊乱错位，拜金主义、享乐主义、极端个人主义等腐朽落后的东西，以及封建思想的残余有所滋长泛滥，使得社会群体的价值认同受到严重影响。正如讲话中所指出的，中国特色社会主义事业是中国亿万人民群众的伟大实践，人民群众的理想信念、精神状态和人心所向将最终决定这一事业的成败。因此，党的思想政治工作必须常抓不懈，丝毫也不能放松。

总之，思想政治工作是党的优良传统、鲜明特色和突出政治优势，是一切工作的生命线。加强和改进思想政治工作，事关党的前途命运，事关国家长治久安，事关民族凝聚力和向心力。党的十八大以来，以习近平同志为核心的党中央高度重视思想政治工作，采取一系列重大举措切实加以推进，思想政治工作有效发挥了统一思想、凝聚共识、鼓舞斗志、团结奋斗的重要作用，全党全社会思想上的团结统一更加巩固，我国意识形态领域形势发生了全局性、根本性的转变。当前，在全面建设社会主义现代化国家、向着第二个百年奋斗目标进军的新征程中，要进一步加强和改善党的思想政治工作，坚持以习近平新时代中国特色社会主义思想为指导，围绕巩固马克思主义在意识形态领域的指导地位、巩固全党全国人民团结奋斗的共同思想基础这一根本任务，把思想政治工作贯穿到党的建设和国家治理各领域各方面各环节。

四、学习思考

1. 如何理解资本主义和社会主义发展的历史进程及趋势？
2. 为什么要牢牢掌握意识形态工作的领导权和话语权？
3. 新时代如何加强和改进党的思想政治工作？

江泽民《在庆祝中国共产党成立八十周年大会上的讲话》导读

《在庆祝中国共产党成立八十周年大会上的讲话》是 2001 年 7 月 1 日江泽民在庆祝中国共产党成立 80 周年大会上的讲话。这篇讲话全面总结了党的历史经验，系统阐述了"三个代表"重要思想，深刻回答了新形势下许多重大的理论和实践问题，提出了一系列马克思主义的新思想、新观点和新论断。这是一篇内涵丰富、思想深刻、总揽全局的马克思主义纲领性文献。

原文见《江泽民文选》第三卷，人民出版社 2006 年版，第 264～299 页。

一、形成背景

进入 21 世纪，国际国内形势持续发生着复杂而深刻的变化。经济全球化进程加快发展，世界多极化持续加深，科技进步日新月异，综合国力竞争更为激烈，世界的力量组合和利益分配正在发生新的深刻变化。不公正不合理的国际政治经济旧秩序没有根本改变，霸权主义和强权政治有新的表现，传统与非传统安全威胁相互交织，影响和平与发展的不确定因素在增加。总之，和平与发展这两大课题一个都没有得到解决，天下仍很不太平。从国内看，经过十多年的改革开放，我国生产力水平大幅度跃升，综合国力显著增强，国际地位进一步提高，改革开放取得丰硕成果，我国已经进入全面建设小康社会、加快推进社会主义现代化的新阶段。但随着改革开放的不断深化，社会经济关系的新变化和各种利益关系的调整，各种矛盾相互交织，给我国政治、经济、社会、文化生活带来了深刻影响。国际国内形势的这些变化，给中国共产党执政和领导各项事业提出新的考验和更高要求。

从党内看，经过 80 年的发展，我们的党员队伍，党所处的地位和环境，党所肩负的任务，都发生了重大变化。我们党已经从一个领导人民为夺取全国政权而奋斗的党，成为一个领导人民掌握着全国政权并长期执政的党；已经从一个在受到外部封锁的状态下领导国家建设的党，成为在全面改革开放条件下领导国家建设的党。随着党和国家事业的发展，党的队伍发生了重大变化，新党员的数量大幅度增加，干部队伍新老交替不断进行，一大批年轻干部走上领导岗位。这给党的发展带来了新活力，也提出了新挑战。从总体上看，我们党的队伍主流是好的，但一些党员干部中仍然存在着思想僵化、信念动摇、组织涣散、作风浮漂的现象，特别是腐败问题日益严重。在此情况下，如何全面加强和改进党的建设，不断提高党的领导和执政水平，不断增强党的拒腐防变和抵御风险的能力，是党面临的自身状况变化带来的新考验。

怎样使中国共产党在复杂的国内外形势下始终充满活力，带领全国各族人民推进建设有中国特色社会主义的宏伟事业，实现中华民族的伟大复兴，这是江泽民一直以来思考得最多的问题。为调查党建工作情况，从 2000 年开始，江泽民先后到十多个省、自治区、直辖市进行考察，主持召开多场座谈会，广泛听取各方意见。2000 年 2 月 21 日至 25 日，江泽民在广东考察工作，围绕新时期党的建设和推进高新技术产业发展这两个题目进行调研，并发表重要讲话，提出了"三个代表"重要思想。2000 年 5 月 8 日至 15 日，江泽民先后在江苏、浙江、上海考察，在上海主持党建工作座谈会时发表了《"三个代表"是我们党的立党之本、执政之基、力量之源》的讲话，强调要把"三个代表"要求贯彻落实到党的全部工作中去。此后，江泽民又多次从不同侧面深刻阐述了"三个代表"重要思想。2001 年 7 月 1 日上午，中共中央在人民大会堂举行大会，隆重庆祝中国共产党成立 80 周年。中共中央总书记江泽民在大会上发表重要讲话，系统总结了中国共产党 80 年的光辉历程和基本经验，全面阐述了"三个代表"重要思想的科学内涵，提出了新的历史条件下加强和改进党的建设的重大任务，要求全党同志居安思危，增强忧患意识，不骄不躁，继续为实现党的基本路线和历史任务而奋斗。

二、基本思想

江泽民的这篇讲话共分为四个部分：中国共产党 80 年的奋斗业绩和基本经验；正确认识和全面贯彻"三个代表"要求；按照"三个代表"要求加强和改进党的建设；继续为实现党的基本路线和历史任务而奋斗。

1. 中国共产党 80 年的奋斗业绩和基本经验

回顾党和人民在 20 世纪的奋斗历程，江泽民指出："我们党领导人民奋斗八十年的峥嵘岁月和光荣业绩，如同一幅逶迤而又气势磅礴、雄浑而又绚丽多彩的画卷，展现在世人面前。"①我们完成了新民主主义革命任务，实现了民族独立和人民解放；我们建立了社会主义制度，实现了中国历史上最广泛最深刻的社会变革；我们开创了建设有中国特色社会主义事业，为实现中华民族的伟大复兴开创了正确道路；我们建立了人民民主专政的国家政权，中国人民掌握了自己的命运；我们建立了独立的和比较完整的国民经济体系，经济实力和综合国力显著增强；我们不断发展社会主义文化，全国人民的精神生活日益丰富；我们彻底结束了旧中国一盘散沙的局面，实现了国家的高度统一和各民族的空前团结；我们锻造了一支党绝对领导下的人民军队，建立起巩固的国防；我们坚持独立自主的和平外交政策，为世界和平与发展的崇高事业作出了重要贡献。

80 年的实践启示我们，必须始终坚持马克思主义基本原理同中国具体实际相结合，坚持科学理论的指导，坚定不移地走自己的路；必须始终紧紧依靠人民群众，诚心诚意为人民谋利益，从人民群众中汲取前进的不竭力量；必须始终自觉地加强和改进党的建设，不断增强党的创造力、凝聚力和战斗力，永葆党的生机和活力。

2. 正确认识和全面贯彻"三个代表"要求

江泽民在讲话中指出，在新的世纪，继续推进现代化建设，完成祖国统一大业，维护世界和平与促进共同发展，是我们党肩负的重大历史任务。要胜利完成这三大历史任务，就必须坚定不移地贯彻落实'三个代表'要求。"'三个代表'要求，是我们党的立党之本、执政之基、力量之源，也是我们在新世纪全面推进党的建设，不断推进理论创新、制度创新和科技创新，不断夺取建设有中国特色社会主义事业新胜利的根本要求。"②

首先，我们党要始终代表中国先进生产力的发展要求，就是党的理论、路线、纲领、方针、政策和各项工作，必须努力符合生产力发展的规律，体现不断推动社会生产力的解放和发展的要求，尤其要体现推动先进生产力发展的要求，通过发展生产力不断提高人民群众的生活水平。这就要求我们，必须敏锐地把握我国社会生产力的发展趋势和要求，坚持以经济建设为中心，通过制定和实施正确的路线方针政策，采取切实的工作步骤，不断促进先进生产力的发展，这是我们党始终站在时代前列，保持先进性的根本体现

---

① 《江泽民文选》第三卷，人民出版社 2006 年版，第 266 页。
② 《江泽民文选》第三卷，人民出版社 2006 年版，第 272 页。

和根本要求。

其次，我们党要始终代表中国先进文化的前进方向，就是党的理论、路线、纲领、方针、政策和各项工作，必须努力体现发展面向现代化、面向世界、面向未来的，民族的科学的大众的社会主义文化的要求，促进全民族思想道德素质和科学文化素质的不断提高，为我国经济发展和社会进步提供精神动力和智力支持。江泽民指出，坚持什么样的文化方向，推动建设什么样的文化，是一个政党在思想上精神上的一面旗帜。在当代中国，发展先进文化，就是发展有中国特色社会主义的文化，就是建设社会主义精神文明。为此，要牢牢把握中国先进文化的发展趋势和要求，坚持以马克思列宁主义、毛泽东思想、邓小平理论为指导，立足于建设有中国特色社会主义的实践，着眼于世界科学文化发展的前沿，不断发展健康向上、丰富多彩的，具有中国风格、中国特色的社会主义文化，满足人民群众日益增长的精神文化需求，引导广大人民群众从思想上精神上正确武装和不断提高起来。这也是我们党始终站在时代前列，保持先进性的根本体现和根本要求。

最后，我们党要始终代表中国最广大人民的根本利益，就是党的理论、路线、纲领、方针、政策和各项工作，必须坚持把人民的根本利益作为出发点和归宿，充分发挥人民群众的积极性主动性创造性，在社会不断发展进步的基础上，使人民群众不断获得切实的经济、政治、文化利益。我们党始终坚持人民的利益高于一切。党的一切工作，必须以最广大人民的根本利益为最高标准。全党同志要始终坚持一切为了群众、一切依靠群众的根本观点，坚持党的群众路线，深入群众，深入基层，倾听群众呼声，反映群众意愿，集中群众智慧，使各项决策和工作符合实际和群众要求，不断实现好、维护好和发展好最广大人民的利益，始终保持党同人民群众的血肉联系。

江泽民强调，代表中国先进生产力的发展要求，代表中国先进文化的前进方向，代表中国最广大人民的根本利益，是统一的整体，相互联系，相互促进。全党同志一定要坚持把全面落实"三个代表"要求，统一于党的建设的各个方面，统一于党领导人民进行改革开放和社会主义现代化建设的全过程。

3. 按照"三个代表"要求加强和改进党的建设

江泽民指出，建设有中国特色社会主义必须坚持中国共产党的领导，而要坚持党的领导，必须改善党的领导。"必须贯彻党的基本理论和基本路线，按照'三个代表'要求，全面深入地加强和改进党的建设，使我们党在世界形势深刻变化的历史进程中始终走在时代前列，在应对国内外各种风险考验的历史进程中始终成为全国人民的主心骨，在建设有中国特色社会主义的历史进程中始终成为坚强的领导核心。"①讲话就如何按照"三个代表"要求加强和改进党的建设提出了五点要求：

一是贯彻"三个代表"要求，必须坚持党的解放思想、实事求是的思想路线，大力发扬求真务实、勇于创新的精神，创造性地推进党和国家的各项工作，在实践中不断丰富和发展马克思主义。二是贯彻"三个代表"要求，必须坚持党的工人阶级先锋队的性质，始终保持党的先进性，同时要根据经济发展和社会进步的实际，不断增强党的阶级基础和扩大党的群众基础，不断提高党的社会影响力。三是贯彻"三个代表"要求，必须坚持民主集中制，建立健全科学的领导体制和工作机制，充分发扬党内民主，坚决维护党的集中统一，保持并不断增强党的活力。四是贯彻"三个代表"要求，必须全面贯彻干部队伍革命化、年轻化、知识化、专业化的方针和德才兼备的原则，深化干部人事制度改革，努力建设一支高素质的、能够担当重任、经得起风浪考验的干部队伍。五是贯彻"三个代表"要求，必须坚持党要管党的原则和从严治党的方针，各级党组织必须对党员干部严格要求、严格教育、严格管理、严格监督，坚决克服党内存在的消极腐败现象。

总之，面对肩负的历史重任，面对国际国内各种复杂因素的影响和各种风险的考验，中国共产党要始终成为中国工人阶级先锋队，同时成为中国人民和中华民族的先锋队，成为中国先进生产力的发展要求、中国先进文化的前进方向和中国最广大人民的根本利益的忠实代表，成为建设有中国特色社会主义事业的领导核心，就必须不断加强和改进党的建设，努力把全体党员锻炼成坚定的共产党人。

4. 继续为实现党的基本路线和历史任务而奋斗

首先，江泽民论述了党的最高纲领和最低纲领的辩证关系，号召全党继续为实现党在现阶段的基本纲领和历史任务而奋斗。他指出，一个政党的纲领就是一面旗帜。我们党的最高纲领是实现共产主义，这是始终不变的；现阶段的基本纲领是建设有中国特色的社会主义经济、政治和文化，这是共产主义运动在现阶段的行动纲领，最低纲领与最高纲领是相统一的。全党同志既要树立共产主义的远大理想，坚定信念，以高尚的思想道德要求和鞭策自己，更要脚踏实地地为实现党在社会主义初级阶段的基本纲领而不懈努力，扎扎实实地做好

①　《江泽民文选》第三卷，人民出版社 2006 年版，第 281～282 页。

现阶段的每一项工作。全党同志必须坚定不移地贯彻党在社会主义初级阶段的基本路线，始终以经济建设为中心，坚持四项基本原则，坚持改革开放，为实现党在现阶段的基本纲领而奋斗，不断把建设有中国特色社会主义事业向着未来推进。

其次，讲话指出，促进人的全面发展是马克思主义关于建设社会主义新社会的本质要求。"我们建设有中国特色社会主义的各项事业，我们进行的一切工作，既要着眼于人民现实的物质文化生活需要，同时又要着眼于促进人民素质的提高，也就是要努力促进人的全面发展。"①为此，要尽快地使全国人民都过上殷实的小康生活，并不断向更高水平前进。要充分发挥人民群众的主观能动性和伟大创造精神，保证人民群众依法管理好自己的事情，实现自己的愿望和利益。要努力提高全民族的思想道德素质和科学文化素质，实现人们思想和精神生活的全面发展。要促进人和自然的协调与和谐，使人们在优美的生态环境中工作和生活。

再次，江泽民还就新形势下加强国防和军队现代化建设，推动两岸关系发展、完成祖国统一大业，以及中国奉行独立自主的和平外交政策、积极致力于推动世界和平发展等问题进行了阐述。

最后，江泽民要求全党同志继续为实现党的基本路线和历史任务而奋斗。他说，我们取得的一切成就已经载入史册。在我们的前面，还有更长的道路要走。在任何时候任何情况下，全党同志都绝不能固步自封，绝不能畏惧艰险，必须紧紧团结全国各族人民，把我们伟大的祖国建设成为富强民主文明的社会主义现代化国家，争取对人类作出新的更大的贡献。

三、重要意义

江泽民同志《在庆祝中国共产党成立八十周年大会上的讲话》是一篇重要的马克思主义纲领性文献，具有重要的理论和现实意义。

第一，讲话全面回顾和总结了中国共产党80年的奋斗历程和基本经验，这些宝贵的经验是我们党永葆蓬勃生机与活力，不断夺取新胜利的根本保证。从鸦片战争到中国共产党成立，从中国共产党成立到21世纪初，中国经历了截然不同的两个80年。中国之所以能够从最悲惨的境遇向着光明的前途实现伟大的历史转变，就是因为有了中国共产党的领导，就是因为党始终坚持马克

---

① 《江泽民文选》第三卷，人民出版社2006年版，第294页。

思主义理论指导，始终紧紧依靠人民群众，始终自觉加强和改进党的建设。这是党和人民从长期奋斗历程中得到的最基本、最重要的结论。展望 21 世纪的艰巨任务和光明前途，我们党要继续站在时代前列，带领人民将中国特色社会主义事业推向前进。

第二，讲话提出要按照"三个代表"要求加强和改进党的建设，这是对马克思主义党建理论的重要丰富和发展。讲话全面、深入地阐述了"三个代表"重要思想的科学内涵，进一步回答了在新的历史条件下建设一个什么样的党、怎样建设党的问题，回答了在党的思想、组织、作风建设中出现的许多理论问题和现实问题，为在新的历史条件下推进党的建设新的伟大工程，继而不断夺取建设有中国特色社会主义事业新胜利指明了方向。此外，讲话提出的一系列新思想、新观点和新论断，处处充满着马克思主义的科学精神和与时俱进的时代气息，实现了理论上的重大发展和创新。

第三，讲话对于我们更好地适应新形势新任务的要求，进一步加强和改进党的建设，进一步做好全党和全国的各项工作，具有重大的历史和现实意义。在中国共产党的历史上，党的每一次理论创新，都有力地推进了我们事业的发展。江泽民的这篇重要讲话，用"三个代表"重要思想将全党同志特别是领导干部的思想、行动统一起来，有助于进一步提高广大党员干部贯彻执行党的基本理论、基本路线、基本纲领的自觉性和坚定性，从而激励广大干部群众以更加饱满的热情、更加坚定的信心投身于改革开放和社会主义现代化建设的伟大事业中。2021 年 7 月 1 日，习近平总书记在庆祝中国共产党成立 100 周年大会上的讲话中指出："中国共产党一经诞生，就把为中国人民谋幸福、为中华民族复兴确立为自己的初心使命。一百年来，中国共产党团结带领中国人民进行的一切奋斗、一切牺牲、一切创造，归结起来就是一个主题：实现中华民族伟大复兴。"①站在新的历史起点，全党同志一定要不忘初心、牢记使命，做好改革发展稳定各项工作、加强和改善党的领导、加强党的自身建设。全党全国各族人民要紧密团结在以习近平同志为核心的党中央周围，为全面建设社会主义现代化国家、实现中华民族伟大复兴的中国梦而奋斗！

---

① 习近平：《在庆祝中国共产党成立 100 周年大会上的讲话》，人民出版社 2021 年版，第 3 页。

四、学习思考

1. 为什么说江泽民《在庆祝中国共产党成立八十周年大会上的讲话》是一篇马克思主义纲领性文献？

2. 为什么说始终做到"三个代表"是我们党的立党之本、执政之基、力量之源？

3. 经过长期努力，中国特色社会主义进入了新时代，这是我国发展新的历史方位。如何理解新时代的深刻内涵和重大意义？

江泽民《科学对待马克思主义》导读

《科学对待马克思主义》是江泽民 2001 年 8 月 31 日在国防大学军队高级干部理论研讨班上讲话的主要部分。讲话主要讨论了如何科学对待马克思主义，以及如何从政治上看待《在庆祝中国共产党成立八十周年大会上的讲话》中提出的一些重大问题。本文是江泽民论述坚持和发展马克思主义的重要文献。

原文见《江泽民文选》第三卷，人民出版社 2006 年版，第 333～344 页。

一、形成背景

当人类步入 21 世纪，国际社会和我们所处的时代正在发生着一系列深刻变化。无论从国际还是从国内看，我们都面临着许多新情况和新问题，必须从理论上和实践上作出回答并加以解决。

从国际看，世界正处在一个大变革、大调整的时期。政治多极化、经济全球化的发展趋势更加错综复杂，世界各国综合国力的竞争日趋激烈。特别是 20 世纪 80 年代末 90 年代初的东欧剧变、苏联解体，使世界社会主义运动陷入低谷，不少国家的共产党丧失了执政地位，一些国家的共产党衰落甚至瓦解。于是，马克思主义和社会主义遭到了一些人的质疑，甚至有人错误地认为"马克思主义过时了"，"社会主义失败了"。为了消除这些错误认识，坚定马克思主义和社会主义信念，需要对这些质疑给予有力的解释和回应。从国内看，随着中国改革和现代化建设进程的深入，社会各方面也在发生着深刻变化。进入新世纪，中国社会主义现代化建设完成了"三步走"发展战略的第一步和第二步目标，已经进入全面建设小康社会，加快推进社会主义现代化建设的新阶段，随之也出现了一系列新情况、新问题，于是社会中一些错误思潮不断泛起，对马克思主义进行怀疑、否定，甚至试图改变中国的改革走向。如果这些怀疑不能消除，就会干扰和破坏社会主义改革和现代化建设的顺利进行。同时，党内也存在着一些把马克思主义教条化和本本化的错误倾向，不能以发展的观点来认识和解决改革进程中出现的实际问题。因此，亟须在党内端正对马克思主义的态度，更好地将马克思主义与中国改革开放的实践相结合。

2001 年 7 月 1 日，江泽民在庆祝中国共产党成立 80 周年大会上发表重要讲话，总结了中国共产党 80 年的奋斗业绩和基本经验，强调了必须始终坚持马克思主义基本原理同中国具体实际相结合，坚持科学理论的指导，坚定不移地走自己的路。并系统地阐述了"三个代表"重要思想的科学内涵，深刻回答了新的历史条件下加强和改进党的建设的重大理论和实践问题，进一步指明了党在新世纪的历史任务和奋斗目标。当时，中央军委为了进一步用"七一"重要讲话精神统一全军思想，牢固确立"三个代表"重要思想在军队建设中的指导地位，在国防大学举办了军队高级干部学习"七一"重要讲话理论研讨班。江泽民来到国防大学，他在听取了有关理论研讨班学习情况汇报和学员们发言后发表了《科学对待马克思主义》这篇重要讲话。江泽民在继承毛泽东、邓小平关于马克思主义的基本思想和科学态度的基础上，结合中国改革开放的重大实践，政治鲜明地回答了"什么是马克思主义，如何对待马克思主义"等重大问题。

这篇讲话对于全党、全军和全国人民坚持对马克思主义的科学态度，学会和掌握以解决实际问题为中心的马克思主义的研究方法，具有重要的指导意义。

二、基本思想

这篇讲话分为三个部分，主要探讨了三方面的问题：关于推进理论创新的重要性；关于坚持解放思想、实事求是的思想路线；关于以实际问题为中心研究马克思主义的方法。

1. 关于推进理论创新的重要性

讲话首先指出："重视理论建设和理论指导，是我们党的一个根本特点。重视在思想上建党，是我们党的一条重要政治经验。"[①]回顾党的历史，无论是抗战时期"延安整风"反对党内主观主义和教条主义错误，还是冲破"两个凡是"的思想禁锢重新确立了实事求是的思想路线，抑或是邓小平的南方谈话澄清了困扰人们思想的一些重大问题，都是党的一次次思想解放和理论创新。这些历史经验说明，理论创新是党的事业前进的重要保证，什么时候紧密结合实践不断推进理论创新，党的事业就会取得成功；什么时候理论发展落后于实践，党的事业就会遭受挫折甚至失败。

---

① 《江泽民文选》第三卷，人民出版社 2006 年版，第 333 页。

讲话指出，理论创新是马克思主义唯物辩证法的根本要求和基本精神。进行理论创新必须坚持两个基本要求："一是必须坚持马克思主义的立场、观点、方法，坚持马克思主义的基本原理。这一点，要坚定不移，不能含糊。二是一定要贯彻解放思想、实事求是的思想路线，坚持勇于追求真理和探索真理的革命精神。这一点，也要坚定不移，不能含糊。"①这两个"坚定不移"、两个"不能含糊"，始终是检验和判断我们是不是真正的马克思主义者的试金石。要使党和国家的发展不停顿，必须不断进行理论创新，否则一切新的发展都谈不上。

2. 关于坚持解放思想、实事求是的思想路线

讲话谈到，中国的改革开放之所以能够取得巨大成功，靠的就是不断"解放思想、实事求是"这一条最基本的经验。因此，在新的世纪里，有中国特色社会主义建设事业要继续前进，仍然要坚持这一根本原则。正如邓小平指出的："一个党，一个国家，一个民族，如果一切从本本出发，思想僵化，迷信盛行，那它就不能前进，它的生机就停止了，就要亡党亡国。"②解放思想、实事求是，首要解决的就是如何正确对待马克思主义的问题。

第一，"我们对马克思主义的基本原理，任何时候都要坚持，一切否定和放弃马克思主义的言行都是错误的，都必须坚决反对"③。一般来说，马克思主义包括基本原理和个别性结论，其中的基本原理是对自然界、人类社会以及思维发展基本规律的科学概括和反映，已被无数次实践所证实是颠扑不破的真理。即使人类社会发展到今天，这些理论仍然具有强大的生命力和解释力，因此必须要坚持。对于一切试图怀疑、否定甚至是颠覆马克思主义的错误思潮和做法都应当旗帜鲜明地予以驳斥和反对。此外，对于马克思主义理论中的个别性结论，由于受到当时特定历史条件的限制，在今天看来已经与现实发展不相符合，因此不能将其作为现成的答案到处套用，必须随时代发展不断推陈出新。对于那些试图将马克思主义教条化、本本化和凝固化的错误做法也同样应给予严厉的批判和纠正。

第二，"坚持马克思主义，绝不能采取教条主义、本本主义的态度，而应该采取实事求是、与时俱进的科学态度，坚持一切从发展变化着的实际出发，

---

① 《江泽民文选》第三卷，人民出版社 2006 年版，第 335 页。
② 《邓小平文选》第二卷，人民出版社 1994 年版，第 143 页。
③ 《江泽民文选》第三卷，人民出版社 2006 年版，第 337 页。

把马克思主义看作不断随着实践的发展而发展的科学"①。在如何对待马克思主义的问题上，马克思、恩格斯、列宁和毛泽东、邓小平为我们树立了光辉的典范。他们从不教条，从不僵化，总是根据历史条件的变化不断发展和完善自己的理论。恩格斯曾明确指出，马克思的整个世界观不是教义，而是方法。它提供的不是现成的教条，而是进一步研究的出发点和提供这种研究使用的方法。而对于那些脱离实际、教条式地曲解马克思主义理论的人，恩格斯讽刺道："马克思大概会把海涅对自己的模仿者说的话转送给这些先生们：'我播下的是龙种，而收获的却是跳蚤。'"②毛泽东当年批判教条主义错误时也曾告诫人们："我们所要的是香的马克思主义，不是臭的马克思主义；是活的马克思主义，不是死的马克思主义。"③如果不顾历史条件和现实条件的变化，将马克思主义经典作家讲的所有的话都当作不可变更的教条，就会损害甚至窒息马克思主义的生命力。

第三，坚持和发展马克思主义，关键是要结合实际运用马克思主义的基本原理来解决现实问题。不能用本本去框实践，而只能用实践去发展本本。如果一切都要先看本本上有没有，老祖宗讲过没有，就很难在实践中迈开步子。同时，坚持和发展马克思主义，随时随地都要以当时的历史条件变化为转移。因此，一定要看到马克思主义诞生以来一百多年来世界发生的重大变化，也要看到我国社会主义建设发生的重大变化，一定要看到广大党员干部和人民群众工作、生活条件和社会环境发生的重大变化。要充分估计这些变化带来的影响，结合这些新变化更新我们的理论，发展我们的实践。

总之，实践没有止境，解放思想也没有止境，我们时刻要用发展的观点对待马克思主义，在坚持中发展，在发展中坚持，按规律办事，这就是对待马克思主义唯一正确的态度。

3. 关于以实际问题为中心研究马克思主义的方法

讲话指出，确立以实际问题为中心研究马克思主义的方法，是我们党一贯倡导的科学方法论。看我们是否真正坚持了马克思主义，关键看是否能运用它来解决中国面临的实际问题。如果理论上说得头头是道，实际问题什么也解决不了，那就谈不上是真正坚持马克思主义。"坚持马克思主义，要在解决实际

---

① 《江泽民文选》第三卷，人民出版社2006年版，第337页。
② 《马克思恩格斯选集》第四卷，人民出版社2012年版，第603页。
③ 《毛泽东文集》第三卷，人民出版社1996年版，第332页。

问题的进程中来落实，要用实践的效果来检验。"①随后，讲话列举了社会主义建设中几个重要的实际问题。

第一，在新的历史条件下如何增强党的阶级基础和扩大群众基础？讲话指出，增强阶级基础和扩大群众基础，提高社会影响力，是任何一个政党都要面临的问题。改革开放以来，我国工人阶级队伍不断壮大，素质不断提高，为党的发展壮大奠定了坚实的阶级基础。但同时，随着生产力的发展、产业结构的不断调整以及分配模式的多元化发展，社会阶层结构发生了重大变化。在原有的工人、农民、知识分子、干部和军人等社会阶层的基础上，又出现了诸如民营科技企业的创业人员和技术人员、受聘于外资企业的管理技术人员、个体户、私营企业主、中介组织的从业人员、自由职业人员等新的社会阶层。如何看待这些新的社会阶层？党在政治上对他们应该采取什么样的态度？这是涉及党的阶级基础和群众基础的重大现实问题。讲话指出，这些社会阶层是在中国改革开放的政策下出现的，为社会主义建设作出了巨大贡献，他们也是有中国特色社会主义事业的建设者。因此，党必须团结和引导这些新的社会阶层的人们，从而提高党的凝聚力和社会影响力。对于新的社会阶层人员入党问题，只要他们承认党的纲领和章程、自觉为党的路线和纲领而奋斗、经过长期考验、符合党员条件的优秀分子都可以吸收到党内来。

第二，在社会主义市场经济条件下，如何深化对劳动和劳动价值论的认识？讲话指出，我国是社会主义国家，搞的是社会主义市场经济，这是我们分析一切问题的政治上的大前提。社会主义市场经济鼓励和支持非公有制经济的发展，鼓励和支持按劳分配以外的多种分配方式存在和完善，鼓励和支持一部分人先富起来。因此，我们就不能简单地把有没有财产、有多少财产当作判断人们政治上先进与否的标准，而主要应该看他们的思想政治状况和现实表现如何，看他们的财产是否为合法取得、占有、使用和支配，看他们是否以自己的劳动为社会主义事业作出贡献，等等。不能再搞过去那种越穷越光荣、越穷越革命的东西了。我们党领导人民进行改革开放和现代化建设，就是要使广大人民群众的生活都好起来，个人的财产当然会逐渐增多。如果还用解释资本主义社会和旧中国剥削与被剥削关系的那些概念来解释当今的中国社会，解释在我们社会主义条件下存在和发展的各种经营投资活动，显然是不适合的。那样，既不利于调动广大人民群众的积极性，也不利于我们事业的发展。

---

① 《江泽民文选》第三卷，人民出版社 2006 年版，第 339 页。

第三，怎样坚持党的最低纲领与最高纲领的统一？讲话指出，作为共产党人，要始终不渝地坚定共产主义理想，坚信共产主义这个最高纲领和目标一定能够实现。正如列宁所指出的："马克思丝毫不想制造乌托邦，不想凭空猜测无法知道的事情。马克思提出共产主义的问题，正像一个自然科学家已经知道某一新的生物变种是怎样产生以及朝着哪个方向演变才提出该生物变种的发展问题一样。"①但必须明确的是，共产主义的实现必须通过完成各个阶段的奋斗目标来实现，必须由一个一个实际步骤来达到。如果看不到这一点，急于求成，就容易犯错误。例如，新中国成立后的"大跃进"和人民公社化运动等，都给党和国家事业带来了巨大损失。那么，共产主义究竟什么时候实现、以什么方式实现？客观讲，我们对遥远的未来，不可能、也作不出来具体的设想和描绘。马克思恩格斯在展望未来社会时，总是只限于指出未来社会发展的方向、原则和基本特征，而把具体情形留给后来的实践去回答。过去，我们给出的多种图景，其实都是肤浅、简单的，不仅不利于全党同志坚持共产主义的远大理想，反而使广大党员、干部和群众对共产主义的理想产生了疑惑和动摇。要求全党同志扎扎实实做好现阶段的各项工作，脚踏实地为实现党在现阶段的基本纲领而奋斗，丝毫不是放弃远大理想，而是以实事求是的科学态度坚持最高纲领，以切切实实的行动实践着与最高纲领相联系的现实要求。

讲话强调，全党要时刻抓住"建设有中国特色社会主义的实践"，或者说"人民群众推进改革开放和现代化建设的实践"这个中国最基本的社会存在，来把握人民群众的思想和意愿，贯彻落实"三个代表"重要思想。全党同志特别是党的高级干部，都要坚持以实际问题为中心这个研究马克思主义的方法，积极开动脑筋，认真思考问题，努力把党的理论和实践推向前进。

三、重要意义

《科学对待马克思主义》是江泽民论述坚持和发展马克思主义的一部重要文献，对于党员及干部群众科学认识和对待马克思主义，破解社会主义建设中遇到的一些问题和困惑，从而推动社会主义现代化建设各项工作更好地展开，都具有重要的理论和现实意义。

第一，江泽民的这篇讲话深化了对马克思主义的认识，阐明了对待马克思

---

① 《列宁选集》第三卷，人民出版社2012年版，第187页。

主义的科学态度和方法。马克思主义是我们认识世界和改造世界的有力思想武器，是中国革命、建设和改革的行动指南，也是党的根本指导思想。讲话从理论与实践、历史与现实相结合出发，深刻阐明了科学对待马克思主义的态度，即坚持、发展和不断创新。强调了以关注中国现实问题为中心的马克思主义的研究方法，以及推进理论创新的极端重要性。这些思想观点对于人们深化对马克思主义的认识，掌握科学的学习和研究方法，进一步推动马克思主义理论创新和发展具有重要理论意义。

第二，从历史角度看，这篇文献以马克思主义的立场和方法，分析了中国改革开放进程中出现的一些新情况和新问题，破除了当时人们对一些基本问题的困惑，为人们进一步深入学习贯彻"七一"重要讲话的精神，更加扎实地做好统一思想的工作指明了方向。同时，这一讲话进一步把全党、全军和全国人民的思想统一到党中央的路线方针政策上来，推动了社会主义现代化建设各项工作更好地展开。

第三，学习和把握江泽民的这篇讲话精神还具有重要的现实意义。中国共产党成立 100 多年来，一条基本的经验就是必须始终坚持将马克思主义基本原理同中国具体实际相结合、同中华优秀传统文化相结合，才能始终保持马克思主义的蓬勃生机和旺盛活力。当前，中国特色社会主义进入了新时代，我们比历史上任何时期都更接近、更有信心和能力实现中华民族伟大复兴的目标。然而，"行百里者半九十。中华民族伟大复兴，绝不是轻轻松松、敲锣打鼓就能实现的。全党必须准备付出更为艰巨、更为艰苦的努力。"[1]在推进社会主义现代化的道路上还会面临更多不可预知的困难，其中，文化安全和意识形态领域的斗争无疑是我们前进道路上将要面对的巨大挑战。为此，必须坚持马克思主义在意识形态领域的指导地位不动摇，不断用发展着的马克思主义武装全党、全军和全国各族人民。特别是对于广大的党员、干部要自觉学习和掌握马克思主义理论，学会运用马克思主义立场、观点、方法观察问题和解决问题，不断在实践中发展和创新，始终保持马克思主义的生命力和创造力。

十八大以来，以习近平同志为主要代表的中国共产党人，坚持把马克思主义基本原理同中国具体实际相结合、同中华优秀传统文化相结合，科学回答了新时代坚持和发展什么样的中国特色社会主义、怎样坚持和发展中国特色社会主义等重大时代课题，创立了习近平新时代中国特色社会主义思想。"习近平

---

① 习近平：《决胜全面建成小康社会　夺取新时代中国特色社会主义伟大胜利——在中国共产党第十九次全国代表大会上的报告》，人民出版社 2017 年版，第 15 页。

新时代中国特色社会主义思想是当代中国马克思主义、二十一世纪马克思主义，是中华文化和中国精神的时代精华，实现了马克思主义中国化新的飞跃。"①习近平新时代中国特色社会主义思想为全党全国人民全面建设社会主义现代化国家、实现中华民族伟大复兴提供了行动指南，必须长期坚持并不懈发展。

四、学习思考

1. 如何理解马克思主义理论创新的基本原则？

2. 为什么说我国改革开放的历史进程就是一个不断解放思想、实事求是的过程？

3. 如何深刻理解习近平新时代中国特色社会主义思想的精神实质和丰富内涵？

---

① 《中共中央关于党的百年奋斗重大成就和历史经验的决议》，人民出版社2021年版，第26页。

胡锦涛《树立和落实科学发展观》导读

2003 年 10 月 11 日至 14 日，中共十六届三中全会在北京举行。会议通过了《中共中央关于完善社会主义市场经济体制若干问题的决定》，阐述了经济体制改革面临的形势和任务，对新世纪新阶段中国经济体制改革作出全面规划和部署，明确指出要坚持正确处理改革发展稳定的关系，有重点、有步骤地推进改革；坚持统筹兼顾，协调好改革进程中的各种利益关系；坚持以人为本，树立全面、协调、可持续的发展观，促进经济社会和人的全面发展。《树立和落实科学发展观》是胡锦涛在全会第二次全体会议上讲话的一部分，深刻阐述了树立和落实科学发展观的必要性和紧迫性，要求全党"不断探索促进全面发展、协调发展、可持续发展的新思路新途径"①。文章是科学发展观这一重大战略思想形成过程中的重要文献，在马克思主义中国化的理论发展历史上具有重要地位。

原文见《胡锦涛文选》第二卷，人民出版社 2016 年版，第 104～105 页。

一、形成背景

《树立和落实科学发展观》是在抗击非典型肺炎的斗争中酝酿产生的。2003年春天，我国遭遇了一场突如其来的非典型肺炎疫情，广东、北京等地的疫情尤为严重。疫情的发生和蔓延，引起举国上下的担忧，也受到国际社会的关注。能否迅速控制疫情并最终战胜非典型肺炎，是对中国共产党应对突发事件、驾驭复杂局面能力的一次严峻考验，也是对中国人民精神和意志的一次严峻考验。在抗击非典型肺炎的过程中，我们更加深刻地认识到，我国的经济发展和社会发展、城市发展和农村发展不够协调的矛盾突出：社会发展程度赶不上经济发展程度，农村发展明显落后于城市发展；公共卫生事业发展滞后，农村医疗卫生尤其薄弱；突发事件应急机制不健全，应对公共危机的能力不足。面对非典疫情暴露出来的问题，党中央开始审视过去几十年的发展模式，研究解决经济社会发展中存在的深层次问题。4月，胡锦涛在广东慰问抗击非典型

---

① 《胡锦涛文选》第二卷，人民出版社 2016 年版，第 105 页。

肺炎的一线医务工作者时，第一次提出要坚持"全面的发展观"，努力促进社会主义物质文明、政治文明和精神文明协调发展。7月28日，胡锦涛在全国防治非典工作会议上总结了抗击非典的经验启示，强调发展绝不只是指经济增长，而是要坚持以经济建设为中心，在经济发展的基础上实现社会全面发展，我们要更好地坚持全面发展、协调发展、可持续发展的发展观，坚持在经济社会发展的基础上促进人的全面发展，坚持促进人与自然的和谐。同年8月底，胡锦涛在江西考察工作时提出"科学发展观"的概念，指出"要牢固树立协调发展、全面发展、可持续发展的科学发展观，积极探索符合实际的发展新路子"①。

《树立和落实科学发展观》是对马克思列宁主义、毛泽东思想、邓小平理论和"三个代表"重要思想关于发展思想的继承和创新。马克思恩格斯深刻论述了人类社会的发展问题，认为生产力的发展是人类社会发展的最终决定力量，生产力和生产关系、经济基础和上层建筑的矛盾运动是社会发展的根本动力，人类社会发展要逐步消灭阶级之间、城乡之间、脑力劳动和体力劳动之间的对立和差别，使物质财富极大丰富、人的精神境界极大提高，实现每个人全面而自由的发展。马克思主义关于发展问题的基本观点，是科学发展观的思想渊源。新中国成立之初，以毛泽东同志为核心的党的第一代中央领导集体就提出要研究社会主义建设规律，探索适合中国国情的发展道路。1956年，毛泽东在《论十大关系》中阐明了一系列关于社会主义发展建设的重要理论观点，提出："我们一定要努力把党内党外、国内国外的一切积极的因素，直接的、间接的积极因素，全部调动起来，把我国建设成为一个强大的社会主义国家。"②党的八大在全面分析国际国内形势的基础上，明确了社会主义社会主要矛盾和党的主要任务，指出社会主要矛盾是人民对于经济文化迅速发展的需要同当前经济文化不能满足人民需要的状况之间的矛盾，强调要集中力量发展社会生产力，实现国家工业化。十一届三中全会以来，以邓小平同志为核心的党的第二代中央领导集体作出把党和国家的工作重心转移到经济建设上来的战略决策，明确指出社会主义的本质是解放生产力，发展生产力，消灭剥削，消除两极分化，最终达到共同富裕。同时，邓小平提出发展才是硬道理的著名论断，强调有中国特色的社会主义必须两手抓、两手都要硬，实现了对社会主义发展道路认识的一次飞跃。以江泽民同志为核心的党的第三代中央领导集体把发展作为党执政兴国的第一要务，坚持用发展的办法解决前进中的问题，强调促进区域经济合理

---

① 《继承发扬党的优良革命传统 加快全面建设小康社会步伐》，载《人民日报》，2003年9月3日。

② 《毛泽东文集》第七卷，人民出版社1999年版，第44页。

布局和协调发展，物质文明、政治文明、精神文明要相互促进、全面发展，把改革的力度、发展的速度和社会可承受的程度协调统一起来，进一步丰富了社会主义发展理论。党的三代领导集体关于社会主义发展建设的丰富思想，为科学发展观的形成提供了理论基础。

《树立和落实科学发展观》是对改革开放实践经验进行深刻总结的产物。经过 20 多年的改革开放和社会主义现代化建设，中国经济社会发展取得了举世瞩目的巨大成就，胜利实现了"三步走"战略的第一、第二步目标，人民生活总体达到小康水平。但是，我国仍处于并将长期处于社会主义初级阶段的基本国情没有变，人民日益增长的物质文化需要同落后的社会生产之间的矛盾这一社会主要矛盾没有变，当时达到的小康还是低水平的、不全面的、发展很不平衡的小康，经济社会中存在一些突出的问题。我国生产力和科技、教育还比较落后，实现工业化和现代化还有很长的路要走；城乡二元经济结构还没有改变，地区差距扩大的趋势尚未扭转，贫困人口还为数不少；人口总量继续增加，老龄人口比重上升，就业和社会保障压力增大；生态环境、自然资源和经济社会发展的矛盾日益突出；我们仍然面临发达国家在经济科技等方面占优势的压力；经济体制和其他方面的管理体制还不完善；民主法制建设和思想道德建设等方面还存在一些不容忽视的问题。为此，党的十六大提出，要紧紧抓住 21 世纪头 20 年的重要战略机遇期，全面建设惠及十几亿人口的更高水平的小康社会，建成完善的社会主义市场经济体制和更具活力、更加开放的经济体系，基本实现工业化，大力推进信息化，加快建设现代化，保持国民经济持续快速健康发展，不断提高人民生活水平。

二、基本思想

《树立和落实科学发展观》全文不足 800 字。文章提纲挈领地指出树立和落实科学发展观的重大意义，阐明了科学发展观的基本要求，以及如何树立和落实科学发展观。

第一，树立和落实科学发展观对于我们更好地坚持发展才是硬道理的战略思想具有重大意义。随着中国特色社会主义事业的不断发展，社会主义市场经济体制初步建立，公有制为主体、多种所有制经济共同发展的基本经济制度已经确立，全方位、宽领域、多层次的对外开放格局基本形成。改革的不断深化极大地促进了社会生产力、综合国力和人民生活水平的提高，使我国经受住了国际经济金融动荡和国内严重自然灾害、重大疫情等严峻考验，同时也存在经济结构不合理、分配关系尚未理顺、农民收入增长缓慢、就业矛盾突出、资源环境压力加大、经济整体竞争力不强等问题。为适应风云变幻的国内外形势，必须加快推进改革，进一步解放和发展生产力，为经济发展和社会全面进步注入强大动力。科学发展观正是针对中国经济社会发展中的突出问题而提出来的，既是二十多年改革开放实践的经验总结，也是战胜非典疫情给我们的重要启示，更是推进全面建设小康社会的迫切要求。

第二，科学发展观的基本要求是全面、协调、可持续发展。实现全面建设小康社会的宏伟目标，就是要使经济更加发展、民主更加健全、科教更加进步、文化更加繁荣、社会更加和谐、人民生活更加殷实。要全面实现这个目标，必须要有新的思想方法和发展理念。全面发展、协调发展、可持续发展是科学发展观的主要内容，也是科学发展观的深刻内涵。全面发展观，就是要在经济发展的基础上，促进社会全面进步和人的全面发展。马克思主义认为，人是历史的主体，社会发展的最终目的是人的发展。文章将人的全面发展和社会全面进步列为新发展观的重要组成部分，反映了马克思主义的内在要求。协调发展观，就是要促进社会主义物质文明、政治文明和精神文明的协调发展。三种文明既相对独立，又相互作用、相互贯通、相互渗透。物质文明为精神文明、政治文明提供物质基础，政治文明和精神文明为物质文明提供思想引导和智力支持。可持续发展观，就是要在开发利用自然中实现人与自然的和谐相处，实现经济社会的可持续发展。它是以保护自然资源环境为基础，以激励经济发展为条件，以改善和提高人类生活质量为目标的发展模式。

第三，树立和落实科学发展观要正确处理增长的数量和质量、速度和效益的关系。树立和落实科学发展观，十分重要的一环就是要正确处理增长的数量和质量、速度和效益的关系。增长是发展的基础，没有经济的数量增长，没有物质财富的积累，就谈不上发展。但增长并不简单地等同于发展，如果单纯扩大数量，单纯追求速度，而不重视质量和效益，不重视经济、政治和文化的协调发展，不重视人与自然的和谐，就会出现增长失调、从而最终制约发展的局面。因此，我们不仅要关注经济指标，而且要关注人文指标、资源指标和环境指标；不仅要增加促进经济增长的投入，而且要增加促进社会发展的投入，增加保护资源和环境的投入。忽视社会主义民主法制建设，忽视社会主义精神文明建设，忽视各项社会事业的发展，忽视资源环境保护，经济建设是难以搞上去的，即使一时搞上去了最终也可能要付出沉重的代价。各级党委和政府一定要坚持科学发展观，不断探索促进全面发展、协调发展和可持续发展的新思路新途径，进一步提高发展质量，实现更快更好的发展。

三、重要意义

《树立和落实科学发展观》内容丰富，意蕴深远，阐明了树立和落实科学发展观的重要意义，强调科学发展观是符合社会发展客观规律的发展观，有助于我们深刻把握科学发展观的历史作用和现实价值。

第一，《树立和落实科学发展观》反映了我们党在中国要实现什么样的发展以及怎样发展等一系列重大问题上的理论创新。党的十六届三中全会明确提出"坚持以人为本，树立全面、协调、可持续的发展观，促进经济社会和人的全面发展"①，强调"按照统筹城乡发展、统筹区域发展、统筹经济社会发展、统筹人与自然和谐发展、统筹国内发展和对外开放的要求"②推进改革和发展，标志着科学发展观这一重大战略思想的初步形成和正式提出。科学发展观是中国共产党站在时代和历史的高度，深刻总结经济社会发展规律和趋势的产物，同马克思列宁主义、毛泽东思想、邓小平理论和"三个代表"重要思想既一脉相承又与时俱进，既是中国经济社会发展的重要指导方针，也是发展中国特色社会主义必须坚持和贯彻的重大战略思想。作为胡锦涛在全会第二次全体会议上讲话的一部分，它进一步深化了对"什么是社会主义、怎样建设社会主义"，"建设一个什么样的党、怎样建设党"的认识，体现了我们党对共产党执政规律、社会主义建设规律、人类社会发展规律认识的飞跃。

第二，《树立和落实科学发展观》有助于我们提高树立和落实科学发展观的自觉性和主动性，坚定不移地深入贯彻落实科学发展观的重大战略思想。科学发展观反映时代进步的要求，体现实践发展的需要，顺应广大人民的心愿，是加快推进社会主义现代化的强大武器。文章要求全党从全面建设小康社会宏伟目标的战略高度认识树立和落实科学发展观的重大意义，不断探索促进全面发展、协调发展和可持续发展的新思路新途径。树立和落实科学发展观的关键在于付诸实施，各地区各部门都要结合自身实际情况，制定体现科学发展观的发展规划和工作部署，建立贯彻落实科学发展观的制度、体制和机制，解决发展过程中存在的突出矛盾和问题，更好地完成新世纪新阶段赋予我们的历史

① 中共中央文献研究室：《十六大以来重要文献选编》上，中央文献出版社2011年版，第465页。

② 中共中央文献研究室：《十六大以来重要文献选编》上，中央文献出版社2011年版，第465页。

任务。

第三，《树立和落实科学发展观》对进一步推进全面改革、解决发展问题具有指导意义。我国社会主要矛盾的变化，没有改变我们对我国社会主义所处历史阶段的判断，我国仍处于并将长期处于社会主义初级阶段的基本国情没有变，我国是世界最大发展中国家的国际地位没有变。发展仍是解决我国所有问题的关键。《树立和落实科学发展观》中关于科学发展观的理论和实践创新，顺应时代发展要求，合乎人民根本利益，是引领中国沿着正确道路不断前进的思想旗帜，有助于引导广大干部群众坚持发展是第一要务，用发展的办法解决发展中的矛盾和问题，把握发展规律、创新发展理念、破解发展难题，实现第二个百年奋斗目标，以中国式现代化全面推进中华民族伟大复兴。中国式现代化是全体人民共同富裕、物质文明和精神文明相协调、人与自然和谐共生的现代化，这正是科学发展观的题中应有之义。

四、学习思考

1. 科学发展观提出的背景和依据是什么？
2. 如何理解提出科学发展观的重大意义？
3. 如何贯彻落实科学发展观重大战略思想？

胡锦涛《党的先进性建设是关系马克思主义政党生存发展的根本性问题》导读

2005 年 1 月，全党保持共产党员先进性教育活动全面开展。《在新时期保持共产党员先进性专题报告会上的讲话》①是胡锦涛在 1 月 14 日保持共产党员先进性教育活动专题报告会上的讲话。胡锦涛在讲话中系统总结了我们党加强先进性建设和保持共产党员先进性的历史经验，充分论述了加强党的先进性建设对提高党的执政能力、巩固党的执政地位的重大意义，明确提出了开展先进性教育活动的目标要求，对全党搞好先进性教育活动具有十分重要的指导意义。

《党的先进性建设是关系马克思主义政党生存发展的根本性问题》是讲话的一部分，见《胡锦涛文选》第二卷，人民出版社 2016 年版，第 263～272 页。

一、形成背景

讲话是对国内外形势深刻变化下如何加强和改进党的建设这一重大历史课题的回应。新世纪新阶段，世界形势风云变幻，国际关系错综复杂。世界多极化和经济全球化的趋势在曲折中发展，各种力量进一步分化组合，给世界的和平与发展带来了机遇和有利条件，新的世界大战在可预见的时期内打不起来，争取较长时期的和平国际环境和良好周边环境是可以实现的。科技进步日新月异，区域经济一体化进程加快，综合国力竞争日趋激烈，和平与发展仍是当今时代的主题，世界经济可望保持增长态势。但是，不公正不合理的国际政治经济旧秩序没有根本改变，影响和平与发展的不确定因素在增加。民族、宗教矛盾和边界、领土争端导致的局部冲突此起彼伏，恐怖主义等非传统安全威胁明显上升。南北差距进一步扩大，发展不平衡问题更加突出。国际环境总体上对我国发展有利。但境内外敌对势力总是企图从政治、思想、文化等方面千方百计对我国进行渗透。我们将长期面对西方发达国家经济、科技占优势的压力，长期面对激烈的国际竞争。

① 中共中央文献研究室：《十六大以来重要文献选编》中，中央文献出版社 2011 年版，第 609～630 页。

从国内看，人民生活总体上达到小康水平，这是中华民族发展史上的一个里程碑。但我国正处于并将长期处于社会主义初级阶段，巩固和提高目前达到的小康水平还需要进行长时期的艰苦奋斗。2003 年，我国人均国内生产总值突破 1000 美元，经济社会和改革发展进入关键阶段。一些国家和地区的发展历程表明，新兴市场国家在突破人均国内生产总值 1000 美元的"贫困陷阱"后很快会奔向 1000 美元至 3000 美元的黄金发展期，但人均国内生产总值一旦到达 3000 美元后，因高速发展而带来的各种社会矛盾开始集中爆发，产业结构剧烈变化、社会格局剧烈调整，致使这些国家在向高收入国家的发展中陷入长期停滞，进入所谓的"中等收入陷阱"。如何借鉴其他国家跨越中等收入陷阱的成功经验，促进经济快速发展和社会平稳进步，避免出现因应对失误导致经济徘徊不前和社会长期动荡的状况，关系到整个国家和民族的发展走向。

总之，无论从国际上还是从国内看，我们既面临着需要紧紧抓住的发展机遇，也面对着需要认真对待的严峻挑战。能不能从容应对复杂多变的国际局势，能不能维护和利用好我国发展的重要战略机遇期，能不能科学把握我国改革发展的进程，推进社会主义物质文明、政治文明、精神文明的全面协调发展，构建社会主义和谐社会，既是对我们党的执政能力的考验，也是对各级领导干部和广大党员素质的考验。

讲话是对正在开展的保持共产党员先进性教育活动的有力推动。新的历史条件下，中国共产党的执政环境、历史使命甚至自身状况都发生了重大变化。截至 2003 年年底，我们党已经有 6823.2 万名党员，345.1 万个党的基层组织，其中基层党委 16.9 万个，总支部 19.1 万个，支部 309.1 万个，党员和党组织数量迅速增加。党的十四大以来入党的 2333.3 万名，35 岁以下的党员 1529.7 万名，新党员和青年党员人数明显增加。随着党和国家事业的发展，新老党员都面临着新形势、新任务、新环境的考验，党员的教育管理任务更加繁重、更加紧迫。中共中央组织部曾在 2000 年对 30 万名党员进行了思想状况调查。结果表明，从总体上看，我们党的基层组织是有战斗力的，党员队伍的主流是好的。但是，党员队伍中还存在着与保持先进性的要求不相适应、不相符合的问题。一些党员理想信念动摇，党员意识和执政意识淡薄，带领群众前进的能力不强，难以发挥先锋模范作用。一些党员干部事业心和责任感不强，思想作风不端正，工作作风不扎实，脱离群众的问题比较突出。一些党员领导干部思想理论水平不高，解决复杂矛盾的能力不强，有的甚至以权谋私、腐化堕落。一些党的基层组织凝聚力、战斗力不强，有的甚至软弱涣散、不起作用。这些问题的存在，严重影响党的先进性，影响党的工作，损害党和人民的事业。

为有效解决上述问题，从整体上保持和增强党的先进性，保证为人民长期执好政、掌好权，党的十六大决定在全党开展以实践"三个代表"重要思想为主要内容的保持共产党员先进性教育活动。2003年2月，先进性教育活动试点工作在12个省市、7个中央和国家机关部门先行试点，涉及党政机关、农村、城市基层等5种类型的单位，5.2万个基层党组织，共103.5万名党员参加。2004年9月，党的十六届四中全会就加强党的执政能力建设作出了全面部署，对开展先进性教育活动进一步提出明确要求。11月7日，中共中央下发《关于在全党开展以实践"三个代表"重要思想为主要内容的保持共产党员先进性教育活动的意见》，决定从2005年1月开始，用一年半左右的时间，在全党开展以实践"三个代表"重要思想为主要内容的保持共产党员先进性教育活动。2005年1月5日至6日，保持共产党员先进性教育活动工作会议召开，第一批先进性教育活动正式展开。正是在这样的背景之下，讲话成为保持共产党员先进性教育活动的重要指导文件，极大地促进了先进性教育工作的开展。

二、基本思想

讲话系统总结了马克思主义政党加强先进性建设、致力于保持党的先进性的理论和实践经验，深刻阐述了加强先进性建设对于提高党的执政能力、巩固党的执政地位、完成党的执政使命的根本意义，并在详细分析我们党保持先进性所面临的形势和任务基础上，对全体党员特别是党员领导干部参加先进性教育活动提出明确要求，对各级党组织抓好先进性教育活动提出殷切希望。

第一，党的先进性建设是关系马克思主义政党生存发展的根本性问题。讲话提出，先进性是马克思主义政党的根本特征，也是马克思主义政党的生命所系、力量所在。党的先进性建设是马克思主义政党自身建设的根本任务。开展党的先进性建设，就是要通过推进思想建设、组织建设、作风建设和制度建设，使党的理论和路线方针政策顺应时代发展的潮流和我国社会发展进步的要求、反映全国各族人民的利益和愿望，使各级党组织不断提高创造力、凝聚力、战斗力、始终发挥领导核心作用和战斗堡垒作用，使广大党员不断提高自身素质、始终发挥先锋模范作用，使我们党保持与时俱进的品质、始终走在时代前列，不断提高执政能力、巩固执政地位、完成执政使命。加强党的先进性建设，始终是我们党生存、发展、壮大的根本性建设。离开了这种先进性，我们党不可能在旧中国各种政治力量的长期斗争和反复较量中脱颖而出，不可能始终保持强大的创造力、凝聚力、战斗力，不可能得到全国各族人民的长期拥护和支持，也不可能成为革命、建设、改革的坚强领导核心。抓住了先进性建设，就抓住了党的建设的根本，就抓住了加强党的执政能力建设、巩固党的执政地位的关键。加强党的先进性建设，需要同实现党的历史任务紧紧联系起来。必须坚持立党为公、执政为民，全面落实科学发展观，始终抓好发展这个党执政兴国的第一要务，把党的先进性要求转化为全党的实际行动、贯彻到党的全部执政活动中去，切实落实到发展先进生产力、发展民主政治、发展先进文化、构建和谐社会、实现最广大人民的根本利益上来。加强党的先进性建设，在执政特别是长期执政的条件下任务更为艰巨。必须居安思危，增强忧患意识，永不自满，永不懈怠，不断把马克思主义中国化推向前进，不断把中国特色社会主义事业推向前进。加强党的先进性建设，是加强和改进党的建设的长期任务和永恒课题。必须把做好经常性工作与适当的集中教育结合起来，不断加以推进。

第二，新时期共产党员保持先进性必须做到"六个坚持"。讲话阐述了新的历史条件下共产党员保持先进性的基本要求，并强调全体党员都要身体力行。一要坚持理想信念，坚定不移地为建设中国特色社会主义而奋斗。崇高的理想信念，始终是共产党人保持先进性的精神动力。我们要胸怀共产主义的崇高理想，坚定走中国特色社会主义道路的信念，矢志不移地为实现党在社会主义初级阶段的基本路线、基本纲领而奋斗。二要坚持勤奋学习，扎扎实实地提高实践"三个代表"重要思想的本领。全党同志要抓紧学习、刻苦学习，善于学习、善于重新学习。坚持用马克思主义的科学理论武装全党，提高科学认识和分析形势的能力，增强政治敏锐性和政治鉴别力；提高理论与实际相结合的能力，切实做好改革发展稳定的各项工作；提高改造主观世界的能力，自觉加强党性修养。三要坚持党的根本宗旨，始终不渝地做到立党为公、执政为民。我们党的根基在人民、血脉在人民、力量在人民。能不能坚持全心全意为人民服务的根本宗旨，是衡量一名党员是否合格的根本标尺。党员干部无论职务高低、权力大小，都要当好人民的公仆。领导干部要牢固树立群众观点，始终与人民群众同呼吸、共命运、心连心。四要坚持勤奋工作，兢兢业业地创造一流的工作业绩。共产党员保持先进性，必须体现到在改革发展稳定的各项工作中发挥先锋模范作用上，体现到带领群众为推动经济发展和社会进步而开拓进取的实际行动中。共产党员应该自觉把自己的理想和奋斗同党和人民的事业紧密联系起来，同国家的发展和民族的前途紧密联系起来，努力创造无愧于时代、无愧于历史、无愧于人民的一流工作业绩。五要坚持遵守党的纪律，身体力行地维护党的团结统一。党的纪律是全党意志的体现，是党的各级组织和全体党员必须遵守的行为准则。只有纪律严明，才能保证党的理论和路线方针政策的贯彻落实，才能维护党的团结统一。共产党员必须遵守党的政治纪律，坚持民主集中制的根本组织制度和领导制度，自觉贯彻依法治国的基本方略。六要坚持"两个务必"，永葆共产党人的政治本色。谦虚谨慎、艰苦奋斗，作为我们党的优良传统和作风，作为马克思主义政党的政治本色，是凝聚党心民心、激励全党全国人民为实现国家富强、民族振兴、社会和谐、人民幸福而共同奋斗的强大精神力量，是保持党同人民群众血肉联系的一个重要法宝。

第三，党员领导干部发挥带头作用是搞好先进性教育活动的关键。讲话指出，各级党员领导干部都要以普通党员的身份带头参加先进性教育活动，这既可以给广大党员作出示范，也有利于取得领导教育活动的主动权。一要带头学习，把学习"三个代表"重要思想同学习邓小平理论、学习党章、学习党的十六大和十六届三中、四中全会精神紧密结合起来，同学习科学发展观紧密结合起来，努力做到全面理解、融会贯通。二要带头查摆问题，坚持发扬民主作风，坚持走群众路线，以"三个代表"重要思想为镜子，对照检查自己在思想、工作、学习等方面的情况，切实找出存在的不足和问题；要真诚主动地向同事、下级和群众征求意见特别是批评意见；领导干部之间要开展谈心活动，相互指点，相互帮助。三要带头开展批评和自我批评，坚持讲党性、讲原则，既要勇于进行真诚的自我批评，又要敢于批评错误的思想和行为，还要能够虚心接受别人的批评，欢迎来自各方面的监督。四要带头搞好整改，认真解决党员和党组织在思想、组织、作风以及工作方面存在的突出问题，努力解决影响改革发展稳定、涉及群众切身利益的实际问题，特别是要解决好群众反映强烈、通过努力能够解决的突出问题，让群众看到实效。同时，各级党委（党组）要加强领导，把先进性教育作为当前党建工作中的头等大事来抓；坚持统筹兼顾、合理安排，把先进性教育活动同推动当前工作结合起来；坚持分类指导，从实际出发探索行之有效的活动方式和载体；要充分运用各种媒体开展舆论宣传。

三、重要意义

胡锦涛在讲话中提出了党的先进性建设这一重大命题，论述了党的先进性建设的科学内涵，并从总结历史经验、把握现实意义、分析形势任务等方面科学回答了什么是党的先进性建设、在新的历史条件下为什么要加强党的先进性建设、怎样加强党的先进性建设等重大问题，形成了加强党的先进性建设的重大战略思想。

第一，讲话是对马克思主义建党学说的丰富与发展。保持和发展马克思主义政党的先进性，历来是马克思主义建党理论中的一个根本性课题。中国共产党三代中央领导集体都高度重视党的先进性问题，并以理论和实践相结合的方式进行长期探索，形成了一系列重要思想。加强党的先进性建设思想同马克思列宁主义和中国共产党三代中央领导集体关于党的先进性的思想一脉相承，同时又以新的思想观点和时代内容丰富了马克思主义建党理论尤其是马克思主义政党的先进性思想。讲话提出党的先进性建设是关系马克思主义政党生存发展的根本性问题的重要论断，深刻总结了加强党的先进性建设的历史经验，告诫全体党员"一个政党过去先进，不等于现在先进；现在先进，不等于永远先进"，"加强党的先进性建设，在执政特别是长期执政的条件下任务更为艰巨"。① 讲话是全党智慧的结晶和实践经验的总结，反映出我们党对自身建设规律的认识达到了一个新高度，在马克思主义建党理论发展史上具有重要意义。

第二，讲话对于搞好先进性教育工作具有直接指导作用。保持共产党员先进性教育活动是中国共产党在新的历史条件下用发展着的马克思主义武装全党的一项重大举措，也是中国共产党加强党的执政能力建设和先进性建设的一次成功实践。讲话从事关党执政能力的提高和执政地位的巩固、事关党和人民事业的兴旺发达、事关党和国家长治久安的高度，充分强调了在全党开展先进性教育活动的重要性和必要性，有助于增强党员的政治责任感和历史使命感，更好地把思想统一到中央的重大部署上来，统一到新形势下加强党的执政能力建设的要求上来，扎实有效地开展先进性教育工作。讲话提出的"六个坚持"的要求，是对中共中央《关于在全党开展以实践"三个代表"重要思想为主要内容的保持共产党员先进性教育活动的意见》提出的基本要求的进一步明确。讲话强调党员领导干部要发挥带头作用，各级党委要切实加强对先进性教育活动的领导，抓住了搞好先进性教育活动的关键，表明了党中央抓好先进性教育活动的决心。

第三，讲话对于新的历史条件下切实推进全面从严治党具有长远意义。中国共产党是执政党，党的建设不仅关系到党的执政水平和国家的长治久安，而且关系到中国特色社会主义的前途命运。讲话具有很强的政治性、理论性和指导性，是加强和改进党的建设、提高党建科学化水平的一篇重要文献。十八大以来，全面从严治党被提到前所未有的高度，成为以习近平同志为核心的党中

---

① 《胡锦涛文选》第二卷，人民出版社 2016 年版，第 270 页。

央治国理政的最鲜明特征。习近平总书记强调，要以自我革命精神推进全面从严治党。自我革命是我党区别于其他政党最显著的标志，是跳出治乱兴衰历史周期率的第二个答案，也是我们党不断从胜利走向新的胜利的关键所在。讲话提出加强党的先进性建设的重大战略思想，有助于增强党的创造力、凝聚力、战斗力，提高管党治党的自觉性和责任感，为全面从严治党的战略部署奠定良好基础，从而更好地推进党的建设新的伟大工程，巩固党的执政地位、实现党的执政使命。

四、学习思考

1. 什么是党的先进性建设？
2. 如何理解党的先进性建设是马克思主义政党生存发展的根本性问题？
3. 如何加强共产党员先进性教育的实效性？

胡锦涛《构建社会主义和谐社会》导读

2005 年 2 月 19 日，为深入学习贯彻党的十六届四中全会精神，中共中央举办省部级主要领导干部专题研讨班，集中研讨加强党的执政能力建设特别是提高构建社会主义和谐社会能力的问题。胡锦涛在开班式上发表了重要讲话。讲话深刻阐述了构建社会主义和谐社会的重大意义，明确提出社会主义和谐社会建设总目标和各项工作，对推进我国社会主义和谐社会建设具有重要的指导意义。

原文见《胡锦涛文选》第二卷，人民出版社 2016 年版，第 273～299 页。

一、形成背景

讲话是贯彻落实党的十六大和十六届四中全会精神的产物。党的十六大以来，中国共产党高度重视社会建设，对构建社会主义和谐社会的认识不断深化和拓展。十六大在阐述全面建设小康社会的宏伟目标时强调，建设更高水平的小康社会，就是要使经济更加发展、民主更加健全、科教更加进步、文化更加繁荣、社会更加和谐、人民生活更加殷实，并把"社会更加和谐"作为我们党要为之奋斗的一个重要目标明确提到全党全社会面前，还强调要努力形成全体人民各尽其能、各得其所而又和谐相处的局面，巩固和发展民主团结、生动活泼、安定和谐的政治局面。这在党的历次代表大会中还是第一次。党的十六届四中全会把构建社会主义和谐社会的能力确定为加强党的执政能力建设的重要内容，明确提出构建社会主义和谐社会的重大战略任务，并进一步提出中国共产党作为执政党，要坚持最广泛最充分地调动一切积极因素，不断提高构建社会主义和谐社会的能力。这是在党的文件中第一次把和谐社会建设放到同经济建设、政治建设、文化建设并列的突出位置。构建社会主义和谐社会的战略思想一经提出便引发社会强烈关注，但为什么要构建社会主义和谐社会、什么是社会主义和谐社会、怎样建设社会主义和谐社会等重大问题亟待回答。为贯彻落实党的十六大和十六届四中全会精神，更好地把全党全国人民的思想和行动统一到中央的重大决策上来，中共中央采取一系列举措，比如举办省部级主要领导干部构建社会主义和谐社会专题研讨班，积极回应构建社会主义和谐社会的理论和实践问题。

讲话是应对经济社会发展过程中的突出矛盾和问题的产物。随着中国经济体制的深刻变革、社会结构的深刻变动、利益格局的深刻调整以及思想观念的深刻变化，我们正面临着并将长期面对一些亟待解决的突出矛盾和问题。第一，城乡二元经济结构并未改变，城乡差距不断扩大。2000 年，我国农村尚有将近 3000 万贫困人口的温饱问题还没有完全解决，2002 年这一数字仍然有2800 多万。2003 年，城乡居民收入差距从改革开放初期的 2.57：1 扩大到3.23：1。2004 年是 1997 年以来农民收入增幅最高的一年，但城乡居民收入差距仍居于 3.2：1 的历史高点。第二，区域收入差距扩大，落后地区和经济发达地区之间的利益冲突和矛盾可能会加剧。根据国务院西部开发办在十六大新闻中心公布的数据显示，2001 年西部 12 个省、自治区、直辖市的面积占全国的 71.4%，人口占 28.6%，而国内生产总值只占全国的 17.1%，仅相当于东部地区平均水平的 40%。第三，随着经济社会发展对资源和环境需求的增加，资源过度开发利用情况普遍存在，能源紧缺压力加大。如石油、铁、铜等重要矿产的消费量大幅增长，出现矿产资源的消耗量增长速度大于储量增长速度的情况。由于国内供应不足，矿石进口量持续增加，贸易逆差不断扩大。此外，就业、社会保障、收入分配、教育、医疗、住房、安全生产、社会治安等关系群众切身利益的问题较为突出，贫富分化、腐败严重、道德滑坡、信仰缺失等不利于社会和谐的因素增多，给中国经济社会健康发展带来严重影响。讲话正是着眼于改革发展进入关键时期的客观实际，针对上述需要解决的问题而出台的。

讲话是中国共产党巩固执政基础、增强执政能力的产物。中国共产党的性质和宗旨决定了我们党始终代表中国最广大人民的根本利益，坚持一切从人民的利益出发，全心全意为人民服务。在新的历史条件下，经济基础和社会结构的变化形成了不同的利益群体和利益诉求，中国共产党的执政基础和执政能力面临新的考验。十六大报告强调，最大多数人的利益和全社会全民族的积极性创造性，对党和国家事业的发展始终是最具有决定性的因素。如何认识和把握新形势下人民内部矛盾的特点和规律，把一切积极因素充分调动和凝聚起来，推动全体人民朝着共同富裕的方向稳步前进；如何建立健全社会整合机制，有效整合不同领域、不同阶层、不同群体的社会力量，促进各种社会力量良性互动；如何妥善处理各方面关系，正确反映和兼顾各方面利益，切实维护和实现社会公平和正义，保障全体社会成员共享改革发展的成果。要增强党的阶级基础、扩大党的群众基础，为人民执好政、掌好权、服好务，中国共产党必须回答好上述一系列理论和实践问题,既可以保护发达地区、优势产业和通过辛勤劳动与合法经营先富起来人们的发展活力,鼓励他们积极创造社会财富,又能够重视和关心欠发达地区以及比较困难的行业和群众,特别要使困难群众的基本生活得到保障,并积极帮助他们解决就业问题和改善生活条件,使他们切实感受到社会主义社会的温暖。

二、基本思想

讲话全面分析了当前国际国内形势和我们党肩负的使命,深刻阐述了构建社会主义和谐社会的重大意义和马克思主义关于社会主义社会建设的理论,明确提出了构建社会主义和谐社会的基本特征、重要原则和主要工作,并就加强和改善党对构建社会主义和谐社会各项工作的领导提出了具体要求。

第一,构建社会主义和谐社会具有重大意义。构建社会主义和谐社会,是我们党从全面建设小康社会、开创中国特色社会主义事业新局面的全局出发提出的一项重大任务,适应了我国改革发展进入关键时期的客观要求,体现了广大人民群众的根本利益和共同愿望。从国内看,构建社会主义和谐社会,是我们抓住和用好重要战略机遇期、实现全面建设小康社会宏伟目标的必然要求。从国际看,构建社会主义和谐社会,是我们把握复杂多变的国际形势、有力应对来自国际环境的各种挑战和风险的必然要求。从我们党肩负的使命看,构建社会主义和谐社会,是我们党坚持立党为公、执政为民的必然要求,是我们党实现好、维护好、发展好最广大人民的根本利益的重要体现,也是我们党实现执政的历史任务的重要条件。构建社会主义和谐社会,关系到最广大人民的根本利益,关系到巩固党执政的社会基础、实现党执政的历史任务,关系到全面建设小康社会的全局,关系到党的事业兴旺发达和国家的长治久安。全党同志都要从这样的战略高度,深刻认识构建社会主义和谐社会的重大意义,自觉承担起和谐社会建设的历史任务。

第二,构建社会主义和谐社会是建设中国特色社会主义的一项基本任务。实现社会和谐,建设美好社会,始终是人类孜孜以求的一个社会理想。我国历史上产生过不少有关社会和谐的思想,虽然这些思想带有不同时代和提出者阶级地位的烙印,但都在一定程度上反映了广大人民群众对美好生活的向往。马克思、恩格斯在继承前人思想成果的基础上,创立了科学社会主义理论,勾画了美好社会的蓝图,指明了实现美好社会理想的正确途径。我们党在革命、建设、改革的长期实践中,不断探索和发展了具有中国特色的社会主义社会建设理论。毛泽东在《论十大关系》《关于正确处理人民内部矛盾的问题》等著作中，对正确处理我国社会的一些重大关系作出了深刻论述。邓小平科学阐述了建设中国特色社会主义的一系列重大理论观点，也对社会主义社会建设作出了一系列重要论断，如社会主义的本质，是解放生产力，发展生产力，消灭剥削，消除两极分化，最终达到共同富裕；贫穷不是社会主义，社会主义要消灭贫穷，提高人民的生活水平。江泽民根据国内外形势的发展变化、我国经济社会发展的新要求和我们党肩负的新任务，提出发展是党执政兴国的第一要务，要坚持用发展的办法解决前进中的问题；社会主义社会是以经济建设为重点的全面发展、全面进步的社会，要促进社会主义物质文明、政治文明、精神文明协调发展，促进人的全面发展等论断。党的十六大以来，中央强调要坚持立党为公、执政为民，做到权为民所用、情为民所系、利为民所谋；牢固树立和落实科学发展观，按照"五个统筹"的要求，推进经济社会全面协调可持续发展；发展党内民主和人民民主，充分调动一切积极因素；坚持以人为本，始终把最广大人民的根本利益作为党和国家工作的根本出发点和落脚点，切实做好关心群众生产生活的工作等，都是为了推进社会主义社会建设。总之，我们党提出构建社会主义和谐社会，符合马克思主义的基本原理，符合马克思主义关于社会主义社会的科学设想。

第三，社会主义和谐社会建设的总目标是民主法治、公平正义、诚信友爱、充满活力、安定有序、人与自然和谐相处。民主法治，就是社会主义民主得到充分发扬，依法治国基本方略得到切实落实，各方面积极因素得到广泛调动；公平正义，就是社会各方面的利益关系得到妥善协调，人民内部矛盾和其他社会矛盾得到正确处理，社会公平和正义得到切实维护和实现；诚信友爱，就是全社会互帮互助、诚实守信，全体人民平等友爱、融洽相处；充满活力，就是能够使一切有利于社会进步的创造愿望得到尊重，创造活动得到支持，创造才能得到发挥，创造成果得到肯定；安定有序，就是社会组织机制健全，社会管理完善，社会秩序良好，人民群众安居乐业，社会保持安定团结；人与自然和谐相处，就是生产发展，生活富裕，生态良好。社会主义和谐社会的这些基本特征是相互联系、相互作用的，需要在全面建设小康社会的进程中全面把握和体现。

第四，构建社会主义和谐社会要坚持"六个必须"的重要原则。必须坚持以邓小平理论和"三个代表"重要思想为指导，坚持社会主义的基本制度，坚持走中国特色社会主义道路；必须树立和落实科学发展观，坚持以经济建设为中心，坚持"五个统筹"，促进社会主义物质文明、政治文明、精神文明建设与和谐社会建设全面发展；必须坚持以人为本，始终把最广大人民的根本利益作为党和国家工作的根本出发点和落脚点，在经济发展的基础上不断满足人民群众日益增长的物质文化需要，促进人的全面发展；必须尊重人民群众的创造精神，通过深化改革、创新体制，调动一切积极因素，激发全社会的创造活力；必须注重社会公平，正确反映和兼顾不同方面群众的利益，正确处理人民内部矛盾和其他社会矛盾，妥善协调各方面的利益关系；必须正确处理改革发展稳定的关系，坚持把改革的力度、发展的速度和社会可以承受的程度统一起来，使改革发展稳定相互协调、相互促进，确保人民群众安居乐业，确保社会政治稳定和国家长治久安。

第五，社会主义和谐社会建设必须切实做好十项工作。一要切实保持经济持续快速协调健康发展。要始终坚持发展是硬道理的战略思想，紧紧抓住发展这个党执政兴国的第一要务，坚持以科学发展观统领经济社会发展全局，推动我国经济社会发展不断迈上新台阶。二要切实发展社会主义民主。要把坚持党的领导、人民当家作主和依法治国有机统一起来，积极稳妥地推进政治体制改革，更好地发挥社会主义政治制度的特点和优势。三要切实落实依法治国的基本方略。构建社会主义和谐社会，必须健全社会主义法制，建设社会主义法治国家，充分发挥法治在促进、实现、保障社会和谐方面的重要作用。四要切实加强思想道德建设。要加强社会主义先进文化建设，不断增强人们的精神力量，不断丰富人们的精神世界。五要切实维护和实现社会公平和正义。要正确反映和兼顾不同地区、不同部门、不同方面群众的利益，在促进发展的同时把维护社会公平放到更加突出的位置，使全体人民共享改革发展的成果。六要切实增强全社会的创造活力。构建社会主义和谐社会，必须最广泛、最充分地调动一切积极因素，发挥各方面的创造活力，不断推动经济社会发展。七要切实加强社会建设和管理。只有建立起与社会主义经济、政治、文化体制相适应的社会体制，才能形成与社会主义经济、政治、文化秩序相协调的社会秩序。八要切实处理好新形势下的人民内部矛盾。构建社会主义和谐社会的过程，就是在妥善处理各种矛盾中不断前进的过程，就是不断消除不和谐因素、不断增加和谐因素的过程。我们要正视矛盾，要深刻分析现阶段人民内部矛盾产生的原因，特别是深层次原因，找到化解矛盾的正确途径和有效方法，形成妥善处理矛盾的体制机制。九要切实加强生态环境建设和治理工作。要科学认识和正确运用自然规律，坚决禁止各种掠夺自然、破坏自然的做法；要引导全社会树立节约资源的意识，加快建设节约型社会。十要切实做好保持社会稳定的工作。要进一步落实维护社会稳定的工作责任制，大力加强社会治安防控体系建设，牢固树立安全第一的思想，抓紧建立健全社会预警机制。

第六，要加强和改善党对构建社会主义和谐社会的领导。构建社会主义和谐社会，是一项艰巨复杂的系统工程，需要全党全社会长期坚持不懈地努力。各级党委和政府要增强使命感和责任感，加强和改善对构建社会主义和谐社会各项工作的领导。首先，要把构建社会主义和谐社会摆在全局工作的重要位置。各级党委和政府要把思想统一到中央精神上来，把构建社会主义和谐社会作为一项重大任务，纳入经济社会发展总体规划，列入重要议事日程，建立有效的领导机制和工作机制。其次，要深入做好新形势下党的群众工作。构建社会主义和谐社会的大量工作同党的群众工作有密切联系，要求我们把联系群众、宣传群众、组织群众、服务群众、团结群众的工作做得更好。各级党委、政府和领导干部都要坚持贯彻党的群众路线，带着深厚的感情做群众工作，千方百计把群众工作做深、做细、做实。最后，要加强对构建社会主义和谐社会的理论研究。正确应对我国经济社会发展出现的新趋势新特点，妥善处理影响和谐社会建设的各种复杂问题和因素，不断提高构建社会主义和谐社会的能力，要求全党同志必须根据客观形势的发展变化，努力从理论和实践的结合上不断研究新问题、开拓新思路、提出新办法，使我们的思想观念、政策措施、工作部署、工作方式更加适应新形势新任务的要求。

三、重要意义

讲话阐述了构建社会主义和谐社会的重大意义，提出了社会主义和谐社会的科学内涵、总体目标、重要原则和主要任务等基本构想，是中国共产党治国理政的一篇纲领性文献。

第一，讲话丰富和发展了中国特色社会主义理论，为马克思主义关于社会主义社会建设的理论增加了新的内容。讲话明确提出构建社会主义和谐社会的任务，将中国特色社会主义事业的总体布局由社会主义经济建设、政治建设、文化建设"三位一体"发展为社会主义经济建设、政治建设、文化建设、社会建设"四位一体"，深化了我们对中国特色社会主义目标和任务的认识，使中国特色社会主义战略规划和整体布局更加全面、协调和均衡。同时，胡锦涛对构建社会主义和谐社会在中国特色社会主义事业中的地位进行了阐述，构建社会主义和谐社会同建设社会主义物质文明、政治文明、精神文明是有机统一的，和谐社会建设可以为这三个文明建设创造有利的社会条件。党的十八大以来，我们创造性地提出统筹推进"五位一体"总体布局、协调推进"四个全面"战略布局，体现出我们党对中国特色社会主义建设规律的认识达到了新高度。

第二，讲话第一次完整地阐明了社会主义和谐社会建设的总目标，反映出我们党对社会主义和谐社会理论的新思考。"我们所要建设的社会主义和谐社会，应该是民主法治、公平正义、诚信友爱、充满活力、安定有序、人与自然和谐相处的社会。"①这一表述从六个方面言简意赅地分析了我们要构建的社会主义和谐社会的基本特征，明确了我们党要构建的社会主义和谐社会与历史上的"大同世界""乌托邦"有着本质差别，体现了我们党对人类社会发展内涵及其相互关系的新认识，有助于我们准确把握社会主义和谐社会的内涵，促使我们全面落实科学发展观，推动经济社会协调发展。

第三，讲话是贯彻落实社会主义和谐社会建设的重要指导文件。讲话表明中国共产党清醒地认识到中国社会所处的历史方位和党的历史方位，反映出党对执政规律、执政能力、执政方略、执政方式的新主张。它的全文发表，说明构建社会主义和谐社会的思想理念已经成为中国特色社会主义建设的战略任务，发展到全党全国必须贯彻落实的新阶段。讲话从国际形势、国内现状及我们党肩负的历史使命等方面论述了构建社会主义和谐社会的重要意义，有助于我们深刻理解构建社会主义和谐社会的必要性和紧迫性，增强社会主义和谐社会建设的责任感和使命感，积极主动地做好和谐社会建设的各项工作。讲话提出的"六个必须"，回答了社会主义和谐社会为谁建设、怎样建设、靠谁建设的问题，是构建社会主义和谐社会必须坚持的原则，对推进我国社会主义和谐社会建设具有重要作用。

四、学习思考

1. 如何理解构建社会主义和谐社会的重大意义？
2. 构建社会主义和谐社会的总目标是什么？
3. 如何贯彻落实社会主义和谐社会建设的战略思想？

---

① 中共中央文献研究室编：《十六大以来重要文献选编》中，中央文献出版社 2011 年版，第 706 页。

胡锦涛《牢固树立社会主义荣辱观》导读

2006 年 3 月 4 日，胡锦涛看望了出席全国政协十届四次会议的民盟、民进联组委员，听取了委员们的意见和建议，并发表了重要讲话。《牢固树立社会主义荣辱观》是讲话的一部分，针对当时社会中存在的不良风气和道德滑坡现象，阐述了提高全民族素质、培养大批优秀人才、树立良好社会风气等重大问题，特别是鲜明地提出了牢固树立社会主义荣辱观。

原文见《十六大以来重要文献选编》下，中央文献出版社 2011 年版，第 316～317 页。

一、形成背景

牢固树立社会主义荣辱观是中国经济社会发展的客观要求。2002 年，十六大报告提出全面建设小康社会的奋斗目标，强调"全面建设小康社会，必须大力发展社会主义文化，建设社会主义精神文明"①，提高全民族的思想道德素质和科学文化素质。2003 年，中共中央提出坚持以人为本，树立全面、协调、可持续的发展观，促进经济社会和人的全面发展。这一重大战略思想要求把人作为发展的根本目的，关注人的精神世界，不仅要满足人的物质需要，更要实现人的精神诉求。2004 年，中共中央提出了构建社会主义和谐社会的重大战略任务。胡锦涛强调："一个社会是否和谐，一个国家能否实现长治久安，很大程度上取决于全体社会成员的思想道德素质。"②社会主义和谐社会的基本特征是民主法治、公平正义、诚信友爱、充满活力、安定有序、人与自然和谐相处，它需要人们具备相应的思想道德水平，具备明辨是非真假、善恶美丑的能力。可以看出，党和国家的一系列重大方针政策对加强社会主义先进文化建设进行了全面部署，对社会的道德风尚和人民群众的精神状态提出了具体要求。

---

① 中共中央文献研究室编：《十六大以来重要文献选编》上，中央文献出版社 2011 年版，第 29 页。

② 中共中央文献研究室编：《十六大以来重要文献选编》中，中央文献出版社 2011 年版，第 710 页。

社会主义荣辱观涉及的民族素质、人才培养和社会风气等问题，要与经济社会发展实际相适应，与党和国家重大战略规划的内在精神相一致，这样有助于提高社会文明程度，确立正确价值导向，促进社会主义思想道德建设，推动经济社会继续向前发展。

牢固树立社会主义荣辱观是新形势下加强党的先进性建设的现实必然。2005 年 1 月，中国共产党开展了以实践"三个代表"重要思想为主要内容的保持共产党员先进性教育活动，对全体党员提出了坚持理想信念、坚持勤奋学习、坚持党的根本宗旨、坚持勤奋工作、坚持遵守党的纪律、坚持"两个务必"等六项基本要求。只有不断加强主观世界的改造，提升个人的思想水平和道德修养，树立正确的荣辱观，才能成为符合上述基本要求的共产党员，在各种诱惑和挑战面前永葆革命先锋队的本色，树立共产党员的先进形象。这篇讲话出台之时，第一批、第二批保持共产党员先进性教育活动已经结束，第三批保持共产党员先进性教育活动正在进行，整个教育活动接近尾声。如何在新的历史条件下巩固和发展先进性教育活动成果，建立起更稳定、更长期的保持先进性的长效机制，确立知荣明耻、扬荣抑耻的道德规范和价值标准，推动全体党员坚持加强党性修养、弘扬优良作风，是中国共产党必须要回答的问题。讲话的新观点和新论断有利于全体党员提高个人素质，促进自身发展，严于律己，以身作则，成为一个荣辱观正确的好公民和一个为人民服务的好公仆。文章契合了党的先进性建设的需要，是巩固党的执政地位、提高党的执政能力、完成党的执政使命的必然要求。

牢固树立社会主义荣辱观是解决现实社会道德建设中存在问题的迫切需要。随着改革开放的持续深入发展，社会转型步伐加快，利益格局深刻调整，人们的思想观念和价值取向呈现出新的时代特点。一方面，社会意识形态领域总体上保持了积极健康向上的良好态势，爱国主义、集体主义、社会主义思想深入人心，爱国守法、明礼诚信、团结友善、勤俭自强、敬业奉献的良好风尚成为社会主流。另一方面，拜金主义、享乐主义和个人主义思想滋生蔓延，实用主义、相对主义、功利主义等观念占据一定市场，严重冲击了中华民族优秀道德传统和社会主义道德观，破坏了社会道德秩序，导致一些人在价值判断上出现混乱，是非不辨、善恶混淆、美丑不分、荣辱不辨。比如，政治领域出现了权钱交易、贪污受贿、损公肥私等现象；经济领域出现了不讲诚信、欺骗欺诈、假冒伪劣等现象，社会生活中的奢侈浪费之风悄然滋长，讲排场、摆阔气，追求物质享受，热衷攀比斗富。这些不良社会风气容易对人民群众产生错误的价值引导，尤其是对处于世界观、人生观和价值观形成关键时期的青少年产生极大的负面作用。长此以往，不良的社会风气更会阻碍经济社会的持续健康发展。因此，牢固树立社会主义荣辱观，确定道德标准，明确价值导向，弘扬社会正气，是社会主义思想道德建设尤其是青少年思想政治教育的迫切需要。

二、基本思想

讲话从全面建设小康社会、加快推进社会主义现代化全局的高度，依据社会主义先进文化建设的要求，阐述了提高全民族素质、培育大批优秀人才、树立良好社会风气三个方面的问题。

第一，要提高全民族素质。当今世界的综合国力竞争，说到底是民族素质竞争。要充分发挥教育对提高人的素质的基础性作用，坚持教育优先发展，全面推进素质教育。要努力建设学习型社会，在全社会树立全民学习、终身学习的理念。要在全体人民中大力弘扬科学精神、普及科学知识、树立科学观念、提倡科学方法，努力在全社会形成学习科学、相信科学、依靠科学的良好氛围，促进全民族科学素质的提高。

第二，要培养大批优秀人才。国家兴盛，人才为本。要全面实施人才强国战略，大力加强人力资源能力建设。要进一步优化人才发展的环境，建立健全育才、引才、聚才、用才的体制机制，形成鼓励人才干事业、支持人才干成事业、帮助人才干好事业的社会氛围，开创人尽其才、才尽其用、用当其时、人才辈出的局面。

第三，要树立良好的社会风气。树立良好的社会风气是广大人民群众的强烈愿望，也是经济社会顺利发展的必然要求。要在全社会大力弘扬爱国主义、集体主义、社会主义思想，倡导社会主义基本道德规范，扶正祛邪，扬善惩恶，促进良好社会风气的形成和发展。要教育广大干部群众特别是广大青少年牢固树立社会主义荣辱观，坚持以热爱祖国为荣、以危害祖国为耻，以服务人民为荣、以背离人民为耻，以崇尚科学为荣、以愚昧无知为耻，以辛勤劳动为荣、以好逸恶劳为耻，以团结互助为荣、以损人利己为耻，以诚实守信为荣、以见利忘义为耻，以遵纪守法为荣、以违法乱纪为耻，以艰苦奋斗为荣、以骄奢淫逸为耻。

三、重要意义

讲话着眼于当代中国发展的全局，面向中华民族的未来，紧密联系当前社会风气中存在的突出问题，明确提出了提高全民族素质、培育大批优秀人才、树立良好社会风气等重大问题，详细论述了牢固树立社会主义荣辱观的重大意义、丰富内涵和基本要求，集中表达了广大人民群众匡正社会风气、提高文明程度、构建和谐社会的共同心声，具有很强的思想性、时代性和针对性。

第一，社会主义荣辱观既是马克思主义道德观在当代中国的具体化，也是中华民族道德传统在马克思主义指导下的现代化。文章将提高素质、培养人才、端正风气三个方面相结合，反映了社会主义基本道德规范的本质要求，体现了新时期社会主义的道德风尚和价值导向，是推进社会主义精神文明建设、指导社会主义先进文化建设、构建社会主义和谐社会的重要文献。社会主义荣辱观丰富和拓展了公民基本道德规范的内容，体现了全球化背景下马克思主义道德的新发展，以及我们对中华优秀传统文化的继承和发扬。

第二，讲话是新形势下进一步加强社会主义思想道德建设的重要指导方针。社会主义荣辱观内容通俗易懂、易学易记，明确划分了是非、善恶、美丑的界限，旗帜鲜明地指出了必须坚持什么、反对什么，提倡什么、抵制什么，是引领社会风尚的一面旗帜。党的十七大指出，社会主义荣辱观构成了社会主义核心价值体系的基本内容。党的十七届六中全会把建设社会主义核心价值体系作为文化改革发展的根本任务，将社会主义核心价值体系深入推进、良好思想道德进一步弘扬、公民素质明显提高等列入文化改革发展的奋斗目标。牢固树立社会主义荣辱观，既有利于推进社会主义道德建设，打牢全国人民团结奋斗的共同思想基础，巩固马克思主义在意识形态领域的指导地位；也有利于弘扬真善美、抵制假恶丑，为社会主义市场经济的发展营造良好的思想道德环境。在全社会的共同努力下，公民思想道德建设工程持续推进，逐步形成知荣辱、讲正气、树新风、促和谐的文明风尚。

第三，讲话在促进人的全面发展尤其是青少年的健康成长方面具有重大现实意义和深远历史意义。党和人民事业发展需要一代代中国共产党人持续奋斗，必须抓好后继有人这个根本大计。文章有利于在新的历史条件下教育和激励广大人民群众尤其是青少年弘扬以爱国主义为核心的民族精神和以改革创新为核心的时代精神，促进全民族素质的整体提高，培育"四有"社会主义公民，有效履行新世纪新阶段的历史使命，培育社会主义事业合格建设者和可靠接班人。

四、学习思考

1. 社会主义荣辱观的主要内容是什么？
2. 为什么要牢固树立社会主义荣辱观？
3. 如何引导青少年牢固树立社会主义荣辱观？

胡锦涛《把贯彻落实科学发展观提高到新水平》导读

　　根据党的十七大部署，中共中央决定从 2008 年 9 月开始，用一年半左右时间在全党分批开展深入学习实践科学发展观活动。9 月 19 日，全党深入学习实践科学发展观活动动员大会暨省部级主要领导干部专题研讨班开班式在中央党校举行，胡锦涛发表重要讲话。《在全党深入学习实践科学发展观活动动员大会暨省部级主要领导干部专题研讨班上的讲话》①阐明了学习实践科学发展观的重大意义、主要原则和基本要求，标志着全党深入学习实践科学发展观活动正式拉开序幕。

　　《把贯彻落实科学发展观提高到新水平》是讲话的一部分，见《胡锦涛文选》第三卷，人民出版社 2016 年版，第 93～100 页。

一、形成背景

　　国内外形势的深刻变化和党的自身建设面临的新考验，迫切需要全党贯彻落实科学发展观。首先，经济社会的快速发展以及抗击汶川地震、举办北京奥运会和残奥会等一系列重大事件，为中国赢得了良好的国际形象，中国的国际地位和国际影响力大幅提升。同时，复杂多变的国际环境使中国在政治、经济、文化和国家安全等方面仍然面临着长期而严峻的挑战。我们迫切需要深入学习科学发展观，把握世界大势，树立世界眼光，不断提高统筹国内国际两个大局的能力。其次，在新的历史起点上，党的十七大提出了实现全面建设小康社会奋斗目标的新要求，强调要增强发展协调性，努力实现经济又好又快发展。但是，我国发展还面临着不少矛盾和冲突，社会发展理念有待创新，经济发展方式有待转变，改革发展难题亟待破解。这就要求我们必须走生产发展、生活富裕、生态良好的文明发展道路，全面推进社会主义经济建设、政治建设、文化建设、社会建设以及生态文明建设，努力加快实现以人为本、全面协

---

　　① 中共中央文献研究室：《十七大以来重要文献选编》上，中央文献出版社 2009 年版，第 565～585 页。

调可持续的科学发展。最后，党的十七大提出，中国共产党以执政能力建设和先进性建设为主线，以反腐倡廉建设为根本任务，继续推进党的建设新的伟大工程。思想建设、组织建设、作风建设、反腐倡廉建设和制度建设"五位一体"的党建新格局逐步形成。各级党组织的创造力、凝聚力、战斗力进一步提高，在抗击南方部分地区严重低温雨雪冰冻灾害、抗击四川汶川特大地震、维护西藏和其他藏区稳定等几场重大斗争中充分发挥出战斗堡垒作用。但是，党的执政能力与新形势新任务的要求还不完全符合，党员干部队伍中还存在一些突出问题。党的自身建设迫切需要全体党员干部不断提高推动科学发展、促进社会和谐的能力，把科学发展观落实到日常工作的方方面面。

科学发展观重大战略思想日趋成熟，成为经济社会发展的重要指导方针。2003年10月，党的十六届三中全会通过的《中共中央关于完善社会主义市场经济体制若干问题的决定》指出，"坚持以人为本，树立全面、协调、可持续的发展观，促进经济社会和人的全面发展"，强调"按照统筹城乡发展、统筹区域发展、统筹经济社会发展、统筹人与自然和谐发展、统筹国内发展和对外开放的要求"①推进改革和发展。胡锦涛在全会第二次全体会议上强调，树立和落实全面发展、协调发展和可持续发展的科学发展观，对于我们更好地坚持发展才是硬道理的战略思想具有重大意义，明确提出科学发展观重大战略思想。2004年3月10日，胡锦涛在《中央人口资源环境工作座谈会上的讲话》中全面阐述了科学发展观的基本内容和精神实质。坚持以人为本，就是要以实现人的全面发展为目标，从人民群众的根本利益出发谋发展、促发展，不断满足人民日益增长的物质文化需要，切实保障人民群众的经济、政治和文化权益，让发展的成果惠及全体人民。全面发展，就是要以经济建设为中心，全面推进经济、政治、文化建设，实现经济发展和社会全面进步。协调发展，就是要统筹城乡发展、统筹区域发展、统筹经济社会发展、统筹人与自然和谐发展、统筹国内发展和对外开放，推进生产力和生产关系、经济基础和上层建筑相协调，推进经济、政治、文化建设的各个环节、各个方面相协调。可持续发展，就是要促进人与自然的和谐，实现经济发展和人口、资源、环境相协调，坚持走生产发展、生活富裕、生态良好的文明发展道路，保证一代接一代地永续发展。这是党中央第一次对科学发展观的基本内涵作出全面系统的阐释。2007年10月，党的十七大报告深刻阐述了科学发展观的时代背景、科学内涵、精神实质和根

① 中共中央文献研究室：《十六大以来重要文献选编》上，中央文献出版社2011年版，第465页。

本要求，明确提出："科学发展观，第一要义是发展，核心是以人为本，基本要求是全面协调可持续，根本方法是统筹兼顾。"①同时，十七大报告将科学发展观写入党章，作出在全党开展深入学习实践科学发展观活动的决策，强调："科学发展观，是对党的三代中央领导集体关于发展的重要思想的继承和发展，是马克思主义关于发展的世界观和方法论的集中体现，是同马克思列宁主义、毛泽东思想、邓小平理论和'三个代表'重要思想既一脉相承又与时俱进的科学理论，是我国经济社会发展的重要指导方针，是发展中国特色社会主义必须坚持和贯彻的重大战略思想。"②胡锦涛《在全党深入学习实践科学发展观活动动员大会暨省部级主要领导干部专题研讨班上的讲话》出台之时，科学发展观在理论化和系统化的不断探索中逐步走向成熟，成为新形势下指导中国特色社会主义事业全面发展的根本指导思想。

学习实践科学发展观活动试点工作顺利结束，在全党开展学习实践科学发展观活动的时机成熟。根据历史上开展党内集中教育的成功经验，中共中央决定在一定范围内先行试点深入学习实践科学发展观活动。2008 年 2 月至 8 月，江苏省、江西省、四川省和中央组织部、财政部、国土资源部等 3 个省、3 个部、12 个市县、2 个中央企业、2 所中管高校、1 个中央金融机构等 23 个单位开展了试点工作。试点单位按照"党员干部受教育、科学发展上水平、人民群众得实惠"的总体要求，坚持理论联系实际，深化对科学发展观的认识；突出实践特色，力求取得科学发展实效；围绕科学发展解放思想，积极推进改革创新；领导班子和党员领导干部带头，组织广大党员全员参加、全程参加；贯彻群众路线，努力使学习实践活动成为群众满意工程，较好地完成了各项任务。各单位以试点工作促进抗震救灾、举办北京奥运会、推动经济社会又好又快发展等各项重点工作，基本实现了统一认识、提高能力、解决问题、创新机制的预期目标，为全党开展深入学习实践科学发展观活动积累了经验。23 个试点单位把群众满意作为检验活动成效的根本标准，共组织 5190 多名党员群众参加了本级党委（党组）扩大会，组织 33100 多名党员和群众代表参加分析检查报告的评议，涵盖了各级党代会代表、人大代表、政协委员和基层单位代表、服务对象代表、专家代表等。在针对领导班子贯彻落实科学发展观情况分析检查报告和试点工作情况组织的群众满意度测评中，认为"好"或"较好"以及或"满意"

---

① 中共中央文献研究室：《十七大以来重要文献选编》上，中央文献出版社 2009 年版，第 11～12 页。

② 中共中央文献研究室：《十七大以来重要文献选编》上，中央文献出版社 2009 年版，第 10 页。

或"基本满意"的评议意见均在90%以上。试点工作的实践说明，党的十七大关于在全党开展深入学习实践科学发展观活动的决策是完全正确的，得到了广大党员干部和人民群众的拥护和支持。9月14日，中共中央下发《关于在全党开展深入学习实践科学发展观活动的意见》，阐明了活动的指导思想、目标要求、主要原则、重点问题和具体步骤，对活动的全面展开作出详细部署从而启动了以深入学习实践科学发展观为主题的又一次大规模党内集中教育。

二、基本思想

胡锦涛的这篇讲话精辟分析了在全党开展深入学习实践科学发展观活动的重大现实意义和紧迫性，明确提出了把贯彻落实科学发展观提高到新水平必须遵循的主要原则，深刻阐述了在全党开展深入学习实践科学发展观活动的总目标和基本要求。

第一，在全党开展深入学习实践科学发展观活动具有重大意义。在全党开展深入学习实践科学发展观活动，是党的十七大作出的战略决策，是用中国特色社会主义理论体系武装全党的重大举措，是"三个代表"重要思想学习教育活动和保持共产党员先进性教育活动的继续，是深入推进改革开放、推动经济社会又好又快发展、促进社会和谐稳定的迫切需要，是提高党的执政能力、保持和发展党的先进性的必然要求。在全党开展深入学习实践科学发展观活动的重大现实意义和紧迫性主要体现为三个"迫切需要"。首先，深入学习实践科学发展观是在深刻变化的国际环境中推动我国发展的迫切需要。随着我国经济持续较快发展和对外开放不断扩大，我国同世界的关系发生了历史性变化，我国发展对世界发展的作用和影响不断提高，国际环境发展变化对我国发展的作用和影响也不断增大。我们要通过深入学习实践科学发展观，全面分析和准确把握世界发展大势，树立世界眼光，加强战略思维，不断提高统筹国内国际两个大局的能力，不断提高把握发展机遇、应对风险挑战的能力，始终掌握发展的主动权。其次，深入学习实践科学发展观是落实实现全面建设小康社会奋斗目标新要求的迫切需要。当前我国的发展形势总体是好的，但也面临着不少突出矛盾和问题。我们要通过深入学习实践科学发展观，着力把握发展规律、创新发展理念、转变发展方式、破解发展难题，坚持速度和结构质量效益相统一、经济发展与人口资源环境相协调，着力推动经济社会又好又快发展，让广大人民共享改革发展成果。最后，深入学习实践科学发展观是以改革创新精神全面推进党的建设新的伟大工程的迫切需要。改革开放以来，我们党在加强和改进自身建设方面进行了一系列成功探索和实践。但是，当前党的执政能力与新形势新任务的要求还不完全适应、不完全符合，一些党员、干部的思想观念、能力素质与党的先进性要求还不完全适应、完全符合，一些地方的党组织、领导班子、领导干部的党性党风党纪方面还存在这样那样的问题。我们要通过深入学习实践科学发展观，全面推进党的各项建设，不断提高广大党员、干部推动科学发展、促进社会和谐的能力。

第二，努力把贯彻落实科学发展观提高到新水平。在开展学习实践活动中要着重从以下几方面作出不懈努力。一要进一步深刻理解贯彻落实科学发展观的重大意义。要组织广大党员、干部深入学习贯彻党的十七大精神，认真学习领会毛泽东、邓小平、江泽民关于科学发展的重要思想和党的十六大以来我们党关于科学发展的一系列重要观点，认真总结和学习我国改革开放30年的经验，着力推动广大党员、干部深刻理解和全面把握科学发展观的科学内涵、精神实质、根本要求，增强贯彻落实科学发展观的自觉性和坚定性。二要进一步抓好发展这个党执政兴国的第一要务。必须坚持不懈地抓好发展这个党执政兴国的第一要务，任何时候任何情况下都不能动摇、不能放松。同时，发展必须是以人为本、全面协调可持续的科学发展。要着力增强广大党员、干部贯彻党的基本理论、基本路线、基本纲领的自觉性和坚定性，使全党同志更加自觉、更加坚定地牢牢扭住经济建设这个中心，团结带领人民继续聚精会神搞建设、一心一意谋发展，不断为发展中国特色社会主义打下更为坚实的基础。三要进一步实现好、维护好、发展好最广大人民的根本利益。要着力把最广大人民的根本利益作为贯彻落实科学发展观的根本出发点和落脚点，努力兴办人民群众希望办的实事好事，使贯彻落实科学发展观的过程成为不断为民造福的过程，成为不断提高人民生活质量和水平的过程，成为不断提高人民思想道德素质、科学文化素质和健康素质的过程，成为不断保障人民经济、政治、文化、社会权益的过程，让发展成果惠及广大人民群众。四要进一步坚持解放思想、改革创新。要着力坚持解放思想、实事求是、与时俱进，深刻把握我国经济社会发展趋势和规律，继续坚定不移地把改革创新精神贯彻到治国理政各个环节，加快重要领域和关键环节改革步伐，着力构建充满活力、富有效率、更加开放、有利于科学发展的体制机制。五要进一步提高党员干部队伍素质。着力提高各级党组织、领导班子和领导干部贯彻落实科学发展观的本领，努力把各级党组织建设成为贯彻落实科学发展观的坚强堡垒、把干部队伍建设成为贯彻落实科学发展观的骨干力量，为推动科学发展提供坚强组织保证。六要进一步动员广大人民群众投身科学发展的伟大实践。必须紧紧依靠人民群众，做到谋划发展思路向人民群众问计，查找发展中的问题听人民群众意见，改进发展措施向人民群众请教，落实发展任务靠人民群众努力，衡量发展成效由人民群众评判，最大限度地把全社会的发展积极性引导到科学发展上来。

第三，确保在全党开展深入学习实践科学发展观活动取得实效。这次学习实践活动总的要求是：全面贯彻党的十七大精神，高举中国特色社会主义伟大旗帜，以邓小平理论和"三个代表"重要思想为指导，组织广大党员特别是各级领导班子和党员领导干部深入学习实践科学发展观，紧紧围绕党员干部受教育、科学发展上水平、人民群众得实惠，进一步解放思想、实事求是、改革创新，切实增强贯彻落实科学发展观的自觉性和坚定性，着力转变不适应不符合科学发展要求的思想观念，着力解决影响和制约科学发展的突出问题以及党员干部党性党风党纪方面群众反映强烈的突出问题，着力构建有利于科学发展的体制机制，提高领导科学发展、促进社会和谐的能力，使党的工作和党的建设更加符合科学发展观的要求。在学习实践活动中，要牢牢把握中央提出的坚持解放思想、突出实践特色、贯彻群众路线、正面教育为主的原则，努力实现提高思想认识、解决突出问题、创新体制机制、促进科学发展的目标。一要坚持用中国特色社会主义理论体系武装全党，努力在对科学发展观的认识上取得新的提高。要显著提高广大党员、干部对科学发展观的认识，进一步把科学发展观转化为推动科学发展的坚强意志、谋划科学发展的正确思路、领导科学发展的实际能力、促进科学发展的政策措施。二要坚持突出实践特色，努力在解决群众反映强烈、影响和制约科学发展的突出问题上取得新的突破。要做到查找差距对照实践来进行、制定措施以实践为依据、解决问题用实践来推动、检验成效以实践作标准，真正在解决突出问题上有新的突破，使人民群众感受到新变化新气象。三要坚持推进重点领域和关键环节改革，努力在构建有利于科学发展的体制机制上取得新的进展。要把解决现实问题与建立长效机制紧密结合起来，针对管理体制和工作机制中与科学发展不适应的地方，加大重点领域和关键环节改革攻坚力度，加快构建充满活力、富有效率、更加开放、有利于科学发展的体制机制。四要坚持讲党性、重品行、作表率，努力在改进作风上取得新的成效。要教育引导广大党员、干部特别是领导干部牢固树立马克思主义世界观、人生观、价值观，坚持正确的权力观、地位观、利益观，自觉改造主观世界，不断加强党性修养，切实改进作风，以优良的党风促政风带民风。

三、重要意义

胡锦涛的这篇讲话站在党和国家发展全局的战略高度，着眼于世情国情党情的新变化，着眼于实现党的十七大战略部署、全面建设中国特色社会主义事业的新要求，着眼于党的建设面临的新考验，以深入贯彻落实科学发展观、扎实开展学习实践活动为主题，深刻阐明了在全党开展深入学习实践科学发展观活动的重大意义、重要原则、总目标和基本要求，是一篇马克思主义的纲领性文献。

第一，讲话进一步丰富和发展了科学发展观重大战略思想，丰富和发展了中国特色社会主义理论体系。讲话提出了许多新思想和新论断，内涵丰富，观点鲜明，分析透彻，具有极强的政治性、战略性和指导性。讲话提出开展学习实践科学发展观是基于在深刻变化的国际环境中推动我国发展、实现全面建设小康社会奋斗目标新要求、以改革创新精神全面推进党的建设新的伟大工程三个方面的迫切需要，有助于增强全党贯彻落实科学发展观的责任感和使命感，提高党员开展学习实践活动的自觉性和主动性，动员全党更好地为实现党的十七大提出的宏伟蓝图和行动纲领团结奋斗。

第二，讲话是开展深入学习实践科学发展观活动的重要指导文件。讲话提出的"六个进一步"工作，有助于全党准确把握学习实践科学发展观过程中的关键问题，确保学习实践科学发展观活动有计划、有重点地向前推进。讲话提出开展学习实践活动的总要求和"四个新"的任务，有助于明确学习实践活动的整体部署和具体要求，把全党的思想和行动统一到学习实践活动中来，确保学习实践活动取得实效。讲话对领导干部提出"五个带头"的殷切希望，引导他们充分发挥模范带头和典型示范作用，带动全党一起努力贯彻落实科学发展观重大战略思想。

第三，讲话对于新形势下继续贯彻落实科学发展观具有重要现实意义。科学发展观是马克思主义同当代中国实际和时代特征相结合的产物，是马克思主义关于发展的世界观和方法论的集中体现，把我们党对中国特色社会主义规律的认识提高到新的水平。科学发展观推动了中国社会的快速发展，实现了中国特色社会主义事业的全面前进，是全党全社会必须长期坚持的指导思想。讲话中蕴含的丰富思想和重要论断，以及实践中积累的重要经验和有益探索，是全面建设小康社会、加快推进社会主义现代化的行动指南。在实现中华民族伟大复兴征程中，我们要始终牢记发展是硬道理、发展必须是科学发展，牢牢把握中国特色社会主义事业总体布局，正确处理发展中的重大关系，坚持以经济建设为中心，加快转变经济发展方式，加快推进供给侧结构性政策，坚定走生产发展、生活富裕、生态良好的文明发展道路，努力实现更高质量、更有效率、更加公平、更可持续的发展。

四、学习思考

1. 为什么要在全党开展学习实践科学发展观活动？
2. 如何确保学习实践科学发展观活动取得实效？
3. 在全党开展学习实践科学发展观活动的重大意义是什么？

胡锦涛《以人为本，执政为民》导读

2011 年 1 月 10 日，胡锦涛在十七届中央纪委六次全会上发表重要讲话，全面总结了党风廉政建设和反腐败斗争取得的成效和经验，科学分析了反腐倡廉形势，明确提出了党风廉政建设和反腐败工作的主要任务。《以人为本，执政为民》是讲话的一部分，针对实际工作中尤其是基层工作和干部队伍中存在的一些违背党的性质和宗旨、人民群众反映强烈的突出问题，强调要深入贯彻落实以人为本、执政为民理念，扎实开展党风廉政建设和反腐败斗争。

原文见《胡锦涛文选》第三卷，人民出版社 2016 年版，第 475～483 页。

一、形成背景

"十二五"时期经济社会发展目标任务的实施与完成是坚持以人为本、执政为民的重要原因。2010 年 10 月，党的十七届五中全会审议通过了《中共中央关于制定国民经济和社会发展第十二个五年规划的建议》，勾勒出我国未来五年经济、社会、民主民生方面的发展路径与图景。在确定"十二五"规划发展指标时，我们将以人为本、可持续发展放在了突出位置，把加快转变经济发展方式作为发展的着力点，把保障和改善民生作为出发点和落脚点。例如，首次提出建立健全包括公共教育、就业服务、社会保障、医疗卫生、住房保障等 9 个方面的基本公共服务体系；实施就业优先战略，特别是重点解决高校毕业生、农村转移劳动力和城镇就业困难人员就业问题；合理调整收入分配关系，继续坚持城乡居民收入增长和经济发展同步、劳动报酬增长和劳动生产率提高同步的"两个同步"的导向；建立健全覆盖城乡的社会保障体系；完善基本医疗卫生制度，实现全民享有基本医疗保障；提高住房保障水平。"十二五"时期是全面建设小康社会的关键时期，也是深化改革开放、加快经济发展方式转变的攻坚时期。2011 年是"十二五"的开局之年，对"十二五"规划的实现具有决定性意义。综合判断国际国内形势，我国发展仍处于可以大有作为的重要战略机遇期，既面临难得的历史机遇，也面对诸多可以预见和难以预见的风险挑战。从国际看，世界经济政治格局出现新变化，科技创新孕育新突破，国际环境总体上有利于我国和平发展；同时，围绕市场、资源、人才、技术、标准等的竞争更加激烈，气候变化以及能源资源安全、粮食安全等全球性问题更加突出，我国发展的外部环境更趋复杂。从国内看，工业化、信息化、城镇化、市场化、国际化深入发展，科技和教育整体水平提升，劳动力素质改善，体制活力显著增强，政府宏观调控和应对复杂局面能力明显提高；同时，我国发展中不平衡、不协调、不可持续问题依然突出，制约科学发展的体制机制障碍依然较多。面对复杂多变的国内外环境和艰巨繁重的改革发展稳定任务，我们必须坚持以人为本、执政为民，紧紧依靠人民群众，充分调动人民群众的积极性、主动性、创造性，团结带领人民群众共同奋斗，才能完成"十二五"时期经济社会发展目标任务。

党风廉政建设和反腐败斗争的实际成效为坚持以人为本、执政为民提供了有力保障。党的十六大以来，中共中央坚持和发扬党的优良传统和作风，认真实践以人为本、执政为民理念，实现了党风、政风和社会风气的好转，始终保持同人民群众的血肉联系。一方面，继续加强和改进作风建设，强化对领导干部的教育和监督，密切党群关系和干群关系。各级党委开展党务公开工作，创新党务公开形式，拓宽党员参与党内事务渠道，探索和丰富党员发挥作用的途径和方式，以加强对党务公开工作的组织领导和工作指导。同时，加强群众观点和群众立场教育，更加广泛地汇集民情、了解民意。2010年，中共中央出台了23部反腐倡廉法规制度，有力地促进了反腐倡廉立法工作和反腐倡廉长效机制建设。尤其是《中国共产党党员领导干部廉洁从政若干准则》《全国人民代表大会常务委员会关于修改〈中华人民共和国行政监察法〉的决定》《关于实行党风廉政建设责任制的规定》的颁布实施，对于完善领导干部行为规范，健全监督和责任追究制度，完善反腐败领导体制和工作机制，真正形成用制度规范从政行为，按制度办事，靠制度管人的有效机制具有重要意义。为确保作风建设取得实效，各地区各部门还通过情况通报、专项督查、重点抽查、明察暗访等方式强化监督检查。另一方面，继续查处违纪违法案件，解决反腐倡廉建设中人民群众反映强烈的突出问题，维护人民群众的切身利益。各地区各部门坚持把维护群众权益放在首位，标本兼治、纠建并举，取得了良好成效。在强农惠农资金专项清理和检查工作中，各地对2007年至2009年的强农惠农资金进行拉网式梳理和清查，坚决维护农民土地承包经营权益工作，严格落实被征地农民补偿措施，纠正和查处损害农民土地权益问题，加强农民负担监管。在减轻企业负担工作中，联合检查组对11个省（区）的22个市（地）进行重点督查，与105家企业座谈，走访企业31家，及时发现和解决了工作中出现的问题，取消和降低一批涉企收费项目和标准。在庆典、研讨会、论坛活动清理摸底工作中，各地区各部门坚持边摸底、边自纠、边建章立制，取消了一批增加基层负担、无实际意义的活动。此外，食品安全监督检查、纠正医药购销和医疗服务中不正之风、治理教育乱收费等专项治理工作也取得一定成效。党风廉政和反腐倡廉建设的不断推进，促使中国共产党将以人为本、执政为民贯彻落实到党和国家的全部工作中，不断实现好、维护好、发展好最广大人民的根本利益。

党风廉政建设中存在的问题是坚持以人为本、执政为民的直接动因。中国共产党始终重视加强与改进党风建设，对作风不正问题高度警觉。但在实际工作中，尤其是在基层工作和干部队伍中，仍然存在着一些违背党的性质和宗旨、群众反映强烈的突出问题。2004年1月，胡锦涛在十六届中央纪委三次全会上将党员队伍中存在的问题归纳为十个方面：不思进取、得过且过，作风漂浮、工作不实，好大喜功、急功近利，随心所欲、自搞一套，心态浮躁、追名逐利，弄虚作假、欺上瞒下，明哲保身、患得患失，贪图享受、奢侈浪费，以权谋私、与民争利，高高在上、脱离群众。2009年1月，胡锦涛在十七届中央纪委三次全会上对领导干部的作风问题进行了更深入的分析。他列举了近年来发生的胶济铁路特别重大交通事故、山西襄汾溃坝事故等生产安全事故，三鹿奶粉、齐二药等食品药品安全事件，贵州瓮安、云南孟连、甘肃陇南等重大群体性事件，指出一些领导干部作风不正问题相当严重。第十七届中央纪委六次全会召开之前，党风建设的问题主要表现在以下几个方面：一是群众观念淡薄，不尊重群众，不相信群众，想问题、干事情不把群众放在心里，居高临下，发号施令，态度生硬，方法简单。二是决策脱离实际，不顾群众意愿，不顾群众利益，乱铺摊子，乱上项目，搞劳民伤财的"形象工程"和沽名钓誉的"政绩工程"。三是作风不扎实，庸懒散问题突出，见困难就缩，见问题就推，见矛盾就躲，对群众提出的诉求敷衍了事，对群众反映的问题久拖不决甚至放任不管，以致酿成严重后果。四是违法违规问题严重，在土地征用、城镇拆迁、城市管理等过程中违规操作、粗暴执法，甚至滥用强制手段，导致群众生活无着，引发群体性事件和个人极端事件。五是以权谋私现象多发，乱收费、乱罚款、乱摊派，吃拿卡要，不给好处不办事；截留、挪用民生资金，与民争利。上述问题严重损害群众利益、严重影响党和政府形象，必须下大气力加以解决。

二、基本思想

《以人为本，执政为民》阐述了以人为本、执政为民的重要性和紧迫性，强调在党风廉政建设和反腐败斗争中贯彻落实以人为本、执政为民，需要全党努力做到"六个着力"，以党风廉政建设和反腐败斗争的实际成效取信于民。

第一，坚持以人为本、执政为民理念具有重要意义。

以人为本、执政为民是马克思主义政党的生命根基和本质要求。历史经验深刻说明，一个政党、一个政权，其前途命运最终取决于人心向背，不能代表最广大人民的根本利益，不能赢得人民群众拥护和支持，迟早都要垮台。密切联系群众是我们党的最大政治优势，脱离群众是我们党执政后的最大危险；全党同志必须坚持全心全意为人民服务，做到权为民所用、情为民所系、利为民所谋，使我们的工作获得最广泛、最可靠、最牢固的群众基础和力量源泉，使我们的事业经得起任何风浪、任何风险的考验。

以人为本、执政为民是我们党的性质和宗旨的集中体现，也是我们党一贯的政治主张和执政理念。毛泽东在《论联合政府》中强调："我们共产党人区别于其他任何政党的又一个显著的标志，就是和最广大的人民群众取得最密切的联系。全心全意地为人民服务，一刻也不脱离群众；一切从人民的利益出发，而不是从个人或小集团的利益出发；向人民负责和向党的领导机关负责的一致性；这些就是我们的出发点。"①在革命、建设、改革各个历史时期，我们党是这样说的，也是这样做的。特别是改革开放以来，我们党始终相信人民群众，紧紧依靠人民群众，顺应各族人民过上更好生活的新期待，注重解决人民最关心最直接最现实的利益问题，不断推进改革开放和社会主义现代化建设，努力做到发展为了人民、发展依靠人民、发展成果由人民共享，为党和国家事业发展打下了深厚群众基础、凝聚了强大社会力量。实践充分证明，只有坚持以人为本、执政为民，我们党的执政地位才能牢不可破，我们的事业才能蓬勃发展。

第二，坚持以人为本、执政为民要把握六个着力点。

一是着力加强以人为本、执政为民教育。要加强党的性质和宗旨教育，引导党员干部牢固树立群众观点、坚持党的群众路线，坚持思想上尊重群众、感情上贴近群众、工作上依靠群众，真诚倾听群众呼声，真实反映群众愿望，真情关心群众疾苦，始终与人民群众同呼吸、共命运、心连心。要加强科学发展观教育，引导党员干部深刻理解科学发展观的核心是以人为本、我们推动发展的根本目的是让人民群众过上更好生活，牢固树立和自觉坚持正确政绩观。要加强责任意识、公仆意识、服务意识教育，引导党员干部理解权力就是责任、

---

① 《毛泽东选集》第三卷，人民出版社 1991 年版，第 1094～1095 页。

干部就是公仆、领导就是服务。只有我们把群众放在心上，群众才会把我们放在心上；只有我们把群众当亲人，群众才会把我们当亲人。

二是着力建立健全体现以人为本、执政为民要求的决策机制。要坚持把人民拥护不拥护、赞成不赞成、高兴不高兴、答应不答应作为制定政策的依据，坚持问政于民、问需于民、问计于民，建立畅通无阻、运转协调、规范有效的民意反映机制，准确掌握群众所思、所忧、所盼，让群众更多参与到与他们自身利益相关的决策过程中来。要坚持科学决策、民主决策、依法决策，不断完善决策机制，建立重大工程项目建设和重大政策制定的评估机制，健全决策失误纠错改正机制和责任追究制度，凡涉及群众切身利益的重要改革方案、重大政策措施、重点工程项目在决策前都要广泛征求群众意见，了解群众真实想法和意愿，全面评估可能影响群众利益的各种问题，充分考虑群众承受能力。

三是着力按照法律法规和政策开展工作。要大力增强法治观念和依法办事意识，强化法律法规政策知识培训，督促党员干部认真学习和准确掌握宪法、法律、法规和政策规定，提高法律素养，让知法守法、依法办事成为每一名党员干部的行为准则。要大力推行依法行使权力，确保各级党政机关和党员干部严格依照法律规定的权限和程序行使权力、开展工作，协调利益、化解矛盾，防止权力滥用。要大力提高依法办事能力，把严格依法、按政策办事贯穿工作各个环节，以事实为依据，以法律为准绳，正确处理各种问题，做到严格、规范、公正、文明执法，保证法律法规和政策得到正确实施。要大力实施各项公开制度，加强和改进包括舆论监督在内的社会监督，保障人民的知情权、参与权、表达权、监督权，加强对党和国家机关及其工作人员履行职责行为的有效监督，保证权力在阳光下运行，防止违法行为发生，防止群众利益受损。

四是着力维护人民群众权益。要切实把改善人民生活作为正确处理改革发展稳定关系的结合点，正确把握最广大人民根本利益、现阶段群众共同利益、不同群体特殊利益的关系，统筹兼顾各方面群众关切。要切实解决损害群众利益的突出问题，深入剖析群众反映强烈的突出问题产生的原因，采取得力措施集中加以整治，让群众实实在在感受到我们的工作成效。要切实健全党和政府主导的维护群众权益机制，健全群众利益协调机制、诉求表达机制、矛盾调处机制、权益保障机制，全面落实领导干部定期接待群众制度，完善党政领导干部和党代表、人大代表、政协委员联系群众制度，健全信访工作责任制。要切实健全社会舆情汇集和分析机制，完善矛盾纠纷排查调处工作制度，实现人民调解、行政调解、司法调解有机结合，综合运用法律、政策、经济、行政等手段和教育、协商、疏导等办法，认真排查化解由损害群众利益问题引发的矛盾纠纷，把矛盾化解在基层、解决在萌芽状态。

五是着力查处损害群众切身利益的案件。要把查处严重损害群众经济权益、政治权益、人身权利的案件作为重点，严肃查处侵占各种惠民补贴、土地补偿、扶贫救灾、移民安置等专项资金以及擅自处置集体资产资源、侵吞集体收益的案件，严肃查处违规征地拆迁、严重侵害群众人身权利的案件，严肃查处官黑勾结、横行霸道、欺压群众的案件，严肃查处干扰、破坏甚至操纵基层选举的案件，严肃查处食品药品质量、安全生产、环境保护等方面严重侵害群众切身利益和生命安全的案件。

六是着力加强基层干部队伍作风建设。要坚持以推动科学发展、促进社会和谐、服务人民群众为主题，深入一线，深入实际，开展创先争优活动，加强对基层干部的思想教育和作风整顿，教育引导基层干部加强党性修养，继承和发扬党的优良传统和作风，着力解决办事不公、作风粗暴等问题。要坚持把治理庸懒散问题作为加强基层干部队伍作风建设的突破口，以治庸提能力、以治懒增效率、以治散正风气，促进基层干部始终怀着对人民群众的深厚感情，怀着服务群众、造福百姓的强烈责任感，满腔热情做好服务群众各项工作。要坚持以提高能力、化解矛盾为重点，加强基层干部培训，帮助基层干部掌握新知识、新技能、新本领，提高正确执行政策和依法办事能力，提高做好群众工作、解决实际问题能力，提高化解矛盾纠纷、维护社会稳定能力。要坚持加强对基层干部的教育、管理、监督，完善基层干部联系群众、服务群众制度，健全群众民主评议和民主测评制度，完善基层干部考核评价体系，有效防范各种苗头性和倾向性问题。

三、重要意义

《以人为本，执政为民》立足改革开放和社会主义现代化建设全局、从人心向背和党的生死存亡的高度，提出了关于以人为本、执政为民的重要性的论断，对于新时期国家发展、党的建设、群众工作等具有重要的理论价值和现实意义。

第一，文章阐明了以人为本、执政为民对于不断推进改革开放和社会主义现代化建设的重要意义。以人为本、执政为民对全党全国各族人民坚定信心沿着中国特色社会主义道路奋勇前进具有十分重要的意义。改革开放以来，我们党始终相信人民群众，紧紧依靠人民群众，顺应各族人民过上更好生活新期待，注重解决人民最关心最直接最现实的利益问题，不断推进改革开放和社会主义现代化建设，努力做到发展为了人民、发展依靠人民、发展成果由人民共享，为党和国家事业发展打下了深厚群众基础、凝聚了强大社会力量。文章从国内国际形势出发，阐明了中国的发展仍处于可以大有作为的重要战略机遇期，增强机遇意识和忧患意识，能够更加奋发有为地推进我国改革开放和社会主义现代化建设，为全面建成小康社会打下具有决定性意义的基础。实践充分证明，只有坚持以人为本、执政为民，我们党的执政地位才能牢不可破，我们的事业才能蓬勃发展。

第二，文章为坚持以人为本、执政为民提供理论支撑。文章强调以人为本、执政为民是马克思主义政党的生命根基和本质要求。马克思主义政党坚持历史唯物主义基本观点，把为人民谋利益作为自己的价值追求。是否始终站在最广大人民的立场上，是区分唯物史观和唯心史观的分水岭，也是检验马克思主义政党的试金石。中国共产党是在同人民群众的密切联系中成长、发展和壮大起来的，党的一切工作都以最广大人民的根本利益为最高标准，以人为本、执政为民是我们党一贯的政治主张和执政理念。文章阐明了确立以人为本、执政为民理念的重大意义，有利于帮助全体党员充分认识坚持以人为本、执政为民的重要性和紧迫性，是广大党员干部坚持以人为本、执政为民的强大思想武器。

第三，文章是指导当时和今后一个时期党的作风建设的重要文献。文章从党和国家事业发展全局和战略的高度，阐述了把以人为本、执政为民贯彻落实到党风廉政建设和反腐败斗争之中的六个着力点，明确了党风廉政建设和反腐败斗争的指导原则。文章在肯定反腐倡廉建设取得明显成效的同时，指出了反腐败斗争的长期性、复杂性、艰巨性，强调把实现好、维护好、发展好最广大人民的根本利益作为一切工作的出发点和落脚点，坚持权为民所用、情为民所系、利为民所谋，要以更加坚决的态度、更加坚定的信心、更加有力的措施、更加扎实的工作，不断把党风廉政建设和反腐败斗争推向前进。文章有助于全体党员全面把握反腐败斗争形势，增强党风廉政建设和反腐败斗争的责任感和使命感，把以人为本、执政为民贯彻落实到党和国家工作的全过程和各方面，从而促进党和国家各项工作、顺利完成"十二五"时期经济社会发展目标任务。

第四，文章对加强和推进新形势下的群众工作具有重要指导意义。中国共产党来自人民，以为人民服务为宗旨，群众路线是我们党的根本工作路线和工作方法。保持党同人民群众的血肉联系，赢得人民群众的支持和拥护，是我们党拥有生命力、保持先进性的根基，也是我们党无往而不胜的法宝。随着世情、国情、党情的不断变化，群众工作也面临着许多新情况和新挑战。如何适应新形势下群众工作的特点和要求，深入做好组织群众、宣传群众、教育群众、服务群众工作，是我们党践行党的性质和宗旨、发挥党的优良传统和政治优势的必然要求，也是我们党化解执政风险、巩固执政之基的必然要求。文章提出的各项措施充分体现了我们党在加强党的作风建设、密切党群干群关系方面的有益探索，引导广大党员干部深刻把握群众工作的基本要求和基本方法，增强党性修养、弘扬优良作风，不断推进群众工作的改革创新。

四、学习思考

1. 为什么说以人为本、执政为民是马克思主义政党的生命根基和本质要求？

2. 如何坚持以人为本、执政为民？

3. 如何加强和改进党的作风建设？

习近平《紧紧围绕坚持和发展中国特色社会主义　学习宣传贯彻党的十八大精神》导读

2012年11月8日至14日，举世瞩目的中国共产党第十八次全国代表大会在北京召开。习近平同志当选为新一届中央委员会总书记。《紧紧围绕坚持和发展中国特色社会主义　学习宣传贯彻党的十八大精神》是习近平总书记在11月17日主持十八届中共中央政治局第一次集体学习时的讲话。习近平总书记从理论和实践的结合上谈了如何围绕坚持和发展中国特色社会主义，学习宣传贯彻党的十八大精神的体会。

原文见《习近平谈治国理政》第一卷，外文出版社2018年版，第6～20页。

一、形成背景

中国共产党有着优良的学习传统。早在1938年党的六届六中全会上，毛泽东就提出来一个全党的学习竞赛，"如果我们党有一百个至二百个系统地而不是零碎地、实际地而不是空洞地学会了马克思列宁主义的同志，就会大大地提高我们党的战斗力量"[①]。1978年，邓小平指出，实现四个现代化是一场深刻的伟大的革命。在这场伟大的革命中，我们是在不断地解决新的矛盾中前进的。因此，全党同志一定要善于学习，善于重新学习。1999年1月，江泽民强调，我们党历来是一个重视学习、善于学习的党。在每一个重大转折的时期，面对新形势新任务，中央都要号召全党同志加强学习。而每次这样的学习热潮，都会推动我们的事业出现大变化、大发展。这是我们党的一条重要历史经验。党的领导人重视学习、带头学习，并且将学习制度化、规范化。2002年11月，党的十六大报告提出"形成全民学习、终身学习的学习型社会，促进人的全面发展"。同年12月，胡锦涛在主持十六届中央政治局第一次集体学习时强调："中央政治局经过讨论认为，为了适应党和国家事业发展需要，为了更

[①] 《毛泽东选集》第二卷，人民出版社1991年版，第533页。

好承担起党和人民所赋予的重任，我们必须进一步加强学习。除了自学以外，中央政治局还要进行集体学习……这要作为一项制度长期坚持。"①2003 年 2 月，党的十六届二中全会决定正式建立中央政治局集体学习制度，并制订学习计划，基本上每月安排一次。据统计，第十六届中央政治局共进行集体学习 44 次；第十七届中央政治局共进行集体学习 33 次。学习内容涉及政治、经济、文化、社会、科技、法律、历史、国际问题、军事、党建等诸多领域。

2012 年 11 月 8 日至 14 日，中国共产党第十八次全国代表大会在北京召开。这是在我国进入全面建成小康社会决定性阶段召开的一次十分重要的大会，是一次高举旗帜、继往开来、团结奋进的大会。大会高举中国特色社会主义伟大旗帜，以马克思列宁主义、毛泽东思想、邓小平理论、"三个代表"重要思想、科学发展观为指导，分析了国际国内形势的发展变化，回顾和总结了过去五年的工作和党的十六大以来的奋斗历程及取得的历史性成就，确立了科学发展观的历史地位，提出了夺取中国特色社会主义新胜利必须牢牢把握的基本要求，确定了全面建成小康社会和全面深化改革开放的目标，对新的时代条件下推进中国特色社会主义事业作出了全面部署，对全面提高党的建设科学化水平提出了明确要求。

认真学习宣传贯彻党的十八大精神，关系党和国家工作全局，关系中国特色社会主义事业长远发展。十八届中央政治局继承了党善于学习、勤于学习的光荣传统。在中央政治局第一次集体学习时，习近平总书记发表题为"紧紧围绕坚持和发展中国特色社会主义 学习宣传贯彻党的十八大精神"的讲话，对动员全党全国各族人民在党中央领导下，高举中国特色社会主义伟大旗帜，满怀信心为全面建成小康社会、夺取中国特色社会主义新胜利而奋斗，具有重大现实意义和深远历史意义。

二、基本思想

习近平总书记在阐释十八大报告重大意义的基础上，提出"坚持和发展中国特色社会主义是贯穿党的十八大报告的一条主线"。学习宣传贯彻党的十八大精神，一定要紧紧围绕着坚持和发展中国特色社会主义。文中习近平总书记所强调的五个方面既是自己的体会，同时也是他对全党提出的新要求。

第一，深刻领会中国特色社会主义是党和人民长期实践取得的根本成就。

---

① 《胡锦涛文选》第二卷，人民出版社 2016 年版，第 14 页。

中国特色社会主义是改革开放新时期开创的，也是建立在我们党长期奋斗基础上的，是由我们党的几代中央领导集体团结带领全党全国人民历经千辛万苦、付出各种代价、接力探索取得的。以毛泽东同志为核心的党的第一代中央领导集体，为新时期开创中国特色社会主义提供了宝贵经验、理论准备、物质基础。以邓小平同志为核心的党的第二代中央领导集体，成功开创了中国特色社会主义。以江泽民同志为核心的党的第三代中央领导集体，成功把中国特色社会主义推向21世纪。新世纪新阶段，以胡锦涛同志为总书记的党中央，成功在新的历史起点上坚持和发展了中国特色社会主义。

第二，深刻领会中国特色社会主义是由道路、理论体系、制度三位一体构成的。中国特色社会主义是实践、理论、制度紧密结合的，既把成功的实践上升为理论，又以正确的理论指导新的实践，还把实践中已见成效的方针政策及时上升为党和国家的制度。中国特色社会主义道路是实现途径，中国特色社会主义理论体系是行动指南，中国特色社会主义制度是根本保障，三者统一于中国特色社会主义伟大实践。这是中国特色社会主义最鲜明的特色。

第三，深刻领会建设中国特色社会主义的总依据、总布局、总任务。总依据是社会主义初级阶段。强调总依据，是因为社会主义初级阶段是当代中国的最大国情、最大实际。我们在任何情况下都要牢牢把握这个最大国情，推进任何方面的改革发展都要牢牢立足这个最大实际。总布局是五位一体。强调总布局，是因为中国特色社会主义是全面发展的社会主义。我们要牢牢抓好党执政兴国的第一要务，始终代表中国先进生产力的发展要求，坚持以经济建设为中心，在经济不断发展的基础上协调推进政治建设、文化建设、社会建设、生态文明建设以及其他各方面建设。总任务是实现社会主义现代化和中华民族伟大复兴。强调总任务，是因为我们党从成立那天起，就肩负着实现中华民族伟大复兴的历史使命。党的庄严使命、改革开放的根本目的、我们国家的奋斗目标，都聚焦于这个总任务、归结于这个总任务。

第四，深刻领会夺取中国特色社会主义新胜利的基本要求。中国特色社会主义是亿万人民自己的事业，所以必须发挥人民主人翁精神，更好保证人民当家作主。解放和发展社会生产力是中国特色社会主义的根本任务，所以必须坚持以经济建设为中心，以科学发展为主题，实现以人为本、全面协调可持续的科学发展。改革开放是坚持和发展中国特色社会主义的必由之路，所以必须始终把改革创新精神贯彻到治国理政各个环节，不断推进我国社会主义制度自我完善和发展。公平正义是中国特色社会主义的内在要求，所以必须在全体人民共同奋斗、经济社会发展的基础上，加紧建设对保障社会公平正义具有重大作用的制度，逐步建立社会公平保障体系。共同富裕是中国特色社会主义的根本原则，所以必须使发展成果更多更公平惠及全体人民，朝着共同富裕方向稳步前进。社会和谐是中国特色社会主义的本质属性，所以必须团结一切可以团结的力量，最大限度增加和谐因素，增强社会创造活力，确保人民安居乐业、社会安定有序、国家长治久安。和平发展是中国特色社会主义的必然选择，所以必须坚持开放的发展、合作的发展、共赢的发展，扩大同各方利益汇合点，推动建设持久和平、共同繁荣的和谐世界。中国共产党是中国特色社会主义事业的领导核心，所以必须加强和改善党的领导，充分发挥党总揽全局、协调各方的领导核心作用。

第五，深刻领会确保党始终成为中国特色社会主义事业的坚强领导核心。这些年来，我们全面推进党的建设新的伟大工程，党的执政能力得到新的提高，党的先进性和纯洁性得到保持和发展，党的领导得到加强和改善。同时，与国内外形势发展变化相比，与党所承担的历史任务相比，党的领导水平和执政水平、党组织建设状况和党员干部素质、能力、作风都还有不小差距。特别是新形势下加强和改进党的建设面临"四大考验""四种危险"，落实党要管党、从严治党的任务比以往任何时候都更为繁重更为紧迫。这就要求我们，坚定理想信念，坚守共产党人精神追求；密切党群、干群关系，保持同人民群众的血肉联系；反对腐败、建设廉洁政治，保持党的肌体健康。

三、重要意义

第一，彰显了新一届中央领导集体治国理政的新理念。中国共产党领导人民进行革命建设和改革，就是要让中国人民富裕起来，国家强盛起来，振兴伟大民族。概言之，就是要实现中华民族伟大复兴。这一任务从党成立的那天起，就深深地镌刻在每一位党员心中。民族复兴的伟大事业凝聚了几代中国人的夙愿，需要一代又一代中国人共同为之努力。以毛泽东为代表的中国共产党人选择了社会主义道路，为当代中国一切发展进步奠定了政治前提和制度基础。1982 年党的十二大开幕词中，邓小平提出"建设有中国特色社会主义"的命题，进一步明确了党在新时期的执政理念。随后，以江泽民和胡锦涛为代表的中国共产党人高举中国特色社会主义伟大旗帜，不断开辟马克思主义新境界，把对中国特色社会主义的认识提高到新的科学水平。

党的十八大选举出以习近平为总书记的新一届中央领导集体。2012 年 11 月 15 日，十八届中央政治局常委同中外记者见面时，习近平总书记多次提到

"责任"与"人民"，强调"人民对美好生活的向往，就是我们的奋斗目标"①。在此次讲话中，习近平总书记通过谈贯彻落实十八大精神，再次彰显新一届中央领导集体的执政理念。一是继续坚持和发展中国特色社会主义。党和国家长期实践充分证明，只有社会主义才能救中国，只有中国特色社会主义才能发展中国。现在，这一代共产党人的任务，就是把中国特色社会主义这篇"大文章"写下去。二是立足社会主义初级阶段国情，推进"五位一体"总体布局，实现中华民族伟大复兴。党的使命、改革开放的根本目的、国家的奋斗目标，都聚焦于实现中华民族伟大复兴的总任务。这就要求我们紧紧扭住它，一代一代锲而不舍干下去。

第二，深化了对中国特色社会主义"特色"的认识。党的十七大强调，高举中国特色社会主义伟大旗帜，最根本的就是要坚持中国特色社会主义道路和中国特色社会主义理论体系。这是党的文献中第一次提出并阐释"道路"和"理论体系"这两个命题。2011 年 7 月，在庆祝建党 90 周年的讲话中，胡锦涛又提出了"中国特色社会主义制度"这一命题。党的十八大报告对"道路""理论体系""制度"予以进一步论述。这样党对中国特色社会主义的理解就从原来"旗帜"下所蕴含的"道路"和"理论体系"，发展为中国特色社会主义的"道路""理论体系"和"制度"，这样就从实践形态、理论形态和制度形态三个方面把中国特色社会主义讲清楚了。习近平总书记指出，中国特色社会主义特就特在其道路、理论体系、制度上，特就特在其实现途径、行动指南、根本保障的内在联系上，特就特在这三者统一于中国特色社会主义伟大实践上。在当代中国，坚持和发展中国特色社会主义，就是真正坚持社会主义。

与此同时，习近平总书记对"道路""理论体系"和"制度"的阐述，并没有简单地论述它们的含义，而是在此基础上更深层次地揭示它们的特征。比如，党的十八大报告指出，中国特色社会主义制度，就是人民代表大会制度的根本政治制度，中国共产党领导的多党合作和政治协商制度、民族区域自治制度以及基层群众自治制度等基本政治制度，中国特色社会主义法律体系，公有制为主体、多种所有制经济共同发展的基本经济制度，以及建立在这些制度基础上的经济体制、政治体制、文化体制、社会体制等各项具体制度。在此次讲话中，习近平总书记强调，中国特色社会主义制度，坚持把根本政治制度、基本政治制度同基本经济制度以及各方面体制机制等具体制度有机结合起来，坚持把国家层面民主制度同基层民主制度有机结合起来，坚持把党的领导、人民当家作

---

① 《习近平谈治国理政》第一卷，外文出版社 2018 年版，第 4 页。

主、依法治国有机结合起来，符合我国国情，集中体现了中国特色社会主义的特点和优势，是中国发展进步的根本制度保障。这样一种表述方式，明显比之前的更深刻更能揭示中国特色社会主义制度的特征，也更容易让广大党员干部群众学习和领会。

第三，为学习宣传贯彻党的十八大精神提供了理论指导。党的十八大报告勾画了在新的历史条件下全面建成小康社会、加快推进社会主义现代化、夺取中国特色社会主义新胜利的宏伟蓝图，是我们党团结带领全国各族人民沿着中国特色社会主义道路继续前进、为全面建成小康社会而奋斗的政治宣言和行动纲领。如何把学习宣传贯彻党的十八大精神引向深入，这是十八大之后一段时间党着重思考和解决的问题。习近平总书记在讲话中指出，把坚持和发展中国特色社会主义作为学习贯彻党的十八大精神的聚焦点、着力点、落脚点，只有这样，才能把党的十八大精神学得更加深入、领会得更加透彻、贯彻得更加自觉。同时，他又以"五个深刻领会"为内容详细阐述了学习宣传贯彻党的十八大精神的具体思路，为把十八大精神引向深入提供了理论指导。

四、学习思考

1. 如何理解坚持和发展中国特色社会主义是贯穿十八大报告的一条主线？
2. 中国特色社会主义中"特色"的科学内涵是什么？
3. 夺取中国特色社会主义新胜利的基本要求是什么？

习近平《实现中华民族伟大复兴是中华民族近代以来最伟大的梦想》导读

《实现中华民族伟大复兴是中华民族近代以来最伟大的梦想》是 2012 年 11 月 29 日习近平总书记在参观《复兴之路》展览时发表的讲话，首次提出并深刻阐释了实现中华民族伟大复兴的中国梦的内涵，强调坚定走中国特色社会主义道路，"两个一百年"奋斗目标就一定能实现，中华民族伟大复兴的中国梦就一定能实现。

原文见《习近平谈治国理政》第一卷，外文出版社 2018 年版，第 35～37 页。

一、形成背景

中国梦的提出有着特定的时代背景，它不仅是对近代以来中国人民百年追梦之旅的凝练和升华，还是中华优秀传统文化的自然生成，同时也是对当前中国特色社会主义建设成就与发展前景的回应。

中国梦的提出是对近代以来中华民族伟大梦想的凝练和升华。以 1840 年鸦片战争为始，在西方列强坚船利炮的侵略下，中国逐渐成为半殖民地半封建社会，不甘于忍受落后、挨打、屈辱的中国人民艰难探索谋求民族独立、人民解放和国家富强、人民幸福的道路，开启了探寻中华民族伟大复兴的追梦之旅。最初，有远见的中国知识分子把目光投向了西方，试图从中找到拯救中华民族于危难的治病良方：以魏源和林则徐为代表的开明地主阶级提出"师夷长技以制夷"，以洪秀全为代表的农民阶级建立了"太平天国"，以曾国藩、李鸿章等为代表的地主阶级洋务派发起"洋务运动"，以康有为、梁启超为代表的资产阶级改良派发动"戊戌变法"，但是所有的这些努力都以失败告终。以孙中山为首的资产阶级民主革命先驱者们提出了"振兴中华"的响亮口号，发动辛亥革命，推翻了清王朝的封建统治。上述种种都是近代以来中国人民寻求民族独立和国家富强过程中形成的各种"梦想"，然而一路"追梦"终未"圆梦"。随着俄国十月革命的胜利和马克思主义在中国广泛传播，中国人民开始把他们的目光从欧美转向俄国，开始了"走俄国人的路"的寻梦之旅。以毛泽东同志为核心的党的第一代中央领导集体的中国共产党人将马克思主义基本原理与中国革命的具体实践相结合，取得了新民主主义革命的胜利，建立了中华人民共和国，进行了社会主义革命，确立了社会主义制度，推进社会主义建设。改革开放以来，以邓小平同志为核心的党的第二代中央领导集体不仅描绘了小康社会的发展蓝图，还提出了"三步走"的发展战略，规划了圆梦的阶段性目标。以江泽民同志为核心的党的第三代中央领导集体提出了"新三步走"战略目标，以胡锦涛同志为总书记的党中央描绘了全面建设小康社会目标实现的美好前景，圆梦目标有了更为坚实具体的基础。可见，中国梦是对中华民族百年梦想的现实表达，是近代以来中国人民追梦之旅的必然要求和探索成果。

中国梦的提出是中华优秀传统文化的自然生成。从文化背景来看，中华文明蕴含着非常丰富的追梦逐梦的诉求和寄托。中国梦的提出汲取了中华民族传统文化中对梦想的追求，但已经不是复兴封建帝国的旧梦，也不是传统文化中"乌托邦"式的幻梦，而是一种从传统向现代转型的现代梦。

中国梦的提出是对当前中国特色社会主义建设成就与发展前景的回应。首先，它是根据党的十八大报告描绘的宏伟目标和战略任务而提出的。习近平总书记带领中央领导人参观《复兴之路》时，党的十八大刚召开不久。十八大提出了到 2020 年实现全面建成小康社会的宏伟目标，实现这一目标就需要凝心聚力，需要强大的精神支撑，而中国梦则是感召和激励人民共同奋斗的强大精神力量。正如习近平总书记所言："党的十八大描绘了全面建成小康社会、加快推进社会主义现代化的宏伟蓝图，发出了向实现'两个一百年'奋斗目标进军的时代号召。根据党的十八大精神，我们明确提出要实现中华民族伟大复兴的中国梦。"①其次，它是以中国特色社会主义事业取得的巨大成就为物质基础的。中国梦的提出体现了新一届中央领导集体对中国特色社会主义的自信，而这种自信来源于我国综合国力、国际地位和国际影响力不断提升的发展成就。改革开放以来，我国一跃成为世界第二大经济体，具备了放飞中国梦的实力和信心。新一届中央领导集体旗帜鲜明地发出了中国梦的庄重誓言，它的底气就来自中国特色社会主义事业取得的伟大进展。最后，它是对当代中国特色社会主义发展方向的回应。就国内环境来看，由于在我们追求经济发展的过程中缺少一种梦想的精神支撑，在部分群众中出现了理想信念模糊、道德水准下降，拜金主义、享乐主义、极端个人主义滋生等问题。因此，当前中国及未来中国的发展亟须一种切实的奋斗目标来凝心聚力，激励人们为中国特色社会主义事业

---

① 《习近平谈治国理政》第一卷，外文出版社 2018 年版，第 49 页。

不懈奋斗。就国际环境来看，随着中国的快速发展，国际社会开始出现了"黄祸论""中国威胁论""中国称霸论"等损害中国形象、阻挠中国发展的论调，国外一些不明真相的民众极易在这些言论的蛊惑下对中国产生负面的评价。因此，在全球化时代背景下，中国要想融入国际社会获得持续发展，必须建构起一套有说服力和感召力的话语体系，为中国的发展寻求正当性证明，打破国际社会中"强国必霸"的思维定式，展现中国和平发展的大国形象。

二、基本思想

《实现中华民族伟大复兴是中华民族近代以来最伟大的梦想》全文共计 900 余字，短小精悍，言简意赅。在这篇讲话中，习近平总书记首次提出并阐释了中国梦的内涵，指出中国特色社会主义道路是实现中国梦的正确道路，号召全国人民只要继续沿着这条道路坚定地走下去，"两个一百年"奋斗目标就一定能实现，中华民族伟大复兴的中国梦就一定能实现。

第一，首次明确提出并阐释了中国梦的内涵。尽管近代以来中国人民一直在追逐梦想，但首次明确提出中国梦概念的却是习近平总书记的这篇讲话。2012 年 11 月 15 日，第十八届中央政治局常委在同中外记者见面会上，就作出了庄严的宣誓："我们的责任，就是要团结带领全党全国各族人民，接过历史的接力棒，继续为实现中华民族伟大复兴而努力奋斗。"[1]这里虽未明确使用中国梦一词，但其内涵所指却与中国梦异曲同工。时隔半月，习近平总书记在参观《复兴之路》展览时的这篇讲话，则明确提出了中国梦。习近平总书记指出："每个人都有理想和追求，都有自己的梦想。现在，大家都在讨论中国梦，我以为，实现中华民族伟大复兴，就是中华民族近代以来最伟大的梦想。"[2]中国梦是历史发展过程的必然结果，体现了中华民族和中国人民的整体利益；它是一项光荣而艰巨的事业，需要一代代中国人为之不懈奋斗；中国共产党是中国梦的领路人，她将带领全体人民朝着中华民族伟大复兴的目标勇往直前。

第二，中国特色社会主义道路是实现中国梦的正确道路。在明确实现中国梦的目标后，走什么样的道路具有决定性意义。对此，习近平总书记在这篇讲话中给出了明确回答："我们总结历史经验，不断艰辛探索，终于找到了实现中华民族伟大复兴的正确道路，取得了举世瞩目的成果。这条道路就是中国特

---

① 《习近平谈治国理政》第一卷，外文出版社 2018 年版，第 4 页。
② 《习近平谈治国理政》第一卷，外文出版社 2018 年版，第 36 页。

色社会主义。"①对此,可以从两个方面来理解。一方面,中国特色社会主义道路是实现中国梦的基础和根本保证。它以经济建设为中心,为实现中国梦提供了坚实的物质基础;它坚持改革开放,充分体现中国道路的优势,是实现中国梦的必由之路;它以实现最广大人民群众的根本利益为价值导向,能够为中国梦的实现提供强大的力量之源。另一方面,实现中国梦是中国特色社会主义道路的目标追求。中国特色社会主义道路是在中国共产党的领导下开展社会主义经济、政治、文化、社会、生态建设,最终建设一个富强民主文明和谐的社会主义现代化国家。

第三,"两个一百年"奋斗目标与中国梦的实现。在这篇讲话的结尾,习近平总书记重申十八大报告中提出的"两个一百年"奋斗目标:到中国共产党成立100年时全面建成小康社会和到新中国成立100年时建成富强民主文明和谐的社会主义现代化国家。"两个一百年"奋斗目标是中华民族伟大复兴实现的里程碑式的标志,它使中国梦变得更加可感可知,更具感召力和吸引力。"两个一百年"奋斗目标的实现,意味着我国的发展将跨上新的高度,中国梦的实现将有更为坚实的基础。

三、重要意义

《实现中华民族伟大复兴是中华民族近代以来最伟大的梦想》这篇讲话是对中国共产党人奋斗目标的继承和创新,为坚持和发展中国特色社会主义注入新的时代内涵。它以浅显易懂的语言向全国各族人民发出了共筑中国梦的号召,成为凝聚党心民心、激励全国各族人民为中华民族伟大复兴而奋斗的精神支柱。同时,它也向国际社会展现中国和平发展的大国形象,提升了中国的国际形象和话语权。

第一,它继承和发展了中国共产党人的奋斗目标。中国共产党自成立以来就把实现共产主义作为最终奋斗目标,并结合不同时期的世情、国情和党情,制定了近期的奋斗目标。中国梦的提出是基于当前我国发展的具体环境和实际情况而制定的奋斗目标,它是中国共产党人实现共产主义最终目标过程中的一个阶段性目标。它始终坚持党的最高纲领与最低纲领的统一,把国家的发展、民族的振兴与个人的幸福紧密联系在一起,让实现中华民族伟大复兴的目标更为明确和清晰。

---

① 《习近平谈治国理政》第一卷,外文出版社 2018 年版,第 35 页。

第二，它敏锐地洞察到当前最广大人民群众的根本利益诉求，成为激发全体人民不断奋斗的共同愿景。针对当前部分人存在的精神空虚、理想缺失的现状，中国共产党适时提出了中国梦，将广大人民群众的意志与国家的意志整合起来，并以通俗易懂的话语方式表达出来，获得了广泛的群众基础。它向人们传递出希望、信心和力量，能够极大地调动人们投身于中国特色社会主义事业的积极性、主动性和创造性。

第三，它有助于提升中国的国际形象和话语权。中国梦吸收和借鉴了西方有益的文明成果，体现了人们对幸福美好未来的追求。以中国梦向国际社会传递中国的发展理念和目标，更易于获得支持和认同，减少外国对中国高速发展的误解和恐慌，也为人类对更美好社会制度的探索提供了中国方案。

四、学习思考

1. 如何理解中国特色社会主义是实现中华民族伟大复兴的正确道路？
2. 为什么说实现中华民族伟大复兴是近代以来中华民族最伟大的梦想？
3. 如何理解"两个一百年"奋斗目标与中国梦的关系？

习近平《切实把思想统一到党的十八届三中全会精神上来》导读

　　《切实把思想统一到党的十八届三中全会精神上来》是 2013 年 11 月 12 日习近平总书记在党的十八届三中全会第二次全体会议上发表的重要讲话。这篇讲话围绕着全会提出的指导思想、总体思路、目标任务，就贯彻落实全会精神提出了六点要求，对全面深化改革具有重要的指导意义。

　　原文见《习近平谈治国理政》第一卷，外文出版社 2018 年版，第 90～99 页。

一、形成背景

　　改革开放 30 余年来，我国在政治建设、经济建设、社会建设、文化建设、生态文明建设等多方面取得了重大成就和诸多成功经验，历史证明，改革开放是坚持和发展中国特色社会主义的必由之路。2013 年 11 月 9 日至 12 日在北京召开的党的十八届三中全会，通过了《中共中央关于全面深化改革若干重大问题的决定》。决定指出，改革开放是党在新的时代条件下带领全国各族人民进行的新的伟大革命，明确提出全面深化经济体制、政治体制、文化体制、社会体制、生态文明体制的改革，强调市场在资源配置中的决定性作用，提出推进国家治理体系与治理能力现代化，强调坚持社会主义市场经济改革方向，以促进社会公平正义、增进人民福祉为出发点和落脚点。为了贯彻落实十八届三中全会会议精神，在《切实把思想统一到党的十八届三中全会精神上来》讲话中，习近平总书记深刻阐释了十八届三中全会提出的指导思想，指出从国家治理体系和治理能力的总体角度考虑，需要推进所有领域的改革。同时，习近平总书记深入解读了党的十八届三中全会提出的总体思路。他指出，党的十八届三中全会决定提出的"六个紧紧围绕"①，描绘了改革全面深化的路线图，突出强调

---

　　① "六个紧紧围绕"，主要内容是：紧紧围绕使市场在资源配置中起决定性作用深化经济体制改革，紧紧围绕坚持党的领导、人民当家作主、依法治国有机统一深化政治体制改革，紧紧围绕建设社会主义核心价值体系、社会主义文化强国深化文化体制改革，紧紧围绕更好保障和改善民生、促进社会公平正义深化社会体制改革，紧紧围绕建设美丽中国深化生态文明体制改革，紧紧围绕提高科学执政、民主执政、依法执政水平深化党的建设制度改革。

以经济体制改革为重点，发挥经济体制改革牵引作用。这篇讲话为将十八届三中全会的会议精神落到实处、落到细节，提供了诸多新的理论支持和可行的实践指导。

二、基本思想

习近平总书记在这篇讲话中，主要从六个方面就贯彻落实十八届三中全会精神提出了相应的要求和对策，强调将全面深化改革重大战略部署落到细节、落到实处。

第一，强调推进国家治理体系和治理能力的现代化。习近平总书记指出，推进国家治理体系和治理能力现代化是完善和发展中国特色社会主义制度的必然要求，是实现社会主义现代化的应有之义。他强调，国家治理体系和治理能力是一个国家制度和制度执行能力的集中体现，国家治理体系和治理能力是一个有机整体，相辅相成，有了好的国家治理体系才能提高治理能力，提高国家治理能力才能充分发挥国家治理体系的效能。在社会主义发展史上，马克思和恩格斯从理论上对社会主义社会做了描绘，苏联对社会主义社会实践进行了探索。我国在社会主义社会的建设和治理的问题上，一直积极探索，在国家治理体系和治理能力上积累了丰富的经验、取得了重大的成果。习近平总书记指出，我国政治稳定、经济发展、社会和谐、民族团结，同世界上一些地区和国家不断出现乱局形成了鲜明对照。这说明，我们的国家治理体系和治理能力总体上是好的，是适应我国国情和发展要求的。他也强调，我们还有许多亟待改进的地方。对于国家治理体系，要做到改革不适应的体系和制度，构建新的、更科学的体系和制度。要加强依法办事意识，善于将制度优势转化为管理国家的效能，提高执政水平。

第二，分析"三个进一步解放"的地位和相互关系。十八届三中全会提出，必须进一步解放思想、进一步解放和发展社会生产力、进一步解放和增强社会活力。习近平总书记在这篇讲话中着重强调了"三个进一步解放"的重要地位，详细分析了"三个进一步解放"的相互关系。他指出，全会决定提出的"三个进一步解放"既是改革的目的，又是改革的条件。解放思想是前提，是解放和发展社会生产力、解放和增强社会活力的总开关；解放和发展社会生产力、解放和增强社会活力，是解放思想的必然结果，也是解放思想的重要基础；解放思想、解放和增强社会活力，是为了更好地解放和发展社会生产力。通过深化改革，把中国特色社会主义制度的优越性充分体现出来，激活社会中的各种要素，使社会充满前进和发展的动力。

第三，强调加强经济体制改革的重要作用和意义。改革开放以来，我们党始终坚持以经济建设为中心不动摇，并在经济建设方面取得了重大成就。新的历史时期，我国的基本国情和社会主要矛盾并没有变，经济建设仍然是全党的工作中心。习近平总书记强调经济体制改革对其他方面改革具有重要影响和传导作用，并且指出，我国的经济体制改革任务远远没有完成，经济体制改革的潜力还没有充分释放出来。在全面深化改革中，我们要坚持以经济体制改革为主轴，努力在重要领域和关键环节改革上取得新突破，以此牵引和带动其他领域改革，使各方面改革协同推进、形成合力，而不是各自为政、分散用力。

第四，强调必须坚持社会主义市场经济改革方向。建设社会主义社会市场经济体制，是党在中国特色社会主义进程中的一个重大理论和实践创新，使我国在经济体制、开放程度、人民生活水平等方面取得了巨大成就。但是，我国的市场体系还不健全，市场发育还不充分，特别是政府和市场关系还没有理顺，市场在资源配置中作用的有效发挥受到诸多制约，实现党的十八大提出的加快完善社会主义市场经济体制的战略任务还需要付出艰苦努力。坚持社会主义市场经济改革方向的核心问题是处理好政府和市场的关系，使市场在资源配置中起决定性作用和更好发挥政府作用。要使各方面体制改革朝着建立完善的社会主义市场经济体制这一方向协同推进，同时也使各方面自身相关环节更好适应社会主义市场经济发展提出的新要求。

第五，强调以社会公平正义和人民的福祉为出发点。改革开放以来，随着经济社会发展水平和人民生活水平的不断提高，人民群众的公平意识、民主意识、权利意识得到了不断增强，愈发关注和反感社会中的有违公平正义的现象。十八届三中全会决定强调，全面深化改革必须以促进社会公平正义、增进人民福祉为出发点和落脚点。这是坚持我们党全心全意为人民服务根本宗旨的必然要求。实现社会公平正义是由多种因素决定的，最主要的还是经济社会发展水平。促进社会公平正义，就要从最广大人民根本利益出发，多从社会发展水平、从社会大局、从全体人民的角度看待和处理这个问题。我国现阶段存在的有违公平正义的现象，许多是发展中的问题，是能够通过不断发展，通过制度安排、法律规范、政策支持加以解决的。习近平总书记强调，我们要把促进社会公平正义、增进人民福祉作为一面镜子，审视我们各方面体制机制和政策规定，使我们的制度安排更好体现社会主义公平正义原则，更加有利于实现好、维护好、发展好最广大人民的根本利益。

第六，强调尊重人民的利益和在改革中的主体地位。人民是历史的创造者，是实践的主体。在这篇讲话中，习近平总书记分析了人民在全面深化改革中的地位和作用。习近平总书记指出，全会决定归纳了改革开放积累的宝贵经验，其中很重要的一条就是强调必须坚持以人为本，尊重人民主体地位，发挥群众首创精神，紧紧依靠人民推动改革。习近平总书记强调，推进任何一项重大改革，都要站在人民立场上把握和处理好涉及改革的重大问题，都要从人民利益出发谋划改革思路、制定改革举措。在全面深化改革进程中，应多听取群众的期待，多关注群众的利益，多关心群众是否满意。只有这样才能提高改革决策的科学性，调动人民群众的积极性、主动性、创造性，同人民一道把改革推向前进。

三、重要意义

《切实把思想统一到党的十八届三中全会精神上来》是习近平总书记对全面深化改革问题的集中阐释的重要文本。它在第十八届中央委员会第三次全体会议通过的《中共中央关于全面深化改革若干重大问题的决定》的基础上，着眼于深化改革的具体落实，为贯彻落实全会精神提供理论指导，为国家的发展转型指明前进方向，同时为促进社会和谐稳定提供重要保障。

第一，为贯彻落实十八届三中全会精神提供理论指导。为贯彻落实党的十八大关于全面深化改革的战略部署，十八届三中全会研究全面深化改革问题，并通过相关决议。习近平总书记的这篇讲话目的是要求我们切实把思想统一到会议精神上，强调要坚持发展中国特色社会主义，进一步坚定道路自信、理论自信、制度自信；要坚持从严管党、从严治党方针，使党成为我们事业的领导核心；要坚持社会主义市场经济改革方向，处理好市场和政府的关系；要坚持人民在改革中的主体地位，坚持以促进社会公平正义、增进人民福祉为出发点和落脚点，为贯彻落实全会精神提供了理论指导。

第二，为国家的发展和转型指明前进方向。在全面深化改革的关键时期，在社会转型的攻坚阶段，我国在诸多方面还存在一些亟待解决的问题，比如国家治理体系和治理能力有所不足、市场体系还不健全、政府干预过多、市场竞争体制不完善、资源价格扭曲等。这些有碍发展的问题必须被破除。习近平总书记的这篇讲话为铲除这些障碍、谋求持续发展，提供了重要的实践指导。讲话强调贯彻落实十八届三中全会的重要战略部署，强调应提高对外开放的广度和深度，为国家发展和转型指明了前进的方向。

第三，为促进社会和谐稳定提供重要保障。十八届三中全会提出改革的出发点和落脚点是"促进社会公平正义，增进人民福祉"。习近平总书记在这篇讲话中也将社会公平正义和人民福祉作为深化改革的重要内容，强调全面深化改革必须着眼创造更加公平正义的社会环境，不断克服各种有违公平正义的现象，使改革发展成果更多更公平惠及全体人民。他指出，要通过创新制度安排，通过制度的改革和发展而消除有违公平正义的现象，更好地体现社会公平正义原则，更加有利于实现好、维护好、发展好最广大人民的根本利益，增加人民福祉，促进社会和谐，推进全面小康的和谐社会建设。

四、学习思考

1. 如何推进国家治理体系和治理能力现代化？
2. 如何理解社会公平正义与经济社会发展水平的关系？
3. 如何理解人民在改革中的地位和作用？

习近平《培育和弘扬社会主义核心价值观》导读

《培育和弘扬社会主义核心价值观》是 2014 年 2 月 24 日习近平总书记在主持十八届中央政治局第十三次集体学习时发表的讲话要点。在这篇讲话中，习近平总书记不仅明确指出培育和弘扬社会主义核心价值观的战略地位，强调培育和弘扬社会主义核心价值观必须立足于中华优秀传统文化，还具体论述了培育和弘扬社会主义核心价值观的路径方法。这篇讲话继承和发展了马克思主义关于科学社会主义价值追求的思想，对社会主义核心价值观教育具有重要的指导意义。

原文见《习近平谈治国理政》第一卷，外文出版社 2018 年版，第 163～165 页。

一、形成背景

价值观是一个民族的精神基因、历史底蕴和前行动力。社会主义核心价值观是中国特色社会主义价值追求的反映，是助力中华民族伟大复兴中国梦的价值基石。《培育和弘扬社会主义核心价值观》这篇讲话是中国共产党长期探索社会主义核心价值观建设的智慧结晶，也是基于当前国际国内复杂形势作出的战略选择。

任何社会的核心价值观都是在历史发展过程中不断积淀凝聚而成的。中国共产党在革命、建设、改革的不同历史时期始终结合时代特征和中心任务推进社会主义核心价值观建设。早在 1945 年党的七大上，毛泽东就提出了要建设一个独立、自由、民主、统一和富强的新中国，把"全心全意为人民服务"作为党的宗旨。新中国成立后，社会主义制度的建立和马克思主义在意识形态领域指导地位的确立为培育社会主义核心价值观奠定了思想根基。同时，中国共产党还在全社会开展思想道德建设，倡导以为人民服务为核心的爱国主义、集体主义和社会主义的思想道德观念，为新时期培育社会主义核心价值观作了必要准备。改革开放后，中国共产党坚持物质文明建设与精神文明建设"两手抓、两手都要硬"，进一步探索社会主义核心价值观的建设。2001 年颁布的《公民道德建设实施纲要》明确提出要将"爱国守法、明礼诚信、团结友善、勤俭自强、敬业奉献"作为全社会的基本道德规范。在此基础上，2006 年党的十六届六中全会上第一次提出了"建设社会主义核心价值体系"的重大命题。在这一命题提出之后，党号召理论界对社会主义核心价值体系作进一步的凝练概括。2012 年12 月，党的十八大报告提出了培育和践行社会主义核心价值观的重大战略部署，倡导富强、民主、文明、和谐，倡导自由、平等、公正、法治，倡导爱国、敬业、诚信、友善。2013 年 12 月，中共中央办公厅印发《关于培育和践行社会主义核心价值观的意见》进一步指出："培育和践行社会主义核心价值观，是推进中国特色社会主义伟大事业、实现中华民族伟大复兴中国梦的战略任务。"由此可见，中国共产党一直将培育和践行社会主义核心价值观作为一项长期而重大的战略任务，始终不懈地进行积极探索、凝练深化和扎实推进。

一个社会的核心价值观不仅承续着历史的发展，也推动着社会的前行。当前，中国特色社会主义的发展面临着诸多挑战。首先，意识形态领域的斗争日趋激烈。西方资本主义对我国的"西化""分化"图谋有增无减，"普世价值""自由主义""历史虚无主义"等社会思潮纷至沓来，对马克思主义为指导的社会主义主流意识形态形成"挤压"态势。因此，如何用社会主义核心价值观与之针锋相对，牢牢占领、巩固并不断壮大社会主义意识形态阵地显得尤为迫切。其次，改革开放的精神动力匮乏。当前我国经济发展已经步入新常态，改革开放进入攻坚期和深水期，"好吃的肉都吃掉了，剩下的都是难啃的硬骨头"。改革开放带来的利益分配格局的深刻调整使得人们的思想观念日趋多元，形成改革共识的难度和推动改革发展的精神动力不足。对此，只有发挥社会主义核心价值观凝聚改革共识、提供精神动力才能解决改革发展面临的诸多困境。最后，个体精神信仰的缺失。经过改革开放 30 多年的发展，我国的物质文明建设取得了显著的进步。但是，物质上的富足并没有给人们带来精神上的充实，急剧变革的时代引发部分人精神焦虑和信仰缺失，社会强烈呼唤着一种价值的引导和向善的力量。因此，无论是应对意识形态领域的激烈斗争、破解改革发展的困境，还是充盈个体的精神世界，都迫切需要在全社会培育和弘扬具有强大感召力、统摄力和凝聚力的社会主义核心价值观。

二、基本思想

《培育和弘扬社会主义核心价值观》这篇讲话主要从三个层面展开论述：一是明确培育和弘扬社会主义核心价值观的战略地位；二是指明培育和弘扬社会

主义核心价值观必须立足于中华优秀传统文化；三是指出培育和弘扬社会主义核心价值观的路径方法。

第一，培育和弘扬社会主义核心价值观的战略地位。一个社会的核心价值观承载着民族和国家的精神追求，制约着社会发展的基本方向，具有重要的战略意义。在这篇讲话中，习近平总书记开宗明义地指出要把培育和弘扬社会主义核心价值观作为凝魂聚气、强基固本的基础工程。首先，核心价值观是提高一个国家文化软实力的关键。核心价值观是文化最深层次的心理结构，是文化软实力的根本体现。它不仅是维系一个民族奋进进取的精神动力，也是展现一个国家的国际形象、赢得国际话语权的重要依托。核心价值观作为文化软实力的灵魂，决定着文化的性质和方向，必须作为软实力建设的重点。其次，核心价值观是社会系统正常运转、社会秩序有效维护的重要途径。影响社会系统运转和社会秩序的因素有很多，但核心价值观是其中最为关键的因素，它关涉社会成员能否达成价值共识。最后，核心价值观是国家治理体系和治理能力的重要方面。推进国家治理体系和治理能力现代化是涉及方方面面的系统工程，不仅需要政策、法规、制度、管理的改进完善，还需要思想道德观念层面的支撑。特别是在当前国家治理领域面临着严峻挑战，尤为需要发挥社会主义核心价值观的思想导向和价值引领功能。

第二，培育和弘扬社会主义核心价值观必须立足于中华优秀传统文化。任何一个社会的价值观都不是凭空产生的，都有其生发的源泉和固有的根本。中华优秀传统文化是中华民族独特的精神标识和最深层的精神追求，是社会主义核心价值观形成的丰厚滋养。例如，我国传统文化中讲求仁爱、以民为本、注重诚信、崇尚和谐等价值理念，在当前依然具有现实指导意义。培育和弘扬社会主义核心价值观必须立足于中华优秀传统文化。如何使中华优秀传统文化成为涵养社会主义核心价值观的重要源泉呢？习近平总书记指出，一是要讲清楚中华优秀传统文化的历史渊源、发展脉络和基本走向，讲清楚中华文化的独特创造、价值理念和鲜明特色；二是要挖掘中华优秀传统文化的精髓，并发挥其时代价值；三是要处理好继承和创造性发展的关系，实现创造性转化和创新性发展。

第三，培育和弘扬社会主义核心价值观的路径方法。培育和弘扬社会主义核心价值观关键在于人们的践行，使其内化为人们的精神追求，外化为人们的自觉行动。习近平总书记明确提出，要借助教育引导、舆论宣传、文化熏陶、实践养成和制度保障等途径，把社会主义核心价值观贯穿于社会生活的方方面面。具体来说，一是要发挥榜样的示范作用。榜样的力量是巨大的，它能对人们的行为产生示范带动作用，有利于在全社会形成赶超先进的生动局面。习近平总书记特别指出，广大党员、干部必须以身作则，带头学习和弘扬社会主义核心价值观，凭借自身的模范行为和高尚人格感召和带动群众。二是要发挥文艺的作用。文艺是一种特殊的审美意识形态，具有生动性和直观性。它能够通过生动具体的形式向人们传递社会主义核心价值观，使人们在愉悦的审美之旅中认同和接受社会主义核心价值观。三是要融入人们的日常生活，在落细、落小、落实上下功夫。例如，将社会主义核心价值观有机地融入行业的规章制度、市民公约、乡规民约、学生守则等，通过规范人们的日常行为达到社会主义核心价值观的有效践行；借助各种礼仪活动和节日庆典，以及各种精神文明创建活动，增强社会主义核心价值观的吸引力；等等。总之，要利用一切形式使核心价值观如同空气一样无所不在、无时不有地对人们产生影响。四是要发挥制度法规的保障作用。制度带有根本性、全局性、稳定性和长期性，只有发挥制度的保障作用，社会主义核心价值观才能真正地落地生根。对此，习近平总书记明确提出，要发挥政策的导向作用，使各方面的政策都要有利于培育社会主义核心价值观；要充分利用法律和日常管理的奖惩机制，在全社会形成争相践行社会主义核心价值观的生动局面。

三、重要意义

《培育和弘扬社会主义核心价值观》是习近平总书记对社会主义核心价值观问题的集中阐释。它继承和发展了马克思主义关于科学社会主义价值追求的思想，对社会主义价值观教育具有重要的指导意义。

第一，继承和发展了马克思主义关于科学社会主义价值追求的思想。根据马克思恩格斯经典作家的设想，未来社会是一个消灭剥削和压迫，每个人全面而自由发展的社会，"人的解放"和"人的全面而自由的发展"是共产主义事业的终极价值目标。习近平总书记继承并发展了这一思想，结合我国的基本国情和人民群众的发展诉求，提出了"富强、民主、文明、和谐，自由、平等、公正、法治，爱国、敬业、诚信、友善"这12个价值理念，保障最广大人民群众根本利益的实现。同时还应看到，这12个价值理念还被赋予了鲜明的中国特色。以"民主"为例，马克思恩格斯早在《共产党宣言》中就已经提到"工人革命的第一步就是使无产阶级上升为统治阶级，争得民主"。社会主义核心价值观中的"民主"内涵不局限于经典作家所论及的民主，而是结合中国独特的历史背景、现实状况和发展诉求，强调的是在"四项基本原则"基础上的人民当家作主。

第二，为社会主义价值观教育指明了方向。这篇文章不仅高瞻远瞩地指明社会主义核心价值观的战略地位，还提出了培育和弘扬社会主义核心价值观的具体路径方法，对于当前的价值观教育具有重要的指导意义。首先，要发挥中华优秀传统文化和文艺的熏陶作用，使人们在日常生活中潜移默化地接受社会主义核心价值观。其次，要发挥实践的育人作用，引导人们投身中国特色社会主义建设事业实践之中。价值观是人类在改造自然和社会的过程中产生和发挥作用的，也只有在实践中才能转化为人们的精神追求和自觉行动。再次，要发挥榜样的力量。例如，在高校青年学生社会主义核心价值观教育中，不仅要利用教育者的人格魅力的感染、启迪作用，还要注重发挥优秀朋辈的示范带动作用，使青年学生学有榜样、学有方向、学有动力。最后，要发挥法规制度的保障作用。在全社会建立起培育和弘扬社会主义核心价值观的长效机制，使其真正地落细、落小、落实。

四、学习思考

1. 为什么说核心价值观是决定一个国家文化性质和方向的最深层次要素？
2. 如何理解社会主义核心价值观与中华优秀传统文化的内在关联？
3. 怎样才能将社会主义核心价值观落细、落小、落实？

习近平《加快建设社会主义法治国家》导读

《加快建设社会主义法治国家》是 2014 年 10 月 23 日习近平总书记在党的十八届四中全会第二次全体会议上的讲话的一部分。这篇讲话集中体现了党中央对法治国家建设的高度重视，集中探讨了加快建设社会主义法治国家的必要性、基本原则以及如何具体落实依法治国的各项任务，对社会主义法治国家建设具有重要的指导意义。

原文见《习近平谈治国理政》第二卷，外文出版社 2017 年版，第 113～125 页。

一、形成背景

《加快建设社会主义法治国家》这篇讲话体现了马克思主义法治思想和中国特色社会主义法治实践的结合，是中国共产党对法治高度重视的必然结果，也是"四个全面"战略布局的内在要求。同时，在社会主义法治国家建设中存在着一些现实问题，这也是习近平总书记发表此次讲话的重要背景。

第一，中国共产党对法治的高度重视。改革开放以来，我们党始终高度重视法治建设。党的十五大提出依法治国、建设社会主义法治国家，强调依法治国是党领导人民治理国家的基本方略。党的十六大进一步明确要在依法治国中坚持党的领导，党的十七大指出要全面落实依法治国基本方针。党的十八大提出了全面建成小康社会的奋斗目标，并从国家治理和社会管理的层面强调依法治国的重要地位和作用。党的十八大以来，党中央高度重视法治国家建设，强调要将依法治国的基本方针落实到实处和细节。习近平总书记在《加快建设社会主义法治国家》这篇讲话中指出，全面推进依法治国是一个系统工程，是国家治理领域一场广泛而深刻的革命。这篇讲话以全面推进实行依法治国为主要目的，不仅对依法治国的思想做了细致梳理，重点更放在如何落实依法治国的基本方针上，强调在法治实践中完善立法、执法、司法和守法。正是由于中国共产党一贯以来对法治的高度重视，我国法治建设取得了诸多成就，其中最重要的便是开辟了中国特色社会主义法治道路。坚持走中国特色社会主义法治道路关乎党和国家发展，拓展中国特色社会主义法治道路要求加快社会主义法治国家建设。

第二，"四个全面"战略布局要求法治保障。改革进入攻坚期和深水区。党的十八大以来，党中央从坚持和发展中国特色社会主义全局出发，提出并形成了全面建成小康社会、全面深化改革、全面依法治国、全面从严治党的战略布局。这一重大战略思想彰显了共产党人对中国国情的深刻认识，也显示了我们党的恢宏视野。"四个全面"战略布局是一个有机整体，全面依法治国既是重大举措之一，又是其他"三个全面"的重要保障。依法治国是全面建成小康社会和实现深化改革的重要保障，是从严治党的重要依据。习近平总书记指出，要推动我国经济社会持续健康发展，不断开拓中国特色社会主义事业更加广阔的发展前景，就必须全面推进社会主义法治国家建设，从法治上为解决这些问题提供制度化方案。中国特色社会主义法治国家的建设是推进"四个全面"战略布局的应有之义，也是国家发展的历史必然。

第三，新时期社会主义建设新挑战呼唤法治。改革开放以来，中国在政治和经济等方面取得了举世瞩目的成就。在法治建设方面，我国在中国特色社会主义法治建设中也获得了一系列重大成就，与此同时，中国共产党也强调要直面我国法治建设领域中的突出问题。例如，在立法领域，立法质量和立法效率等都还有待进一步提高；在司法领域，司法体制和司法职权配置等也还需进一步健全。法律是治国之重器，法治是国家治理体系和治理能力的重要依托。法治实践中存在的矛盾和挑战要求不断完善社会主义法治体系，要求加快建设社会主义法治国家。除了法治建设中的现实挑战，党和国家事业发展面临的一系列重大问题也呼唤社会主义法治建设。习近平总书记指出，我们党面对的改革发展稳定任务之重前所未有、矛盾风险挑战之多前所未有，依法治国在党和国家工作全局中的地位更加突出、作用更加大。全面推进依法治国，是解决党和国家事业发展面临的一系列重大问题，解放和增强社会活力、促进社会主义公平正义、维护社会和谐稳定、确保党和国家长治久安的根本要求。

二、基本思想

党的十八大提出，法治是治国理政的基本方式，要加快建设社会主义法治国家，全面推进依法治国。党的十八届三中全会进一步提出，建设法治中国，必须坚持依法治国、依法执政、依法行政共同推进，坚持法治国家、法治政府、法治社会一体建设。党的十八大以来，习近平总书记多次就法治国家建设作出深刻阐述，尤其在《加快建设社会主义法治国家》这篇讲话中，集中探讨了全面推进依法治国的总目标、基本原则和具体落实。

1. 全面推进依法治国的总目标

习近平总书记指出，全面推进依法治国总目标是建设中国特色社会主义法治体系，建设社会主义法治国家。这是贯穿决定全篇的一条主线，既明确了全面推进依法治国的性质和方向，又突出了全面推进依法治国的工作重点和总抓手，对全面推进依法治国具有纲举目张的意义。全面推进依法治国的总目标有两个层次，一是建设社会主义法治体系，二是建设社会主义法治国家。在建设社会主义法治体系方面，习近平总书记在讲话中指出，法治体系是国家治理体系的骨干工程。社会主义法治体系建设要从五个方面着手，即法律法规体系、法治实施体系、法治监督体系、法治保障体系和党内法规体系。要完善党内法规制定体制机制，注重党内法规同国家法律的衔接和协调，构建以党章为根本、若干配套党内法规为支撑的党内法规制度体系，提高党内法规执行力。在建设社会主义法治国家方面，要处理好依法治国、依法执政、依法行政的关系。全面推行依法治国的关键在于执政党是否能依法执政，因而执政党的执政意识、法治理念和领导方式等都对依法治国产生重要决定作用。同时，法治国家建设离不开社会的共同参与，要求全社会的法治观念不断增强。因而，习近平总书记在讲话中强调，准确把握全面推进依法治国的工作布局，坚持依法治国、依法执政、依法行政共同推进，坚持法治国家、法治政府、法治社会一体建设。

2. 全面推进依法治国的基本原则

第一，坚持党的领导、人民当家作主、依法治国有机统一。坚持党的领导是社会主义法治的根本要求，也是推进社会主义法治国家建设的根本保障。习近平总书记指出，党的领导是中国特色社会主义最本质的特征，是社会主义法治最根本的保证。党的领导是依法治国的重要底线，党的领导与依法治国之间具有辩证的相互关系。一方面，依法治国是我们党提出并上升为治理国家的基本方针；另一方面，依法治国有利于改善和加强党的领导，有助于巩固党的治国理政。同时，在党的领导下，必须坚持人民的主体地位。习近平总书记在讲话中还指出，我国社会主义制度保证了人民当家作主的主体地位，也保证了人民在全面推进依法治国中的主体地位。这是我们的制度优势，也是中国特色社会主义法治区别于资本主义法治的根本所在。法律的权威需要靠人民维护，法治国家建设更需要人民的参与。坚持党的领导与人民的主体地位和依法治国并不对立，在党的领导下制定的宪法和法律规范着党和人民，所有人都要在宪法和法律的范围内活动。因此，习近平总书记在讲话中强调，要把党的领导贯彻到依法治国的全过程和各方面，坚持党的领导、人民当家作主、依法治国有机统一。只有将党的领导、人民当家作主、依法治国在实践中有机统一，才能不断推进社会主义法治国家建设。

第二，坚持法律面前人人平等。建设社会主义法治国家，需要坚持法律面前人人平等。习近平总书记指出，平等是社会主义法律的基本属性，是社会主义法治的基本要求。坚持法律面前人人平等，必须体现在立法、执法、司法、守法各个方面。人民在全面推进依法治国中具有主体地位，但法律的权威要靠每个人来维护，任何人都必须在宪法法律规范内行动，都必须依法行使法律赋予的权利和义务。任何人违反宪法法律都要受到法律应有的制裁，任何人都不得以任何形式以言代法、以权压法、徇私枉法。同时，现实中一些领导干部存在着人治思想和长官意识，将依法办事理解为束缚手脚，无视法律的存在。因此，习近平总书记在讲话中强调，各级领导干部在依法治国中承担着更多的责任，各级领导干部应在观念上深刻认识维护法律权威的重要性，积极捍卫党和人民的尊严，带头遵纪守法、依法办事，以维护人民权益、增进人民福祉为己任。

第三，坚持依法治国与以德治国相结合。建设社会主义法治国家，需要坚持依法治国与以德治国相结合。通常法治的基本原则和精神都以道德为基础，法治和道德的价值取向在一定程度上基本一致。习近平总书记指出，法律是成文的道德，道德是内心的法律，法律和道德都具有规范社会行为、维护社会秩序的作用。治理国家、治理社会必须一手抓法治、一手抓德治，既重视发挥法律的规范作用，又重视发挥道德的教化作用，实现法律和道德相辅相成、法治与德治相得益彰。道德是法治的源头活水，只有有了道德的滋养，法律的实施才有了坚实的社会基础。道德的教化功能为法治精神的增强提供有力保障，通过道德对人的教化，法治文化的形成才得以可能。加快社会主义法治国家建设，需要道德来发挥积极作用。习近平总书记在讲话中还强调，在推进依法治国过程中必须大力弘扬社会主义核心价值观，弘扬中华传统美德，不断提高全民族思想道德水平，为依法治国创造良好人文环境。

3. 全面落实依法治国的各项任务

第一，在重点任务上，着力推进科学立法、严格执法、公正司法、全民守法。全面推进依法治国是一项庞大的系统工程，必须统筹兼顾、把握重点、整体谋划，在共同推进上着力，在一体建设上用劲。一是科学立法是依法治国的重要前提。习近平总书记强调，推进科学立法，关键是完善立法机制，深入推进科学立法、民主立法，抓住提高立法质量这个关键。具体来说，要优化立法职权配置，健全立法起草、论证、协调、审议机制，明确立法权力边界，加强重点领域立法等。二是严格执法是依法治国的核心环节。推进严格执法，重点是解决执法领域中的一些现实问题，比如执法不规范、不严格、不透明、不文明以及不作为、乱作为等突出问题。三是公正司法是依法治国的重点。习近平总书记指出，推进公正司法，要以优化司法职权配置为重点，健全司法权力分工负责、相互配合、相互制约的制度安排。司法公正要求司法人员坚守法治底线，各级党组织和领导干部应避免利用职权干涉司法。四是全民守法是依法治国的重要基础。全民的普法和守法是推进依法治国的重要前提，要坚持将法治教育纳入国民教育和精神文明创建内容。

第二，在工作队伍上，着力加强法治工作队伍建设。法治队伍建设是加快建设社会主义法治国家重要的一环，一支德才兼备的法治工作队伍是依法治国的重要保障。习近平总书记在这篇讲话中指出，全面推进依法治国，建设一支德才兼备的高素质法治队伍至关重要。我国的法治队伍主要有立法、执法、司法 3 支，包括人大和政府从事立法工作的人员，在行政机关从事执法工作的人员，在司法机关从事司法工作的人员。习近平总书记强调，对于立法人员，要注意加强其思想政治素质，培养其法治精神和法治原则意识。对于执法人员，要做到忠于法律、捍卫法律、严格执法、敢于担当。司法是法治的最后防线，对于司法人员，要做到信仰法律、坚守法治，端稳天平、握牢法槌，铁面无私、秉公司法。

第三，在法治领域上，坚定不移推进法治领域改革。习近平总书记强调，坚定不移推进法治领域改革，坚决破除束缚全面推进依法治国的体制机制障碍。解决法治领域的突出问题，根本途径在于改革。法治领域改革难度较大，涉及的领域比较广泛，因此各个部门和方面都要拿出大局意识，在改革中做到相互支持、彼此配合。习近平总书记在讲话中还指出，法治领域改革还有一个特点，就是很多问题都涉及法律规定。改革的推进离不开法律保障，因此适时的立法和法律的修改对法治改革的顺利推进有积极作用。

三、重要意义

《加快建设社会主义法治国家》是习近平总书记在新的时代背景下对依法治国问题的集中阐释。它着眼于依法治国各项任务的具体落实，是中国特色社会主义法治理论的最新成果，为建设社会主义法治国家提供理论指导，为完善中国特色社会主义法律体系提供助力，更为实现中国梦提供法治保障。

第一，发展了中国特色社会主义法治理论。马克思主义法治思想是马克思主义的重要组成部分，集中讨论了人民民主、人权实现和公平正义等重要的法治内容，是中国特色社会主义法治思想的重要理论源头。中国共产党在几代领导集体的摸索和实践中，形成了中国特色社会主义法治思想。党的十八大提出，法治是治国理政的基本方式。十八届三中全会更进一步提出要建设法治中国，必须坚持依法治国、依法执政、依法行政共同推进，坚持法治国家、法治政府、法治社会一体建设。习近平总书记《加快建设社会主义法治国家》的讲话，意在为建设社会主义法治国家提供理论指导。他在讲话中强调，全面推进依法治国是一个系统工程，是国家治理领域一场广泛而深刻的革命。这篇讲话是近年来我们党在法治实践中的经验总结，是中国特色社会主义法治建设的最新理论成果。

第二，为完善中国特色社会主义法律体系提供助力。中国特色社会主义法律体系以宪法为核心，强调宪法在法律体系中至高无上的地位。习近平总书记指出，宪法是根本法，是治国安邦的总章程。完善的法律体系是围绕着宪法建立起来的各种法律的总和。习近平总书记在这篇讲话中，从立法、执法、司法和守法四个层面提出，要想加快社会主义法治国家建设、完善中国特色社会主义法律体系，就要做到"科学立法、严格执法、公正司法、公民守法"。通过完善立法机制和程序、严格执法资质、完善执法程序建立健全行政裁量权基准制度、优化司法职权配置、增强全民法治观念，在法治的各个环节不断完善中国特色社会主义法律体系。依法治国的这"十六字方针"不仅是对改革开放以来我国法治实践中一系列问题的科学回答，还是对中国特色社会主义法治建设方向的正确判定。

第三，为实现中国梦提供法治保障。党的十八大以来，中国共产党提出实现全面建成小康社会、建成富强民主文明和谐的社会主义现代化国家的奋斗目标。习近平总书记提出，要想实现中国梦，必须走中国道路、弘扬中国精神、凝聚中国力量。同时，全面建成小康社会、实现中华民族伟大复兴的中国梦，全面深化改革、完善中国特色社会主义法治制度，必须提高党的执政能力和执政水平，必须全面推进依法治国。法治既是中国梦的重要组成部分，又为实现中国梦提供必要保障。习近平总书记的这篇讲话意在表明，法治在中华民族伟大复兴中的重要作用，在国家富强、民族振兴、人民幸福多个层面，都离不开法治的保驾护航。法治既能够规范人们的行为，又能保障各种政治经济活动的顺利进行。社会的稳定与和谐是实现中国梦的重要前提和基础，法治在这里发挥了不可或缺的作用。

四、学习思考

1. 全面推进依法治国的总目标是什么？
2. 如何理解依法治国和以德治国的关系？
3. 全面推进依法治国的重点任务有哪些？

习近平《在省部级主要领导干部学习贯彻党的十八届五中全会精神专题研讨班上的讲话》导读

中国共产党第十八届中央委员会第五次全体会议于 2015 年 10 月 26 日至 29 日在北京举行。全会审议通过了《中共中央关于制定国民经济和社会发展第十三个五年规划的建议》(全篇中以下简称《建议》)。2016 年 1 月 18 日,省部级主要领导干部学习贯彻党的十八届五中全会精神专题研讨班在中央党校开班,习近平总书记在开班式上发表了重要讲话。

原文见习近平:《在省部级主要领导干部学习贯彻党的十八届五中全会精神专题研讨班上的讲话》,人民出版社 2016 年版。

一、形成背景

凡事预则立,不预则废。马克思尽管没有使用"经济计划"或"计划经济"一词,但他在讲到未来社会制度时,多次提到对经济实行计划调节的必要性。列宁在 1906 年的《土地问题和争取自由的斗争》一文中指出:"只有建立起大规模的社会化的计划经济,一切土地、工厂、工具都转归工人阶级所有,才可能消灭一切剥削。"①在经济思想史上,列宁第一次明确提出了"计划经济"这个概念。列宁去世后,苏联 1928 年开始实行第一个五年计划。在第二次世界大战之前,它的头三个五年计划(1928—1940)非常成功,国内生产总值年均增长率达到创纪录的 5.3%,工业产值年均增长率更是高达 11%,这在当时是了不起的成就,使苏联在不长实践中便从农业国一跃变为世界工业强国。②

新中国成立初期,在客观需要和客观条件的综合作用下,中国像苏联那样选择了计划经济。1953 年,我国开始实施发展国民经济的第一个五年计划。从"一五"计

① 《列宁全集》第十三卷,人民出版社 1987 年版,第 124 页。
② 参见王绍光、鄢一龙:《中国民主决策模式:以五年规划制定为例》,中国人民大学出版社 2015 年版,第 14 页。

划建设到"十三五"规划制定前,已连续进行了十个五年计划建设和两个五年规划。在这期间,我们不断转换计划的战略方向,不断调整计划的战略定位,不断改变计划的制定方式。在"一五"至"五五"期间,中国计划工作的重点放在确定与转化计划的战略方向上。如"一五"突出计划的产业排序,"二五"突出计划的增长指标,"三五"突出计划的空间布局等。"六五"之后,中国计划工作的重点转至调整计划本身的战略定位(即计划在社会主义经济体制中的位置)。全方位、指令性计划的空间逐渐收缩,一步步为指导性计划与市场调节让位。① 1992 年党的十四大提出建立社会主义市场经济体制。党的十八届三中全会提出,市场在资源配置中起决定性作用,这在马克思主义经济史上是一个重大的理论突破。五年计划名称的改变亦源于党对计划与市场关系及社会主义经济体制认识的改变。从"六五"开始,"国民经济计划"被"国民经济和社会发展计划"所代替。从"十一五"开始,"国民经济和社会发展计划"又被"国民经济和社会发展规划"所代替。

从时间跨度上看,"十三五"时期是从 2016 年到 2020 年。这一时期是全面建成小康社会,实现"两个一百年"奋斗目标的第一个百年奋斗目标的决胜阶段。在《建议》起草过程中,党中央高度重视。2015 年 1 月,以习近平总书记为组长,李克强、张高丽为副组长的起草组成立。1 月 28 日,党中央发出《关于对党的十八届五中全会研究"十三五"规划建议征求意见的通知》,在党内一定范围征求意见和建议。2 月10 日,文件起草组召开第一次全体会议,建议稿起草工作正式启动。随后,文件起草组深入开展专题调研,广泛征求各方意见,多次召开会议进行讨论修改。7 月底,建议稿下发党内一定范围征求意见,包括征求党内部分老同志意见,还专门听取了民主党派中央、全国工商联负责人和无党派人士意见。其间,中央政治局常委会召开 3 次会议、中央政治局召开 2 次会议分别审议建议稿。

10 月,在北京召开的中国共产党第十八届中央委员会第五次全体会议审议通过了《中共中央关于制定国民经济和社会发展第十三个五年规划的建议》。习近平总书记就《建议(讨论稿)》起草过程、主要考虑、基本框架及其他重大举措向全会作了说明。在结构上,建议稿分三大板块、八个部分。导语和第一、第二部分构成第一板块,属于总论。第一部分讲全面建成小康社会决胜阶段的形势和指导思想,总结"十二五"时期我国发展取得的重大成就,分析"十三五"时期我国发展环境的基本特征,提出"十三五"时期我国发展的指导思想和必须遵循的原则。第二部分讲"十三五"时期我国经济社会发展的主要目标和基本理念,提出全面建成小康社会新的目

---

① 参见王绍光、鄢一龙:《中国民主决策模式:以五年规划制定为例》,中国人民大学出版社 2015 年版,第 33 页。

标要求，提出并阐释了创新、协调、绿色、开放、共享的发展理念。第三至第七部分构成第二板块，属于分论，分别就坚持创新发展、协调发展、绿色发展、开放发展、共享发展进行阐述和部署。第八部分讲加强和改善党的领导、为实现"十三五"规划提供坚强保证。结束语号召全党全国各族人民万众一心、艰苦奋斗，共同夺取全面建成小康社会决胜阶段的伟大胜利。

2016年1月18日，省部级主要领导干部学习贯彻十八届五中全会精神专题研讨班在中央党校开班，习近平总书记发表重要讲话。这次专题研讨班的主要任务是：深入学习领会党的十八届五中全会精神，特别是深入学习领会创新、协调、绿色、开放、共享的发展理念，以更好贯彻落实党的十八大和十八届三中、四中、五中全会精神，推动"十三五"时期我国经济社会持续健康发展，确保如期实现全面建成小康社会奋斗目标。

二、基本思想

习近平总书记的这篇讲话从党和国家发展全局高度，从理论和实践、历史和现实相结合的角度，对经济发展新常态、新发展理念、供给侧结构性改革等重大问题作了深刻阐述，并对落实好新发展理念提出了明确要求。

1. 深入认识经济发展新常态

第一，常态下中国经济发展的显著特征。经济"新常态"是习近平总书记对当下中国经济发展的一个总体判断。与之前中国经济发展态势比较，习近平总书记概括了新常态下经济发展的主要特点，即增长速度要从高速转向中高速，发展方式要从规模速度型转向质量效率型，经济结构调整要从增量扩能为主转向调整存量、做优增量并举，发展动力要从主要依靠资源和低成本劳动力等要素投入转向创新驱动。

第二，历史视域下的经济发展新常态。从历史长过程看，我国经济发展历程中新状态、新格局、新阶段总是在不断形成，经济发展新常态是这个长过程中的一个阶段。习近平总书记回溯了我国发展经历的由盛到衰再到盛的时期，阐明了今天的新常态是这种大时期更替变化的结果。他强调，我国古代以农业立国，农耕文明长期居于世界领先水平。无论是汉代的人口规模、垦地面积，还是唐代长安城的盛景，还是北宋的国家税收，无不体现了古代中国的繁荣。但工业革命发生后，我们就开始落伍了。鸦片战争后的一百余年，尽管民族工业有一些发展，但总体上我们处于贫穷落后、战乱不已的状态。新中国成立后，党领导人民开始大规模工业化建设，成绩显著。但遗憾的是，由于指导思想上"左"的错误，加之我们对社会主义建设规律认识不够深入，大规模工业化建设未能顺利持续下去。改革开放以来的30多年，在克服各种困难的基础上，我们创造了第二次世界大战结束后一个国家经济高速增长持续时间最长的奇迹。2010年我国GDP总量超过日本居世界第二。

第三，现实角度下的经济发展新常态。习近平总书记分析了我国经济大踏步发展的原因。他指出，建立在劳动力成本低廉优势和发达国家劳动密集型产业向外转移机会基础上的大规模出口和外向型发展，加之西方国家黄金增长期释放出来的大量有效需求，成为我国经济高速增长的推动力。在此基础上，习近平总书记着重阐述了2008年金融危机后我国出口优势和参与国际产业分工模式面临的新挑战。西方国家经济进入调整期，有效需求下降，再工业化、产业回流本土的进口替代效应增强，贸易保护主义强化。与此同时，我国劳动力等生产要素成本上升较快，导致产业和订单向周边国家转移。这就要求我们必须把经济增长动力更多放在创新驱动和扩大内需特别是消费需求上。经济发展的新常态正是上述一系列变化的体现。

2. 深入理解新发展理念

习近平总书记结合历史和现实、结合一些重大问题，从理论上、宏观上详细阐述了创新、协调、绿色、开放、共享的发展理念。

第一，着力实施创新驱动发展战略。五大发展理念核心在创新，抓住了创新，就抓住了牵动经济社会发展全局的"牛鼻子"。习近平总书记回顾了近代以来世界发展历程，指出，一个国家和民族的创新能力，从根本上影响甚至决定国家和民族的前途命运。当前，新一轮科技和产业革命蓄势待发，其主要特点是重大颠覆性技术不断涌现，科技成果转化速度加快，产业组织形式和产业链条更具垄断性。我国科技总体水平同发达国家相比，还有较大差距。因此，我们必须把发展基点放在创新上，通过创新培育发展新动力、塑造更多发挥先发优势的引领型发展。这就要求我们要强化事关发展全局的基础研究和共性关键技术研究，要以重大科技创新为引领，加快科技创新成果转化，深化科技体制改革，推进人才发展体制和政策创新。

第二，着力增强发展的整体性协调性。习近平总书记梳理了党带领人民建设社会主义的长期实践中形成的关于协调发展的理念和战略，并归纳了新形势下协调发展的一些新特点。在此基础上，要求推动区域协调发展、城乡协调发展、物质文明和精神文明协调发展，推动经济建设和国防建设融合发展，着力解决我国发展中不平衡、不协调、不可持续的突出问题。

第三，着力推进人与自然和谐共生。绿色发展是要解决好人与自然和谐共生问题。改革开放以来，我国经济发展取得突出成就的同时，生态环境问题亦成为明显的短板，成为人民群众反映强烈的突出问题。因此，习近平总书记强调，在生态环境保护上，一定要树立大局观、长远观、整体观。要求各级领导干部对保护生态环境务必坚定信念，坚决摒弃损害甚至破坏生态环境的发展模式和做法，决不能再以牺牲生态环境为代价换取一时一地的经济增长。

第四，着力形成对外开放新体制。一个国家能不能富强，一个民族能不能振兴，最重要的就是看这个国家、这个民族能不能顺应时代潮流，掌握历史前进的主动权。习近平总书记把经济全球化进程分为殖民扩张和世界市场形成、两个平行世界市场、经济全球化三个阶段。与之相对应，中国同世界的关系也经历了从闭关锁国到半殖民地半封建、一边倒和封闭半封闭、全方位对外开放三个阶段。在此基础上，习近平总书记从国际力量对比、国际产业分工格局、经济总量、对外开放引进来走出去四个方面概述了中国开放发展所面临的机遇和挑战。

第五，着力践行以人民为中心的发展思想。共享理念实质就是坚持以人民为中心的发展思想，体现的是逐步实现共同富裕的要求。落实共享发展理念，一是充分调动人民群众的积极性、主动性、创造性，不断把"蛋糕"做大。二是把"蛋糕"分好，让人民群众有更多的获得感。

3. 关于供给侧结构性改革

习近平总书记回应了国内外对供给侧改革的诸多疑问，指出我们提的供给侧改革，完整地说是"供给侧结构性改革"。它同西方经济学的供给学派不是一回事，不能把供给侧结构性改革看成西方供给学派的翻版，更要防止有些人用他们的解释来宣扬"新自由主义"，借机制造负面舆论。我们讲的供给侧结构性改革，重点是解放和发展社会生产力，用改革的办法推进结构调整，减少无效和低端供给，扩大有效和中高端供给，增强供给结构对需求变化的适应性和灵活性，提高全要素生产率。习近平总书记认为，推进供给侧结构性改革要从生产端入手，重点是促进产能过剩有效化解，促进产业优化重组，降低企业成本，发展战略性新兴产业和现代服务业，增加公共产品和服务供给，提高供给结构对需求变化的适应性和灵活性。简言之，就是去产能、去库存、去杠杆、降成本、补短板。

4. 把新发展理念落到实处

新发展理念要落地生根、变成普遍实践，关键在各级领导干部的认识和行动。如何把新发展理念落到实处，习近平总书记强调了以下四点：一是深学笃用，通过示范引领让干部群众感受到新发展理念的真理力量。各级领导干部要加强对新发理念的学习，结合历史学，多维比较学，联系实际学，深入把握新发展理念对发展经验的深刻总结，深入把握新发展理念对经济社会发展各项工作的指导意义，真正做到崇尚创新、注重协调、倡导绿色、厚植开放、推进共享。二是用好辩证法，对贯彻落实新发展理念进行科学设计和施工。新发展理念的实施，离不开辩证法的指导。具体地说，就是要坚持系统的观点、坚持"两点论"和"重点论"的统一，遵循对立统一、质量互变、否定之否定规律，坚持具体问题具体分析等。三是创新手段，善于通过改革和法治推动贯彻落实新发展理念。发挥改革的推动作用，积极探索、大胆试验，不退让妥协、不放弃松懈；发挥法治的保障作用，运用法治思维和法治方式贯彻落实新发展理念。四是守住底线，在贯彻落实新发展理念中及时化解风险。推动五大发展理念，前提都是国家安全、社会稳定。没有安全和稳定，一切都无从谈起。此外，习近平总书记还强调要更广泛更有效地调动干部队伍积极性，着力解决"当官不为"的问题。

三、重要意义

第一，深化了对经济发展新常态的认识。习近平总书记第一次提及"新常态"是在2014年5月考察河南的行程中。他指出："我国发展仍处于重要战略机遇期，我们要增强信心，从当前中国经济发展的阶段性特征出发，适应新常态，保持战略上的平常心态。"随后，习近平总书记在国内外的诸多场合反复强调中国经济发展进入"新常态"，并就新常态的特点、机遇、挑战等予以阐释。讲话在进一步明确经济新常态特点的同时，把经济发展的新状态放在历史过程中、放在现实的机遇和挑战中去考量，使得我们对这一状态看得更清楚、理解得更透彻。同时，习近平总书记指出了准确理解经济新常态应注意克服的几种倾向，深化了我们对经济新常态内涵的认识。一是新常态不是一个事件，不要用好或坏来判断。新常态是一个客观状态，是我国经济发展到今天这个阶段必然会出现的一种状态，是一种内在必然性，并没有好坏之分，我们要因势而谋、因势而动、因势而进。二是新常态不是一个筐子，不要什么都往里面装。新常态主要表现在经济领域，不要滥用新常态概念，搞出一大堆"新常态"，什么文化新常态、旅游新常态、城市管理新常态等，甚至把一些不好的现象都归入新常态。三是新常态不是一个避风港，不要把不好做或难做好的工作都归结于新常态，似乎推给新常态就有不去解决的理由了。新常态不是不干事，不是不要发展，不是不要国内生产总值增长，而是要更好发挥主观能动性、更有创造精神地推动发展。

第二，深化了对五大发展理念的认识。在党的十八届五中全会上，习近平总书记系统论述了创新、协调、绿色、开放、共享五大发展理念，强调实现创新发展、协调发展、绿色发展、开放发展、共享发展。牢固树立并切实贯彻这五大发展理念，是关系我国发展全局的一场深刻变革，攸关"十三五"乃至更长时期我国发展思路、发展方式和发展着力点，成为全面建成小康社会的行动指南，实现"两个一百年"奋斗目标的思想指引。习近平总书记之前关于五大发展理念的论述，着重于对其内涵及重要性的解读，主要从抓工作的角度来阐释发展理念。讲话改变了以往的论述方式，深化了对五大发展理念的认识，为贯彻落实五大发展理念奠定了理论基础。比如，讲创新理念，既讲到了国外科技革命对社会变迁的作用，又讲到了我国历史上科技发明和创新给中国带来的发展与辉煌；讲协调理念，既讲到了马克思主义整体性系统性的辩证方法，又讲到了党领导人民革命、建设、改革过程中所形成的协调发展的理念和战略。

第三，深化了对供给侧结构性改革的认识。早在十八届五中全会公报中，就有"释放新需求，创造新供给"的说法。2016 年 11 月 10 日召开的中央财经领导小组第十一次会议上，习近平总书记提出了"供给侧结构性改革"概念，指出，在适度扩大总需求的同时，着力加强供给侧结构性改革，着力提高供给体系质量和效率，增强经济持续增长动力。讲话从问题出发，对供给侧结构性改革的含义及其与西方供给学派的区别予以详细说明。尤其是对西方供给学派的介绍，澄清了一些干部群众的错误认识。西方供给学派过分突出税率的作用，思想方法比较绝对，只注重供给而忽视需求、只注重市场功能而忽视政府作用。我们说的供给侧结构性改革，既强调供给又关注需求，既突出发展社会生产力又注重完善生产关系，既发挥市场在资源配置中的决定性作用又更好发挥政府作用，既着眼当前又立足长远。改革的内涵是增强供给结构对需求变化的适应性和灵活性，不断让新的需求催生新的供给，让新的供给创造新的需求，在互相推动中实现经济发展。

四、学习思考

1. 新常态下中国经济发展的显著特征是什么？
2. 结合历史和现实谈谈你对五大发展理念的认识。
3. 如何把新发展理念落到实处？

习近平《在哲学社会科学工作座谈会上的讲话》导读

　　2016 年 5 月 17 日，哲学社会科学工作座谈会在北京召开。参加会议的专家学者有德高望重的老专家，有成果丰硕的学术带头人，也有崭露头角的后起之秀，包括马克思主义理论研究和建设工程的咨询委员或首席专家、国家高端智库代表，还有在校的博士生、硕士生、本科生代表，以及有关部门的负责同志。习近平总书记出席座谈会并发表重要讲话。《在哲学社会科学工作座谈会上的讲话》深刻阐述了哲学社会科学的历史地位和时代价值，为加快构建中国特色哲学社会科学作出了重大部署。

　　原文见习近平：《在哲学社会科学工作座谈会上的讲话》，人民出版社 2016年版。

一、形成背景

　　哲学社会科学是人类认识世界、改造世界的强大思想武器，我们党历来重视哲学社会科学研究工作。民主革命时期，党领导的哲学社会科学初步构建了马克思主义科学体系，形成了一支精干的哲学社会科学队伍，为夺取新民主主义革命胜利发挥了重要作用。新中国成立后，党成立了各类研究机构，将科学研究变成国家事业，科研人员成为国家工作人员，确立了哲学社会科学事业国家统一发展的体制。与此同时，党还制定相应的方针政策（如"双百"方针），为发展哲学社会科学创造良好的生态环境。遗憾的是，随着"左"倾错误的发展，党未能很好地处理党的领导和哲学社会科学研究的关系，忽略了哲学社会科学自身发展的规律性，使得哲学社会科学研究偏离了正确的航向。

　　党的十一届三中全会开启了改革开放的历史新时期，中国哲学社会科学发展也迎来了"春天"。1977 年 8 月，邓小平在科学和教育工作座谈会上首次提出"科学当然包括社会科学"①的论断。1979 年 3 月，他又指出："我们已经承认自然科学比外

---

① 《邓小平文选》第二卷，人民出版社 1994 年版，第 48 页。

国落后了，现在也应该承认社会科学的研究工作（就可比的方面说）比外国落后了。"①1982 年 10 月，中共中央宣传部召开了全国哲学社会科学规划座谈会。同年 11 月 22 日，中共中央以 48 号文件形式转发了《全国哲学社会科学规划座谈会纪要》。文件强调，各级党委要充分认识到，我国哲学社会科学事业今后必须有一个大的发展，没有哲学社会科学的发展，要开创社会主义现代化建设事业的新局面是不可能的。党的十三届四中全会以来，江泽民多次强调哲学在建设中国特色社会主义事业中的重要作用，尤其是他在 1991 年 2 月、2001 年 8 月、2002 年 4 月和 7 月关于哲学社会科学发表的四次重要讲话②，为繁荣发展哲学社会科学指明了方向。党的十六大以来，以胡锦涛为总书记的党中央高度重视哲学社会科学，采取一系列重大举措。2004 年 1 月制定下发《中共中央关于进一步繁荣发展哲学社会科学的意见》，强调"繁荣发展哲学社会科学是建设中国特色社会主义的一项重大任务"，"事关党和国家事业发展的全局"。党的十七大报告提出："繁荣发展哲学社会科学，推进学科体系、学术观点、科研方法创新，鼓励哲学社会科学界为党和人民事业发挥思想库作用，推动我国哲学社会科学优秀成果和优秀人才走向世界。"党的十八大报告在阐述扎实推进社会主义文化强国建设时特别强调了要"发展哲学社会科学"，指明了哲学社会科学繁荣发展对于社会主义建设的重要性，报告同时指出要"坚持百花齐放、百家争鸣的方针"，"发扬学术民主"。

党的十八大以来，以习近平同志为核心的党中央继承党的优良传统，高度重视哲学社会科学。为加强和改进宣传思想文化工作和理论研究工作，先后召开了多次会议。习近平总书记在 2013 年 8 月 19 日至 20 日召开的全国宣传思想工作会议上强调，宣传思想工作就是要巩固马克思主义在意识形态领域的指导地位，巩固全党全国人民团结奋斗的共同思想基础。宣传思想工作一定要把围绕中心、服务大局作为基本职责，胸怀大局、把握大势、着眼大事，找准工作切入点和着力点，做到因势而谋、应势而动、顺势而为。2014 年 10 月 15 日，习近平总书记主持召开文艺工作座谈会并发表重要讲话。他在讲话中深刻阐述了文艺和文艺工作的地位作用和重大使命，创造性地回答了事关文艺繁荣发展的一系列带有根本性、方向性的重大问题，对在新的历史条件下做好文艺工作作出了全面部署。此外，2016 年 2 月 19 日、

---

① 《邓小平文选》第二卷，人民出版社 1994 年版，第 181 页。

② 四次重要讲话分别是：1991 年 2 月同中国社会科学院专家学者座谈时讲话；2001 年 8 月在北戴河同国防科技和社会科学专家座谈时的讲话，提出哲学社会科学同自然科学"四个同样重要"；2002 年 4 月在视察中国人民大学时提出对哲学社会科学要做到"五个高度重视"，并对哲学社会科学工作者提出"五点希望"；2002 年 7 月在考察中国社会科学院时提出关于哲学社会科学的重要地位和作用"两个不可替代"。

4月19日，习近平总书记分别主持新闻舆论工作座谈会、网络安全和信息化工作座谈会。这些会议尽管主题不同，但都涉及哲学社会科学相关内容及问题，为进一步繁荣哲学社会科学奠定了基础。

经过不懈努力，我国哲学社会科学学科体系不断健全，研究队伍不断壮大，研究水平和创新能力不断提高，马克思主义理论研究和建设工程成果丰硕。但同时，也应该清醒地认识到，面对新形势新要求，我国哲学社会科学领域还存在一些亟待解决的问题。比如，哲学社会科学发展战略还不十分明确，学科体系、学术体系、话语体系建设水平总体不高，学术原创能力还不强；哲学社会科学训练培养教育体系不健全，学术评价体系不够科学，管理体制和运行机制还不完善；人才队伍总体素质亟待提高，学风方面问题还比较突出；等等。总体看，我国哲学社会科学还处于有数量缺质量、有专家缺大师的状况，作用没有充分发挥出来。改变这个状况，需要广大哲学社会科学工作者加倍努力，不断在解决影响我国哲学社会科学发展的突出问题上取得明显进展。

二、基本思想

1. 坚持和发展中国特色社会主义必须高度重视哲学社会科学

习近平总书记把当代中国哲学社会科学放在世界和我国发展大历史中去把握，强调指出，人类社会每一次重大跃进，人类文明每一次重大发展，都离不开哲学社会科学的知识变革和思想先导。在此基础上，他从五个方面分析了发展哲学社会科学的迫切需要。

第一，面对社会思想观念和价值取向日趋活跃、主流和非主流同时并存、社会思潮纷纭激荡的新形势，如何巩固马克思主义在意识形态领域的指导地位，培育和践行社会主义核心价值观，巩固全党全国各族人民团结奋斗的共同思想基础，迫切需要哲学社会科学更好发挥作用。

第二，面对我国经济发展进入新常态、国际发展环境深刻变化的新形势，如何贯彻落实新发展理念、加快转变经济发展方式、提高发展质量和效益，如何更好保障和改善民生、促进社会公平正义，迫切需要哲学社会科学更好发挥作用。

第三，面对改革进入攻坚期和深水区、各种深层次矛盾和问题不断呈现、各类风险和挑战不断增多的新形势，如何提高改革决策水平、推进国家治理体系和治理能力现代化，迫切需要哲学社会科学更好发挥作用。

第四，面对世界范围内各种思想文化交流交融交锋的新形势，如何加快建设社会主义文化强国、增强文化软实力、提高我国在国际上的话语权，迫切需要哲学社会科学更好发挥作用。

第五，面对全面从严治党进入重要阶段、党面临的风险和考验集中显现的新形势，如何不断提高党的领导水平和执政水平、增强拒腐防变和抵御风险能力，使党始终成为中国特色社会主义事业的坚强领导核心，迫切需要哲学社会科学更好发挥作用。

2. 坚持马克思主义在我国哲学社会科学领域的指导地位

坚持以马克思主义为指导，是当代中国哲学社会科学区别于其他哲学社会科学的根本标志，必须旗帜鲜明加以坚持。如何坚持以马克思主义为指导，习近平总书记提出了三个原则。

第一，坚持以马克思主义为指导，首先要解决真懂真信的问题。马克思主义理论体系和知识体系博大精深，涉及自然界、人类社会、人类思维各个领域，涉及历史、经济、政治、文化、社会、生态、科技、军事、党建等各个方面，揭示了世界的物质性及其发展规律、人类社会及其发展规律、认识的本质及其发展规律等，我们要下大气力、下苦功夫掌握真谛、融会贯通。

第二，坚持以马克思主义为指导，核心要解决好为什么人的问题。为什么人的问题是哲学社会科学研究的根本性、原则性问题。习近平总书记强调，我国哲学社会科学要有所作为，就必须坚持以人民为中心的研究导向。鉴于此，广大哲学社会科学工作者要坚持人民是历史创造者的观点，树立为人民做学问的理想，尊重人民主体地位，聚焦人民实践创造，自觉把个人学术追求同国家和民族发展紧紧联系在一起，努力多出经得起实践、人民、历史检验的研究成果。

第三，坚持以马克思主义为指导，最终要落实到怎么用上来。马克思的整个世界观不是教义，而是方法。它提供的不是现成的教条，而是进一步研究的出发点和供这种研究使用的方法。对待马克思主义，不能采取教条主义的态度，也不能采取实用主义的态度。什么都用马克思主义经典作家的语录来说话，马克思主义经典作家没有说过的就不能说，这不是马克思主义的态度。同时，根据需要找一大堆语录，什么事都说成是马克思、恩格斯当年说过了，生硬"裁剪"活生生的实践发展和创新，这也不是马克思主义的态度。

3. 加快构建中国特色哲学社会科学

哲学社会科学的特色、风格、气派，是发展到一定阶段的产物，是成熟的标志,是实力的象征,也是自信的体现。中国特色哲学社会科学的特点主要体现在以下三个方面。

第一,体现继承性、民族性。要善于融通马克思主义、中华优秀传统文化、国外哲学社会科学三种资源,坚持不忘本来、吸收外来、面向未来,既向内看、深入研究关系国计民生的重大课题,又向外看、积极探索关系人类前途命运的重大问题;既向前看、准确判断中国特色社会主义发展趋势,又向后看、善于继承和弘扬中华优秀传统文化精华。

第二,体现原创性、时代性。我们的哲学社会科学有没有中国特色,归根到底要看有没有主体性、原创性。我国哲学社会科学应该以我们正在做的事情为中心,从我国改革发展的实践中挖掘新材料、发现新问题、提出新观点、构建新理论,进而形成自己的特色和优势。

第三,体现系统性、专业性。中国特色哲学社会科学应该涵盖历史、经济、政治、文化、社会、生态、军事、党建等各领域,囊括传统学科、新兴学科、前沿学科、交叉学科、冷门学科等诸多学科,不断推进学科体系、学术体系、话语体系建设和创新,努力构建一个全方位、全领域、全要素的哲学社会科学体系。

总之,构建中国特色哲学社会科学是一个系统工程,是一项极其繁重的任务,要加强顶层设计,统筹各方面力量协同推进。

4. 加强和改善党对哲学社会科学工作的领导

哲学社会科学事业是党和人民的重要事业,哲学社会科学战线是党和人民的重要战线。加强和改善党对哲学社会科学工作的领导,是繁荣发展我国哲学社会科学事业的根本保证。

第一,加强党的领导,实现科学管理。各级党委要克服对领导哲学社会科学的"忽视""轻视"和"畏难"情绪,自觉将其纳入重要议事日程,加强政治领导和工作指导,一手抓繁荣发展,一手抓引导管理。深化管理体制改革,有效统筹国家和地方两个层面的研究,优化科研布局,合理配置资源,处理好投入和效益、数量和质量、规模和结构的关系,增强哲学社会科学发展能力。

第二,加强队伍建设,发扬学术民主。实施以育人育才为中心的哲学社会科学整体发展战略,构筑学生、学术、学科一体的综合发展体系。切实贯彻党的知识分子政策,尊重劳动、尊重知识、尊重人才、尊重创造,做到政治上充分信任、思想上主动引导、工作上创造条件、生活上关心照顾。坚持"双百"方针,发扬学术民主,活跃学术空气。

第三,弘扬优良学风。要把软约束和硬措施结合起来,推动形成崇尚精品、严谨治学、注重诚信、讲求责任的优良学风，营造风清气正、互学互鉴、积极向上的学术生态。广大哲学社会科学工作者要树立良好学术道德，自觉遵守学术规范，真正把做人、做事、做学问统一起来；要耐得住寂寞，经得起诱惑，守得住底线，立志做大学问、做真学问；要把社会责任放在首位，严肃对待学术研究的社会效果，自觉践行社会主义核心价值观，做真善美的追求者和传播者，以深厚的学识修养赢得尊重，以高尚的人格魅力引领风气，在为祖国、为人民立德立言中成就自我、实现价值。

三、重要意义

1. 深化了党对哲学社会科学重要性的认识

对哲学社会科学的重要性认识，我们党有许多精辟阐述，当然在这个问题上也走过弯路。毛泽东强调，必须"用社会科学来了解社会，改造社会，进行社会革命"[①]。江泽民指出："在认识和改造世界的过程中，哲学社会科学与自然科学同样重要；培养高水平的哲学社会科学家，与培养高水平的自然科学家同样重要；提高全民族的哲学社会科学素质，与提高全民族的自然科学素质同样重要；任用好哲学社会科学人才并充分发挥他们的作用，与任用好自然科学人才并发挥他们的作用同样重要。"[②]胡锦涛说：应对激烈的国际综合国力竞争，在不断增强我国的经济实力的同时增强我国的文化创造力、民族凝聚力，增强中华文明的影响力，迫切需要哲学社会科学发展具有中国特色的学科体系和学术思想。习近平总书记在讲话中同样强调了哲学社会科学的重要性及其当代价值，但他并没有单纯从学理上讲，而是把哲学社会科学放在世界和中国发展的大历史背景下讲，置于中国特色社会主义伟大事业发展的前提下讲，揭示了人类社会每一次重大跃进，人类文明每一次重大发展，都离不开哲学社会科学的知识变革和思想先导；揭示了坚持和发展中国特色社会主义过程中，哲学社会科学不可替代的重要地位及哲学社会科学工作者不可替代的重要作用。

---

① 《毛泽东文集》第二卷，人民出版社1993年版，第269页。

② 中共中央文献研究室编：《江泽民论有中国特色社会主义（专题摘编）》，中央文献出版社2002年版，第275页。

2. 揭示了哲学社会科学发展的规律

哲学社会科学发展规律隐藏在人类社会发展的历史当中，同其他规律一样是一般性和特殊性的有机统一。讲话从古今中外哲学社会科学发展史中揭示了哲学社会科学发展的一般规律和中国特色哲学社会科学发展的特殊规律，在一般规律与特殊规律的结合中指明了我国哲学社会科学发展的指导思想、根本要求、建设目标和主要任务，对构建中国特色哲学社会科学作出了顶层设计和系统部署，是在新的时代条件下繁荣发展哲学社会科学、加快构建中国特色哲学社会科学的纲领性文献。

3. 为构建中国特色哲学社会科学话语体系提供了科学指引

中国的发展为世界瞩目，但如何把中国发展优势转化为话语优势，把话语优势转化为价值优势可能又是比发展更难的事情。这一方面我国哲学社会科学在国际上的声音还比较小，正如习近平总书记所指出的那样"处于有理说不出、说了传不开的境地"。讲话强调了在解读中国实践、构建中国理论上要加强话语体系建设。一是提出哲学社会科学话语体系建设与学科体系建设、教材体系建设要统一，不能割裂；二是提出立足中国、借鉴国外，挖掘历史、把握当代，关怀人类、面向未来的思路；三是强调要善于提炼标识性概念，打造易于为国际社会所理解和接受的新概念、新范畴、新表述，引导国际学术界展开研究和讨论。在此基础上，讲话还提出了一些具体性的措施。这就为新形势下构建中国特色、中国风格、中国气派的哲学社会科学话语体系指明了方向。

四、学习思考

1. 如何理解坚持以马克思主义为指导是当代中国哲学社会科学区别于其他哲学社会科学的根本标志？
2. 如何理解为什么人的问题是哲学社会科学研究的根本性、原则性问题？
3. 中国特色哲学社会科学的特点是什么？

习近平《在庆祝中国共产党成立95周年大会上的讲话》导读

2016年7月1日，中国共产党成立95周年纪念大会在人民大会堂举行，中共中央总书记、国家主席、中央军委主席习近平出席并发表重要讲话。《在庆祝中国共产党成立95周年大会上的讲话》回顾党团结带领人民不懈奋斗的光辉历程，展望党和人民事业发展的光明前景，表彰全国"两优一先"，动员全党全国各族人民更加充满信心朝着实现全面建成小康社会的奋斗目标、实现中华民族伟大复兴的中国梦胜利前进。

原文见习近平：《在庆祝中国共产党成立95周年大会上的讲话》，人民出版社2016年版。

一、形成背景

1840年以后，由于西方列强的入侵，中国逐渐成为半殖民地半封建社会，中国人民受到帝国主义、封建主义的双重压迫。争取民族独立、人民解放，实现国家富强、人民富裕，成为中国人民必须完成的历史任务。为改变中华民族的命运，中国人民和无数仁人志士进行了千辛万苦的探索和不屈不挠的斗争。十月革命一声炮响，给中国送来了马克思列宁主义。从五四运动开始，中国工人阶级作为先进的社会力量崭露头角，同时一批先进的知识分子高举民主和科学的旗帜，为新思想新理论在中国的传播打开了道路。1921年7月23日，中国共产党第一次全国代表大会在上海法租界望志路106号（现兴业路76号）召开，宣告了中国共产党正式成立。从此，在古老落后的中国出现了完全新式的、以马克思列宁主义为行动指南的、以实现社会主义和共产主义为奋斗目标的无产阶级政党。这是中国历史上开天辟地的大事件。

李大钊曾感言："大凡一个纪念日，是吉祥的日子，也是痛苦的日子；因为可纪念的胜利，都是从奋斗中悲剧中得来的。"[①]中国共产党成立初期以及大革命和土地革命战争时期，党或处于秘密状态，或处于艰苦的战争环境和白色恐怖下。那个

---

① 中国李大钊研究会：《李大钊文集》第三卷，人民出版社1999年版，第178页。

时候，党还顾不上组织大规模的统一活动庆祝自己的生日，也没有时间和精力去考证一大召开的确切日期。1937年七七事变后，国共实现第二次合作，国内政治环境相对宽松。中国共产党诞生日纪念被提上历史日程。1938年5月26日到6月3日，毛泽东在延安抗日战争研究会作《论持久战》的报告中，首次提出"今年七月一日，是中国共产党建立的十七周年纪念日"①。《论持久战》于7月1日在《解放》第43、第44期合刊上全文刊出。随后，各根据地逐渐接受了毛泽东关于党诞辰纪念日的说法。1939年6月30日，在中国共产党十八周年诞辰来临之际，《新中华报》发表了《中国共产党十八周年》社论，文章指出：七一是中国共产党英勇奋斗的十八周年纪念日。《新华日报(华北版)》在新闻报道中明确书写了"热烈庆祝七一中共成立十八周年"，并于7月1日发表了社论《英勇奋斗的十八周年》，以示对党的纪念。八路军总部也宣布："今日(七月一日)为中国共产党成立十八周年纪念日"。第一次正式以中央文件形式确认7月1日为党的诞生纪念日并要求进行相关纪念活动的，是1941年6月《中央关于中国共产党诞生二十周年、抗战四周年纪念指示》。该指示指出："今年'七一'是中共产生的二十周年，'七七'是中国抗日战争的四周年，各抗日根据地应分别召集会议，采取各种办法，举行纪念，并在各种刊物出特刊或特辑。"②以后，纪念七一成为我们党，乃至新中国成立后同时也成为我们国家的例行活动。

改革开放以来，中国共产党人每逢党的纪念日尤其是逢五、逢十都会有丰富多样的纪念活动。其中，党的领导人所作报告是纪念活动的重中之重，也是纪念活动的最高潮。例如：1981年7月1日胡耀邦在庆祝中国共产党成立60周年的讲话；1991年7月1日、2001年7月1日，江泽民在庆祝中国共产党成立70周年、80周年的讲话；2011年7月1日胡锦涛在庆祝中国共产党成立90周年的讲话等。

党的十八大以来，世情、国情、党情都发生了翻天覆地的变化，必须准备进行具有许多新的历史特点的伟大斗争。这就告诫全党，要时刻准备应对重大挑战、抵御重大风险、克服重大阻力、解决重大矛盾，坚持巩固党的领导地位和执政地位，使我们的党、我们的国家、我们的人民永远立于不败之地。习近平总书记《在庆祝中国共产党成立95周年大会上的讲话》沿袭了党的纪念传统，回顾历史，立足当下，展望未来，阐明了党的路线方针政策。正如习近平总书记所指出的："一切向前走，都不能忘记走过的路；走得再远、走到再光辉的未来，也不能忘记走过的过去，不能忘记为什么出发。"

---

① 《毛泽东选集》第二卷，人民出版社1991年版，第440页。

② 中央档案馆：《中共中央文件选集》第11册(1936—1938)，中共中央党校出版社1986年版，第694页。

二、基本思想

讲话以"不忘初心、继续前进"为主线，全面回顾了中国共产党 95 年来团结带领全国各族人民不懈奋斗走过的光辉历程和作出的伟大历史贡献，明确提出了面向未来、面对挑战，做好改革发展稳定各项工作，加强和改善党的领导，加强自身建设的要求，科学地展望了党和人民事业发展的光明前景。

1. 中国共产党为中华民族作出了伟大历史贡献

中国共产党的创立，深刻改变了近代以来中华民族发展的方向和进程，深刻改变了中国人民和中华民族的前途和命运，深刻改变了世界发展的趋势和格局。

习近平总书记在讲话中，对我们党在新民主主义革命时期、社会主义革命和建设时期、改革开放和社会主义现代化建设新时期所做的三件大事进行了新的阐述，同时分别以"三个伟大飞跃"高度评价了其价值意义。第一个伟大贡献，是我们党团结带领中国人民进行 28 年浴血奋战，打败日本帝国主义，推翻国民党反动统治，完成新民主主义革命，建立了中华人民共和国。这一伟大历史贡献的意义在于，彻底结束了旧中国半殖民地半封建社会的历史，彻底结束了旧中国一盘散沙的局面，彻底废除了列强强加给中国的不平等条约和帝国主义在中国的一切特权，实现了中国从几千年封建专制政治向人民民主的伟大飞跃。第二个历史贡献，是我们党团结带领中国人民完成社会主义革命，确立社会主义基本制度，消灭一切剥削制度，推进了社会主义建设。这一伟大历史贡献的意义在于，完成了中华民族有史以来最为广泛而深刻的社会变革，为当代中国一切发展进步奠定了根本政治前提和制度基础，为中国发展富强、中国人民生活富裕奠定了坚实基础，实现了中华民族由不断衰落到根本扭转命运、持续走向繁荣富强的伟大飞跃。第三个历史贡献，是我们党团结带领中国人民进行改革开放新的伟大革命，极大激发广大人民群众的创造性，极大解放和发展社会生产力，极大增强社会发展活力，人民生活显著改善，综合国力显著增强，国际地位显著提高。这一伟大历史贡献的意义在于，开辟了中国特色社会主义道路，形成了中国特色社会主义理论体系，确立了中国特色社会主义制度，使中国赶上了时代，实现了中华民族从站起来、富起来到强起来的伟大飞跃。

在此基础上，习近平总书记又强调，中国共产党领导中国人民取得的伟大胜利，使具有 5000 多年文明历史的中华民族全面迈向现代化，让中华文明在现代化进程中焕发出新的蓬勃生机；使具有 500 年历史的社会主义主张在世界上人口最多的国家成功开辟出具有高度现实性和可行性的正确道路，让科学社会主义在 21 世纪焕发出新的蓬勃生机；使具有 60 多年历史的新中国建设取得举世瞩目的成就，中国这个世界上最大的发展中国家在短短 30 多年里摆脱贫困并跃升为世界第二大经济体，彻底摆脱被开除球籍的危险，创造了人类社会发展史上惊天动地的发展奇迹，使中华民族焕发出新的蓬勃生机。

2. "不忘初心、继续前进"的具体要求

坚持和发展中国特色社会主义，实现共产主义远大理想，是一项长期而艰巨的历史任务。习近平总书记在讲话中强调，面向未来，面对挑战，全党同志一定要不忘初心、继续前进，并从八个方面提出了"坚持不忘初心、继续前进"的要求。

一是坚持不忘初心、继续前进，就要坚持马克思主义的指导地位，坚持把马克思主义基本原理同当代中国实际和时代特点紧密结合起来，推进理论创新、实践创新，不断把马克思主义中国化推向前进。二是坚持不忘初心、继续前进，就要牢记我们党从成立起就把为共产主义、社会主义而奋斗确定为自己的纲领，坚定共产主义远大理想和中国特色社会主义共同理想，不断把为崇高理想奋斗的伟大实践推向前进。三是坚持不忘初心、继续前进，就要坚持中国特色社会主义道路自信、理论自信、制度自信、文化自信，坚持党的基本路线不动摇，不断把中国特色社会主义伟大事业推向前进。四是坚持不忘初心、继续前进，就要统筹推进"五位一体"总体布局，协调推进"四个全面"战略布局，全力推进全面建成小康社会进程，不断把实现"两个一百年"奋斗目标推向前进。五是坚持不忘初心、继续前进，就要坚定不移高举改革开放旗帜，勇于全面深化改革，进一步解放思想、解放和发展社会生产力、解放和增强社会活力，不断把改革开放推向前进。六是坚持不忘初心、继续前进，就要坚信党的根基在人民、党的力量在人民，坚持一切为了人民、一切依靠人民，充分发挥广大人民群众积极性、主动性、创造性，不断把为人民造福事业推向前进。七是坚持不忘初心、继续前进，就要始终不渝走和平发展道路，始终不渝奉行互利共赢的开放战略，加强同各国的友好往来，同各国人民一道，不断把人类和平与发展的崇高事业推向前进。八是坚持不忘初心、继续前进，就要保持党的先进性和纯洁性，着力提高执政能力和领导水平，着力增强抵御风险和拒腐防变能力，不断把党的建设新的伟大工程推向前进。

以上八个方面的要求，是一个不可分割的完整的有机的整体，相互联系，相互作用，相互影响。前两个着重讲"不忘初心"，落脚点在党的指导思想和理想信念，后六个侧重讲"继续前进"，涉及"四个自信"、战略布局、全面深化改革、人民主体、走和平发展道路、从严治党等。这八个方面旗帜鲜明地回答了"为什么建党、建设

什么样的党和怎样建设党"这一关系党、国家和民族前途命运的根本性问题。

3. 加强国防和军队建设，推进祖国和平统一进程、两岸关系和平发展

建设同我国国际地位相称、同国家安全和发展利益相适应的巩固国防和强大军队，是我国社会主义现代化建设的战略任务。讲话从以下几个方面论述了加强国防和军队建设的举措：一是统筹经济建设和国防建设，全面加强军队革命化、现代化、正规化建设。二是坚持党对军队的绝对领导，牢牢把握党在新形势下的强军目标，全面实施政治建军、改革强军、依法治军，拓展和深化军事斗争准备，着力培养有灵魂、有本事、有血性、有品德的新一代革命军人，努力建设一支听党指挥、能打胜仗、作风优良的人民军队。三是中国奉行积极防御的军事战略方针，不会动辄以武力相威胁，也不会动不动到别人家门口炫耀武力。四是深入贯彻军民融合发展战略，加快建设现代化武装警察力量，加强国防动员和后备力量建设，巩固和发展军政军民团结。

推进祖国和平统一进程、完成祖国统一大业，是实现中华民族伟大复兴的必然要求。讲话强调了党中央对"一国两制"的信心和决心，重申了"港人治港""澳人治澳"、高度自治的方针。关于两岸关系，讲话明确指出，坚持"九二共识"、反对"台独"是两岸关系和平发展的政治基础。对任何人、任何时候、以任何形式进行的分裂国家活动，13 亿多中国人民、整个中华民族都决不会答应！两岸同胞是命运与共的骨肉兄弟，是血浓于水的一家人。

4. 全党关注关心关爱青年

青年是祖国的未来、民族的希望，也是我们党的未来和希望。讲话一方面要求，全党要关注青年、关心青年、关爱青年，倾听青年心声，做青年朋友的知心人、青年工作的热心人、青年群众的引路人；另一方面要求，全国广大青年要深刻了解近代以来中国人民和中华民族不懈奋斗的光荣历史和伟大历程，坚定不移跟着中国共产党走，勇做走在时代前列的奋进者、开拓者、奉献者，让青春在为祖国、为人民、为民族的奉献中焕发出绚丽光彩！

三、重要意义

第一，推进了党的理论创新。党的十八大以来，以习近平同志为核心的党中央

把握时代大趋势，回答实践新要求，顺应人民新期待，围绕改革发展稳定、内政外交国防、治党治国治军发表一系列重要讲话，形成一系列治国理政新理念新思想新战略。讲话则是体现这一系列理论创新的重要文本。例如"两个一百年"奋斗目标、"四个全面"战略布局、"五大发展理念""人民立场""人民主体""人类命运共同体和利益共同体"等。在这些话语及思想中，有两个意蕴深厚的词语被广泛传颂，即"初心"与"文化自信"。

"初心"可以从以下两个方面来理解：一是本质，即指党的性质和宗旨。中国共产党是中国工人阶级先锋队，同时是中国人民和中华民族先锋队，是中国特色社会主义事业的领导核心，代表中国先进生产力的发展要求，代表中国先进文化的前进方向，代表中国最广大人民的根本利益。党的宗旨是全心全意为人民服务。人民立场是中国共产党的根本政治立场，是马克思主义政党区别于其他政党的显著标志。全党同志要把人民放在心中最高位置，坚持全心全意为人民服务的根本宗旨，实现好、维护好、发展好最广大人民根本利益，把人民拥护不拥护、赞成不赞成、高兴不高兴、答应不答应作为衡量一切工作得失的根本标准，使我们党始终拥有不竭的力量源泉。二是初衷，即党的理想信念。中国共产党是最高纲领和最低纲领的统一论者。党的最高纲领是实现共产主义，同时为了实现共产主义，党在每一个历史时期又都有最低纲领。中国共产党的成立，就是为了让老百姓过上好日子，诚如习近平总书记讲的那样，中国人民对美好生活的向往，就是中国共产党人奋斗的目标。

当今世界，中国共产党、中华人民共和国、中华民族是最有理由自信的。党的十七大提出了中国特色社会主义道路和中国特色社会主义理论体系两个概念，在建党九十周年的讲话中，胡锦涛又提出了"中国特色社会主义制度"命题。党的十八大从道路、理论、制度三个维度阐述了中国特色社会主义的形态。同时，又强调了道路自信、理论自信、制度自信。讲话在坚持"三个自信"的前提下，着重论述了"文化自信"。一方面强调，在"四个自信"中，文化自信是更基础、更广泛、更深厚的自信。另一方面也明确指出文化的外延，即"在 5000 多年文明发展中孕育的中华优秀传统文化，在党和人民伟大斗争中孕育的革命文化和社会主义先进文化"。这些观点和论断把党对社会主义的认识、对文化的认识提高到一个新的境界。

第二，拓宽了对中国共产党历史的认知。中国共产党 95 年的历史波澜壮阔，既有凯歌行进的岁月，亦有艰辛探索的时期。如何科学精确地概述党的历史，使其为广大党员和群众所了解是党的纪念文本所要解决的重要问题。在以往的纪念文本叙事中，大多从政治、经济、文化、国防、外交等方面列举其突出成就。1991 年江泽民在纪念建党 70 周年的讲话中把党领导各族人民为中国社会的进步所做的许多事情，归纳为三件大事：一是完成反帝反封建的新民主主义革命，结束了中国半殖民地半封建社会的历史；二是消灭剥削制度和剥削阶级，建立了社会主义制度；三是开创建设有中国特色的社会主义的道路，逐步实现社会主义现代化，这件事还正在做。这三件大事，使中国发生了翻天覆地的变化。胡锦涛在纪念建党 90 周年的讲话中沿用了三件大事的概述方式，只是表述与之前略有不同。习近平总书记的讲话尽管没有明确讲"三件大事"，但对中国共产党三大历史贡献的论述其实就是讲"三件大事"。此外，还突出了"三次伟大飞跃"和"三个新的蓬勃生机"。三大历史贡献、三次伟大飞跃、三个新的蓬勃生机一起构成了我们党 95 年来取得的辉煌成就。这个辉煌成就，不仅与中华民族的伟大复兴、中国人民幸福紧密相连，而且与世界共产主义运动紧密相连，与世界发展紧密相连，是我们党 95 年来对世界作出的重大贡献。习近平总书记在讲话中，把 95 年奋斗取得的宝贵经验和重要启示，概括为三个"历史告诉我们"，特别是第三个"历史告诉我们"，强调和阐述了三个"正确"，三个"必须长期坚持、永不动摇"，体现了宽广的历史视野和深邃的历史眼光。

第三，深化了对中国共产党建设规律的认识。讲话蕴含了丰富的马克思主义党建思想，深化了对党的建设规律的认识。一是党的建设必须紧紧围绕党和人民事业的中心任务来开展。党和人民事业发展到什么阶段，党的建设就要推进到什么阶段。这是加强党的建设必须把握的基本规律。二是治国必先治党，治党务必从严。管党治党，必须严字当头，把严的要求贯彻全过程，做到真管真严、敢管敢严、长管长严。三是严肃党内政治生活是全面从严治党的基础。党要管党，首先要从党内政治生活管起；从严治党，首先要从党内政治生活严起。四是党的作风是党的形象，是观察党群干群关系、人心向背的晴雨表。

四、学习思考

1. 概述中国共产党为中华民族作出的突出贡献。
2. 如何理解中国共产党的"初心"？
3. "不忘初心、继续前进"的具体要求是什么？

习近平《关于〈关于新形势下党内政治生活的若干准则〉和〈中国共产党党内监督条例〉的说明》导读

《关于〈关于新形势下党内政治生活的若干准则〉和〈中国共产党党内监督条例〉的说明》是 2016 年 11 月 2 日习近平总书记针对党的十八届六中全会审议通过的两大文件——《关于新形势下党内政治生活的若干准则》(全篇中以下简称《准则》)和《中国共产党党内监督条例》(全篇中以下简称《条例》)起草情况所作的说明。它是在全面从严治党背景下,以习近平同志为核心的党中央对原有《准则》和《条例》的修正、补充和完善。在这篇讲话中,习近平总书记介绍了关于文件起草的战略考虑、基本过程、原则和基本框架,并回应了党员干部关于《准则》和《条例》的两个重要问题。它实现了思想建党和制度建党相结合,能够为党员提供思想上的解疑释惑和行为上的基本遵循。

原文见《人民日报》2016 年 11 月 3 日第 2 版。

一、形成背景

建设长期执政的马克思主义政党首先必须回答在新的时代背景下如何管党治党。党的十八大以来,以习近平同志为核心的党中央从治国理政的全局出发,提出了全面从严治党的战略布局。它是一个涉及执政理念、制度安排和教育实践的系统工程,既需要全面推进,又需要重点突破。其中,党内政治生活和党内监督制度是两大突破点。一方面,全面从严治党必须从严肃党内政治生活抓起。党内政治生活是党组织教育和管理党员、干部的基本平台,也是党员、干部锤炼党性,提升政治素养的基本平台。党内政治生活的质量直接关系到党员干部的作风和党的政治生态。中国共产党从成立之初就尤为重视党内政治生活,在 1929 年通过的《古田会议决议》中明确提出要使党内的生活政治化、科学化。当前,对于一个拥有 8900 多万党员、450 多万个党的基层组织,并在 13 亿多人口的国家长期执政的党,党内政治生活的状况直接关系到党的肌体健康和执政能力。因此,推进全面从严治党必须以党内生活为抓手,营造出风清气正的党内政治生态。另一方面,全面从严治党必须以强有力的制度为依托。制度带有根本性、全局性、稳定性和长期性，邓小平曾反复告诫全党要高度重视并切实抓好制度建设这个关键环节。推进全面从严治党必须建立起系统、科学、稳定和完备的党内制度，发挥制度的"硬约束"作用。在党的各项制度建设中，党内监督制度是重要一环。它不仅关系到党内的权力运行，也是加强和规范党内政治生活的重要抓手。因此，全面从严治党必须用好制度这把利器，使严肃党内政治生活和规范党内监督制度同向发力。

为了规范党内政治生活和强化党内监督，中国共产党分别在 1980 年和 2003 年制定了《关于党内政治生活的若干准则》和《中国共产党党内监督条例（试行）》。它们在当时对恢复和健全党内民主、严肃党的纪律、维护党的团结统一发挥了积极作用。但是，随着形势任务的变化，需要对其进行修正和完善。一方面，它是应对当前党内政治生活和党内监督中出现的新问题的需要。就党内政治生活来说，总体是好的，但一个时期以来出现了"庸俗化、随意化、平淡化"的问题。例如，党内好人主义、宗派主义、自由主义盛行，党内政治生活不严肃、流于形式，对党的任务弄虚作假、慵懒无为，等等。正如习近平总书记在指导河北省委常委班子专题民主生活会上所指出的，在党内生活方面必须做到坚持、加强和创新。现有《准则》也应不断完善，增强时代适应性和问题指向性。就党内监督状况来说，在党中央的高度重视和强有力措施下，取得了显著成绩。但同时也出现了一些不容忽视的问题，如党的领导在一些地方和部门中被弱化、部分党员干部组织观念淡薄、不遵守党章、无视党的组织原则等。这些问题的出现与管党治党宽松软密切相关，这些问题的解决就需要进一步完善党的监督制度，使监督的制度优势充分彰显出来。另一方面，它也是系统总结、提升党的十八大以来党在党内生活、监督制度建设方面的实践经验的需要。在实践方面，在全党范围提出了转变作风的"八项规定"，先后开展了群众路线教育实践活动、"三严三实"专题教育活动、"两学一做"学习教育；在理论经验方面，习近平总书记从全面从严治党的战略高度出发，发表了一系列关于严肃党内政治生活和强化党内监督的讲话，提出了一些新论断、新见解，为当前党内政治生活和党内监督指明了方向。这些都有待于从理论上进行提炼概括，并转化为现实政治生活中的有力措施。

二、基本思想

在《关于〈关于新形势下党内政治生活的若干准则〉和〈中国共产党党内监督条例〉的说明》这篇讲话中，习近平总书记介绍了关于文件起草的战略考虑、基本过程、原则和基本框架，并回应了党员干部中存在的关于《准则》和《条例》的两大问题。

第一，文件稿起草的战略思考。对于《准则》和《条例》这样事关全局的文件而言，其背后必然有着特定的战略思考。习近平总书记在开篇首先阐述了《准则》和《条例》起草的几点考虑：一是完善"四个全面"战略布局的需要。党的十八大以来，以习近平同志为核心的党中央从实现"两个一百年"的奋斗目标和实现中华民族伟大复兴中国梦的战略高度，提出了要全面深化改革、全面依法治国、全面建成小康社会、全面从严治党的"四个全面"战略布局。党的十八届三中、四中、五中全会已对前三项战略布局进行了专门研究，党的十八届六中全会就以全面从严治党为重点，其中又以制定修订《准则》和《条例》为主要内容。二是深化全面从严治党的需要。十八大以来，党的建设的一个鲜明主题就是全面从严治党。习近平总书记指出，加强党内政治生活和党内监督是全面从严治党的两大抓手，党中央决定同时修订完善《准则》和《条例》正是着眼于全面从严治党、坚持思想建党和制度治党相结合的重要战略安排。三是解决党内存在的突出矛盾和问题的需要。在讲话中，习近平总书记详细列举了党内政治生活和党内监督方面存在的主要问题，提出必须针对这些问题采取有力措施，扎紧制度的笼子，营造风清气正的政治生态。

第二，文件稿起草的基本过程。习近平总书记指出，《准则》和《条例》的起草，是充分发扬党内民主、集中全党智慧的结晶。在这篇讲话中，习近平总书记详细介绍了文件稿起草的过程。一是广泛征求意见。2016年3月1日，党中央就发出了《中共中央关于对党的十八届六中全会研究加强和规范党内政治生活问题、修订〈中国共产党党内监督条例(试行)〉征求意见的通知》，在全党广泛征集意见。据统计，共征集了1955条修改意见，扣除重复意见后为1582条，其中原则性意见353条、具体意见1228条。二是深入调查研究。按照党内法规条例制定程序的规定，制定文件须以全面系统的调查研究为基础。从文件稿起草到颁布，文件起草组深入各地展开专题调研。三是反复讨论修改。在8个月时间里，文件起草组根据征集的意见建议，对两个文件稿作出重要修改；中央政治局常委共召开3次会议、中央政治局召开2次会议分别对文件稿进行审议。《准则》和《条例》的制定过程本身就是群众路线的有效践行，是全党智慧的凝结。

第三，文件稿起草的原则和基本框架。就《准则》和《条例》起草的原则来说，可以归纳为四点：一是继承和创新相统一。文件稿不仅继承和发扬党在党内政治生活和党内监督方面的优良传统和宝贵经验，还结合新的实践提出新观点新举措。二是原则性与具体化相结合。起草组坚持以党章为根本依据，把党章中关于党内政治生活和党内监督的要求具体化，切实推进党内政治生活和党内监督制度化、规范化和程序化。三是坚持以问题为导向。文件稿的着力点即是解决党内政治生活和党内监督中存在的突出问题，做到有的放矢。四是坚持统筹协调。不仅要处理好新旧原则、条例的关系，做到一脉相承和与时俱进的统一，也要坚持必要性和可行性的统一。

就文件稿的基本框架来说，准则稿和条例稿都是由三大板块构成。准则稿包括序言、分论和结束语三大块。条例稿则采取章、条、款的形式：第一章总则部分构成第一板块；第二章至第五章构成第二板块；第六章至第八章构成第三板块。这样的文本结构编排简洁清晰，便于党员认知、理解、遵守和践行《准则》和《条例》。

第四，回应了两个重要问题。在这篇讲话中，习近平总书记还针对党员普遍关心的两个问题作出了回应。一是如何理解新准则稿和1980年准则的关系。习近平总书记指出，两者是相互联系、一脉相承的关系。1980年准则的主要原则和规定，如关于党内政治生活的目标和基本准则、关于坚持集体领导、关于发扬党内民主等至今仍然适用。之所以制定新准则是因为1980年准则针对的是当时的历史条件和主要矛盾，随着形势的发展其中的一些原则需要具体化；改革开放以来党内制定的涉及党内政治生活问题的法规文件需要加以整理使之系统化。但这并非要替代1980年准则，而是在坚持1980年准则主要原则和规定的基础上，针对新情况新问题作出新规定。二是为什么要以高级干部为重点。重视并发挥干部的示范带动作用是党的建设中的基本经验之一。政治路线确定之后，干部就是决定的因素。强化党内政治生活和党内监督必须以干部特别是党的高级干部为重点，必须首先从这部分人抓起，聚焦"关键少数"，促使其在全党作出表率。正是基于这样的思考，两个文件稿的起草过程中都把党的高级干部凸显出来。

三、重要意义

《关于〈关于新形势下党内政治生活的若干准则〉和〈中国共产党党内监督条例〉的说明》是推进全面从严治党的重要制度成果，具有重要的理论价值和现实意义。

第一，实现了思想建党和制度建党相结合。思想建党与制度建党是密不可分的统一体，思想建党是制度建党的基础，制度建党是思想建党的保障。一刚一柔，治标治本。党的十八大以来，以习近平同志为核心的党中央坚持思想建党与制度建党相结合。新《准则》和新《条例》正是体现了这一思想，一方面将思想建党理念和要求融入党的制度规范之中，另一方面将制度规范提升到思想建党的高度。例如，新《准则》在对党员政治生活作出规定时，不仅有坚定理想信念和坚持基本路线这样直接体现思想建党要求的规定，还将思想建党要求融入到其他规定中。新《条例》亦是如此，它立足于思想建党的高度，将思想建党的要求融入党内监督主体、监督内容、监督方式等之中，使得制度建党过程本身也成为思想建党过程，实现制度建党与思想建党同向发力。

第二，为党员提供思想上的解疑释惑和行为上的基本遵循。在这篇讲话中，习近平总书记对《准则》和《条例》起草的战略思考、基本过程、原则框架及党员普遍关心的两大问题作了详细的说明。其中，关于《准则》和《条例》战略思考的说明有助于党员深入领会文件的战略意义和精神实质；《准则》和《条例》制定过程体现了党内决策的民主化和透明化，有助于强化党员的民主意识和参与意识；对《准则》和《条例》基本框架的说明，有助于党员更好地把握文件的整体内容。《准则》和《条例》中对当前党内政治生活和党内监督中存在问题的揭示，有助于党员及时对照、检视和规范自身的行为，并为今后的行为提供基本遵循。

四、学习思考

1. 新《准则》和新《条例》在哪些方面继承和发展了原有的《准则》和《条例（试行）》？

2. 如何理解《准则》和《条例》是推进全面从严治党的重要抓手？

3. 制度建党与思想建党的内在关系是什么？

习近平《中国共产党的领导是中国特色 社会主义最本质的特征》导读

社会主义本质的问题，是一个始终伴随社会主义实践的核心命题。改革开放以来，中国共产党人逐渐找到了认识这一命题的科学路径，丰富和发展了社会主义本质论。党的十八大以来，习近平总书记将马克思主义政党理论与中国实际相结合，提出"中国共产党的领导是中国特色社会主义最本质的特征"这一新论断，系统回答了在新的时代条件下坚持和发展什么样的中国特色社会主义、怎样坚持和发展中国特色社会主义。这一新论断是当代中国共产党人对"什么是社会主义、怎样建设社会主义"的进一步回答，为全面深化改革、推进中国特色社会主义建设事业健康持续发展提供了理论指引和行动指南。

原文见《习近平谈治国理政》第二卷，外文出版社 2017 年版，第 18～21 页。

一、形成背景

改革开放之初，中国共产党人就深刻认识到搞清楚"什么是社会主义、怎样建设社会主义"这一问题在社会主义建设过程中的重要性，邓小平将其称为我们经验教训中"最重要的一条"①。在深刻总结历史经验教训的基础上，邓小平初步回答了"什么是社会主义、怎样建设社会主义"这一关涉社会主义建设的重大的理论和实践问题。他指出："社会主义的本质，是解放生产力，发展生产力，消灭剥削，消除两极分化，最终达到共同富裕。"②这一界定虽然是对社会主义的一般认识，但显然是针对中国的社会主义事业而提出的，并且在中国特色社会主义事业的发展中得以检验。邓小平对"什么是社会主义"的回答兼顾生产力与生产关系两个方面，是在完整把握马克思主义的基础上，对现实社会主义作出的科学认识。如果说邓小平更加注重从物质层面和社会整体发展方面来认识社会主义，那么，江泽民在担任中共中央总书记时期则将其提升到精神层面和个人发展方面。在庆祝中国共产党成立 80 周年讲话中，江泽民指出："我们进行的一切工作，既要着眼于人民现实的物质文

---

① 《邓小平文选》第三卷，人民出版社 1993 年版，第 116 页。
② 《邓小平文选》第三卷，人民出版社 1993 年版，第 373 页。

化生活需要，同时又要着眼于促进人民素质的提高，也就是要努力促进人的全面发展。这是马克思主义关于建设社会主义新社会的本质要求。"①至此，中国共产党人对中国特色社会主义本质的认识又向前推进了一步。以胡锦涛同志为总书记的党中央根据当时中国经济发展的实际情况和社会呈现的突出问题，明确指出"社会和谐是中国特色社会主义的本质属性"②。胡锦涛对"什么是社会主义"的回答进一步深入到社会层面，把社会和谐与社会主义有机地统一起来，是我们党在中国特色社会主义本质问题认识上的又一次理论创新。

党的十八大以来，以习近平同志为核心的党中央在总结历史经验的基础上，坚持马克思主义科学思维方法，结合世情、国情、党情的新变化，提出"中国共产党的领导是中国特色社会主义最本质的特征"的新论断。2014 年 6 月 30 日，习近平总书记在中共中央政治局第十六次集体学习时，首次提出了"中国特色社会主义最本质的特征就是坚持中国共产党的领导"③。在中国共产党成立 93 周年之际，习近平总书记提出这一新论断是基于对中国近代以来历史经验的总结，基于对中国共产党成立以来发展历程的回顾。中国近代以来的历史证明了这样一个朴素而又深刻的道理：中国共产党与中国社会主义的命运休戚相关，没有中国共产党就没有新中国，就没有中国特色社会主义。"中国的事情要办好首先中国共产党的事情要办好。实现'两个一百年'奋斗目标……应对和战胜前进道路上的各种风险和挑战，关键在党。"④这是对中国共产党与中国特色社会主义关系的新判断，也是对无产阶级政党在社会主义革命和建设过程中地位和作用的新认识。社会主义革命和建设离开了无产阶级政党的领导是不可能取得伟大胜利的。就此而言，无产阶级政党的领导是社会主义本质属性的根本体现。在庆祝全国人民代表大会成立 60 周年的讲话中，习近平总书记又一次强调："中国共产党的领导是中国特色社会主义最本质的特征。"⑤2017 年 10 月，"中国特色社会主义最本质的特征是中国共产党领导"正式写入党的十九大报告。

---

① 《江泽民文选》第三卷，人民出版社 2006 年版，第 294 页。

② 《中共中央关于构建社会主义和谐社会若干重大问题的决定》，人民出版社 2006 年版，第 1 页。

③ 中共中央文献研究室编：《习近平关于全面从严治党论述摘编》，中央文献出版社 2016 年版，第 6 页。

④ 中共中央文献研究室编：《习近平关于全面从严治党论述摘编》，中央文献出版社 2016 年版，第 6 页。

⑤ 习近平：《在庆祝全国人民代表大会成立 60 周年大会上的讲话》，人民出版社 2014 年版，第 6 页。

二、基本思想

1. 中国共产党是中国特色社会主义事业的开创者和引领者

"中国共产党的领导是中国特色社会主义最本质的特征",是深刻总结世界社会主义 500 年发展史、中国近代以来 170 多年不懈探索得出的重要结论。

从世界社会主义历史看,无产阶级执政党与社会主义事业的关系是最重大、最核心、最本质的问题,能否正确把握这一重大关系,直接关系到党的生死存亡,关系到社会主义的兴衰成败。20 世纪 80 年代末 90 年代初,东欧剧变、苏联解体,世界社会主义遭受了重大挫折。世界社会主义发展历史的经验教训充分表明,党的领导是社会主义的根本所在、命脉所在。

从近代以来中国的历史看,坚持中国共产党的领导,走中国特色社会主义道路,是建立在历史逻辑之上的必然要求,具有坚实深厚的历史基础。1840 年鸦片战争后,中国逐步成为半殖民地半封建社会。为了救国救民,不同阶级、不同社会阶层、不同政治力量,都提出并实践过各式各样的救国方略,但无论是旧式的农民起义还是封建统治阶级的自救,无论是资产阶级的改良还是革命,结果都行不通。中国共产党领导的社会主义道路,承载着中华民族的理想和追求,寄托着中国人民的夙愿和期盼,是近代以来中国社会发展的必然选择。

从中国特色社会主义的发展历程看,中国共产党始终是中国特色社会主义事业的开创者、指引者、领导者。新中国成立后,党带领人民确立了社会主义基本制度,使中国这个占世界四分之一人口的东方大国进入了社会主义社会,成功实现了中国历史上最深刻最伟大的社会变革。党的十一届三中全会以来,以邓小平为代表的中国共产党人,总结中华人民共和国成立以来正反两方面经验,实现全党工作中心向经济建设的转移,实行改革开放,开辟了社会主义事业发展的新时期,逐步形成了建设中国特色社会主义的理论和路线、方针、政策,阐明了在中国建设社会主义、巩固和发展社会主义的基本问题。改革开放以来,党始终高举中国特色社会主义伟大旗帜,道路越走越宽广、理论越来越丰富、制度越来越成熟。党的十八大以来,以习近平同志为核心的党中央提出一系列治国理政新理念新思想新战略,开创了中国特色社会主义事业发展的新境界。

"中国共产党的领导是中国特色社会主义最本质的特征"的新论断,是对历史经验的根本总结,体现了历史逻辑、理论逻辑与实践逻辑的有机统一。它把党、国家、社会主义事业有机统一起来，揭示了社会主义和执政党内在的必然联系，表明我们党对共产党执政规律、社会主义建设规律、人类社会发展规律的认识达到了新的历史高度。

2. 中国共产党的领导直接决定中国特色社会主义的性质

中国共产党以马克思主义为立党之本，以实现共产主义为最高理想，以全心全意为人民服务为根本宗旨。中国共产党的理想信念是中国特色社会主义的本源。中国共产党的领导直接决定了中国特色社会主义的性质。中国特色社会主义是科学社会主义，而不是别的什么主义。搞社会主义，必须由马克思主义政党来领导。习近平总书记在阐述科学社会主义基本原则在中国新的历史条件下的具体体现时，首先强调的就是中国共产党的领导。社会主义是中国共产党成立之日起就确立的奋斗目标。坚持党的领导与建设中国特色社会主义，在根本上是完全一致的。如果没有了党的领导地位，就不成其为社会主义了，更谈不上建设中国特色社会主义了。坚持中国共产党的领导，就是坚持中国特色社会主义不变色、不变质的根本保证。中国共产党的领导与中国特色社会主义道路、理论体系、制度是一个统一的不可分割的整体。中国特色社会主义道路是中国共产党领导人民开创的；中国特色社会主义理论体系是中国共产党的指导思想和行动指南；中国特色社会主义制度包括根本政治制度、基本政治制度、基本经济制度以及各方面体制机制等具体制度，党的领导始终都是摆在第一位的。没有中国共产党的领导，中国特色社会主义的道路、理论、制度都将不复存在。

"中国共产党的领导是中国特色社会主义最本质的特征"，这一理论创新意义重大，是对马克思主义政党学说的重大发展，也是对科学社会主义理论的重要贡献，深刻揭示了中国共产党的领导与中国特色社会主义之间的本质联系。中国特色社会主义是马克思主义与当代中国实际和时代特征相结合的产物，是中国共产党团结带领全国人民经过 90 多年的奋斗、创造、积累的重大成果，是党和人民必须倍加珍惜、长期坚持、不断发展的重大成就，是植根于当代中国的科学社会主义。中国共产党之所以能够团结带领全国人民坚持和发展中国特色社会主义，是因为中国共产党是中国工人阶级的先锋队，同时是中国人民和中华民族的先锋队，是中国特色社会主义事业的领导核心，能够代表中国先进生产力的发展要求，代表中国先进文化的前进方向，代表中国最广大人民的根本利益。坚持和发展中国特色社会主义，必须坚持中国共产党领导。离开党的领导，中国特色社会主义就缺乏根本的政治保证，就会失去正确方向。

3. 中国共产党的领导是中国特色社会主义最大政治优势

中国共产党是中国特色社会主义事业的领导核心，这是我国社会主义政治制度优越性的最突出特点。习近平总书记曾经形象地说，这就像"众星捧月"，这个"月"就是中国共产党。在国家治理体系的大棋局中，党中央是坐镇中军帐的"帅"，车马炮各展其长，一盘棋大局分明。党政军民学，东西南北中，党是领导一切的。各个领域、各个方面都必须自觉坚持党的领导。

"中国共产党的领导是中国特色社会主义最本质的特征"这一重要论断，具有很强的现实针对性。长期以来，敌对势力把攻击的矛头特别指向党的领导，质疑所谓中国共产党领导的合法性，对此我们要坚决回击。同时也要看到，就我们党自身来说，一个时期以来存在着党的领导弱化问题。例如：党中央的权威和领导有弱化问题，出现了像周永康、薄熙来、郭伯雄、徐才厚、令计划等严重破坏党的集中统一领导，严重违反政治纪律、政治规矩的问题。坚持党的领导，关键体现在坚持党中央的集中统一领导上，牢固树立政治意识、大局意识、核心意识、看齐意识。这是一条根本的政治规矩。要坚决维护党中央这个核心，维护党中央的权威。要有很强的看齐意识，自觉向党中央看齐，向党的理论和路线方针政策看齐。"四个意识"最根本的要求，就是对党绝对忠诚，始终在思想上政治上行动上同以习近平同志为核心的党中央保持高度一致，确保全党统一意志、统一行动、步调一致前进。中国共产党的领导，是我国政治稳定、经济发展、民族团结、社会稳定的根本点，是中国持续健康发展的最大压舱石，是中国特色社会主义最大政治优势，绝对不能有丝毫动摇。

4. 始终确保中国共产党成为中国特色社会主义事业的坚强领导核心

办好中国的事情，关键在党。"坚持和完善党的领导，是党和国家的根本所在、命脉所在，是全国各族人民的利益所在、幸福所在。"①从党波澜壮阔而又艰难曲折的奋斗历程看，我们党之所以能够成功领导中国人民在革命、建设、改革道路上取得一个又一个伟大胜利，实现中华民族从站起来、富起来到强起来的历史性飞跃，就在于始终坚持和完善党的领导。

党的领导核心地位，是历史和人民的选择，是坚持和发展中国特色社会主义的必然要求，但这并不是一劳永逸的。要清醒认识到，我们党正团结带领人民全面建

---

① 习近平：《在庆祝中国共产党成立95周年大会上的讲话》，人民出版社2016年版，第22页。

成小康社会、推进社会主义现代化、实现中华民族伟大复兴的中国梦，与党所承担的这一历史重任相比，党的自身建设方面还有一些差距，特别是新形势下党面临"四大考验""四种危险"。这些都对党的领导核心地位构成严峻挑战。"打铁还需自身硬。"以习近平同志为核心的党中央科学把握当今世界和当代中国的发展大势，顺应实践要求和人民愿望，推出一系列重大战略举措，出台一系列重大方针政策，推进一系列重大工作，解决了许多长期想解决而没有解决的难题，办成了许多过去想办而没有办成的大事，大大增强了党的凝聚力、战斗力和领导力、号召力。党的十八大以来，党中央坚定不移推进全面从严治党，着力解决人民群众反映最强烈、对党的执政基础威胁最大的突出问题，形成了反腐败斗争压倒性态势，党内政治生活气象更新，全党理想信念更加坚定、党性更加坚强，党自我净化、自我完善、自我革新、自我提高的能力显著提高，党的执政基础和群众基础更加巩固，为党和国家各项事业发展提供了坚强政治保证。坚持全面从严治党，就是要切实把党建设好，坚持和完善党的领导，确保党始终成为中国特色社会主义事业的坚强领导核心。

三、重要意义

1. 丰富发展了科学社会主义基本原则

中国特色社会主义是由道路、理论体系、制度三位一体构成的，其基本要求包括在中国共产党领导下，立足基本国情，以经济建设为中心，坚持四项基本原则，坚持改革开放，解放和发展社会生产力，建设社会主义市场经济、社会主义民主政治、社会主义先进文化、社会主义和谐社会、社会主义生态文明，促进人的全面发展，逐步实现全体人民共同富裕，建设成为富强民主文明和谐美丽的社会主义现代化强国。同时，还包括人民代表大会制度这一根本政治制度，中国共产党领导的多党合作和政治协商制度、民族区域自治制度、基层群众自治制度以及以公有制为主体、多种所有制经济共同发展的基本经济制度等方面。"中国共产党的领导是中国特色社会主义最本质的特征"这一重要论断更加深刻地表明党的领导是中国特色社会主义本质特征中最核心、最重要、最关键的特征，对其他本质特征的实现起着根本保障作用，直接影响并决定着其他本质特征的性质和内容。因此，这一论断在新的历史条件下进一步丰富发展了科学社会主义基本原则。

2. 丰富发展了马克思主义无产阶级政党建设理论

"中国共产党的领导是中国特色社会主义最本质的特征"这一重要论断从无产阶

级政党与社会主义的关系角度对"什么是社会主义"所作出的科学回答，明确了无产阶级政党在社会主义发展过程中的地位和功能，将人们对无产阶级政党的认识提升到一个新的水平。无产阶级政党的领导，不仅能够保证社会主义革命和建设的性质，而且能够保证社会主义革命和建设取得最终胜利。将党的领导视为中国特色社会主义最本质的特征，是习近平总书记根据无产阶级政党理论对当代中国特色社会主义本质作出的新判断。这一论断不仅根据马克思主义无产阶级政党理论进一步强调了共产党的领导作用，更重要的是指明了中国特色社会主义政治生态乃至整个上层建筑最本质的特征。把党的领导上升到中国特色社会主义最本质层面来认识，为正确理解和坚持党的领导提供了最可靠的根据。这一论断，拓展了人们对无产阶级政党的认识深度和广度，将共产党的领导作用上升到一个新的高度，是对马克思主义无产阶级政党理论的继承和发展。

四、学习思考

1. 如何理解中国共产党人对社会主义本质的理论探索？

2. 如何理解"中国共产党的领导是中国特色社会主义最本质的特征"这一重要论断是历史逻辑、理论逻辑与实践逻辑的有机统一？

3. 如何在新的历史条件下坚持和完善中国共产党的领导？

习近平《高举中国特色社会主义伟大旗帜　为决胜全面小康社会实现中国梦而奋斗》导读

2017 年 7 月 26 日至 27 日，省部级主要领导干部"学习习近平总书记重要讲话精神，迎接党的十九大"专题研讨班在京举行，习近平总书记在开班式上发表了题为《高举中国特色社会主义伟大旗帜　为决胜全面小康社会实现中国梦而奋斗》的重要讲话。讲话指向鲜明，内涵丰富，深刻阐述了新的历史条件下坚持和发展中国特色社会主义的一系列重大理论和实践问题，阐明了未来一个时期党和国家事业发展的大政方针和行动纲领。讲话具有很强的思想性、战略性、指导性，为十九大的召开把准了方向，定好了基调。

原文见《习近平谈治国理政》第二卷，外文出版社 2017 年版，第 59～64 页。

一、形成背景

中国共产党的领导人在历史关头往往会发表重要讲话，这是统一思想、凝聚力量、砥砺前行的需要，已成为我们党推进中国特色社会主义现代化建设事业的历史经验。作为中国共产党最高领导机关的全国党的代表大会每五年举行一次（十二大后），这是党和国家政治生活中的大事。其所产生的领导集体、所制定的路线方针政策对中国人民、中华民族、中国共产党乃至整个世界都会产生广泛而深刻的影响。因此，每次代表大会的召开都为全世界所瞩目。把握总书记重要讲话的背景，要从党的十八大以来国内外形势发展变化中来理解，从党的十九大会议重要性来理解。

党的十八大以来，以习近平同志为核心的党中央团结带领全国各族人民，紧紧围绕实现"两个一百年"奋斗目标和中华民族伟大复兴的中国梦，举旗定向、谋篇布局、攻坚克难、强基固本，统筹推进"五位一体"总体布局，协调推进"四个全面"战略布局，开创了党和国家事业发展新局面。我国社会生产力和综合国力显著增强，人民生活水平和获得感显著提高，但战略机遇期与改革攻坚期叠加、发展黄金期与矛盾凸显期交织，又使我们面临着许多前所未有的困难和问题。党中央正风肃纪、反腐惩恶，消除了党和国家内部存在的严重隐患，党内政治生活气象更新，党内政治生态明显好转，党的创造力、凝聚力、战斗力显著增强，党的团结统一更加巩固，党群关系明显改善，党在革命性锻造中更加坚强，但党依然面临着执政考验、改革开放考验、市场经济考验、外部环境考验的长期性和复杂性，面临着精神懈怠危险、能力不足危险、脱离群众危险、消极腐败危险的尖锐性和严峻性。和平与发展仍然是时代的主题，但世界面临的不稳定性不确定性突出，世界经济增长动能不足，贫富分化日益严重，地区热点问题此起彼伏，恐怖主义、网络安全、重大传染性疾病、气候变化等非传统安全威胁持续蔓延，人类面临许多共同挑战。

2016 年党的十八届六中全会决定，党的第十九次全国代表大会于 2017 年下半年在北京召开。即将召开的党的十九大，是在全面建成小康社会决胜阶段，中国特色社会主义发展关键时期召开的一次十分重要的大会，承载着重要的历史使命。如何评估党情世情国情的发展变化，能否提出具有全局性、战略性、前瞻性的行动纲领，将产生非常重大的历史影响。这种重大的历史影响，事关党和国家事业继往开来，事关中国特色社会主义前途命运，事关最广大人民根本利益。

二、基本思想

1. 阐述了党的十八大以来党和国家取得的历史性成就

对形势作出科学判断，是制定方针、描绘蓝图的根本依据，也是为了使全党同志特别是各级领导干部增强忧患意识，做到居安思危、知危图安。分析国际国内形势，既要看到成绩和机遇，更要看到短板和不足、困难和挑战，看到形势发展变化给我们带来的风险，从最坏处着眼，作最充分的准备，朝好的方向努力，争取最好的结果。党的十八大以来的五年，是党和国家发展进程中很不平凡的五年。党中央科学把握当今世界和当代中国的发展大势，顺应实践要求和人民愿望，推出一系列重大战略举措、出台一系列重大方针政策、推进一系列重大工作，解决了许多长期想解决而没有解决的难题，办成了许多过去想办而没有办成的大事。

习近平总书记从党的领导、新发展理念、全面深化改革、全面依法治国铺开、意识形态工作、生态文明建设、国防和军队现代化建设、对外交往、全面从严治党等九个方面归纳和阐述了这些伟大成就。具体表现为：全面加强党的领导，大大增强了党的凝聚力、战斗力和领导力、号召力。坚定不移贯彻新发展理念，有力推动我国发展不断朝着更高质量、更有效率、更加公平、更可持续的方向前进。坚定不移全面深化改革，推动改革呈现全面发力、多点突破、纵深推进的崭新局面。坚定不移全面推进依法治国，显著增强了我们党运用法律手段领导和治理国家的能力。加强党对意识形态工作的领导，巩固了全党全社会思想上的团结统一。坚定不移推进生态文明建设，推动美丽中国建设迈出重要步伐。坚定不移推进国防和军队现代化，推动国防和军队改革取得历史性突破。坚定不移推进中国特色大国外交，营造了我国发展的和平国际环境和良好周边环境。坚定不移推进全面从严治党，着力解决人民群众反映最强烈、对党的执政基础威胁最大的突出问题，形成了反腐败斗争压倒性态势，党内政治生活气象更新，全党理想信念更加坚定、党性更加坚强，党自我净化、自我完善、自我革新、自我提高能力显著提高，党的执政基础和群众基础更加巩固，为党和国家各项事业发展提供了坚强政治保证。

2. 提出了"中国特色社会主义进入了新的发展阶段"科学论断

讲话提出了一个重要的科学论断，即中国特色社会主义进入了新的发展阶段。这一论断的提出是党基于新中国成立以来特别是党的十八大以来我国社会发展取得重大成就的基础上作出的。我国发展站到了新的历史起点上，这是我们推进实践创新和理论创新的基础。

讲话从民族复兴、社会主义、现代化三个维度对中国特色社会主义进入了新的发展阶段的内涵予以简要阐明，强调中国特色社会主义不断取得的重大成就，意味着近代以来久经磨难的中华民族实现了从站起来、富起来到强起来的历史性飞跃，意味着社会主义在中国焕发出强大生机活力并不断开辟发展新境界，意味着中国特色社会主义拓展了发展中国家走向现代化的途径，为解决人类问题贡献了中国智慧，提供了中国方案。从上述语境中可以看出，"三个意味着"有量变，有量的积累导致的部分质变，也有完全质变。

讲话还就如何认识和把握我国社会发展的阶段性特征予以详细阐述，强调要坚持辩证唯物主义和历史唯物主义的方法论，从历史和现实、理论和实践、国内和国际等的结合上进行思考，从我国社会发展的历史方位上来思考，从党和国家事业发展大局出发进行思考，得出正确结论。全党要牢牢把握社会主义初级阶段这个最大国情，牢牢立足社会主义初级阶段这个最大实际，更准确地把握我国社会主义初级阶段不断变化的特点，坚持党的基本路线，在继续推动经济发展的同时，更好解决我国社会出现的各种问题，更好实现各项事业全面发展，更好发展中国特色社会主义事业，更好推动人的全面发展、社会全面进步。

3. 提出"四个伟大"，推进中国特色社会主义新发展

"在新的时代条件下，我们要进行伟大斗争、建设伟大工程、推进伟大事业、实现伟大梦想。"习近平总书记在讲话中首次把"四个伟大"作为整体提出，在坚持原来理论的基础上，形成新的理论概括。习近平总书记没有具体阐述四个伟大的内涵及其内在逻辑，而是把着力点放在了如何坚持和推进"四个伟大"上。一方面强调要保持和发扬马克思主义政党与时俱进的理论品格，在坚持马克思主义基本原理的基础上，以更宽广的视野、更长远的眼光来思考和把握国家未来发展面临的一系列重大战略问题，在理论上不断拓展新视野、作出新概括。另一方面强调毫不动摇坚持和完善党的领导，毫不动摇推进党的建设新的伟大工程，把党建设得更加坚强有力。只有进一步把党建设好，确保我们党永葆旺盛生命力和强大战斗力，我们党才能带领人民成功应对重大挑战、抵御重大风险、克服重大阻力、解决重大矛盾，不断从胜利走向新的胜利。

4. 明确了未来一个时期党和国家事业发展的奋斗目标和工作方向

经过改革开放近 40 年的发展，我国社会生产力水平明显提高；人民生活显著改善，对美好生活的向往更加强烈，人民群众的需要呈现多样化多层次多方面的特点，期盼有更好的教育、更稳定的工作、更满意的收入、更可靠的社会保障、更高水平的医疗卫生服务、更舒适的居住条件、更优美的环境、更丰富的精神文化生活。

到 2020 年全面建成小康社会，实现第一个百年奋斗目标，是我们党向人民、向历史作出的庄严承诺。我们要按照党的十六大、十七大、十八大提出的全面建成小康社会各项要求，突出抓重点、补短板、强弱项，特别是要坚决打好防范化解重大风险、精准脱贫、污染防治的攻坚战，坚定不移深化供给侧结构性改革，推动经济社会持续健康发展，使全面建成小康社会得到人民认可、经得起历史检验。2020年全面建成小康社会后，我们要激励全党全国各族人民为实现第二个百年奋斗目标而努力，踏上建设社会主义现代化国家新征程，让中华民族以更加昂扬的姿态屹立于世界民族之林。

三、重要意义

1. 为党的十九大胜利召开奠定了重要的政治、思想和理论基础

在党的十九大召开前夕，习近平总书记的重要讲话既是对党的十八大以来党中央治国理政新理念新思想新战略的科学总结，也是为党的十九大胜利召开所作的政治动员。旗帜引领方向，道路决定命运。举什么旗、走什么路，是关系党和国家前途命运的根本问题。中国特色社会主义是改革开放以来党的全部理论和实践的主题，全党必须高举中国特色社会主义伟大旗帜，牢固树立中国特色社会主义道路自信、理论自信、制度自信、文化自信，确保党和国家事业始终沿着正确方向胜利前进。习近平总书记在讲话中强调，党的十九大"要明确宣示举什么旗、走什么路、以什么样的精神状态、担负什么样的历史使命、实现什么样的奋斗目标"。因此，十九大报告在开篇明确了大会的主题"不忘初心，牢记使命，高举中国特色社会主义伟大旗帜，决胜全面建成小康社会，夺取新时代中国特色社会主义伟大胜利，为实现中华民族伟大复兴的中国梦不懈奋斗"。与此同时，讲话所涉及的一些新的论断、新的理论也在十九大报告中给予详细阐述。

2. 丰富和发展了中国特色社会主义初级阶段理论

党的十一届六中全会通过的《关于建国以来党的若干历史问题的决议》，首次提出"我们的社会主义制度还是处于初级的阶段"的命题，认为"我们的社会主义制度由比较不完善到比较完善，必然要经历一个长久的过程"。党的十二大报告再次指出，我国的社会主义社会，现在还处在初级发展阶段。党的十三大报告以社会主义初级阶段为立论根据，第一次全面、系统地界定了社会主义初级阶段的内涵和特征，阐明了社会主义初级阶段的主要矛盾和根本任务，完整地提出了党在社会主义初级阶段的基本路线，从根本上解决了对我国社会主义建设出发点问题的认识。1997年，江泽民在党的十五大报告中明确指出："十一届三中全会以来，党正确地分析国情，作出我国还处于社会主义初级阶段的科学论断。我们讲一切从实际出发，最大的实际就是中国现在处于并将长时期处于社会主义初级阶段。"[①]随后党的十六大、十七大、十八大都强调了中国社会主义初级阶段的基本国情没有变。但社

---

① 《江泽民文选》第二卷，人民出版社2006年版，第13页。

会主义初级阶段这一相当长的历史时期内，中国特色社会主义发展必然经历若干具体阶段，不同的阶段会呈现出不同的特征。这种动态的发展过程，是由量变积累引起部分的质变，在新的基础上再由新的量变积累引起新的部分质变的过程。习近平总书记在讲话中强调了"全党要牢牢把握社会主义初级阶段这个最大国情，牢牢立足社会主义初级阶段这个最大实际"，与此同时又要求全党"更准确地把握我国社会主义初级阶段不断变化的特点"，尤其明确提出"中国特色社会主义进入了新的发展阶段"，这样在辩证统一关系中把握了社会主义初级阶段的"变与不变"，把党对社会主义初级阶段的认知提高到一个新的水平。

3. 深化了对中国共产党建设规律的认识

一个政党，一个政权，其前途命运取决于人心向背。习近平总书记在讲话中首次系统提出"四个伟大"的思想，且在论述时突出了建设伟大工程的极端重要性。习近平总书记指出，实践使我们越来越深刻地认识到，管党治党不仅关系党的前途命运，而且关系国家和民族的前途命运，必须以更大的决心、更大的勇气、更大的气力抓紧抓好。他强调，要坚持问题导向，保持战略定力，推动全面从严治党向纵深发展，把全面从严治党的思路举措搞得更加科学、更加严密、更加有效，确保党始终同人民想在一起、干在一起，引领承载着中国人民伟大梦想的航船破浪前进，胜利驶向光辉的彼岸。这就为全党把握和贯彻"四个伟大"指明了方向和路径，提供了坚强政治保证。

四、学习思考

1. 党的十八大以来党和国家取得的历史性成就主要表现在哪些方面？
2. 如何理解和把握我国社会发展的阶段性特征？
3. 如何理解"四个伟大"之间的内在关系？

习近平《决胜全面建成小康社会　夺取新时代中国特色社会主义伟大胜利——在中国共产党第十九次全国代表大会上的报告》导读

这是 2017 年 10 月 18 日习近平总书记在中国共产党第十九次全国代表大会上的报告。报告强调，要不忘初心，牢记使命，高举中国特色社会主义伟大旗帜，决胜全面建成小康社会，夺取新时代中国特色社会主义伟大胜利，为实现中华民族伟大复兴的中国梦不懈奋斗。党的十九大最重大的理论成就，就是把习近平新时代中国特色社会主义思想写在党的旗帜上，确立为党必须长期坚持的指导思想，实现了党的指导思想的又一次与时俱进。

原文见习近平：《决胜全面建成小康社会　夺取新时代中国特色社会主义伟大胜利——在中国共产党第十九次全国代表大会上的报告》，人民出版社 2017 年版。

一、形成背景

党的十九大是在我国全面建成小康社会决胜阶段、中国特色社会主义进入新时代的关键时期召开的一次十分重要的大会。这次大会分析了国际国内形势发展变化，回顾和总结了过去五年的工作和历史性变革，作出了中国特色社会主义进入了新时代、我国社会主要矛盾已经转化为人民日益增长的美好生活需要和不平衡不充分的发展之间的矛盾等重大政治论断，深刻阐述了新时代中国共产党的历史使命，提出了新时代坚持和发展中国特色社会主义的基本方略，确定了决胜全面建成小康社会、开启全面建设社会主义现代化国家新征程的目标，对新时代推进中国特色社会主义伟大事业和党的建设新的伟大工程作出了全面部署。

党的十八大以来的五年，以习近平同志为核心的党中央不忘初心、砥砺奋进，有效应对国际国内诸多风险和挑战，解决了许多长期想解决而没有解决的难题，办成了许多过去想办而没有办成的大事，取得全方位、开创性的历史性成就，党和国家事业发生深层次、根本性的历史性变革，中国特色社会主义进入新时代。在这个过程中，习近平同志从理论和实践的结合上，以巨大政治勇气和强烈历史担当，围绕回答新时代坚持和发展什么样的中国特色社会主义、怎样坚持和发展中国特色社会主义这个重大时代课题，进行艰辛理论探索，取得重大理论创新成果，创立了习近平新时代中国特色社会主义思想。党的十八大以来，党和国家事业之所以能攻坚克难，全面开创新局面，从根本上说是因为有以习近平同志为核心的党中央的坚强领导，是因为有习近平新时代中国特色社会主义思想的科学指引。

全面建设社会主义现代化强国，这是党和国家面向未来最重要的任务，也是习近平新时代中国特色社会主义思想形成的时代条件。一部党的十九大报告，就是习近平新时代中国特色社会主义思想的科学诠释和充分体现，是我们党在新时代极富原创性、经典性、源泉性的强国论、战略论、人民论，具有承前启后、继往开来的划时代的里程碑意义。这部报告进一步指明了党和国家事业的前进方向，是我们党团结带领全国各族人民坚持和发展中国特色社会主义的政治宣言和行动纲领，也是习近平新时代中国特色社会主义思想的集中体现。党的十九大把习近平新时代中国特色社会主义思想写在党的旗帜上，确立为党必须长期坚持的指导思想，为夺取新时代中国特色社会主义伟大胜利、实现"两个一百年"奋斗目标和中华民族伟大复兴的中国梦提供了科学理论指导。

二、基本思想

1. 习近平新时代中国特色社会主义思想是一个博大精深的科学理论体系

习近平新时代中国特色社会主义思想的主题，就是从理论和实践结合上系统回答新时代坚持和发展什么样的中国特色社会主义、怎样坚持和发展中国特色社会主义。这个主题，是对邓小平理论的主题、"三个代表"重要思想的主题、科学发展观的主题的继承、发展、深化和升华。

习近平新时代中国特色社会主义思想博大精深、内涵丰富，涵盖党治国理政各领域各方面。党的十九大报告用"八个明确"概括了这一思想的基本内涵，即明确坚持和发展中国特色社会主义，总任务是实现社会主义现代化和中华民族伟大复兴，以及实现这一总任务的战略安排；明确新时代我国社会主要矛盾是人民日益增长的美好生活需要和不平衡不充分的发展之间的矛盾，以及解决这一矛盾的前进方向；明确中国特色社会主义事业总体布局是"五位一体"、战略布局是"四个全面"；明确全面深化改革总目标是完善和发展中国特色社会主义制度、推进国家治理体系和治理能力现代化；明确全面推进依法治国总目标是建设中国特色社会主义法治体系、建设社会主义法治国家；明确党在新时代的强军目标是建设一支听党指挥、能打胜仗、作风优良的人民军队，把人民军队建设成为世界一流军队；明确中国特色大国外交要推动构建新型国际关系，推动构建人类命运共同体；明确中国特色社会主义最本质的特征是中国共产党领导，中国特色社会主义制度的最大优势是中国共产党领导，党是最高政治领导力量。

党的十九大报告还提出"十四个坚持"的新时代的基本方略，即坚持党对一切工作的领导；坚持以人民为中心；坚持全面深化改革；坚持新发展理念；坚持人民当家作主；坚持全面依法治国；坚持社会主义核心价值体系；坚持在发展中保障和改善民生；坚持人与自然和谐共生；坚持总体国家安全观；坚持党对人民军队的绝对领导；坚持"一国两制"和推进祖国统一；坚持推动构建人类命运共同体；坚持全面从严治党。

"八个明确"和"十四个坚持"，是习近平新时代中国特色社会主义思想的主要内容。"八个明确"是指导思想层面的表述，"十四个坚持"是行动纲领层面的表述，共同构成了系统完备、逻辑严密、内在统一的科学体系。

2. 中国特色社会主义进入新时代是我国发展新的历史方位

党的十九大作出中国特色社会主义进入新时代的重大政治判断，这是继新中国、新时期之后，我国发展新的历史方位。

党的十八大以来，以习近平同志为核心的党中央以巨大的政治勇气和强烈的责任担当，解决了许多长期想解决而没有解决的难题，办成了许多过去想办而没有办成的大事。我国改革开放和社会主义现代化建设取得了全方位、开创性的历史性成就，党和国家事业发生了深层次、根本性的历史性变革。

我国社会主要矛盾的转化决定中国特色社会主义进入新时代。经过改革开放近40年的发展，我国社会主要矛盾的性质和特点有了很大变化。社会生产力实现历史性飞跃，在很多领域达到世界先进水平，不仅能生产丰富多样的商品、基本满足人民物质文化需要，而且产品大量出口、"中国制造"享誉世界。人民生活在总体达到小康后，对美好生活的向往更加强烈，不再仅限于一般的物质文化需要，而是有着更高、更广泛的要求，并呈现多样化多层次多方面的特点。党的十九大报告作出中国特色社会主义进入新时代，我国社会主要矛盾已经转化为人民日益增长的美好生活需要和不平衡不充分的发展之间的矛盾的重大政治判断。这一判断与过去相比，既有重大变化又保持连续性，反映了我国发展的阶段性要求，也反映了党和国家事业发展的重点要求。

我国社会发展的新特点意味着中国特色社会主义进入新时代。党的十八大以来，中国特色社会主义发展出现许多新特点。执政方式和基本方略实现重大创新，我们党贯彻依法治国基本方略，积极推进多层次多领域的依法治理，运用法治思维和法治方式深化改革、促进发展、化解矛盾、维护稳定，提高决策的法治化、规范化和科学化水平；发展理念和发展方式发生重大转变，我们党科学把握社会主义本质要求和发展方向，提出创新、协调、绿色、开放、共享的发展理念，集中体现了新阶段我国的发展思路、发展方向、发展着力点，成为引领发展实践、开创美好未来的思想指引；发展环境和发展条件发生深刻变化，我们党主动适应把握引领经济发展新常态，准确把握发展速度变化、结构优化、动力转换的新特点，深化供给侧结构性改革，不断提高发展质量和效益，推动我国发展不断朝着更高质量、更有效率、更加公平、更可持续的方向前进。

3. 新时代中国共产党的历史使命

新时代给党的历史使命提出了新要求，我们必须紧紧围绕实现伟大梦想去进行伟大斗争、建设伟大工程、推进伟大事业。

党的十九大把伟大斗争、伟大工程、伟大事业、伟大梦想作为一个统一整体提出来，是一个重大理论创新，明确了党在新时代治国理政的总方略、引领全局的总蓝图、谋划工作的总坐标，体现了奋斗目标、实现路径、前进动力的高度统一，体现了历史传承、现实任务、未来方向的高度统一，体现了党的前途命运、国家的前途命运、民族的前途命运的高度统一，深刻回答了什么是新时代党的历史使命、怎样实现新时代党的历史使命这一重大理论和实践问题，使我们党对自身肩负历史使命的认识达到了新的高度。

实现伟大梦想，必须进行伟大斗争。社会是在矛盾运动中前进的，有矛盾就会有斗争。在推进伟大斗争中，我们要强化斗争意识、鼓足斗争勇气、把握斗争规律、讲究斗争艺术、提高斗争本领，坚决摒弃一切贪图享受、一切消极懈怠、一切回避矛盾的思想和行为，不断夺取伟大斗争新胜利。

实现伟大梦想，必须建设伟大工程。"坚持和完善党的领导，是党和国家

的根本所在、命脉所在,是全国各族人民的利益所在、幸福所在。"①新的历史
条件下,我们党要始终成为时代先锋、民族脊梁,保持马克思主义政党本色,
自身必须始终过硬。越是目标远大、任务艰巨,越是挑战频仍、矛盾集中,越
是要把党建设得更加坚强有力,越是要求全党同志精神状态、思维方式、行为
方式、工作方式有新的转变,素质能力有新的提升。

实现伟大梦想,必须推进伟大事业。中国特色社会主义是改革开放以来党
的全部理论和实践的主题,是党和人民历尽千辛万苦、付出巨大代价取得的根
本成就,是当代中国发展进步的根本方向。新时代推进伟大事业,必须保持强
大政治定力,坚定道路自信、理论自信、制度自信、文化自信,既不走封闭僵
化的老路,也不走改旗易帜的邪路,坚定不移走中国特色社会主义道路。

伟大斗争、伟大工程、伟大事业、伟大梦想紧密联系、相互贯通、相互作
用,是一个有机统一的整体。伟大梦想指引正确方向,为伟大斗争、伟大工
程、伟大事业提供领航导向;伟大斗争昭示担当精神,为伟大工程、伟大事
业、伟大梦想扫除障碍、提供牵引;伟大工程锻造领导力量,为伟大斗争、伟
大事业、伟大梦想提供坚强保证;伟大事业宣示道路旗帜,为伟大斗争、伟大
工程、伟大梦想开辟前进路径。

三、重要意义

1. 明确提出习近平新时代中国特色社会主义思想

党的生机活力首先是思想理论上的生机活力,党的创造力凝聚力战斗力首
先是思想理论上的创造力凝聚力战斗力。党的十九大报告基于历史新变革、历
史新方位、矛盾转化、历史新使命、时代新课题,围绕坚持和发展中国特色社
会主义、进而实现社会主义现代化和中华民族伟大复兴,推进理论创新,尤其
是基于对时代课题的解答,形成了系统完整、逻辑严密的科学理论体系。习近
平新时代中国特色社会主义思想,就是在这样的历史方位中,为完成实现中华
民族伟大复兴的历史使命,同时解答新的重大时代课题的进程中形成、提出
的。习近平新时代中国特色社会主义思想把我们党对共产党执政规律、社会主
义建设规律和人类社会发展规律的认识提高到新境界、新水平,把马克思主义

---

① 习近平:《在庆祝中国共产党成立 95 周年大会上的讲话》,人民出版社 2016 年版,
第 22 页。

中国化提高到新境界、新水平，是我们党在新时代充满生机活力、具有强大创造力凝聚力战斗力的生动表现和根本标志。

2. 明确提出我国发展新的历史方位

正确把握发展的历史方位，制定正确的发展战略，一届接着一届办，一代接着一代干，是我们党治国理政的一条重要经验。中国特色社会主义进入新时代，充分表明我们党领导人民选择的中国特色社会主义道路是正确的、前途是光明的，充分表明改革开放以来中国人民不懈奋斗取得了举世瞩目的伟大成就，充分表明中华民族、中国人民有信心有能力有条件实现人民幸福、民族复兴的光明前景。中国特色社会主义进入新时代这一新论断，极大增强了全体中国人民中国特色社会主义的道路自信、理论自信、制度自信、文化自信，极大增强了全体中国人民自强不息、奋发进取、攻坚克难、决战决胜的锐气和勇气，极大增强了全体中国人民坚持不懈奋斗、实现伟大梦想的精神动力。从党的十九大到二十大是"两个一百年"奋斗目标的历史交汇期，既关系到第一个百年奋斗目标的实现，也关系到第二个百年奋斗目标的起航。中国特色社会主义进入新时代的重要论断，使我们清晰辨明了当今中国在民族复兴坐标段中所处的位置，准确把握了中国特色社会主义的发展进程和规律。

3. 明确提出永葆中国共产党人的革命精神

我们不忘初心、牢记使命，就不要忘记我们是共产党人，我们是革命者，不要丧失了革命精神。在中国特色社会主义新时代，所有共产党员必须像习近平总书记所号召的那样，永葆共产党人的革命精神，不断进行自我革命和社会革命。勇于自我革命，从严管党治党，是中国共产党最鲜明的品格。我们党之所以伟大、光荣、正确，并不在于不犯错误，而在于从不讳疾忌医、避重就轻、回避矛盾，更在于敢于直面问题、刮骨疗毒、自我革命。这种剑锋所指细大不捐、无远弗届的革命精神，既是我们党区别于其他政党的显著标志，也是我们党长盛不衰的重要保证。中国特色社会主义进入新时代，改革发展稳定任务之重前所未有，矛盾风险挑战之多前所未有，我们决不能有松口气、歇歇脚的念头，决不能有打好一仗就一劳永逸的想法，决不能有初见成效就鸣锣收兵的心理，而要谨记打铁必须自身硬，严于律己不懈怠，继续保持革命党的鲜明品格和革命者的优秀品质，把党建设成为始终走在时代前列、人民衷心拥护、勇于自我革命、经得起各种风浪考验、朝气蓬勃的马克思主义执政党。

四、学习思考

1. 为什么说习近平新时代中国特色社会主义思想是一个博大精深的科学理论体系？

2. 如何理解中国特色社会主义进入新时代是我国发展新的历史方位？

3. 如何理解新时代中国共产党的历史使命？

习近平《在第十三届全国人民代表大会第一次会议上的讲话》导读

第十三届全国人民代表大会第一次会议于 2018 年 3 月 5 日至 20 日在北京召开。会议听取了政府工作报告，表决通过《中华人民共和国宪法修正案》，选举和决定任命国家机构组成人员。在这次会议上，习近平同志发表了重要讲话，进一步阐释了民族精神基本内涵，提出建设社会主义现代化强国的重大举措，重申中国建设人类命运共同体的意愿和方案，强调新时代中国共产党的历史责任和每一个人的角色担当。

原文见《人民日报》2018 年 3 月 21 日第 2 版。

一、形成背景

第十三届全国人民代表大会第一次会议贯彻落实党的十九大和十九届二中、三中全会精神，回顾过去五年的工作，聚焦国家治理体系现代化，继续推进全面依法治国，表决通过《中华人民共和国宪法修正案》。习近平同志于 2018 年 3 月 20 日在第十三届全国人民代表大会第一次会议上发表重要讲话，这是习近平同志当选新一届中华人民共和国主席、中华人民共和国中央军事委员会主席后发表的首次重要讲话。

1. 全面贯彻党的十九大和十九届二中、三中全会精神

党的十八大以来，以习近平同志为核心的党中央深刻分析中国发展所处时代的新特征，形成了一系列重大理论创新成果，创立了习近平新时代中国特色社会主义思想。中国共产党第十九次全国代表大会于 2017 年 10 月在北京召开，习近平同志向大会作了题为《决胜全面建成小康社会　夺取新时代中国特色社会主义伟大胜利》的报告。十九大将习近平新时代中国特色社会主义思想写入党章，成为党和国家建设的指导思想。中国共产党第十九届中央委员会第二次全体会议和第三次全体会议分别于 2018 年 1 月和 2 月在北京举行，十九届二中、三中全会聚焦全面依法治国和全面从严治党，认真检查党的十九大精神

具体落实情况。《在第十三届全国人民代表大会第一次会议上的讲话》是习近平同志继党的十九大和十九届二中、三中全会之后发表的又一重要讲话,旨在全面贯彻落实十九大和两会精神,继续推进"四个全面"战略布局。这篇讲话回答了社会主义强国建设的一系列重大理论和现实问题,是指导新时代中国特色社会主义建设的重要纲领性文件。

2. 新一届国家领导人换届选举的历史节点

第十三届全国人民代表大会第一次会议通过了《中华人民共和国宪法修正案》,选举产生新一届国家领导人,习近平同志当选中华人民共和国主席、中华人民共和国中央军事委员会主席。这篇讲话是习近平同志当选后的重要公开讲话,他对党和人民给予他的信任表示感谢,并强调担任中华人民共和国主席这一崇高职务,使命光荣,责任重大。他还在讲话中告诫国家机关的工作人员,应牢记祖国,始终把人民的利益放在首位,接受人民的监督,全心全意为人民服务。这篇讲话表达了习近平同志为党和人民服务的坚定决心,更成为所有国家机关工作人员的行动指南。这篇讲话发表于新一届国家领导人当选之际,表达了新一届国家领导人带领中国人民实现"两个一百年"奋斗目标的坚定决心。这篇讲话聚焦民族精神、社会主义现代化强国建设等中国发展中的现实议题,对党和国家事业发生的历史性变革给出了科学论断,展现了新一届国家领导人的宏大的历史视域和卓越的领导能力。

3. 中国特色社会主义进入新时代的重要历史时期

党的十九大报告中,习近平同志作出了"中国特色社会主义进入了新时代"的科学论断。这一论断明确了我国发展新的历史方位,为建设社会主义现代化强国提供理论指引。新时代,我国发展面临来自各方面的诸多新变化。首先,我国社会的主要矛盾发生变化。我国的社会主要矛盾已经从人民日益增长的物质文化需要同落后的社会生产之间的矛盾,转化为人民日益增长的美好生活需要和不平衡不充分的发展之间的矛盾。主要矛盾的变化体现了改革开放以来国家社会发展所取得的伟大成就,同时也对新时代中国特色社会主义建设提出了新的要求。其次,国内的社会环境和现实条件发生变化。改革开放40年,我国社会生产力水平显著提高,生产环境和社会环境发生诸多变化,面临着新的困难和挑战,这对党的执政理念和执政能力提出更高的要求。再次,国际格局发生变化。近年来随着世界政治经济生态发生变化,国际治理体系变革深入发展，国际秩序进入深刻调整变化阶段。中国在改革开放 40 年后，经历了经济的高速增长，中国将发挥何种作用越来越受到世界的关注。基于国内外形势的深刻变化，习近平同志此次讲话以新时代的宏大背景为视域，紧扣社会主要矛盾的变化，着眼于我国发展所面临的困难和挑战，为实现富强民主文明和谐美丽的社会主义现代化强国建设提供科学指引。

二、基本思想

习近平同志《在第十三届全国人民代表大会第一次会议上的讲话》从民族精神的基本内涵入手，概括了建设社会主义现代化强国的重大举措，强调新时期我们党的重要历史责任和人民的角色定位，同时指出构建人类命运共同体对于维护世界和平发展具有重要意义。

1. 进一步阐释民族精神的基本内涵

民族精神是中华民族生命力、凝聚力、创造力的不竭源泉。习近平同志在此次会议上进一步阐释了民族精神的内涵，他将民族精神概括为创造精神、奋斗精神、团结精神、梦想精神的内在统一。

第一，创造精神。习近平同志指出，中国人民是具有伟大创造精神的民族。在此次讲话中，习近平同志从伟大思想巨匠、伟大科技成果、伟大文艺作品、伟大史诗、伟大工程五个维度回溯了中国几千年的历史发展，证明了中华民族的创造精神有着渊远的历史根源，着眼于创造精神对于当今中国发展的重要意义。他强调，中国人民的创新精神正在前所未有地迸发出来，推动我国日新月异向前发展，大踏步走在世界前列。

第二，奋斗精神。中华民族自古以来始终坚持革故鼎新、自强不息，在国家发展、社会进步、人民生活等方面取得了伟大成就，而这一切都离不开中国人根植于骨髓里的奋斗精神。在习近平同志看来，今天，中国人民所拥有的一切，凝聚着中国人的聪明才智，浸透着中国人的辛勤汗水，蕴涵着中国人的巨大牺牲。新时期，创造美好生活离不开奋斗精神，中国梦的实现更离不开奋斗精神。

第三，团结精神。中华民族是一个守望相助的大家庭，在过去的几千年历史长河中，形成了 56 个民族相融互助的民族关系。通过回顾历史，特别是中国在近代遭受了外寇入侵的历史，习近平同志指出，我国各族人民手挽着手、肩并肩，英勇奋斗，浴血奋战，打败了一切穷凶极恶的侵略者，捍卫了民族独立和自由，共同书写了中华民族保卫祖国、抵御外侮的壮丽史诗。只有铭记历史，发扬中华民族伟大的团结精神，才能更好地创造未来。

第四，梦想精神。中华民族是勇于追求和实现梦想的伟大民族，习近平同志对盘古开天等神话进行深入挖掘，在传统文化中探寻梦想精神的思想根源。党的十八大以来，习近平同志多次强调，实现中华民族伟大复兴是中华民族近代以来最伟大的梦想，这个梦想体现了中华民族和中国人民的整体利益，几代中国人为了实现这一梦想不懈努力。梦想精神是社会发展、科技进步的动力源泉，是中国人民实现中华民族伟大复兴的中国梦的精神力量。

2. 明确建设社会主义现代化强国的重大举措

中国特色社会主义进入新时代，国内外形势发生了深刻复杂的变化，中国发展面临新的机遇和挑战。习近平同志强调，要全面贯彻党的十九大和十九届二中、三中全会精神，进一步明确高举中国特色社会主义的伟大旗帜，统揽"五位一体"总体布局，开启全面建设社会主义现代化国家新征程。

习近平同志在讲话中指出，本世纪中叶把我国建成富强民主文明和谐美丽的社会主义现代化强国是全体中国人民新时期的奋斗目标。为了实现这一目标，我们要以更大的力度、更实的措施加强诸多领域建设。在经济领域，改革进入深水区、攻坚区。想要实现全面深化改革，必须从改革的力度和改革的措施等方面着手，激发社会主义市场经济的活力。在社会主义民主领域，坚持党的领导、人民当家作主、依法治国的有机统一，推进社会主义法治国家建设。在文化领域，培育和践行社会主义核心价值观，加强社会主义文化强国建设。在民生领域，人民对美好生活的向往是我们党的奋斗目标，因此保障和改善民生始终是我们党工作的重中之重，尤其在新时期我们党通过加强社会治理和精准扶贫，注重增进民生福祉，致力于不断增强人民的获得感、幸福感和安全感。在生态文明层面，为了加强美丽中国建设，解决现有的环境问题，要在生产方式和生活方式中实现绿色变革。在军队建设领域，坚持党的领导，认清发展形势，构建中国特色现代作战体系。在国家领土主权方面，维护国家主权和领土完整，增强香港和澳门同胞的国家认同，坚持一个中国原则和"九二共识"，推动两岸和平发展，推进国家和平统一进程。

中国发展要把握新的历史方位。习近平同志在此次讲话中强调，应紧扣主要社会矛盾变化，实现多领域的综合协调发展，努力开创新时代中国特色社会主义建设新局面。

3. 指出中国建设人类命运共同体的意愿和方案

改革开放 40 年，我国的经济发展取得了举世瞩目的伟大成就，创造了经济高速增长的中国奇迹，经济体量稳居世界第二。放眼当今世界，世界范围内总体和平但局部战争不断，国际局势错综复杂。中国在世界中起到何种作用越来越受到世界各国的关注。习近平同志在此次全会上明确指出，中国永远不称霸、永远不搞扩张，中国有意愿推动全球秩序的有序发展，愿意尽最大努力为人类和平与发展作出贡献。具体来说，中国坚持走和平发展道路，决不牺牲他国利益来发展自己，决不把自己的意志强加于人，强调解决世界问题需要各国之间的沟通对话；中国将继续推进以合作共赢为核心的"一带一路"建设，坚持相互尊重、公平正义，广泛开展经济合作和文化交流，加强与世界各国深度的交流合作；中国将积极参与国际事务，承担世界大国的责任和义务，推动全球治理体系建设。

党的十八大以来，习近平同志多次在重要场合呼吁世界各国应同心协力构建人类命运共同体，建设持久和平、普遍安全、共同繁荣、开放包容、清洁美丽的世界。习近平同志提出的"人类命运共同体"思想是马克思主义基本原理与中国实践相结合的产物，是对中华人民共和国成立以来外交思想的继承和发展。人类命运共同体思想显示了中国宏大的世界格局和眼光，为世界的发展问题提出了中国方案。

4. 强调新时代中国共产党的历史责任和每一个人的角色定位

中国特色社会主义进入新时代，社会主要矛盾发生深刻变化，我们党的历史责任和人民的角色定位也要适应新时代的历史方位。习近平同志在这篇讲话中指出，中国共产党领导是中国特色社会主义最本质的特征，中国共产党是国家最高政治领导力量，是实现中华民族伟大复兴的根本保证。我们党肩负着带领中国人民实现中华民族伟大复兴的历史使命，承担着领导人民进行伟大社会革命的历史责任。新时代，我们要始终坚持党的领导地位不动摇。中国革命、改革、建设的历史证明，只有社会主义才能救中国，只有坚持党的领导才能够实现中华民族的伟大复兴。新时代，新的机遇和挑战对党的执政理念和执政能力提出了更高的要求。党的十八大以来，以习近平同志为核心的党中央高度重视党的建设，把党的政治建设摆在首位，将全面从严治党提升到战略布局的高度。加强党的建设的目的是确保党始终成为中国特色社会主义建设的坚强核心，坚持党的领导和加强党的建设具有本质上的一致性。

习近平同志指出，新时代属于每一个人，每一个人都是新时代的见证者、开创者、建设者。习近平同志在基层考察中多次强调，全面建成小康社会"一个都不能少"。人民是推动社会历史进步的主体，是具体的和现实的每个个体。在新时代，推进伟大事业、进行伟大斗争、建设伟大工程、实现伟大梦想都离不开人民的力量。只要坚持党的领导，紧密团结在以习近平同志为核心的党中央周围，全体人民团结一致、共同奋斗，必将实现中华民族伟大复兴的中国梦。

三、重要意义

习近平同志《在第十三届全国人民代表大会第一次会议上的讲话》深化了民族精神、社会主义现代化强国建设重大举措等内容，是习近平新时代中国特色社会主义思想的有机组成部分，是对习近平新时代中国特色社会主义思想的进一步丰富和发展。这篇讲话是我们党贯彻落实十九大和两会精神的重要理论成果，为中国人民实现中华民族伟大复兴的中国梦指引前进方向。

1. 凝聚人心，为贯彻落实十九大和两会精神提供理论指导

第十三届全国人民代表大会第一次会议听取政府工作报告，通过宪法修正案草案，就全面深化改革、依法治国等议题展开深入探讨，并选举了新一届国家领导人。这篇讲话是习近平同志就任国家主席后的重要讲话，为进一步贯彻落实十九大和两会精神提供重要的理论指导。在这篇讲话中，习近平同志分析了国内外形势的深刻变化，强调中国发展仍处在重要战略机遇期，为中国的未来发展勾画出宏伟蓝图。这篇讲话不仅致力于对国家宏观发展的规划，更着眼于民族精神的传承，以及强调人民在新时期的地位作用。习近平同志反复提到中华民族是伟大的民族，每个中国人都是新时代的见证者、开创者、建设者。这篇讲话聚焦个体、凝聚人心，号召每个人都积极参与到新时代中国特色社会主义建设中来，为实现中华民族伟大复兴的中国梦贡献力量。

2. 凝练提升，丰富习近平新时代中国特色社会主义思想

党的十八大以来，以习近平同志为核心的党中央肩负时代使命，继往开来，领导中国人民积极进行社会主义建设与改革，结合中国社会主义进入新时

代的基本要求，形成了习近平新时代中国特色社会主义思想。第十三届全国人民代表大会第一次会议将习近平新时代中国特色社会主义思想载入宪法，从宪法的高度确立了习近平新时代中国特色社会主义思想的指导地位。习近平新时代中国特色社会主义思想是党的指导思想与时代的又一次紧密结合，是马克思主义中国化时代化的最新成果，是我们党在新时代的行动指南和精神源泉。习近平在第十三届全国人民代表大会第一次会议上的这篇讲话不仅是对十九大及两会精神的贯彻落实，更是对其精神实质的凝练提升。这篇讲话深化了民族精神的内在本质，阐释了建设社会主义现代化强国的重大举措，是习近平新时代中国特色社会主义思想的有机组成部分，是对习近平新时代中国特色社会主义思想的进一步丰富和发展。

3. 凝视未来，为实现中国人民的伟大梦想指引方向

习近平同志的这篇讲话立足当下，凝视未来，为实现中国人民的伟大梦想指引方向。这篇讲话阐释民族精神的内在本质，为人民精神境界提升指引方向；讲话回应国家发展的诸多重大现实问题，为国家发展指引方向；讲话回应国际格局的深刻变化，为全球治理给出了中国方案。以习近平同志为核心的新一届国家领导人站在了新的历史起点上，在决胜全面建成小康社会、建设社会主义现代化强国的重要历史时期，着眼于中国发展与人类发展的整体进程，彰显了大国领袖的责任与担当，为中华民族实现伟大复兴指明前进方向。

四、学习思考

1. 如何理解民族精神的基本内涵？
2. 为建成社会主义现代化强国，需要在哪些方面加大改革的力度和措施？
3. 如何理解中国共产党在新时代的历史责任？

习近平《在纪念马克思诞辰 200 周年大会上的讲话》导读

2018 年 5 月 4 日，纪念马克思诞辰 200 周年大会在北京人民大会堂隆重举行。中共中央总书记、国家主席、中央军委主席习近平在会上发表重要讲话。讲话高屋建瓴，视野宏大，思想深刻，内容丰富，是当代中国共产党人坚持和发展马克思主义的宣言书，是在新时代继续推进马克思主义中国化的行动纲领，是一篇闪耀着马克思主义真理光芒的纲领性文献。

原文见习近平：《在纪念马克思诞辰 200 周年大会上的讲话》，人民出版社 2018 年版。

一、形成背景

"十月革命一声炮响，给我们送来了马克思列宁主义。"[1]毛泽东这段话形象地说明了马克思主义在中国传播的国际背景。但需要特别指出的是，这里的"送"是有特定意涵的，并不是指马克思主义在中国的开始传播。根据目前掌握的资料及学术界研究共识，马克思的名字最早出现在李提摩泰节译、蔡尔康纂述的《大同学》一文中。这篇发表在 1899 年上海广学会主办的《万国公报》中的文章，多次提到马克思、恩格斯的名字。早期马克思主义者对马克思的纪念始于 1919 年。5 月 1 日，李大钊在《"五一节"May Day 杂感》中指出："五月五日是马克思的诞生日。去年的五月五日，又正是他的诞生百年的诞生日"，我们应该"纪念这一八一八年五月五日诞生的人物"。这里在文字上已提及马克思诞辰，表达了对马克思诞辰纪念的关切。[2]

中国共产党自 1921 年成立至今，举行了多种形式的纪念活动。其类型可以概括为：对重要历史人物的纪念(马克思、恩格斯、列宁、孙中山、毛泽东、邓小平、周恩来、陈云等)；对重要节日的纪念("三八"妇女节、"五一"劳动节、"七一"建党节、"八一"建军节等)；对重要历史事件的纪念("七七""五

---

① 《毛泽东选集》第四卷，人民出版社 1991 年版，第 1471 页。

② 陈金龙：《中国共产党纪念活动史》，社会科学文献出版社 2017 年版，第 103～104 页。

四"、十月革命、十一届三中全会等)。中国共产党成立后不久,便积极组织和参与了纪念马克思诞辰 104 周年的活动。关于这次活动,中共中央执委会书记陈独秀在同年六月三十日给共产国际的报告中说:"五月五日全国共产党所在地都开马克思纪念会,分散马克思纪念册二万本。"这次纪念活动,是中国共产党对广大民众进行系统全面宣传马克思及其学说的尝试。自此之后,无论是民主革命时期还是新中国成立后,对马克思诞辰的纪念成为中共纪念活动的一项重要内容。改革开放后,对马克思诞辰的纪念大多以学术研讨的方式进行。2018 年 5 月 4 日,北京人民大会堂举行的纪念马克思诞辰 200 周年的大会。这次纪念大会无论是规格、人数,还是影响等都在党的历史上具有划时代的里程碑意义。

2017 年 10 月,举世瞩目的中国共产党第十九次全国代表大会召开。党的十九大作出中国特色社会主义进入新时代的重大判断。与之相联系的是,中国社会主要矛盾转化为人民日益增长的美好生活需要和不平衡不充分的发展之间的矛盾;形成了习近平新时代中国特色社会主义思想;踏上了全面建成小康社会,建设社会主义现代化强国,实现中华民族伟大复兴的中国梦的新征程。在此基础上,对政治、经济、文化、社会、生态文明、国防军队、祖国统一、外交、党的建设提出了新要求,作出了新部署。2018 年是中国历史上具有标志性意义的一年,新时代的强国方略开启全面实施进程,但改革发展稳定任务之重、矛盾风险挑战之多、治国理政考验之大也都是前所未有的。置身发展新的历史方位,面对新的发展目标,我们要赢得优势、赢得主动、赢得未来,就要按照习近平总书记所说的"必须不断提高运用马克思主义分析和解决实际问题的能力,不断提高运用科学理论指导我们应对重大挑战、抵御重大风险、克服重大阻力、化解重大矛盾、解决重大问题的能力,以更宽广的视野、更长远的眼光来思考把握未来发展面临的一系列重大问题,不断坚定马克思主义信仰和共产主义理想"。

二、基本思想

习近平总书记在讲话中深情缅怀了马克思伟大光辉的一生,深刻阐释了马克思主义的科学体系、丰富内涵及其对人类社会发展的巨大历史贡献,深入总结了我们党带领人民创造性推进马克思主义中国化的壮阔历程和丰硕成果,系统阐释了新时代中国共产党人如何学习和实践马克思主义、坚持和发展马克思主义的基本原则和核心要义。

1. 深情缅怀了马克思伟大光辉的一生

马克思是全世界无产阶级和劳动人民的革命导师，是马克思主义的主要创始人，是马克思主义政党的缔造者和国际共产主义的开创者，是近代以来最伟大的思想家。1818 年 5 月 5 日，马克思诞生在德国特里尔城的一个律师家庭。1883 年 3 月 14 日下午，马克思在伦敦寓所辞世，后与其妻子燕妮合葬于伦敦北郊的海格特公墓内。讲话简述了马克思在中学时代、大学时代、在《莱茵报》工作期间、移居巴黎后、晚年等关键时期的历史活动及其撰写的重要著作。在此基础上，从三个方面概括和阐述了马克思伟大光辉的一生。首先，马克思的一生，是胸怀崇高理想、为人类解放不懈奋斗的一生。马克思一生饱尝颠沛流离的艰辛、贫病交加的煎熬，但他初心不改、矢志不渝，为人类解放的崇高理想而不懈奋斗，成就了伟大人生。其次，马克思的一生，是不畏艰难险阻、为追求真理而勇攀思想高峰的一生。马克思为创立科学理论体系，付出了常人难以想象的艰辛，最终达到了光辉的顶点。他博览群书、广泛涉猎，不仅深入了解和研究哲学社会科学各个学科知识，而且深入了解和研究各种自然科学知识，努力从人类创造的一切文明成果中汲取养料。即使在多病的晚年，马克思仍然不断迈向新的科学领域和目标，写下了数量庞大的历史学、人类学、数学等学科笔记。最后，马克思的一生，是为推翻旧世界、建立新世界而不息战斗的一生。马克思毕生的使命就是为人民解放而奋斗。为了改变人民受剥削、受压迫的命运，马克思义无反顾投身轰轰烈烈的工人运动，始终站在革命斗争最前沿。他领导创建了世界上第一个无产阶级政党——共产主义者同盟，领导了世界上第一个国际工人组织——国际工人协会，热情支持世界上第一次工人阶级夺取政权的革命——巴黎公社革命，满腔热情、百折不挠推动各国工人运动发展。

2. 归纳了马克思主义的理论品质

马克思给我们留下的最有价值、最具影响力的精神财富，就是以他名字命名的科学理论——马克思主义。马克思的思想理论源于那个时代又超越了那个时代，既是那个时代精神的精华又是整个人类精神的精华。讲话从科学性、人民性、实践性、开放性四个方面归纳了马克思主义的理论品质。一是马克思主义是科学的理论，创造性地揭示了人类社会发展规律。马克思创建了唯物史观和剩余价值学说，揭示了人类社会发展的一般规律，揭示了资本主义运行的特殊规律，为人类指明了从必然王国向自由王国飞跃的途径，为人民指明了实现自由和解放的道路。二是马克思主义是人民的理论，第一次创立了人民实现自身解放的思想体系。在马克思之前，社会上占统治地位的理论都是为统治阶级服务的。马克思主义第一次站在人民的立场探求人类自由解放的道路，以科学的理论为最终建立一个没有压迫、没有剥削、人人平等、人人自由的理想社会指明了方向。三是马克思主义是实践的理论，指引着人民改造世界的行动。马克思主义不是书斋里的学问，而是为了改变人民历史命运而创立的，是在人民求解放的实践中形成的，也是在人民求解放的实践中丰富和发展的，为人民认识世界、改造世界提供了强大精神力量。四是马克思主义是不断发展的开放的理论，始终站在时代前沿。一部马克思主义发展史就是马克思、恩格斯以及他们的后继者们不断根据时代、实践、认识发展而发展的历史，是不断吸收人类历史上一切优秀思想文化成果丰富自己的历史。

3. 总结了党带领人民创造性推进马克思主义中国化的壮阔历程和丰硕成果

近代以来，在争取民族独立、人民解放和实现国家富强、人民幸福的历史征程中，历史和人民选择了马克思主义，选择了中国共产党。中国共产党以马克思主义为指导，带领人民进行伟大社会革命，创造了人间一个又一个奇迹。党的面貌、国家的面貌、人民的面貌、军队的面貌、中华民族的面貌发生了前所未有的变化。讲话从站起来、富起来、强起来三个维度，阐述了党推进马克思主义中国化的壮阔历程。

第一，中国共产党诞生后，中国共产党人把马克思主义基本原理同中国革命和建设的具体实际结合起来，团结带领人民经过长期奋斗，完成新民主主义革命和社会主义革命，建立起中华人民共和国和社会主义基本制度，进行了社会主义建设的艰辛探索，实现了中华民族从东亚病夫到站起来的伟大飞跃。这一伟大飞跃以铁一般的事实证明，只有社会主义才能救中国！

第二，改革开放以来，中国共产党人把马克思主义基本原理同中国改革开放的具体实际结合起来，团结带领人民进行建设中国特色社会主义新的伟大实践，使中国大踏步赶上了时代，实现了中华民族从站起来到富起来的伟大飞跃。这一伟大飞跃以铁一般的事实证明，只有中国特色社会主义才能发展中国！

第三，在新时代，中国共产党人把马克思主义基本原理同新时代中国具体实际结合起来，团结带领人民进行伟大斗争、建设伟大工程、推进伟大事业、实现伟大梦想，推动党和国家事业取得全方位、开创性历史成就，发生深层次、根本性历史变革，中华民族迎来了从富起来到强起来的伟大飞跃。这一伟大飞跃以铁一般的事实证明，只有坚持和发展中国特色社会主义才能实现中华民族伟大复兴！

4. 新时代中国共产党人学习和实践马克思主义的基本要求

马克思主义博大精深、常学常新。新时代，中国共产党人仍然要学习马克思，学习和实践马克思主义，不断从中汲取科学智慧和理论力量。在讲话中，习近平总书记着眼于党和国家事业发展全局，就学习和实践马克思主义提出了九个方面的要求，为新时代坚持和发展中国特色社会主义进一步指明了前进方向。这九个方面基本要求的主要内容包括：马克思主义关于人类社会发展规律的思想，马克思主义关于坚守人民立场的思想，马克思主义关于生产力和生产关系的思想，马克思主义关于人民民主的思想，马克思主义关于文化建设的思想，马克思主义关于社会建设的思想，马克思主义关于人与自然关系的思想，马克思主义关于世界历史的思想，马克思主义关于马克思主义政党建设的思想。总之，我们要坚持和运用辩证唯物主义和历史唯物主义的世界观和方法论，坚持和运用马克思主义立场、观点、方法，坚持和运用马克思主义关于世界的物质性及其发展规律，关于人类社会发展的自然性、历史性及其相关规律，关于人的解放和自由全面发展的规律，关于认识的本质及其发展规律等原理，坚持和运用马克思主义的实践观、群众观、阶级观、发展观、矛盾观，真正把马克思主义这个看家本领学精悟透用好。

三、重要意义

1. 深化了对马克思主义的认识

习近平总书记在讲话中全面概括和科学评价了马克思生平与思想，深刻揭示了马克思主义真理力量。习近平总书记尤其强调"对待科学的理论必须有科学的态度"，为新时代创新马克思主义提供了方法论基础。马克思主义是科学理论，它继承和发展了人类文明的一切优秀思想，揭示了人类社会发展的客观规律，同时又与各民族的特点相融合，随着实践、科学和时代的发展而发展，闪耀着真理的光芒。因此，我们要以科学的态度对待科学，以真理的精神追求真理，不断赋予马克思主义以新的时代内涵。对待马克思主义科学态度既要坚持又要发展，在坚持中创新和发展。首先，要坚持马克思主义。马克思主义始终是我们党和国家的指导思想；科学社会主义基本原则不能丢，丢了就不是社会主义。从《共产党宣言》发表到今天，170 年过去了，人类社会发生了翻天覆地的变化，但马克思主义所阐述的一般原理整个来说仍然是完全正确的。其次，要发展马克思主义。我们要坚持用马克思主义观察时代、解读时代、引领时代，用鲜活丰富的当代中国实践来推动马克思主义发展，用宽广视野吸收人类创造的一切优秀文明成果，坚持在改革中守正出新、不断超越自己，在开放中博采众长、不断完善自己，不断深化对共产党执政规律、社会主义建设规律、人类社会发展规律的认识，不断开辟当代中国马克思主义、21 世纪马克思主义新境界！

2. 拓展了对马克思主义中国化的理解

中国共产党的历史，就是把马克思主义基本原理与中国具体实际和时代特征相结合，不断创新、发展中国化马克思主义的历史。之前，我们党对马克思主义中国化历程有两次权威和集中阐述。一是党的十三大强调："马克思主义与我国实践的结合，经历了六十多年。在这个过程中，有两次历史性飞跃。第一次飞跃，发生在新民主主义革命时期，中国共产党人经过反复探索，在总结成功和失败经验的基础上，找到了有中国特色的革命道路，把革命引向胜利。第二次飞跃，发生在十一届三中全会以后，中国共产党人在总结建国三十多年来正反两方面经验的基础上，在研究国际经验和世界形势的基础上，开始找到一条建设有中国特色的社会主义的道路，开辟了社会主义建设的新阶段。"[①]二是党的十五大强调："马克思列宁主义同中国实际相结合有两次历史性飞跃，产生了两大理论成果。第一次飞跃的理论成果是被实践证明了的关于中国革命和建设的正确的理论原则和经验总结，它的主要创立者是毛泽东，我们党把它称为毛泽东思想。第二次飞跃的理论成果是建设有中国特色社会主义理论，它的主要创立者是邓小平，我们党把它称为邓小平理论。这两大理论成果都是党和人民实践经验和集体智慧的结晶。"[②]党的十八大以来，以习近平同志为核心的党中央，在实践和理论创新的过程中，逐渐形成了从"站起来""富起来"到

[①] 中共中央文献研究室：《十三大以来重要文献选编》上，中央文献出版社 2011 年版，第 47～48 页。

[②] 中共中央文献研究室：《十五大以来重要文献选编》上，中央文献出版社 2011 年版，第 8 页。

"强起来"理解马克思主义中国化历程的维度。讲话把站起来与新中国成立、社会主义制度确立、社会主义建设探索对应起来,把富起来与改革开放对应起来,把强起来与新时代对应起来,并分别强调"只有社会主义才能救中国","只有中国特色社会主义才能发展中国","只有坚持和发展中国特色社会主义才能实现中华民族伟大复兴",这样就把党对马克思主义中国化的认识提升到一个新的阶段。

3. 指明了新时期坚持和发展中国特色社会主义的方向

习近平总书记指出,当代中国的伟大社会变革,不是简单延续我国历史文化的母版,不是简单套用马克思主义经典作家设想的模板,不是其他国家社会主义实践的再版,也不是国外现代化发展的翻版。新时期坚持和发展中国特色社会主义,必须立足中国实践,解决中国问题,紧密联系中国国情的深刻变化,准确把握我国发展的历史方位,与时代同步伐,与人民共命运,关注和回答时代和实践提出的重大课题,把马克思主义基本原理与中国实际紧密结合起来,获得新认识、形成新成果。只有把科学社会主义基本原则同本国具体实际、历史文化传统、时代要求紧密结合起来,在实践中不断探索总结,才能把蓝图变为美好现实。

四、学习思考

1. 如何概括和阐述马克思光辉的一生?
2. 如何理解马克思主义的理论品质?
3. 新时代中国共产党人学习和实践马克思主义的基本要求是什么?

习近平《在庆祝改革开放 40 周年大会上的讲话》导读

2018 年 12 月 18 日，庆祝改革开放 40 周年大会在北京人民大会堂隆重举行。中共中央总书记、国家主席、中央军委主席习近平出席大会并发表重要讲话。《在庆祝改革开放 40 周年大会上的讲话》回顾了改革开放 40 年的光辉历程，总结了改革开放的伟大成就和宝贵经验，宣示了中国共产党人在新时代将改革开放进行到底的鲜明立场和坚定信念。

原文见习近平：《在庆祝改革开放 40 周年大会上的讲话》，人民出版社 2018 年版。

一、形成背景

粉碎"四人帮"之后，彻底扭转十年内乱造成的严重局面，恢复党和国家工作的正常秩序，是人民的急切期待。必须承认，想要消除"文化大革命"带来的思想混乱并非易事。在"文化大革命"结束后的两年间，一些领域的拨乱反正已经开始。但是，受到"左"倾错误的影响和"两个凡是"的限制，党和国家工作出现了在徘徊中前进的局面。这种状况引起党内党外许多人的思考，产生了实事求是与"两个凡是"的争论。1978 年 5 月 10 日，中央党校内部刊物《理论动态》刊登《实践是检验真理的唯一标准》一文。次日，《光明日报》以特约评论员名义公开发表这篇文章，新华社向全国转发。广大干部群众对文章内容反响强烈，引发了关于真理标准问题的大讨论。起初，真理标准问题讨论受到一些人的指责，但在邓小平的领导和老一辈革命家的支持下，一场关于真理标准问题的大讨论在全党全社会迅速展开，成为改革开放的思想先导。

1978 年 9 月，邓小平在"北方谈话"中多次提到把党和国家工作重点转移到现代化建设上来的主张，这一建议在 1978 年 11 月 10 日至 12 月 15 日召开的中央工作会议中得到重点讨论，为随即召开的党的十一届三中全会作了充分准备。1978 年 12 月 18 日至 22 日，党的十一届三中全会胜利召开。全会冲破长期"左"的错误的严重束缚，批评"两个凡是"的错误方针，充分肯定必须完整、准确地掌握毛泽东思想的科学体系，高度评价关于真理标准问题的讨论，果断结束"以阶级斗争为纲"，重新确立马克思主义的思想路线、政治路线、组织路线。从此，我国改革开放拉开了大幕，实现了新中国成立以来党的历史上具有深远意义的伟大转折，开启了改革开放和社会主义现代化的伟大征程。

基于党的十一届三中全会作为一个伟大转折点而载入光辉史册的特殊地位，党和国家高度重视改革开放相关纪念活动。从纪念周期上看，较具规模的改革开放纪念活动以"逢十"的周年纪念为主，1978 年至 2018 年共进行 4 次"逢十"的改革开放周年纪念。"逢五"的周年虽未举办国家级纪念活动，大多也依靠中央级主流媒体进行了相关的媒体宣传活动。从纪念对象上看，党的十一届三中全会的召开是最为主要的纪念对象。除此之外，"南方谈话"、经济特区设立等改革开放典型事件和邓小平、李先念、习仲勋等改革开放典型人物也被纳入了纪念范围。从纪念方式上看，"逢十"的改革开放周年纪念活动具有形式渐趋丰富、规模日益壮大的特征。1988 年，改革开放 10 周年纪念活动以理论研讨会为主要形式。当时，党中央委托中宣部、中央党校和中国社会科学院联合召开了纪念党的十一届三中全会召开 10 周年理论讨论会，党和国家领导人出席开幕式并会见了全体代表。1998 年，中共中央首次以召开正式且隆重的纪念大会的方式进行改革开放周年纪念，江泽民在会上发表重要讲话。此后，召开纪念大会并由时任中共中央总书记的中国共产党领导人发表重要讲话逐渐成为进行"逢十"的改革开放周年纪念的稳定方式。① 在党和国家的组织和号召下，改革开放周年纪念活动的形式也日趋丰富。开设媒体专栏、举办征文活动、发行纪念邮票、组织纪念展览、出版纪念图书等多样活动的开展，有效吸引了全党上下和社会各界群众的参与。

2017 年 9 月，习近平总书记在金砖国家工商论坛开幕式上的主旨演讲中提及："改革开放近 40 年来，到明年我们要隆重地纪念一下，明年就是 40 年"②，又在 2018 年的新年贺词中明确："我们要以庆祝改革开放 40 周年为契机，逢山开路，遇水架桥，将改革进行到底。"③在改革开放 40 周年之际，中共中央延续了以往的纪念传统，依然以召开纪念大会的方式进行改革开放周年纪念。有

---

① 在庆祝改革开放 40 周年大会召开之前，中国共产党领导人在改革开放周年纪念大会上发表的重要讲话主要有：1998 年 12 月 18 日，江泽民在纪念党的十一届三中全会召开 20 周年大会上的讲话；2008 年 12 月 18 日，胡锦涛在纪念党的十一届三中全会召开 30 周年大会上的讲话。

② 《习近平：明年要隆重纪念改革开放 40 周年》，http：//www. xinhuanet. com/world/2017－09/03/c＿129695182. htm，2017-09-03。

③ 《国家主席习近平发表 2018 年新年贺词》，http：//china. cnr. cn/news/20180101/t20180101＿524082826. shtml，2018-01-01。

所不同的是，此次纪念大会在名称上并未出现"纪念党的十一届三中全会"等字眼，而是代之以"庆祝改革开放 40 周年"的话语表达。这一转变既保留了大会的纪念意味，又突出了改革开放伟大决策本身及其进行时态。与此对应，习近平总书记《在庆祝改革开放 40 周年大会上的讲话》既高度赞扬了中国人民为改革开放事业作出的杰出贡献、取得的丰硕成果，也庄严地向中国人民发出了改革开放再出发的行动号令。

二、基本思想

1. 中国共产党作出实行改革开放伟大决策的历史必然性

合规律性和合目的性是评价人类历史的两大尺度。习近平总书记站在历史活动实践主体的高度上，把握历史发展的规律和大势，深刻洞察党、国家和民族的历史使命与发展前景。在此基础上，他用"四个基于"阐释了改革开放的启动原因与背景，揭示出伟大决策背后蕴含的合规律性与合目的性相统一的内在逻辑。

第一，基于对党和国家前途命运的深刻把握。"文化大革命"十年内乱导致我国经济濒临崩溃的边缘，国家建设百废待兴。作出改革开放伟大决策是中国共产党人为使党和国家事业从危难中重新奋起，冷静思索党和国家前途命运的结果。

第二，基于对社会主义革命和建设实践的深刻总结。社会主义基本制度的建立，为当代中国一切发展进步奠定了根本政治前提和制度基础。我们党在探索中国的社会主义建设之路时虽曾经历严重曲折，但也取得了独创性的理论成果和巨大成就。作出改革开放伟大决策是中国共产党人深刻总结我国社会主义建设正反两方面经验的结果。

第三，基于对时代潮流的深刻洞察。20 世纪 70 年代以来，世界经济快速发展，科技进步日新月异，世界形势发生了重大变化。邓小平同志指出："我们要赶上时代，这是改革要达到的目的。"①作出改革开放伟大决策是中国共产党人洞察时代问题、把握时代脉搏、顺应时代潮流的结果。

第四，基于对人民群众期盼和需要的深刻体悟。温饱问题曾经是缠绕在中

---

① 《邓小平文选》第三卷，人民出版社 1993 年版，第 242 页。

华民族身上挥之不去的阴影。改革开放之后，忍饥挨饿、缺吃少穿、生活困顿这些困扰人民的问题总体上一去不复返了。作出改革开放伟大决策是中国共产党人深刻体悟人民群众最期盼和最需要解决的摆脱贫困、解决温饱、增加收入等问题的结果。

2. 中国改革开放 40 周年取得的辉煌成就

改革开放是当代中国最显著的特征、最壮丽的气象。习近平总书记强调，人在历史发展的过程中不是完全消极被动的，只有奋发有为、锐意进取，才能推动人类社会的前进。因而，他以"十个始终坚持"梳理了改革开放 40 年的奋斗历程和辉煌成就，标示了我国改革开放取得成功的关键所在。

第一，始终坚持解放思想、实事求是、与时俱进、求真务实。坚持马克思主义指导地位不动摇，坚持科学社会主义基本原则不动摇，勇敢推进理论创新、实践创新、制度创新、文化创新以及各方面创新，不断赋予中国特色社会主义以鲜明的实践特色、理论特色、民族特色、时代特色，形成了中国特色社会主义道路、理论、制度、文化，彰显了科学社会主义的鲜活生命力。

第二，始终坚持以经济建设为中心，不断解放和发展社会生产力。我国国内生产总值、货物进出口总额、累计使用外商直接投资、对外投资总额量质齐升，主要农产品产量跃居世界前列，建立了全世界最完整的现代工业体系，科技创新和重大工程捷报频传，基础设施建设成就显著。中国已然成为世界第二大经济体、制造业第一大国、货物贸易第一大国、商品消费第二大国、外资流入第二大国，外汇储备连续多年位居世界第一。

第三，始终坚持中国特色社会主义政治发展道路。不断深化政治体制改革，发展社会主义民主政治。党和国家领导体制日益完善，全面依法治国深入推进，中国特色社会主义法律体系日益健全，人民当家作主的制度保障和法治保障更加有力，人权事业全面发展，爱国统一战线更加巩固，人民依法享有和行使民主权利的内容更加丰富、渠道更加便捷、形式更加多样。

第四，始终坚持发展社会主义先进文化。加强社会主义精神文明建设，培育和践行社会主义核心价值观，传承和弘扬中华优秀传统文化，坚持以科学理论引路指向，以正确舆论凝心聚力，以先进文化塑造灵魂，以优秀作品鼓舞斗志，全民族理想信念和文化自信不断增强，国家软实力和中华文化影响力大幅提升。

第五，始终坚持在发展中保障和改善民生。全面推进幼有所育、学有所教、劳有所得、病有所医、老有所养、住有所居、弱有所扶，不断改善人民生活、增进人民福祉。全国居民人均可支配收入显著增加，教育事业全面发展，建成了世界最大的社会保障体系，常住人口城镇化率、居民预期寿命大幅提升，社会大局保持长期稳定，成为世界上最有安全感的国家之一。

第六，始终坚持保护环境和节约资源。坚持推进生态文明建设，加快形成生态文明制度体系，逐步健全主体功能区制度，节能减排取得重大进展，重大生态保护和修复工程进展顺利，生态环境治理明显加强，积极参与和引导应对气候变化国际合作，中国人民生于斯、长于斯的家园更加美丽宜人。

第七，始终坚持党对军队的绝对领导。不断推进国防和军队现代化，推进人民军队实现革命性重塑，武器装备取得历史性突破，治军方式发生根本性转变，革命化现代化正规化水平显著提高，人民军队维护国家主权、安全、发展利益的能力显著增强。

第八，始终坚持推进祖国和平统一大业。实施"一国两制"基本方针，相继恢复对香港、澳门行使主权，洗雪了中华民族百年屈辱。坚持一个中国原则和"九二共识"，加强两岸经济文化交流合作，推动两岸关系和平发展，坚决反对和遏制"台独"分裂势力，牢牢掌握两岸关系发展主导权和主动权。

第九，始终坚持独立自主的和平外交政策。始终不渝走和平发展道路、奉行互利共赢的开放战略，坚定维护国际关系基本准则，维护国际公平正义。积极参与经济全球化进程，推动建设开放型世界经济、构建人类命运共同体，促进全球治理体系变革，旗帜鲜明反对霸权主义和强权政治，为世界和平与发展不断贡献中国智慧、中国方案、中国力量。

第十，始终坚持加强和改善党的领导。积极应对在长期执政和改革开放条件下党面临的各种风险考验，持续推进党的建设新的伟大工程，保持党的先进性和纯洁性，保持党同人民群众的血肉联系。积极探索共产党执政规律、社会主义建设规律、人类社会发展规律，坚持党要管党、从严治党，净化党内政治生态，持之以恒正风肃纪，以零容忍态度严厉惩治腐败。

3. 在中国特色社会主义实践中坚持和发展改革开放的宝贵经验

实践发展永无止境，改革开放永不停步。习近平总书记指出，必须倍加珍惜、长期坚持、不断丰富与发展改革开放 40 年积累的宝贵经验。他借"九个必须坚持"阐明了新时代如何继续推进改革开放的重大命题，这对新时代坚持和发展中国特色社会主义有着极为重要的指导意义。

第一，必须坚持党对一切工作的领导，不断加强和改善党的领导。必须增强"四个意识"、坚定"四个自信"，坚决维护党中央权威和集中统一领导，把党的领导贯彻和体现到改革发展稳定、内政外交国防、治党治国治军等各个领域。党要总揽全局、协调各方，坚持科学执政、民主执政、依法执政，完善党的领导方式和执政方式，提高党的执政能力和领导水平，不断提高党把方向、谋大局、定政策、促改革的能力和定力。

第二，必须坚持以人民为中心，不断实现人民对美好生活的向往。必须始终把人民对美好生活的向往作为奋斗目标，践行党的根本宗旨，贯彻党的群众路线，尊重人民主体地位，充分激发蕴藏在人民群众中的创造伟力。要确保人民依法享有广泛充分、真实具体、有效管用的民主权利，着力解决人民群众所需所急所盼，让人民共享发展成果，不断促进人的全面发展、全体人民共同富裕。

第三，必须坚持马克思主义指导地位，不断推进实践基础上的理论创新。必须坚持以马克思列宁主义、毛泽东思想、邓小平理论、"三个代表"重要思想、科学发展观、习近平新时代中国特色社会主义思想为指导，坚持解放思想和实事求是有机统一。要发展 21 世纪马克思主义、当代中国马克思主义，强化问题意识、时代意识、战略意识，紧密跟踪亿万人民的创造性实践，借鉴吸收人类一切优秀文明成果，不断回答时代和实践提出的新的重大课题。

第四，必须坚持走中国特色社会主义道路，不断坚持和发展中国特色社会主义。必须坚持以习近平新时代中国特色社会主义思想和党的十九大精神为指导，牢牢把握改革开放的前进方向。要坚持党的基本路线，把以经济建设为中心同坚持四项基本原则、坚持改革开放这两个基本点统一于新时代中国特色社会主义伟大实践，长期坚持，绝不动摇。

第五，必须坚持完善和发展中国特色社会主义制度，不断发挥和增强我国制度优势。必须坚持和完善社会主义基本经济制度，展现中国特色社会主义政治制度的独特优势，加强文化领域制度、社会治理制度、生态文明制度建设，坚决破除一切妨碍发展的体制机制障碍和利益固化藩篱，加快形成系统完备、科学规范、运行有效的制度体系。

第六，必须坚持以发展为第一要务，不断增强我国综合国力。必须围绕解决好社会主要矛盾，坚决贯彻新发展理念，统筹推进"五位一体"总体布局，协调推进"四个全面"战略布局，努力实现更高质量、更有效率、更加公平、更可持续的发展。坚持以供给侧结构性改革为主线，积极转变发展方式，实施创新驱动发展战略，形成绿色发展方式和生活方式。

第七，必须坚持扩大开放，不断推动共建人类命运共同体。必须高举和平、发展、合作、共赢的旗帜，推动建设相互尊重、公平正义、合作共赢的新型国际关系。发挥负责任大国作用，支持广大发展中国家发展，积极参与全球治理体系改革和建设，支持开放、透明、包容、非歧视性的多边贸易体制，同各方以共建"一带一路"为重点打造国际合作新平台，为世界共同发展增添新动力。

第八，必须坚持全面从严治党，不断提高党的创造力、凝聚力、战斗力。必须按照新时代党的建设总要求，不断推进党的建设新的伟大工程，不断提高管党治党水平。着力培养忠诚干净担当的高素质干部队伍和宏大的人才队伍，以反腐败永远在路上的坚韧和执着，深化标本兼治，坚决清除一切腐败分子，保证干部清正、政府清廉、政治清明，为继续推进改革开放营造海晏河清的政治生态。

第九，必须坚持辩证唯物主义和历史唯物主义世界观和方法论，正确处理改革发展稳定关系。要增强战略思维、辩证思维、创新思维、法治思维、底线思维，坚持问题导向，深入调查研究，不断提高改革决策的科学性，确保各项重大改革举措落到实处。把改革发展稳定统一起来，坚持方向不变、道路不偏、力度不减，推动新时代改革开放走得更稳、走得更远。

三、重要意义

1. 高屋建瓴地概括了改革开放的重大历史意义

正确评价改革开放这一具有历史转折意义的重大事件是树立正确党史观的必然要求，也是旗帜鲜明反对历史虚无主义的迫切需要。我们党对改革开放的评价经历了一个不断完善与发展的过程。江泽民指出："实行改革开放是社会主义中国的强国之路，是决定当代中国命运的历史性决策"；"改革开放，是新时期中国最鲜明的特征"。① 胡锦涛强调："改革开放是强国之路，是我们党、我们国家发展进步的活力源泉"；"改革开放是决定当代中国命运的关键抉择，是发展中国特色社会主义、实现中华民族伟大复兴的必由之路"。② 习近平总书记的讲话正文共出现 51 次"改革开放"，足以显示改革开放的重要历史地位。讲话明确指出，改革开放是五四运动以来我国发生的历史性事件，是近代以来实现中华民族伟大复兴的里程碑。"改革开放是我们党的一次伟大觉醒"；"改

---

① 《江泽民文选》第二卷，人民出版社 2006 年版，第 254 页。
② 《胡锦涛文选》第二卷，人民出版社 2016 年版，第 625、619 页。

革开放是中国人民和中华民族发展史上一次伟大革命";"改革开放是党和人民大踏步赶上时代的重要法宝,是坚持和发展中国特色社会主义的必由之路,是决定当代中国命运的关键一招,也是决定实现'两个一百年'奋斗目标、实现中华民族伟大复兴的关键一招"。① 这些概括是党对改革开放作出的权威且准确的历史评价,高屋建瓴地阐发了改革开放的重大历史意义,既同党的历史文献既有结论相衔接,又丰富与发展了党关于改革开放的重要论述。

2. 深化了对中国特色社会主义建设规律的认识

马克思主义揭示了人类社会与自然界和人类思维的发展一样都具有自身不以人的意志为转移的规律性。作为历史的真正主体的现实的人,能够在认识和把握规律的基础上,发挥主体能动性,创造新的历史伟业。社会主义制度在中国确立之后,中国共产党人从未停止过对社会主义建设道路的探索,在这一过程中,既有宏伟成就,也有曲折反复。建设中国特色社会主义的实践过程是社会主义的普遍规律与中国特点相结合的过程,也是中国共产党人不断把握并积极运用中国特色社会主义建设规律的过程。如习近平总书记所指出的,在改革开放的历史进程中,我们积极探索共产党执政规律、社会主义建设规律、人类社会发展规律,不断开辟马克思主义中国化新境界。讲话中,习近平总书记以马克思主义政治家、思想家、战略家的品格,基于对历史经验教训的深切体悟,阐述了中国共产党作出改革开放历史性决策的基本依据,概括了改革开放40年实践历程所积累的宝贵经验,深化了对中国特色社会主义建设的规律性认识。

3. 为新时代全面深化改革的推进提供了方向指引和根本遵循

中国共产党人历来将总结经验视为提高自己的重要方法,始终保持着在前进中总结经验的自觉。需要明确的是,回顾历史不等于沉溺过往,总结经验归根到底是为了积蓄开拓的勇气和力量。习近平总书记在讲话中形象地强调,改革开放已走过千山万水,但仍需跋山涉水,我们绝不能有半点骄傲自满、固步自封,也绝不能有丝毫犹豫不决、徘徊彷徨,必须勇立潮头、奋勇搏击。改革开放每一步都不是轻而易举的,未来必定会面临这样那样的风险挑战,甚至会遇到难以想象的惊涛骇浪。前进路上,如何自信跨越沟沟坎坎和激流险滩,蹄疾步稳地推动全面深化改革向纵深发展,是横亘在中国共产党人面前的时代新

---

① 习近平:《在庆祝改革开放40周年大会上的讲话》,人民出版社2018年版,第4、21页。

课题。对此，中国共产党人选择立足于新的实践基础和时代环境，坚定地肩负起全面深化改革的责任使命。讲话为新时代坚持和发展中国特色社会主义作出了顶层设计和战略部署，科学回答了新时代改革开放事业的领导力量、指导思想、价值取向、任务要求、动力保障和思维方法等根本问题，为新时代推动全面深化改革固本开新、行稳致远提供了方向指引和根本遵循。

四、学习思考

1. 如何理解改革开放的历史必然性？
2. 改革开放取得举世瞩目伟大成就的原因何在？
3. 如何正确认识和处理改革发展稳定的关系？

习近平《在庆祝中国共产党成立100周年大会上的讲话》导读

2021年7月1日，庆祝中国共产党成立100周年大会在北京人民大会堂举行，中共中央总书记、国家主席、中央军委主席习近平出席并发表重要讲话。《在庆祝中国共产党成立100周年大会上的讲话》从中华民族伟大复兴这一主题出发，回顾了中国共产党百年历程，全面总结了党团结带领人民创造的伟大成就，庄严宣告了全面建成小康社会的第一个百年奋斗目标的实现。同时，郑重宣示了坚持和发展中国特色社会主义的决心，为全面建成社会主义现代化强国的第二个百年奋斗目标而迈进。

原文见习近平：《在庆祝中国共产党成立100周年大会上的讲话》，人民出版社2021年版。

一、形成背景

中国共产党建党纪念日的庆祝活动不仅是对历史的缅怀，更具有重要的政治和社会功能。作为一种仪式性活动，它承载着集体记忆和政治动员的双重使命。改革开放以来，中国共产党在重要的纪念日，尤其是逢五、逢十的建党周年庆，都会组织多种形式的纪念活动。① 在这些纪念活动中，党的最高领导人所发表的重要讲话无疑是最受瞩目和最具分量的环节。在这些重要讲话中，都可以清晰地观察到中国共产党在构建历史性叙事时所体现出的鲜明特质。2021年7月1日，习近平总书记在庆祝中国共产党成立100周年大会上的讲话指出了过去一百年，中国共产党向人民、向历史交出了一份优异的答卷的历史成就；指明了现在中国共产党团结带领中国人民又踏上了实现第二个百年奋斗目标新的赶考之路的前进方向；强调了中国共产党为什么能，中国特色社会主义

---

① 在庆祝中国共产党成立100周年大会召开之前，中国共产党领导人在中国共产党成立周年纪念大会上发表的重要讲话主要有：1981年7月1日，胡耀邦在庆祝中国共产党成立60周年大会的讲话；1991年7月1日、2001年7月1日，江泽民在庆祝中国共产党成立70周年、80周年大会的讲话；2011年7月1日，胡锦涛在庆祝中国共产党成立90周年大会的讲话；2016年7月1日，习近平在庆祝中国共产党成立95周年大会的讲话等。

为什么好，归根到底是因为马克思主义行的理论认识；彰显了中国共产党立志于中华民族千秋伟业，百年恰是风华正茂的光辉形象。

1997 年 9 月 12 日，江泽民在党的十五大报告《高举邓小平理论伟大旗帜，把建设有中国特色社会主义事业全面推向二十一世纪》中首次提出："到建党一百年时，使国民经济更加发展，各项制度更加完善；到世纪中叶建国一百年时，基本实现现代化，建成富强民主文明的社会主义国家。"[①]在理论上首次系统阐释了"中华民族伟大复兴"的深刻内涵，将其上升为中国共产党的历史使命，开创性地确立了实现这一伟大目标的思想理论基础。2012 年 11 月，党的十八大提出，在中国共产党成立 100 年时全面建成小康社会，在新中国成立 100 年时建成富强民主文明和谐的社会主义现代化国家。两个一百年奋斗目标有了更为清晰的奋斗方向。在中国共产党的坚强领导下，经过百年奋斗实践，特别是新中国成立 70 多年的发展，中国在经济、科技、国防、社会保障等各个领域取得了令人瞩目的历史性成就。经济总量跃居世界前列，人民生活水平不断提高；科技实力大幅提升，多个领域处于全球领先地位；国防实力重塑，战略能力现代化……最终在 2021 年顺利实现了第一个百年奋斗目标，全面建成了小康社会，历史性地解决了绝对贫困问题，取得了彪炳史册的伟大成就。善于总结经验是中国共产党人的优良传统，习近平在庆祝中国共产党成立 100 周年大会上的讲话从实践与理论等不同层面对中国共产党团结带领人民接续奋斗取得的辉煌成就进行剖析，总结出宝贵的实践经验与精神谱系，为党坚定理想信念，凝聚奋斗力量，传承红色基因，弘扬优良作风，把握历史发展规律，应对新的时代挑战奠定了有力基础。

同时，党的十九大报告清晰擘画全面建成社会主义现代化强国的时间表、路线图：在 2020 年全面建成小康社会、实现第一个百年奋斗目标的基础上，再奋斗 15 年，在 2035 年基本实现社会主义现代化。从 2035 年到本世纪中叶，在基本实现现代化的基础上，再奋斗 15 年，把我国建成富强民主文明和谐美丽的社会主义现代化强国。至此，党团结带领全国人民站在"两个一百年"奋斗目标的历史交汇点上，开启了全面建设社会主义现代化国家新征程。

然而，当今世界百年未有之大变局加速演进，逆全球化思潮抬头，单边主义、保护主义明显上升，世界经济复苏乏力，局部冲突和动荡频发，全球性问题加剧，世界进入新的动荡变革期，来自外部的风险挑战始终存在并日益凸显。我国改革发展稳定面临诸多难以避免的深层次矛盾，党的建设特别是党风

---

① 《江泽民文选》第二卷，人民出版社 2006 年版，第 4 页。

廉政建设和反腐败斗争面临顽固性、多发性问题。我国发展进入战略机遇和风险挑战并存、不确定难预料因素增多的时期，各种"黑天鹅""灰犀牛"事件随时可能发生，需要应对的风险挑战、防范化解的矛盾问题比以往更加严峻复杂。稍有不慎，实现中华民族伟大复兴的历史进程便会迟滞甚至中断。因此，站在新的历史交汇点上，站在新的时代背景下，开展中国共产党成立100周年庆祝活动与讲话，是全党、全国人民坚定战略自信、保持必胜信念，以更为从容的姿态，准备经受风高浪急甚至惊涛骇浪的重大考验的需要，也承前启后，披荆斩棘、勇毅前行，奋力开创事业发展的新局面的需要。

二、基本思想

1. 阐明中华民族伟大复兴的奋斗主题

实现中华民族伟大复兴是近代以来中国人民最伟大的梦想。中国共产党一经诞生，就把为中国人民谋幸福、为中华民族谋复兴确立为自己的初心使命。一百年来，中国共产党团结带领中国人民进行的一切奋斗、一切牺牲、一切创造，归结起来就是一个主题：实现中华民族伟大复兴。围绕这一主题，习近平总书记根据百年征途的不同历史阶段，总结了中国共产党团结带领中国人民取得的四个伟大成就。

第一，中国共产党团结带领中国人民，创造了新民主主义革命的伟大成就。推翻帝国主义、封建主义、官僚资本主义三座大山，建立了人民当家作主的中华人民共和国，实现了民族独立、人民解放。新民主主义革命的胜利，彻底结束了旧中国半殖民地半封建社会的历史，为实现中华民族伟大复兴创造了根本社会条件。

第二，中国共产党团结带领中国人民，创造了社会主义革命和建设的伟大成就。通过进行社会主义革命，中国共产党确立社会主义基本制度，推进社会主义建设。实现了中华民族有史以来最为广泛而深刻的社会变革，实现了一穷二白、人口众多的东方大国大步迈进社会主义社会的伟大飞跃，为实现中华民族伟大复兴奠定了根本政治前提和制度基础。

第三，中国共产党团结带领中国人民，创造了改革开放和社会主义现代化建设的伟大成就。中国共产党确立了党在社会主义初级阶段的基本路线，坚定不移推进改革开放，战胜来自各方面的风险挑战，开创、坚持、捍卫、发展中国特色社会主义。实现了从高度集中的计划经济体制到充满活力的社会主义市场经济体制、从封闭半封闭到全方位开放的历史性转变，实现了从生产力相对落后的状况到经济总量跃居世界第二的历史性突破，实现了人民生活从温饱不足到总体小康、奔向全面小康的历史性跨越，为实现中华民族伟大复兴提供了充满新的活力的体制保证和快速发展的物质条件。

第四，中国共产党团结带领中国人民，统揽伟大斗争、伟大工程、伟大事业、伟大梦想，创造了新时代中国特色社会主义的伟大成就。党的十八大以来，中国特色社会主义进入新时代，中国共产党坚持和加强党的全面领导，统筹推进"五位一体"总体布局、协调推进"四个全面"战略布局，坚持和完善中国特色社会主义制度、推进国家治理体系和治理能力现代化，坚持依规治党、形成比较完善的党内法规体系，战胜一系列重大风险挑战。通过实现第一个百年奋斗目标，明确实现第二个百年奋斗目标的战略安排，党和国家事业取得历史性成就、发生历史性变革，为实现中华民族伟大复兴提供了更为完善的制度保证、更为坚实的物质基础、更为主动的精神力量。

2. 提出伟大建党精神

伟大建党精神，是中国共产党的先驱们在革命年代探索救亡图存的道路上创造的宝贵精神财富，凝聚着中国共产党人的初心和使命，激励着中国共产党人不断开拓前行。习近平总书记在讲话中首次提出并阐述了伟大建党精神的深刻内涵和重大意义。一百年前，中国共产党的先驱们创建了中国共产党，形成了坚持真理、坚守理想，践行初心、担当使命，不怕牺牲、英勇斗争，对党忠诚、不负人民的伟大建党精神，这是中国共产党的精神之源。

第一，"坚持真理、坚守理想"，是中国共产党自成立以来一直恪守的理念。马克思主义的真理之光指引着我们党的前进方向，共产主义理想则是我们党矢志不渝的追求。这一理想给予了党前进的方向和不懈的动力。回顾党的百年奋斗史，无数先驱者甘冒生命危险，无私奉献自己的一切，后继者们亦怀揣同样的坚贞信仰，无所畏惧、矢志不渝，究其原因正是对真理的坚持和对理想的坚守。

第二，"践行初心、担当使命"，体现了中国共产党人的崇高信念和责任担当。百年来，无数共产党人怀揣为中国人民谋幸福，为中华民族谋复兴的初心与使命，甘冒艰险，视死如归，这份执着的信念贯穿百年奋斗历程，是党前赴后继、勇往直前的不竭动力。百年历程铸就的这份坚韧不拔的信念，是党永葆生机活力的不竭动力。

第三，"不怕牺牲、英勇斗争"，谱写了一部可歌可泣的英雄史诗。百年来，在救国、建国、富国、强国的伟大事业中，无数仁人志士不畏艰险、勇敢斗争。据不完全统计，从1921年至1949年，有370多万革命烈士浴血捐躯；如果从1840年开始计算，为中国革命而牺牲的人数则高达2000多万。这些可歌可泣的英勇事迹，诠释了共产党人"为有牺牲多壮志，敢教日月换新天"的雄心壮志，彰显了"更无豪杰怕熊罴"的英雄气概。革命道路艰难曲折，却因党人这份浴血奋战的豪情血性而披荆斩棘、克服万难。

第四，"对党忠诚、不负人民"，体现了中国共产党人对党和人民的忠诚与奉献。中国共产党自诞生之日起，就将自身的前途命运与人民的利益紧密相连。"江山就是人民，人民就是江山"，党在征战沙场时坚持这一理念，在执政国家后亦始终如一。无论是战火纷飞的革命年代，还是和平建设的新时期，党全力谋求民族复兴和人民幸福，绝不为一己之私谋利。

一百年来，中国共产党弘扬伟大建党精神，在长期奋斗中构建起中国共产党人的精神谱系，锤炼出鲜明的政治品格。历史川流不息，精神代代相传。习近平总书记呼吁，要继续弘扬光荣传统、赓续红色血脉，永远把伟大建党精神继承下去、发扬光大！

3. 缅怀革命先辈与致敬全体人民

人民性是马克思主义的本质属性，人民立场是中国共产党的根本政治立场，是马克思主义政党区别于其他政党的显著标志。百年征程的砥砺前行，离不开那些为党的事业作出重大贡献的仁人志士，对于这些历史人物的深刻缅怀，彰显了共产党人尊重历史、直面历史的态度。针对这一历史传统，习近平总书记对革命先辈和人民群众表达了缅怀与致敬。

第一，缅怀革命先辈。深切怀念为中国革命、建设、改革，为中国共产党建立、巩固、发展作出重大贡献的毛泽东、周恩来、刘少奇、朱德、邓小平、陈云同志等老一辈革命家，深切怀念为建立、捍卫、建设新中国英勇牺牲的革命先烈，深切怀念为改革开放和社会主义现代化建设英勇献身的革命烈士，深切怀念近代以来为民族独立和人民解放顽强奋斗的所有仁人志士。他们为祖国和民族建立的丰功伟绩永载史册！他们的崇高精神永远铭记在人民心中！

第二，向人民致敬。向全国广大工人、农民、知识分子，向各民主党派和无党派人士、各人民团体、各界爱国人士，向人民解放军指战员、武警部队官兵、公安干警和消防救援队伍指战员，向全体社会主义劳动者，向统一战线广大成员，致以崇高的敬意！向香港特别行政区同胞、澳门特别行政区同胞和台湾同胞以及广大侨胞，致以诚挚的问候！向一切同中国人民友好相处，关心和支持中国革命、建设、改革事业的各国人民和朋友，致以衷心的谢意！

4. 总结建党百年取得伟大成就的历史经验

百年来，中国共产党在革命、建设、改革开放的伟大实践中，引领中国人民取得了令世界瞩目的伟大成就，开辟了一条独具特色的中国道路，形成了蕴含中国智慧和中国方案的理论体系。以史为鉴，开创未来，习近平总书记从九个角度总结了建党百年取得伟大成就的历史经验。

第一，必须坚持中国共产党坚强领导。历史实践充分证明，没有中国共产党，就没有新中国，就没有中华民族伟大复兴。新的征程上，必须坚持党的全面领导，不断完善党的领导，增强"四个意识"、坚定"四个自信"、做到"两个维护"，牢记"国之大者"，不断提高党科学执政、民主执政、依法执政水平，充分发挥党总揽全局、协调各方的领导核心作用！

第二，必须团结带领中国人民不断为美好生活而奋斗。中国共产党始终代表最广大人民根本利益，没有任何自己特殊的利益，从来不代表任何利益集团、任何权势团体、任何特权阶层的利益。新的征程上，必须紧紧依靠人民创造历史，坚持全心全意为人民服务的根本宗旨，站稳人民立场，贯彻党的群众路线，尊重人民首创精神，践行以人民为中心的发展思想，发展全过程人民民主，维护社会公平正义，着力解决发展不平衡不充分问题和人民群众急难愁盼问题，推动人的全面发展、全体人民共同富裕取得更为明显的实质性进展！

第三，必须继续推进马克思主义中国化。中国共产党坚持马克思主义基本原理，坚持实事求是，从中国实际出发，不断推进马克思主义中国化时代化，指导中国人民不断推进伟大社会革命。中国共产党为什么能，中国特色社会主义为什么好，归根到底是因为马克思主义行！新的征程上，必须坚持把马克思主义基本原理同中国具体实际相结合、同中华优秀传统文化相结合，用马克思主义观察时代、把握时代、引领时代，继续发展当代中国马克思主义、21世纪马克思主义！

第四，必须坚持和发展中国特色社会主义。中国特色社会主义是党和人民历经千辛万苦、付出巨大代价取得的根本成就，是实现中华民族伟大复兴的正确道路。新的征程上，必须坚持党的基本理论、基本路线、基本方略，统筹推进"五位一体"总体布局、协调推进"四个全面"战略布局，全面深化改革开放，立足新发展阶段，完整、准确、全面贯彻新发展理念，构建新发展格局，推动高质量发展，推进科技自立自强，保证人民当家作主，坚持依法治国，坚持社会主义核心价值体系，坚持在发展中保障和改善民生，坚持人与自然和谐共生，协同推进人民富裕、国家强盛、中国美丽。

第五，必须加快国防和军队现代化。坚持党指挥枪、建设自己的人民军队，是党在血与火的斗争中得出的颠扑不破的真理。新的征程上，必须全面贯彻新时代党的强军思想，贯彻新时代军事战略方针，坚持党对人民军队的绝对领导，坚持走中国特色强军之路，全面推进政治建军、改革强军、科技强军、人才强军、依法治军，把人民军队建设成为世界一流军队，以更强大的能力、更可靠的手段捍卫国家主权、安全、发展利益！

第六，必须不断推动构建人类命运共同体。中国始终是世界和平的建设者、全球发展的贡献者、国际秩序的维护者！新的征程上，必须高举和平、发展、合作、共赢旗帜，奉行独立自主的和平外交政策，坚持走和平发展道路，推动建设新型国际关系，推动构建人类命运共同体，推动共建"一带一路"高质量发展，以中国的新发展为世界提供新机遇。中国共产党将继续同一切爱好和平的国家和人民一道，弘扬和平、发展、公平、正义、民主、自由的全人类共同价值，坚持合作、不搞对抗，坚持开放、不搞封闭，坚持互利共赢、不搞零和博弈，反对霸权主义和强权政治，推动历史车轮向着光明的目标前进！

第七，必须进行具有许多新的历史特点的伟大斗争。敢于斗争、敢于胜利，是中国共产党不可战胜的强大精神力量。实现伟大梦想就要顽强拼搏、不懈奋斗。新的征程上，必须增强忧患意识、始终居安思危，贯彻总体国家安全观，统筹发展和安全，统筹中华民族伟大复兴战略全局和世界百年未有之大变局，深刻认识我国社会主要矛盾变化带来的新特征新要求，深刻认识错综复杂的国际环境带来的新矛盾新挑战，敢于斗争，善于斗争，逢山开道、遇水架桥，勇于战胜一切风险挑战！

第八，必须加强中华儿女大团结。爱国统一战线是中国共产党团结海内外全体中华儿女实现中华民族伟大复兴的重要法宝。新的征程上，必须坚持大团结大联合，坚持一致性和多样性统一，加强思想政治引领，广泛凝聚共识，广聚天下英才，努力寻求最大公约数、画出最大同心圆，形成海内外全体中华儿女心往一处想、劲往一处使的生动局面，汇聚起实现民族复兴的磅礴力量！

第九，必须不断推进党的建设新的伟大工程。勇于自我革命是中国共产党区别于其他政党的显著标志。新的征程上，要牢记打铁必须自身硬的道理，增强全面从严治党永远在路上的政治自觉，以党的政治建设为统领，继续推进新时代党的建设新的伟大工程，不断严密党的组织体系，着力建设德才兼备的高素质干部队伍，坚定不移推进党风廉政建设和反腐败斗争，坚决清除一切损害党的先进性和纯洁性的因素，清除一切侵蚀党的健康肌体的病毒，确保党不变质、不变色、不变味。

5. 发出赓续百年伟大成就的呼吁和号召

实现中华民族伟大复兴，需要祖国的完全统一，社会的繁荣稳定，青年的接续奋斗以及共产党员的不懈努力，需要坚定战略自信，找准着力重点，最广泛地凝聚人心、汇聚力量。习近平针对三个主体发出赓续伟大成就的呼吁与号召。

第一，呼吁港澳台地区人民。习近平总书记指出，我们要全面准确贯彻"一国两制""港人治港""澳人治澳"、高度自治的方针，落实中央对香港、澳门特别行政区全面管治权，落实特别行政区维护国家安全的法律制度和执行机制，维护国家主权、安全、发展利益，维护特别行政区社会大局稳定，保持香港、澳门长期繁荣稳定。解决台湾问题、实现祖国完全统一，是中国共产党矢志不渝的历史任务，是全体中华儿女的共同愿望。要坚持一个中国原则和"九二共识"，推进祖国和平统一进程。包括两岸同胞在内的所有中华儿女，要和衷共济、团结向前，坚决粉碎任何"台独"图谋，共创民族复兴美好未来。任何人都不要低估中国人民捍卫国家主权和领土完整的坚强决心、坚定意志、强大能力！

第二，寄语新时代青年。习近平总书记强调，未来属于青年，希望寄予青年。一百年前，一群新青年高举马克思主义思想火炬，在风雨如晦的中国苦苦探寻民族复兴的前途。一百年来，在中国共产党的旗帜下，一代代中国青年把青春奋斗融入党和人民事业，成为实现中华民族伟大复兴的先锋力量。新时代的中国青年要以实现中华民族伟大复兴为己任，增强做中国人的志气、骨气、底气，不负时代，不负韶华，不负党和人民的殷切期望！

第三，号召中国共产党员。过去一百年，中国共产党向人民、向历史交出了一份优异的答卷。现在，中国共产党团结带领中国人民又踏上了实现第二个百年奋斗目标新的赶考之路。习近平总书记呼吁，全体中国共产党员！党中央号召你们，牢记初心使命，坚定理想信念，践行党的宗旨，永远保持同人民群众的血肉联系，始终同人民想在一起、干在一起，风雨同舟、同甘共苦，继续为实现人民对美好生活的向往不懈努力，努力为党和人民争取更大光荣！

三、重要意义

1. 开辟了马克思主义中国化时代化的新境界

习近平总书记在庆祝中国共产党成立 100 周年大会上的讲话，通篇贯穿着马克思主义的基本立场、观点、方法，闪烁着马克思主义真理的光辉。他提出一系列富有创见的重大思想、重大观点、重大论断，深化了对共产党执政规律、社会主义建设规律、人类社会发展规律的认识。其中，第一次提出中国共产党百年奋斗的历史主题是实现中华民族伟大复兴。党的十八大以来，习近平总书记曾在多个重大场合就实现中华民族伟大复兴作出一系列重要论述。而在中国共产党成立 100 周年大会上，他深刻指出："中国共产党一经诞生，就把为中国人民谋幸福、为中华民族谋复兴确立为自己的初心使命。一百年来，中国共产党团结带领中国人民进行的一切奋斗、一切牺牲、一切创造，归结起来就是一个主题：实现中华民族伟大复兴。"[1]这高度概括了中国共产党百年历史发展进程及其伟大成就所体现的核心主题和本质特征，同时，从理论与实践相结合的视角出发，对党和国家事业的未来发展方向和奋斗目标作出了庄严的宣示。第一次明确提出中国共产党的建党精神。习近平总书记在讲话中深刻指出："一百年前，中国共产党的先驱们创建了中国共产党，形成了坚持真理、坚守理想，践行初心、担当使命，不怕牺牲、英勇斗争，对党忠诚、不负人民的伟大建党精神，这是中国共产党的精神之源。"[2]习近平总书记对伟大建党精神的概括阐释，不仅凝练总结了中国共产党百年实践历程中的重大历史成就，更深刻体现了新时代共产党人对党的历史渊源、光荣传统和精神内核的深邃理解与领悟，是对马克思主义建党理论的丰富发展。习近平总书记还提出了"坚持把马克思主义基本原理同中国具体实际相结合、同中华优秀传统文化相结合"[3]等重大观点，体现了理论继承与理论创新的有机统一。这些观点和论断是当代中国共产党人秉持马克思主义理论指导与洞察时代发展趋势，把握时代

---

① 习近平：《在庆祝中国共产党成立 100 周年大会上的讲话》，人民出版社 2021 年版，第 3 页。

② 习近平：《在庆祝中国共产党成立 100 周年大会上的讲话》，人民出版社 2021 年版，第 8 页。

③ 习近平：《在庆祝中国共产党成立 100 周年大会上的讲话》，人民出版社 2021 年版，第 13 页。

主旋律，引领时代前进方向而获得的重大理论成果，为丰富和发展马克思主义理论作出了具有原创性的重大理论贡献。

2. 提出了中国共产党继往开来的政治宣言

习近平总书记在庆祝中国共产党成立 100 周年大会上发表重要讲话，一开始便代表党和人民庄严宣告："经过全党全国各族人民持续奋斗，我们实现了第一个百年奋斗目标，在中华大地上全面建成了小康社会，历史性地解决了绝对贫困问题，正在意气风发向着全面建成社会主义现代化强国的第二个百年奋斗目标迈进。"[①]这一具有里程碑意义的历史时刻，标志着中国共产党向人民群众所作出的庄严承诺获得了切实兑现，具有重大政治意义。回顾了中国共产党百年历史进程，一百年来，党团结带领全国各族人民浴血奋战、百折不挠，创造了新民主主义革命的伟大成就；自力更生、发愤图强，创造了社会主义革命和建设的伟大成就；解放思想、锐意进取，创造了改革开放和社会主义现代化建设的伟大成就；自信自强、守正创新，统揽伟大斗争、伟大工程、伟大事业、伟大梦想，创造了新时代中国特色社会主义的伟大成就。中国共产党坚守初心、勇担使命，中华民族近代以来 180 多年的历史、中国共产党成立以来 100 年的历史、中华人民共和国成立以来 70 多年的历史都充分证明，没有中国共产党，就没有新中国，就没有中华民族伟大复兴。中国特色社会主义是党和人民历经千辛万苦、付出巨大代价取得的根本成就，是实现中华民族伟大复兴的正确道路。今天，中华民族向世界展现的是一派欣欣向荣的气象，正以不可阻挡的步伐迈向伟大复兴。以不可阻挡的坚定步伐，迈向不可逆转的历史进程，中华民族前景一片光明。

3. 指明了实现第二个百年奋斗目标的前行方向

习近平总书记在中国共产党成立 100 周年的重要讲话中强调："过去一百年，中国共产党向人民、向历史交出了一份优异的答卷。现在，中国共产党团结带领中国人民又踏上了实现第二个百年奋斗目标新的赶考之路。"[②]如何在新的赶考路上取得好成绩，实现中华民族伟大复兴的中国梦，习近平总书记的重

---

① 习近平：《在庆祝中国共产党成立 100 周年大会上的讲话》，人民出版社 2021 年版，第 2 页。

② 习近平：《在庆祝中国共产党成立 100 周年大会上的讲话》，人民出版社 2021 年版，第 22 页。

要讲话指明了前进方向。他在大会讲话中指出："我们要用历史映照现实、远观未来，从中国共产党的百年奋斗中看清楚过去我们为什么能够成功、弄明白未来我们怎样才能继续成功，从而在新的征程上更加坚定、更加自觉地牢记初心使命、开创美好未来。"①习近平总书记系统阐述了以史为鉴、开创未来的"九个必须"，坚持问题导向，紧密围绕党和国家当前正在推进的重大工作任务，准确把握国内外大势，全面深入分析党和国家面临的新形势、新课题、新挑战，洞悉时代发展的新特点新规律，对党和国家事业发展进行战略谋划和顶层设计，作出符合国情党情世情新变化的重大决策部署，这一论断既是对中国共产党百年奋斗历程中积累的宝贵经验和教训的深刻总结，也是在新的历史时期动员全党继续前行，为实现全面建设社会主义现代化国家的第二个百年奋斗目标指明了前进方向，提供了根本性的指导原则，所以具有重要的实践意义。为了迈向未来的成功之路，我们必须持之以恒牢记初心与使命，以更加坚定和自觉的态度开拓美好前景。必须深入理解"九个必须"的核心内涵和本质要义，透彻把握它的实践要求，时刻谨记并坚决贯彻落实，不断增强以"九个必须"武装思想、指导实践、推进工作的政治自觉、思想自觉和行动自觉。

四、学习思考

1. 建党百年中国共产党团结带领中国人民取得了哪些伟大成就？
2. 如何理解中华民族伟大复兴进入了不可逆转的历史进程？
3. 如何走好实现第二个百年奋斗目标新的赶考之路？

---

① 习近平：《在庆祝中国共产党成立100周年大会上的讲话》，人民出版社2021年版，第10页。

习近平《高举中国特色社会主义伟大旗帜 为全面建设社会主义现代化国家而团结奋斗——在中国共产党第二十次全国代表大会上的报告》导读

这是 2022 年 10 月 16 日习近平总书记在中国共产党第二十次全国代表大会上的报告。报告强调，要高举中国特色社会主义伟大旗帜，全面贯彻新时代中国特色社会主义思想，弘扬伟大建党精神，自信自强、守正创新，踔厉奋发、勇毅前行，为全面建设社会主义现代化国家、全面推进中华民族伟大复兴而团结奋斗。

原文见习近平：《高举中国特色社会主义伟大旗帜 为全面建设社会主义现代化国家而团结奋斗——在中国共产党第二十次全国代表大会上的报告》，人民出版社 2022 年版。

一、形成背景

2022 年 10 月 16 日，中国共产党第二十次全国代表大会在北京人民大会堂开幕。习近平总书记代表第十九届中央委员会向大会作了《高举中国特色社会主义伟大旗帜 为全面建设社会主义现代化国家而团结奋斗——在中国共产党第二十次全国代表大会上的报告》。大会的主题是：要高举中国特色社会主义伟大旗帜，全面贯彻新时代中国特色社会主义思想，弘扬伟大建党精神，自信自强、守正创新，踔厉奋发、勇毅前行，为全面建设社会主义现代化国家、全面推进中华民族伟大复兴而团结奋斗。

党的二十大的召开，具有深刻的形成背景。从社会主义现代化建设的历史进程的维度来看，党的二十大是在全党全国各族人民迈上全面建设社会主义现代化国家新征程、向第二个百年奋斗目标进军的关键时刻召开的一次十分重要的大会。从党史维度来看，党的二十大是在我们党成功走过百年奋斗历程、又踏上新的赶考之路的关键时刻召开的一次重要会议。党的二十大是我们党在建党百年后召开的首次全国代表大会，也是在新时代十年伟大变革的时间坐标上召开的全国代表大会，在新的赶考之路上向历史和人民交出新的优异答卷，具有特别的里程碑意义。从时代维度来看，党的二十大是在新时代走过第一个十年、进入第二个十年的关键时刻召开的一次重要会议。中国特色社会主义进入新时代以来，以习近平同志为核心的党中央领导党和国家事业取得了历史性成就和历史性变革。报告对过去五年工作和新时代十年伟大变革进行梳理与总结，是全面的、深入的、具有重大意义的。从国际维度来看，党的二十大是在世界百年未有之大变局加速演进、国际局势加剧动荡的关键时刻召开的一次重要会议。当前，世界之变、时代之变、历史之变正以前所未有的方式展开。在这一背景下召开党的二十大，是我们党统筹中华民族伟大复兴战略全局和世界百年未有之大变局的重要举措。从人类文明的维度来看，党的二十大是在中华文明正深刻改变人类历史进程的关键时刻召开的一次重要会议。党的二十大报告是全面推进人类文明新形态发展的行动纲领，为中国引领时代潮流和人类文明进步提供了方向性指引。

党的二十大报告是党和人民智慧的结晶，是马克思主义中国化时代化的纲领性文献，是我们党团结带领全国各族人民夺取中国特色社会主义新胜利的政治宣言和行动纲领。报告郑重宣示了我们党在新征程上举什么旗、走什么路、以什么样的精神状态、朝着什么样的目标继续前进，深入分析了国际国内局势，回顾总结了过去五年的工作和新时代十年的伟大变革，阐述了开辟马克思主义中国化时代化新境界、新时代新征程中国共产党的使命任务等重大政治命题，擘画了全面建设社会主义现代化国家、全面推进中华民族伟大复兴的宏伟蓝图，对统筹推进"五位一体"总体布局、协调推进"四个全面"战略布局作出了科学谋划和全面部署，吹响了用团结奋斗创造新的伟业的前进号角，为新时代新征程党和国家事业发展、实现第二个百年奋斗目标注入了精神动力、指明了前进方向、确立了行动指南。

二、基本思想

党的二十大报告按照总分结合、先总后分的框架结构层层递进，蕴含着丰富的思想内涵和突出亮点，具有深刻的政治动员力、思想引领力、历史穿透力和时代感召力。在报告的开篇部分，习近平总书记鲜明提出"三个务必"，号召"全党同志务必不忘初心、牢记使命，务必谦虚谨慎、艰苦奋斗，务必敢于斗争、善于斗争，坚定历史自信，增强历史主动，谱写新时代中国特色社会主义更加绚丽的华章"，为报告奠定了整体基调。

1. 过去五年的工作和新时代十年的伟大变革

党的二十大报告总结了十九大以来取得的重大成就和新时代十年经历的"三件大事"，概括了新时代十年的伟大变革，指出这些成就在"五史"上的里程碑意义。

第一，提出两个"极不"和"四个面对"。报告用两个"极不"对过去五年党和国家事业发展取得的举世瞩目的成就作出历史性评价，强调十九大以来的五年，是极不寻常、极不平凡的五年，并用"四个面对"从突如其来的新冠疫情、香港局势动荡变化、"台独"势力分裂活动和外部势力干涉台湾事务的严重挑衅、国际局势急剧变化这四个方面总结了五年来攻克的难题和办成的大事要事。习近平总书记总结道：五年来，我们党团结带领人民，攻克了许多长期没有解决的难题，办成了许多事关长远的大事要事，推动党和国家事业取得举世瞩目的重大成就。

第二，提出"三件大事"和三个"历史性胜利"。报告提出党的十八大召开十年来对党和人民事业具有重大现实意义和深远历史意义的三件大事，即迎来中国共产党成立一百周年；中国特色社会主义进入新时代；完成脱贫攻坚、全面建成小康社会的历史任务，实现第一个百年奋斗目标。习近平总书记用三个"历史性胜利"高度概括了其重要影响和非凡意义，强调这是中国共产党和中国人民团结奋斗赢得的历史性胜利，是彪炳中华民族发展史册的历史性胜利，也是对世界具有深远影响的历史性胜利。

第三，总结新时代十年十六个方面的伟大变革，揭示新时代十年伟大变革的里程碑意义。报告从创立了习近平新时代中国特色社会主义思想；全面加强党的领导；对新时代党和国家事业发展作出科学完整的战略部署；实现了小康这个中华民族的千年梦想；我国经济实力实现历史性跃升；以巨大的政治勇气全面深化改革；实行更加积极主动的开放战略；全面发展全过程人民民主；确立和坚持马克思主义在意识形态领域指导地位的根本制度；深入贯彻以人民为中心的发展思想；坚持绿水青山就是金山银山的理念；贯彻总体国家安全观；确立党在新时代的强军目标；全面准确推进"一国两制"实践；推动构建人类命运共同体；开展了史无前例的反腐败斗争十六个方面概括了新时代十年党和国家事业取得的历史性成就和历史性变革，系统展示了新时代十年伟大变革的全貌。报告进一步指出：新时代十年的伟大变革，在党史、新中国史、改革开放史、社会主义发展史、中华民族发展史上具有里程碑意义。从"五史"的高度赋予其重要里程碑意义，充分说明新时代十年伟大变革使中华民族迎来了从站起来、富起来到强起来的伟大飞跃，推动中华民族伟大复兴进入了不可逆转的历史进程。

2. 开辟马克思主义中国化时代化新境界

党的二十大报告对"两个行""两个结合""六个必须坚持"的新阐述和新要求，在新的历史起点上有力推动实践基础上的理论创新，开辟马克思主义中国化时代化新境界。

第一，提出"两个行"。报告强调：马克思主义是我们立党立国、兴党兴国的根本指导思想。实践告诉我们，中国共产党为什么能，中国特色社会主义为什么好，归根到底是马克思主义行，是中国化时代化的马克思主义行。从"七一"重要讲话提出的"一个行"到党的二十大提出的"两个行"，体现了我们党对马克思主义指导地位的新的阐释，突出了我们党对"马克思主义行"在中国大地上的具体深化，反映了我们党坚定历史自信把握历史主动的政治自觉、思想自觉和行动自觉。"两个行"是我们党推进马克思主义中国化时代化得出的科学结论，揭示了中国共产党"能"、中国特色社会主义"好"与马克思主义"行"三者之间的逻辑关系，昭示着我们党奋力谱写马克思主义中国化时代化新篇章的信心和决心。

第二，阐明"两个结合"的重大意义。报告强调：中国共产党人深刻认识到，只有把马克思主义基本原理同中国具体实际相结合、同中华优秀传统文化相结合，坚持运用辩证唯物主义和历史唯物主义，才能正确回答时代和实践提出的重大问题，才能始终保持马克思主义的蓬勃生机和旺盛活力。这一论断深刻揭示了我们党坚持和发展马克思主义的内在规律，系统阐述了"两个结合"的重大意义。由于马克思主义基本原理的普遍性，以及中华优秀传统文化同科学社会主义价值观主张的高度契合性，"两个结合"作为坚持和发展马克思主义的基本路径，能够为在新征程上继续推进马克思主义中国化时代化提供科学方法论。

第三，提出"六个必须坚持"。"六个必须坚持"是习近平新时代中国特色社会主义思想的精髓，是习近平新时代中国特色社会主义思想的世界观和方法论的集中反映，为马克思主义中国化时代化理论宝库增添了新的内容。其主要内容包括：坚持人民至上，坚持自信自立，坚持守正创新，坚持问题导向，坚持系统观念，坚持胸怀天下。习近平新时代中国特色社会主义思想的世界观和方法论是一个系统全面、科学严密的理论体系。牢牢把握习近平新时代中国特色社会主义思想的世界观和方法论，坚持好、运用好贯穿其中的立场观点方法，是在实践基础上推进理论创新的重要依据和基本遵循。

3. 新时代新征程中国共产党的使命任务

党的二十大报告首次系统阐述了中国式现代化的科学内涵、重要特征、本质要求和重大原则，明确提出了以中国式现代化推进中华民族伟大复兴的使命任务，科学回答了中国之问、世界之问、人民之问、时代之问。

第一，中国共产党的中心任务。报告指出，从现在起，中国共产党的中心任务就是团结带领全国各族人民全面建成社会主义现代化强国、实现第二个百年奋斗目标，以中国式现代化全面推进中华民族伟大复兴。

第二，中国式现代化的科学内涵。报告指出，中国式现代化，是中国共产党领导的社会主义现代化，既有各国现代化的共同特征，更有基于自己国情的中国特色。这一判断揭示了中国式现代化与西方现代化的根本区别，指明了没有中国共产党的领导，就没有中国式现代化，中国共产党的领导是实现中国式现代化的根本保证。

第三，中国式现代化的中国特色。报告指出，中国式现代化是人口规模巨大、全体人民共同富裕、物质文明和精神文明相协调、人与自然和谐共生、走和平发展道路的现代化。这是中国式现代化的五个重要特征所在。

第四，中国式现代化的本质要求。报告从经济、政治、文化、社会和生态文明等不同方面全方位概括了中国式现代化的本质要求，即坚持中国共产党领导，坚持中国特色社会主义，实现高质量发展，发展全过程人民民主，丰富人民精神世界，实现全体人民共同富裕，促进人与自然和谐共生，推动构建人类命运共同体，创造人类文明新形态。

第五，全面建成社会主义现代化强国总的战略安排。报告指出，全面建成社会主义现代化强国，总的战略安排是分两步走：从 2020 年到 2035 年基本实现社会主义现代化；从 2035 年到 21 世纪中叶把我国建成富强民主文明和谐美丽的社会主义现代化强国。以中国式现代化推进中华民族伟大复兴是在总结长期历史经验基础上对党和国家前途命运作出的科学判断，它不是抽象的，而是具体的，必须落实到全面建成社会主义现代化强国"分两步走"的战略安排中。

第六，前进道路上必须牢牢把握的"五个重大原则"。报告指出，面对前进道路上风高浪急甚至惊涛骇浪的重大考验，我们党必须增强忧患意识，坚持底线思维，做到居安思危、未雨绸缪，牢牢把握五个重大原则，即坚持和加强党的全面领导，坚持中国特色社会主义道路，坚持以人民为中心的发展思想，坚持深化改革开放，坚持发扬斗争精神。"五个重大原则"体现了党的基本理论、基本路线、基本方略，是全面建设社会主义现代化国家的根本遵循。

4. 对未来一个时期作出的战略部署

党的二十大报告从经济建设、教育科技人才、政治建设、法治建设、文化建设、社会建设、生态文明建设、国家安全、国防和军队建设、港澳台工作、外交工作、党的建设这十二个方面，对未来一个时期党和国家事业发展的目标任务和大政方针进行了科学谋划。

在经济建设方面，提出高质量发展是全面建设社会主义现代化国家的首要任务，强调加快构建新发展格局，着力推动高质量发展，要求构建高水平社会主义市场经济、建设现代化产业体系、全面推进乡村振兴、促进区域协调发展、推进高水平对外开放。

在教育科技人才方面，提出加快建设教育强国、科技强国、人才强国，强调实施科教兴国战略，强化现代化建设人才支撑，要求办好人民满意的教育、完善科技创新体系、加快实施创新驱动发展战略、深入实施人才强国战略。

在政治建设方面，提出人民民主是社会主义的生命，是全面建设社会主义现代化国家的应有之义，强调发展全过程人民民主，保障人民当家作主，要求加强人民当家作主制度保障、全面发展协商民主、积极发展基层民主、巩固和发展最广泛的爱国统一战线。

在法治建设方面，指出全面依法治国是国家治理的一场深刻革命，必须在法治轨道上全面建设社会主义现代化国家，强调坚持全面依法治国，推进法治中国建设，要求完善以宪法为核心的中国特色社会主义法律体系、扎实推进依法行政、严格公正司法、加快建设法治社会。

在文化建设方面，提出全面建设社会主义现代化国家，必须坚持中国特色社会主义文化发展道路，强调推进文化自信自强，铸就社会主义文化新辉煌，要求建设具有强大凝聚力和引领力的社会主义意识形态、广泛践行社会主义核心价值观、提高全社会文明程度、繁荣发展文化事业和文化产业、增强中华文明传播力影响力。

在社会建设方面，提出为民造福是立党为公、执政为民的本质要求，强调增进民生福祉，提高人民生活品质，要求完善分配制度、实施就业优先战略、健全社会保障体系、推进健康中国建设。

在生态文明建设方面，提出尊重自然、顺应自然、保护自然，是全面建设社会主义现代化国家的内在要求，强调推动绿色发展，促进人与自然和谐共生，要求加快发展方式绿色转型、深入推进环境污染防治、提升生态系统多样性稳定性持续性、积极稳妥推进碳达峰碳中和。

在国家安全方面，提出国家安全是民族复兴的根基，强调推进国家安全体系和能力现代化，坚决维护国家安全和社会稳定，要求健全国家安全体系、增强维护国家安全能力、提高公共安全治理水平、完善社会治理体系。

在国防和军队建设方面，提出如期实现建军一百年奋斗目标，加快把人民军队建成世界一流军队，是全面建设社会主义现代化国家的战略要求，强调实现建军一百年奋斗目标，开创国防和军队现代化新局面，要求全面加强人民军队党的建设、全面加强练兵备战、全面加强军事治理、巩固提高一体化国家战略体系和能力。

在港澳台工作方面，强调坚持和完善"一国两制"，推进祖国统一，要求全面准确坚定不移贯彻"一国两制"、支持香港澳门发展经济、发展壮大爱国爱港爱澳力量、解决台湾问题实现祖国统一大业。

在外交工作方面，强调促进世界和平与发展，推动构建人类命运共同体，要求坚定奉行独立自主的和平外交政策、推动构建新型国际关系、坚定奉行互利共赢的开放战略、积极参与全球治理体系改革和建设、构建人类命运共同体。

在党的建设方面，强调持之以恒推进全面从严治党，深入推进新时代党的建设新的伟大工程，要求坚持和加强党中央集中统一领导、坚持不懈用新时代中国特色社会主义思想凝心铸魂、完善党的自我革命制度规范体系、建设堪当民族复兴重任的高素质干部队伍、增强党组织政治功能和组织功能、坚持以严的基调强化正风肃纪、坚决打赢反腐败斗争攻坚战持久战。

5. 对党的青年工作作出的重要部署

青年强，则国家强。青年一代有理想、有本领、有担当，国家就有前途，民族就有希望。在报告的结尾部分，习近平总书记寄语青年，对青年提出殷切期望，对党的青年工作作出重要部署。

第一，强调把青年工作作为战略性工作来抓。报告指出：全党要把青年工作作为战略性工作来抓，用党的科学理论武装青年，用党的初心使命感召青年，做青年朋友的知心人、青年工作的热心人、青年群众的引路人。这深刻揭示了党的青年工作在党和国家事业全局中的战略地位，集中论述了党的青年工作的基本要求，为各级组织促进青年高质量发展提供了基本遵循，是推进新时代党的青年工作的科学指引和行动指南。

第二，强调做有理想、敢担当、能吃苦、肯奋斗的新时代好青年。报告指出：广大青年要坚定不移听党话、跟党走，怀抱梦想又脚踏实地，敢想敢为又善作善成，立志做有理想、敢担当、能吃苦、肯奋斗的新时代好青年，让青春在全面建设社会主义现代化国家的火热实践中绽放绚丽之花。这明确了新时代好青年的科学内涵、内在要求和现实标准，深刻回答了新时代为谁培养青年、培养什么样的青年、怎样培养青年等重大问题，向广大青年发出立足新起点、奋进新征程的响亮号召，是对新时代好青年形象的科学描摹。

三、重要意义

党的二十大报告旗帜鲜明地坚持和维护"两个确立"，在总结党的十八大以来我们党取得的重大理论和实践创新成果基础上，提出了许多新理念、新思想、新战略、新举措，对团结和激励全国各族人民为夺取中国特色社会主义新胜利而奋斗，具有重要意义。

1. 谱写马克思主义中国化时代化新篇章，深化了对"三大规律"的整体性认识

不断谱写马克思主义中国化时代化新篇章，是当代中国共产党人的庄严历史责任。一百多年来，我们党始终高举马克思主义旗帜，坚守"两个行"，坚持"两个结合"，创立了毛泽东思想、邓小平理论，形成了"三个代表"重要思想、科学发展观，创立了习近平新时代中国特色社会主义思想，开辟了马克思主义中国化时代化的新境界。在报告中，习近平总书记提出了一系列重要论断，充分体现了我们党对共产党执政规律、社会主义建设规律、人类社会发展规律的深刻把握，例如，首次系统阐明习近平新时代中国特色社会主义思想的世界观和方法论的"六个必须坚持"，首次提出健全全面从严治党体系的党建要求，提出中国共产党的"四个始终"，明确坚持和加强党的领导"四个最"的重大论断，深化了对共产党执政规律的认识；首次提出教育、科技、人才是全面建设社会主义现代化国家的基础性、战略性支撑，首次提出规范财富积累机制的概念，首次专章论述法治建设、国家安全问题，深化了对社会主义建设规律的认识；再次重申构建人类命运共同体，创造人类文明新形态，倡导弘扬全人类共同价值，强调中国式现代化的成功推进，不仅能够为其他发展中国家拓展现代化新路径，而且能够为人类实现现代化提供新的选择，深化了对人类社会发展规律的认识。

2. 强调必须持之以恒推进全面从严治党，体现了我们党高度的忧患意识、历史自觉和责任担当

全面建设社会主义现代化国家、全面推进中华民族伟大复兴，关键在党。党的十八大以来，以习近平同志为核心的党中央解决了党内许多突出问题。但是，党面临的"四大考验""四种危险"将长期存在。鉴于此，在报告的最后一章中，习近平总书记洞悉历史规律、立足时代方位、把握形势任务、围绕持之以恒推进全面从严治党，深入推进新时代党的建设新的伟大工程展开部署，充分反映出我们党强烈的忧患意识和责任担当。在报告中，习近平总书记首次提出大党独有难题的重要命题，强调必须时刻保持解决大党独有难题的清醒和坚定，明确自我革命是跳出治乱兴衰历史周期率的第二个答案，发出走好"五个必由之路"，团结起来、共同奋斗的号召，凸显了我们党刀刃向内、刮骨疗毒的自我革命精神，反映了我们党对全面从严治党永远在路上、党的自我革命永远在路上的坚定立场。打铁必须自身硬。只有如此，才能鼓舞和激励新时代中国共产党人走好新的赶考之路、创造新的历史伟业，使我们党始终成为中国特色社会主义事业的坚强领导核心，确保新时代新征程使命任务的顺利实现。

3. 作出全面建成社会主义现代化强国的科学谋划，擘画了以中国式现代化全面推进中华民族伟大复兴的宏伟蓝图

党的二十大报告在党的十九大报告和党的十九届通过的"十四五"规划建议的基础上，围绕全面建成社会主义现代化强国，实现中华民族伟大复兴的逻辑思路，提出了总的战略安排，进一步明确了 2035 年我国发展的总体目标和未来五年主要目标任务，擘画了以中国式现代化全面推进中华民族伟大复兴的宏伟蓝图。关于总的战略安排，报告通过提出经济、政治、文化、社会、生态文明建设等方面的发展内容，细化了到 2035 年和 21 世纪中叶我国发展的总体目标，丰富了社会主义现代化强国新的内涵，展现了第二个百年奋斗目标的美好图景。关于未来五年的主要目标任务，报告强调未来五年是全面建设社会主义现代化国家开局起步的关键时期，通过明确中国未来发展的战略步骤、实施路径和重大举措，指明了党和国家事业的前进方向，不断实现人民对美好生活的向往。总之，党的二十大报告确立了清晰的奋斗目标，作出了科学的战略安排，只要我们紧密团结在以习近平同志为核心的党中央周围，牢记空谈误国、实干兴邦，坚定信心、同心同德，埋头苦干、奋勇前进，就一定能够在新时代新征程创造令世人刮目相看的新的更大奇迹，不断夺取全面建设社会主义现代化国家新胜利。

四、学习思考

1. 为什么说党的二十大是关键时刻召开的一次十分重要的大会？
2. 如何理解新时代十年伟大变革的里程碑意义？
3. 如何理解以中国式现代化全面推进中华民族伟大复兴？
4. 如何理解习近平新时代中国特色社会主义思想的世界观和方法论？

后　记

　　学习研究中国马克思主义经典著作，具有十分重要的理论价值和现实意义。编写《中国马克思主义经典著作导读》教材，是一项具有开拓性的工作，任务艰巨，责任重大。中国马克思主义经典作家有哪些？经典作家的哪些著作是经典著作？中国马克思主义经典作家的哪些经典著作被选入了教材？教材内容如何安排？导读编写原则是什么？为此，我们召开了多次专题学习和学术研讨会，也请教了众多专家学者。可以说，教材的整体架构和内容设计，是课题组与众多专家学者集体智慧的成果。

　　关于《中国马克思主义经典著作导读》的编写原则，我们坚持了"三个结合"，即坚持全面与重点相结合，力求覆盖全面、突出重点，完整准确地展现中国马克思主义经典作家的思想内涵及其发展脉络；坚持理论与实际相结合，反映马克思主义理论和马克思主义中国化研究学科建设最新成果，紧密结合中国特色社会主义实践，注重解决学生思想认识问题；坚持创新与适用相结合，在文献选择、观点评述、模块设计、版式制作等方面有所创新，做到既新颖又实用，符合研究生的自身特点和学习需要。

　　关于《中国马克思主义经典著作导读》的内容设计，我们有如下思考和做法。限于教材篇幅，经典著作原文不编入，注明经典著作详细出处，学生可以方便地查找、阅读。关于导读的内容，我们设计成形成背景、基本思想、重要意义和学习思考四部分。形成背景主要分析经典著作产生的历史背景、思想渊源、实践基础；基本思想着重阐述经典著作的中心思想、框架结构和主要观点；重要意义则从文献的理论价值、历史作用及现实意义三个维度出发，阐述该文献在中国马克思主义发展史上的理论贡献，在指导中国革命、建设和改革实践中的历史作用，以及对当下的学习研究和社会发展的现实指导意义；学习思考则是以若干思考题的形式来检测和评估学生学习效果，基础性问题侧重考查学生对文献本身重要观点、基本思想的理解和掌握，学术前沿问题则提供给学生作进一步的研究和思考。

　　本书具体分工如下：王树荫负责选定经典著作篇目、提出导读写作思路并撰写绪论，周良书、赵朝峰和张海荣撰写毛泽东著作导读，冯留建撰写邓小平著作导读，王晓广撰写江泽民著作导读，温静撰写胡锦涛著作导读，张润枝、刘洪森、邢国忠撰写习近平著作导读。初稿形成后，课题组成员进行了多次讨论和修改。最后全书由王树荫修改、定稿。

教材在编写过程中得到了教育部社会科学司领导的精心指导。在专家审稿会上，陈占安教授、王炳林教授、刘建军教授、肖贵清教授、韩振峰教授提出了许多真知灼见，这些已经被吸收在书中。策划编辑祁传华为本书的出版付出了辛勤劳动。特此一并表示感谢。

本书编写组

2018 年 5 月 28 日

第 2 版后记

　　《中国马克思主义经典著作导读》修订工作，坚持以习近平新时代中国特色社会主义思想为指导，遵循习近平总书记《在庆祝中国共产党成立 100 周年大会上的讲话》《高举中国特色社会主义伟大旗帜 为全面建设社会主义现代化国家而团结奋斗——在中国共产党第二十次全国代表大会上的报告》《在纪念毛泽东同志诞辰 130 周年座谈会上的讲话》等重要讲话精神，贯彻落实党的二十大有关文件精神和《中共中央关于党的百年奋斗重大成就和历史经验的决议》，以《中国共产党的一百年》《中国共产党简史》《中华人民共和国简史》《改革开放简史》《马克思主义中国化一百年大事记(1921—2021 年)》等重要著作为依规，增加了习近平总书记《在庆祝改革开放 40 周年大会上的讲话》《在庆祝中国共产党成立 100 周年大会上的讲话》《高举中国特色社会主义伟大旗帜 为全面建设社会主义现代化国家而团结奋斗——在中国共产党第二十次全国代表大会上的报告》三篇重要文献。

　　本次修订工作具体分工如下：王树荫负责确认经典著作篇目、提出修改思路并负责绪论；周良书、赵朝峰、张海荣负责毛泽东著作导读；冯留建负责邓小平著作导读；王晓广负责江泽民著作导读；温静负责胡锦涛著作导读；张润枝、刘洪森负责习近平著作导读，并撰写增加的三篇重要文献导读。最后由王树荫统稿、定稿。

　　《中国马克思主义经典著作导读》教材自 2020 年 5 月出版以来，受到师生广泛好评，先后印刷三次，总销售量达 7000 余册。本次教材修订工作被列入"北京师范大学'十四五'期间高等教育领域教材第二期建设立项及出版工作"重大项目，也得到了马克思主义学院的大力支持，策划编辑祁传华为教材出版付出了辛勤劳动，特此一并表示感谢。

本书编写组

2024 年 5 月 28 日

图书在版编目(CIP)数据

中国马克思主义经典著作导读 / 王树荫主编.
2 版 . -- 北京 ：北京师范大学出版社，2025.4.
（马克思主义理论学科研究生系列教材）. -- ISBN 978-7-
303-30589-6

Ⅰ. A5

中国国家版本馆 CIP 数据核字第 20259JX601 号

ZHONGGUO MAKESI ZHUYI JINGDIAN ZHUZUO DAODU（DIERBAN ）
出版发行：北京师范大学出版社 https://www.bnupg.com
　　　　　北京市西城区新街口外大街 12-3 号
　　　　　邮政编码：100088
印　　刷：北京盛通印刷股份有限公司
经　　销：全国新华书店
开　　本：730 mm×980 mm　1/16
印　　张：28
字　　数：509 千字
版　　次：2025 年 4 月第 1 版
印　　次：2025 年 4 月第 1 次印刷
定　　价：68.00 元

策划编辑：祁传华　　　　　　　　责任编辑：李春生
美术编辑：王齐云　　　　　　　　装帧设计：王齐云
责任校对：陈　民　　　　　　　　责任印制：赵　龙